国家社科基金后期资助项目

# 中国少数民族古籍文献整理研究

The Arrangement and Research on Ancient Documents of the Ethnic Minorities in China

朱崇先 著

2017年·北京

图书在版编目(CIP)数据

中国少数民族古籍文献整理研究/朱崇先著.—北京：商务印书馆,2017
ISBN 978-7-100-15452-9

Ⅰ.①中… Ⅱ.①朱… Ⅲ.①少数民族—古籍整理—古籍研究—中国 Ⅳ.①G256.1

中国版本图书馆 CIP 数据核字(2017)第 252473 号

权利保留,侵权必究。

## 中国少数民族古籍文献整理研究
朱崇先 著

商 务 印 书 馆 出 版
(北京王府井大街 36 号 邮政编码 100710)
商 务 印 书 馆 发 行
北京顶佳世纪印刷有限公司印刷
ISBN 978-7-100-15452-9

2017 年 11 月第 1 版　　开本 710×1000　1/16
2017 年 11 月北京第 1 次印刷　印张 22¼
定价:69.00 元

# 国家社科基金后期资助项目
# 出版说明

　　后期资助项目是国家社科基金设立的一类重要项目,旨在鼓励广大社科研究者潜心治学,支持基础研究多出优秀成果。它是经过严格评审,从接近完成的科研成果中遴选立项的。为扩大后期资助项目的影响,更好地推动学术发展,促进成果转化,全国哲学社会科学规划办公室按照"统一设计、统一标识、统一版式、形成系列"的总体要求,组织出版国家社科基金后期资助项目成果。

全国哲学社会科学规划办公室

# 目 录

序 ················································································································ 1

## 第一章　中国少数民族古文字与古籍文献综述 ·········································· 1
第一节　文种众多、类型各异的中国少数民族古文字 ······················· 1
第二节　卷帙浩繁、内容丰富多彩的中国少数民族古籍文献 ········· 23
第三节　中国少数民族古籍文献在中华民族文化中的地位和作用 ··· 28
第四节　整理研究中国少数民族古籍文献的重大意义 ····················· 37

## 第二章　中国少数民族古籍文献历史与现状 ············································ 45
第一节　北方各少数民族文字古籍文献的历史与现状 ····················· 45
第二节　南方各少数民族文字古籍文献的历史与现状 ····················· 69
第三节　无文字少数民族口传文史资料的历史与现状 ····················· 83

## 第三章　中国少数民族古籍文献载体与版本和装帧 ······························ 100
第一节　中国少数民族古籍文献载体 ··············································· 100
第二节　中国少数民族文字古籍版本 ··············································· 125
第三节　中国少数民族文字纸书古籍装帧形制 ······························· 146

## 第四章　中国少数民族古籍文献的调查与搜集和收藏 ························ 160
第一节　中国少数民族文字古籍的调查与普查登记 ······················· 160
第二节　中国少数民族古籍文献的征集和收藏 ······························· 176
第三节　中国少数民族口传文史资料收集整理 ······························· 183

## 第五章　中国少数民族古籍文献整理研究史 ·········································· 193
第一节　古代中国少数民族古籍文献整理与研究 ··························· 195
第二节　近现代中国少数民族古籍收藏与整理研究 ······················· 202
第三节　当代民族古籍文献的整理与研究 ······································· 212

## 第六章　中国少数民族古籍文献整理 ······················································ 220
第一节　中国少数民族古籍的编目著录 ··········································· 220
第二节　民族古籍译注底本的选择与校勘 ······································· 232
第三节　中国少数民族古籍翻译与注释 ··········································· 236

1

## 第七章　中国少数民族古籍文献学术研究 ………… 253
### 第一节　历史、地理和科技著述的学术研究 ………… 254
### 第二节　语言文学典籍和民俗文献学术研究 ………… 261
### 第三节　出土文献和金石铭刻与宗教经籍和哲学论著的学术研究 …… 268
### 第四节　古籍文献的文化价值与民族学意义 ………… 274

## 第八章　中国少数民族古籍文献分类 ………… 278
### 第一节　中国少数民族古籍文献分类举例 ………… 279
### 第二节　中国少数民族古籍分类的意义和原则 ………… 310
### 第三节　中国少数民族古籍文献学科分类 ………… 313

## 第九章　中国少数民族古籍文献抢救保护与开发利用 ………… 318
### 第一节　中国少数民族古籍文献抢救与保护 ………… 318
### 第二节　中国少数民族古籍文献开发利用现状 ………… 326
### 第三节　中国少数民族古籍文献的转移与再生 ………… 332
### 第四节　现代化条件下中国少数民族古籍文献的开发利用 ………… 340

## 参考文献 ………… 347

# 序

我国是一个统一的多民族国家，也是一个多语言和多文种的国家。历史上各少数民族分别创制使用过 30 多种文字，留下了大量的文化典籍和文献资料，可谓卷帙浩繁、内容丰富多彩，是一份珍贵的民族文化遗产，具有很高的学术研究价值和开发利用前景。从 20 世纪 80 年代开始，在我国掀起了大规模收集整理民族古籍文献和抢救少数民族文化遗产的热潮，从中央到地方都建立了民族古籍整理研究工作领导机构和科研单位，建立了一支初具规模的专业队伍，使民族古籍整理研究工作逐步形成一项规模浩大的系统工程，通过多方面的积极参与和不懈努力，将其纳入到可持续性发展的专业化、正规化的运行轨道。总的说来，这项工作经过 30 年的努力奋斗，已经有了长足的进展，并取得了许多辉煌的成就。然而，以往民族古籍文献整理研究工作的重点主要放在对民族古籍文献的普查登记、搜集收藏、修复保存等一些基础环节上，在深化整理研究方面略显不足。譬如：对少数民族古籍整理工作的理论和方法进行探索和对少数民族古籍文献的内容进行科学研究等方面都比较薄弱，特别是在少数民族古籍文献整理研究成果出版物的规格、体例、质量等方面未能很好地与国际接轨。

随着民族古籍文献整理研究工作的深入，工作重点将转移到对民族古籍的评点、校注和翻译、研究上来。因此，既要提高现有专业人员的业务能力和理论水平，更需要培养高层次的古籍文献整理研究人才。为了配合新时期民族古籍整理研究工作，不仅要提高现有古籍整理研究专业人员的专业知识和理论水平，更需要不断扩大招收博士、硕士研究生，培养造就一批既有扎实的专业基础知识，又能熟练地掌握、应用现代科学技术以及高新仪器设备的高端人才，以充实民族古籍整理研究工作队伍。与此同时，民族古籍文献整理研究工作在专业发展和学科理论建设方面都应当给予高度的重视，这关系到整个少数民族古籍整理研究事业的发展。

鉴于我国民族古籍整理研究现状和发展需要，在民族古籍整理工作的理论探索和科学方法的创新方面，应该给予极大的关注，并在专业发展和学科理论建设方面加大力度。为此，本书重点介绍了中国各民族古籍文献，并在描述少数民族古籍文献总体面貌方面突出多文种、多语种和不同地域等特点，尽可能做到 30 多个文种的古籍文献都得到不同程度的反映和体现，即便无文字民族的口传文史资料亦尽可能得到涉及，力求对我国各少数民族古籍文献的基本面貌，予以全面展示。在此基础上，对民族古籍整理研究工作的理论和方法，进行系统的梳理和必要的归纳和总结。在理论和方法的探索和归纳过程中，坚持借鉴和创新相结合的原则。充分借鉴中国现代文献学理论与方法以及传统文献学知识和相关学科（如：普通语言学以及词源学、文化语言学、历史比较语言学等）的先进理论和科学方法，结合民族古籍文献的特点和现代科学技术飞速发展的现实，积极探索和建构本学科专业的理论体系。在篇章结构的设计与安排方面，本书不是简单地套用其他文献学研究论著的结构顺序，而是根据民族古籍文献工作的实际情况和民族古籍整理研究工作的特殊需要，按照由表及里、循序渐进的原则安排篇章结构，以便读者逐步深入地认识和了解民族古籍文献的基本面貌，以及整理研究工作的相关理论和方法。

  本书从开始构思到撰写，历时数载，于 2009 年完成初稿之后，申请国家社科基金后期资助项目立项，被批准后，严格按照专家的评审意见，进行了认真的修改和补充。但是有些理论问题尚属正在摸索和初步归纳总结阶段，似乎还有不够成熟的地方，需要在今后的教学科研实践中继续探索，并不断地加以提高和完善。现在姑且将其付梓，供古籍整理研究工作者和民族古籍文献爱好者，以及民族古籍文献专业的师生参考借鉴。希冀本书能够对民族古籍整理研究工作的理论建设和人才培养有所裨益。

朱崇先<br>2016 年 10 月 20 日

# 第一章　中国少数民族古文字与古籍文献综述

中国是世界上少数几个文明古国之一，也是一个统一的多民族国家。各民族都有自己悠久的历史，在共同创造中华民族文化的过程中，形成了既有共同特征，又有地域风格和民族特色的多姿多彩的各民族文化。历史上各民族先后创造和使用过 30 多种文字，并用各自的民族文字记录本民族历史文化，形成了卷帙浩繁、内容丰富多彩的民族古籍文献。

## 第一节　文种众多、类型各异的中国少数民族古文字

我国历史上各民族先后创造和使用过的文字，统称为民族古文字。这些民族古文字当中，有的文种因已经没有人使用而成了死文字；有的文种则经过不同程度的演化，至今仍然在使用；有的文种却演化发展成为当今社会的多种文字。目前，我国尚存的民族古文字种类多达 30 种以上，各文种都有悠久的历史。如：在西北的古代民族先后创制使用过佉卢文、粟特文、焉耆—龟兹文、于阗文、突厥文、回鹘文、察合台文等；在东北的古代民族则创制使用过契丹文、西夏文、女真文、古蒙文、八思巴文、满文等；在西南和中东南地区的古代民族创制使用过彝文、纳西族东巴文、尔苏沙巴文、藏文、傣文、水书和古壮文（方块壮字）、布依文、侗文、白文、方块瑶文等。这些民族古文字来源各异，其创制的时代各不相同，流传的地域广狭不一样，使用的时间长短也不等，应用的范围层次更不一致。以文字发生学为视角，并根据这 30 多种民族古文字的具体创制和使用情况，可将其概括为三大系统，即：原始自创的文字、依据外来字母创制的文字、仿照汉字创制的文字。

### 一、原始自创的少数民族文字

同属于原始自创文字系统的各种民族古文字，无论在创制的年代和文

字的类型方面，还是在使用的范围和规模等方面都各不相同。现在将其按文字类型分别概述如下。

## （一）形意文字的创制使用情况

### 1. 纳西东巴文

图 1-1  纳西东巴文

云南纳西族的东巴文，属于形意文字类型，通常被称之为象形文字。纳西语对东巴文的称谓，读若"森究鲁究"，义为"木石记号"，即：见木画木，见石画石，取象于事物之形。这种象形文字以简单的笔画描绘事物，粗略地构成一个表现事物特点的单体图像。例如："天"似宝盖，"日"如圆月，"人"像人形，"羊"长犄角，"水"似流水，"树"作树形等。东巴文的字数为 1300 个左右，主要用以书写东巴教经典。现有大量的东巴文文献存世，国内云南社会科学院和国家图书馆等单位收藏的就有 10000 册以上，国外仅美国国会图书馆就收藏有 3500 多册。这些文献典籍不仅保存了原始宗教史的丰富资料，还保存了社会发展史和文学艺术等方面的珍贵文史资料，对研究纳西族社会历史和传统文化具有重要价值，对研究人类认识发展史和文字发展史也有一定的价值。

### 2. 尔苏沙巴文

居住在四川省凉山州甘洛县的藏族尔苏支系祭师沙巴书写经书使用的文字，也属于形意文字类型的民族古文字。其文字类型虽然与纳西族的东巴文相同，但是东巴文图符着色与不着色不区别意义，而尔苏文则同样的图符以不同的颜色表示不同的意思，在图符中颜色显得格外重要。

第一章 中国少数民族古文字与古籍文献综述

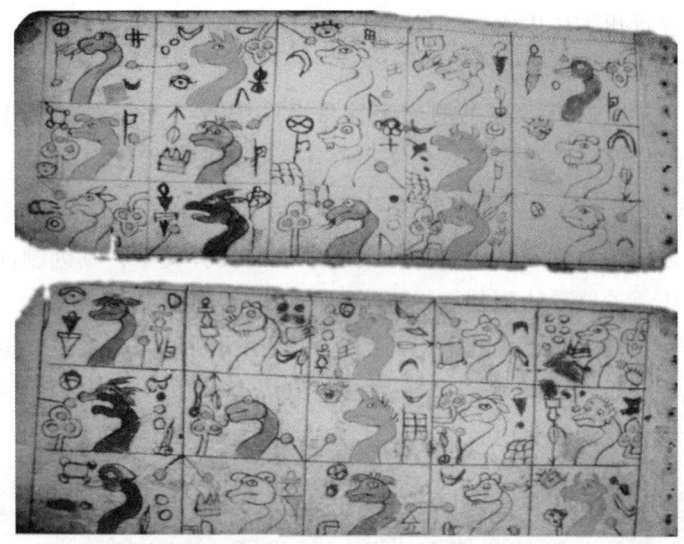

图1-2 尔苏沙巴文

3. 水书

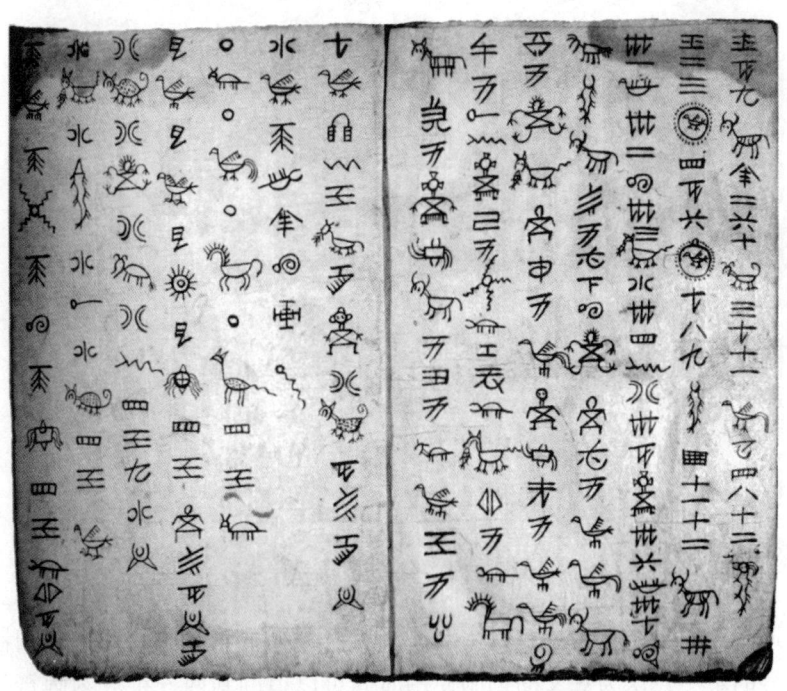

图1-3 水书《正七》

（书影开本31cm×21cm，中国民族图书馆藏品，参见中国国家图书馆、中国国家古籍保护中心编《第二批国家珍贵古籍名录》第十册，349页，国家图书馆出版社，2010年9月）

居住在贵州省境内水族的水书先生从事本族阴阳占卜、历算、择日等活动，使用的文字称之为水书。

据有关专家研究，水书的文字符号系统中有一部分符号属于象形文字，另一部分符号则来源于其他文字符号，主要来源于汉文。

（二）表词义音文字的创制使用情况

西南地区彝族创制使用的古彝文属于表词义音文字，其创制使用的历史比较悠久，虽然具体创制年代不详，但是随着研究的深入和有字文物的不断发现，对其创制年代的认识与确定，都在不断地向前推进。据汉代夜郎王手印、堂郎辖区印等铜质彝文古印和济火纪功碑等彝文石刻文献资料，可知彝文的创制使用必早于汉代。

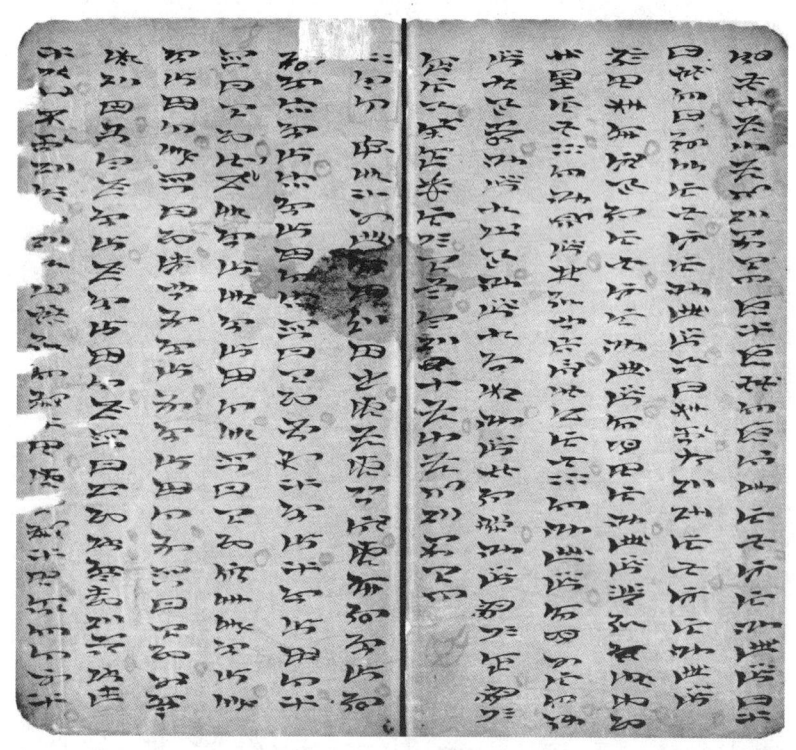

图1-4　彝文《祭奠亡灵经》书影

近年有的研究者根据可以用彝文释读巴蜀铜戈铭文和西安半坡陶器刻画符号的事实，认为彝文的创制使用时间可以追溯到西安半坡刻画符号的产生年代。有的研究者根据多种考古资料的比较分析结果，认为彝文起源于中国古代各种陶器和石器刻画符号，并指出：这些刻画符号经历了8000年左右的漫长历史，逐渐形成一种文字，即与先秦六国古文相同的遗留至今的古彝文。还认为这种文字曾是夏代的官方文字，为夏代文化立下了汗马功劳。总之彝文是一种很古老的民族文字。

彝文有上万个不同的单字，其造字法和用字法与汉字的六书相似，亦有象形、会意、指事等。用彝文著书立说者甚多，尚有大量的文献古籍和金石铭刻传世。其内容涉及彝族社会历史和传统文化以及宗教民俗等各个方面，是研究彝族和彝语支民族的重要文字依据，也是研究人类社会发展史和中国古代历史文化极为难得的珍贵文献资料。彝文笔画较少，便于书写，加之流传广、应用范围宽，故一直沿用至今。

## 二、依据外来字母创制的各民族文字

属于外来字母文字类型的民族古文字，无论是字母的体系和来源，还是传入和创制时代都各不相同。可按语系简述其各自的创制使用情况。

### （一）印欧语系使用外来字母创制的民族古文字

在印欧语系民族古文字中要数佉卢字使用的年代最早。它是一种由音节字母组成的文字，自右而左横书，公元前就传入中国，于2～4世纪通行于新疆于阗、鄯鄯地区。

1. 佉卢文

佉卢文最早源于古代印度的犍陀罗，是公元前3世纪印度孔雀王朝的阿育王时期的文字，全称"佉卢虱底文"。

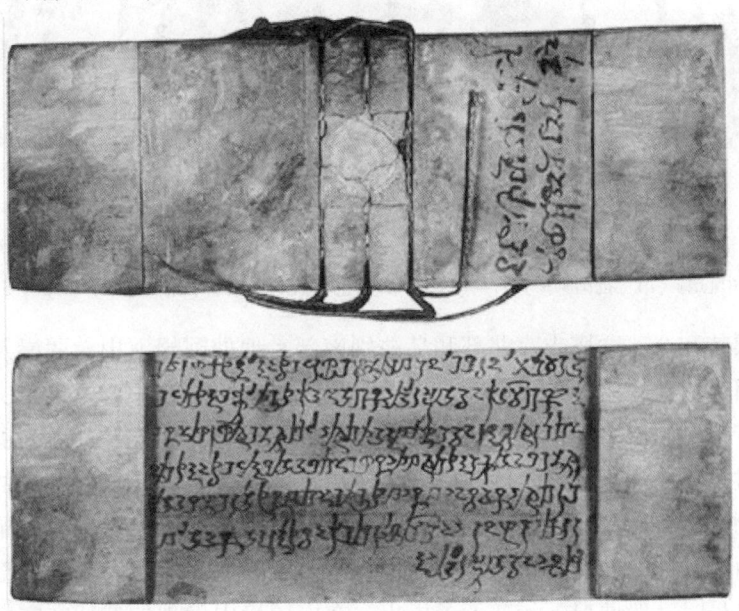

图1-5　佉卢文

这种文字最早在印度西北部和今巴基斯坦克什米尔一带使用，公元 2 世纪时在中亚地区广泛传播，在丝绸之路各地使用到 7 世纪。佉卢文字大约和印度的婆罗米文字的产生时间相近，但婆罗米文字在印度和东南亚派生出许多文字，而佉卢文没有什么后继文字，最后被婆罗米文字取代。由于佉卢文使用时正是佛教发展时期，所以有许多佛经是用佉卢文记载的，并通过丝绸之路向中亚和中国西部流传。

2. 粟特文

粟特文也是传入中国西域的一种较古老的文字，尚存的文献有佛经体、古叙利亚体、摩尼体三种字体，内容为公元 2～11 世纪书写的佛教、景教和摩尼教经典及书信和铭文。

**图 1-6 粟特文《粟特文书信》局部原件**

(9 世纪中叶写本，长 268cm，吐鲁番博物馆藏品，参见中国国家图书馆、中国国家古籍保护中心编《第三批国家珍贵古籍图录》第八册，4 页，国家图书馆出版社，2012 年 5 月)

粟特在今苏联塔吉克北部和乌兹别南部，地处阿姆河中游两岸及泽拉夫善河流域，在希萨尔山以北，以萨马尔干、布哈拉为中心。粟特文记录的粟特语，属于中期伊朗语的东部方言。粟特人曾对回纥及其后人的文化产生过重要作用。维吾尔族先民曾经使用过的回鹘文就是在粟特文的基础上创制的。粟特文文献大都是基督教、摩尼教和佛教等宗教内容。粟特文字母由一种地区性的阿拉美字母发展而来。它和塞姆字母一样，全部都是辅音符号，一般情况下元音不予标出。在中国境内发现的粟特文文献主要有三种字体，即标准体、摩尼体和古叙利亚体。因字体不同，其字母数量也各不相同。

3. 焉耆—龟兹文

20世纪初在中国新疆发现的用中亚婆罗米斜体字母书写两种印欧语系语言的文字就是焉耆—龟兹文。

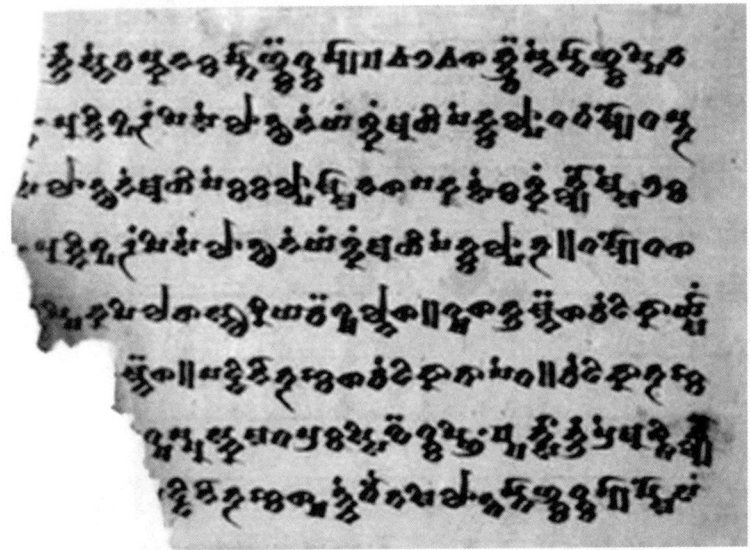

图1-7 焉耆—龟兹文

这种文字于公元3～9世纪在新疆吐鲁番、焉耆、库车等地使用，字母使用印度婆罗米斜体书写，其使用者的语言，习惯上称之为"吐火罗语"，又将当时分布在焉耆、高昌（今吐鲁番）一带的称"甲种吐火罗语"，分布在龟兹（今库车）地区的称"乙种吐火罗语"。目前发现的吐火罗文献大多为5～8世纪的资料，其内容相当丰富，有文学作品、佛教经典、医卜咒语、课本字书、公文账册及石刻碑记等，在印欧语系比较语言学和中国西域古代文化历史的研究方面有重要价值。

4. 于阗文

由塞族居民使用的"于阗文"于公元5～11世纪传入新疆于阗地区。这种文字是用婆罗米字母笈多字体书写的，已发现的文献资料有佛经、旅行记、奏章、书信、账册等，这些文书中有许多名称采用汉语，有些地方间用汉文，并使用汉文年号，可见当时该地区与中原地区关系之密切。

图1-8　于阗文木牍

上述四种古文字，早已停止使用，尚保存的丰富文献资料都是近百年来在当地古代遗址中发现的，据研究，使用这些文字的古代民族的语言都属于印欧语系。

**（二）阿尔泰语系使用外来字母创制的民族古文字**

1. 突厥文

公元7～10世纪突厥等古代民族使用过的一种音素、音节混合文字，史称突厥文。这种文字，又被称为突厥如尼文、鄂尔浑—叶尼塞文等。

公元7世纪以后，突厥汗国、高昌回鹘王国都曾使用过这种文字，黠戛斯、骨利干族也使用过这种文字。保存下来的突厥文文献以碑铭为多，在新疆、甘肃等地还发现过突厥文占卜书、军事文件等珍贵文献。

图 1-9　突厥文贝叶子形文书

（http://yanjiu.folkw.com/uploadfiles/2011-12-26/20111226_161318_785.jpg）

2. 回鹘文

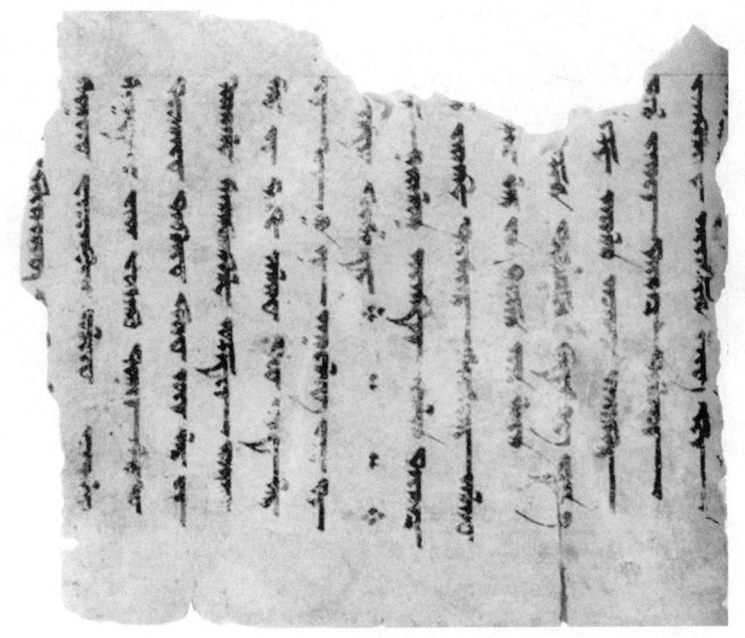

图 1-10　回鹘文《大般涅槃经》北宋写本残片

（开本 19.5cm×23cm，参见中国国家图书馆、中国国家古籍保护中心编
《第二批国家珍贵古籍名录》第十册，116 页，国家图书馆出版社，2010 年 9 月）

公元 8 世纪维吾尔族先民回鹘人用粟特文字母创制拼音文字，史称回鹘文。这种文字于 9 世纪在高昌王国得到广泛使用，13～15 世纪曾是金

帐汗国、帖木尔帝国和察合台汗国的官方文字，先后在新疆广大地区使用了 800 多年，留传下来的文献有大量的佛教经典，此外还有文书、字据及文学、医学、历法等书籍和很多碑铭。回鹘文对阿尔泰语系许多民族的文化发展产生过极大的影响。虽然，新疆的广大地区由于伊斯兰教的传入，回鹘文被用阿拉伯字母创制的察合台文所代替，但是历史上不仅保留了一大批珍贵的回鹘文文字资料，而且蒙古文、满文和锡伯文的来源都可追溯到回鹘文。

3. 察合台文

公元 13 世纪以后，随伊斯兰教的发展，在维吾尔族等先民突厥部落中停止使用原来的回鹘文而创制使用一种依据阿拉伯字母创制的文字，史称察合台文。

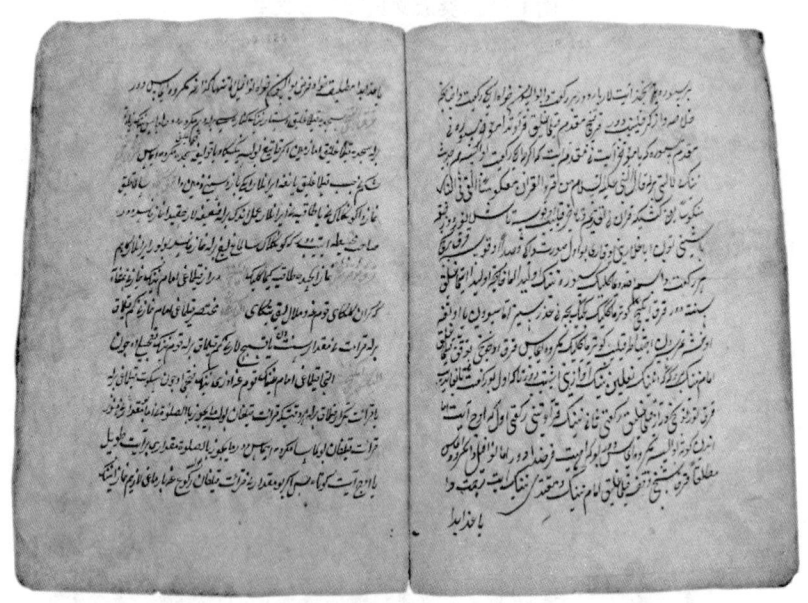

**图 1－11　察合台文《医药处方书》页面书影**

（开本 23.8cm×13.5cm，参见中国国家图书馆、中国国家古籍保护中心编《第三批国家珍贵古籍图录》第八册，172 页，国家图书馆出版社，2012 年 5 月）

这种察合台文字，后来演化发展为现代阿拉伯字母形式的维吾尔文、哈萨克文和柯尔克孜文等。

4. 回鹘式蒙古文

公元 13 世纪初，蒙古族用回鹘文字母创制拼写蒙古语的竖写文字，称之为回鹘式蒙古文。

**图 1-12 蒙古文《大般若波罗蜜多经》清刻本**
（开本 23.7cm×67.5cm，参见中国国家图书馆、中国国家古籍保护中心编《第二批国家珍贵古籍名录》第十册，172 页，国家图书馆出版社，2010 年 9 月）

元代推行八思巴文，这种文字曾被限制使用，到元代后期才又逐渐通行，直到 17 世纪初演化为现在仍使用的蒙古文和新疆的托忒蒙古文。现在尚存的回鹘式蒙古文文献内容有写本、刻本、碑铭、印文和符牌等。

5. 八思巴文

元世祖忽必烈即位后，命国师八思巴创制"蒙古新字"，史称八思巴文。此种文字多数采用藏文字母，自左至右按音节书写，不仅用来拼写蒙古语，还用以译写汉语、藏语、梵语、维吾尔语。其用途之广，为别的文字所不能及。这种文字使用的时间不长，元朝灭亡之后就渐被废弃。刻写此种文字的文物有碑刻、印章、牌符和钱币，还有《蒙古字韵》《百家姓》《萨迦格言》（蒙译本）等数种，是研究古代民族历史文化和语言文字情况的珍贵资料。

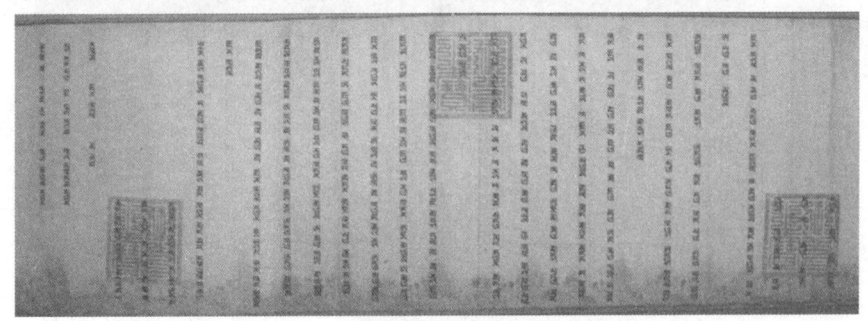

**图 1-13 八思巴文书影《薛禅皇帝圣旨》**
（载于史金波、黄润华著《中国历代民族古文字文献探幽》（图13），中华书局，2008 年 5 月）

11

### 6. 满文

满族在入关之前，使用的是蒙古文字。1599年努尔哈赤命额尔德尼、葛盖依照蒙古文字母创制满文，称为"无圈点满文"或"老满文"。后因老满文不能准确记录满语语音，需要改进。于是，皇太极命达海改进老满文，并于天聪六年（1632）正月，颁布新满文12字头。这种新满文规范了字母形式，较准确地区别了原来不能区分的语音，还增加了一套拼写外来语（主要是汉语）的字母，称为"有圈点满文"或"新满文"。老满文只使用了30余年，保存至今的历史文献不多，最大的一部就是《满文老档》。新满文作为清朝的官方文字之一，使用了200多年，留下了大量满文文书档案，仅中国第一历史档案馆所收藏的满文档案就有145万余件之多。这些是研究清代中国社会历史文化的重要文史资料之一，也是考察研究清代满族语言文字的重要文献依据。

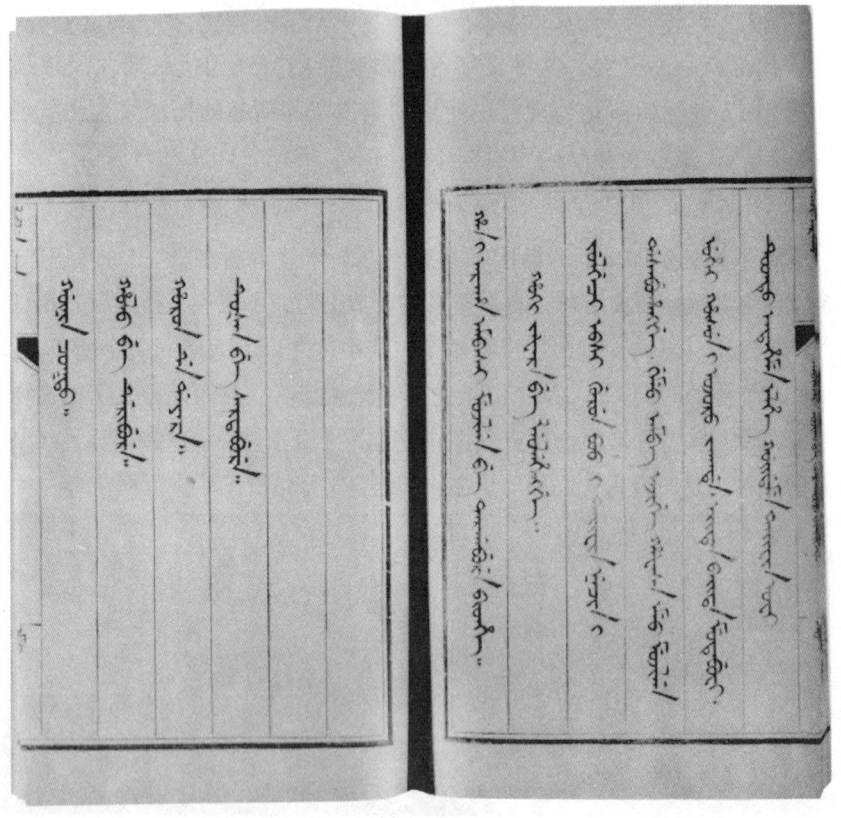

图1-14 满文《御制人臣儆心录》
（国家图书馆藏）

## （三）汉藏语系使用外来字母创制的民族古文字

1. 藏文

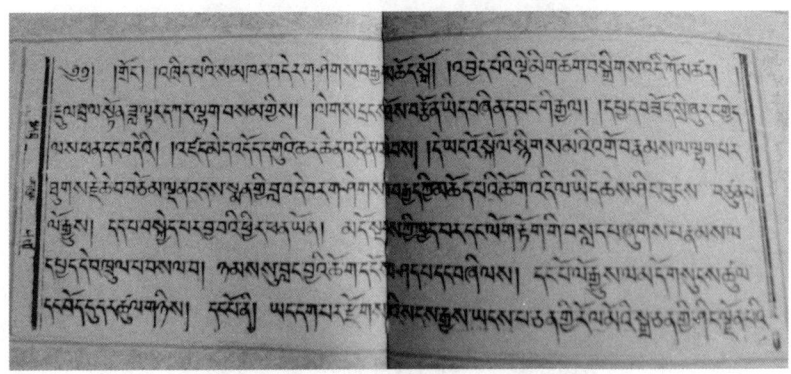

图 1-15　藏文

公元 7 世纪中叶吐蕃 33 辈法王松赞干布在位时，派遣屯米桑布扎赴天竺学习梵文和佛法。屯米桑布扎学成之后返回吐蕃，遵照法王旨意，根据藏语的实际，参照梵文制定藏文。藏文创制后做过两次较大的修订：一次是在 9 世纪初叶，藏王热巴巾时，以噶、觉、尚三位大译师为首的一批译师，根据当时藏语发展的情况，对藏文字母做进一步修订；另外一次是从 11 世纪至 15 世纪初叶佛教复兴时期的 300 多年间，大译师仁青桑布等 160 多位译师对藏文做零星的修订。以藏文著录存世的文献典籍浩如烟海，涉及吐蕃时期藏族的语言、文学、宗教、天文历算、医学等方面的内容，是研究西藏吐蕃时期的典章制度、经济体制、社会结构、民族关系的珍贵文史资料。

2. 傣文

图 1-16　傣文书影《释迦摩尼成佛记》

（清刻写本，梵夹装，开本 6.5cm×50cm，中国社会科学院民族学与人类学研究所藏品，参见中国国家图书馆、中国国家古籍保护中心编《第二批国家珍贵古籍名录》第十册，339 页，国家图书馆出版社，2010 年 9 月）

**图 1-17　傣文书影《青年国王八册》**

(清同治三年(1864)刻写本，梵夹装，开本 5.0cm×48.2cm，
中国民族图书馆藏品，参见中国国家图书馆、中国国家古籍保护中心编
《第三批国家珍贵古籍名录》第八册，256 页，国家图书馆出版社，2012 年 5 月)

  大约在公元 6～8 世纪小乘佛教传入西双版纳傣族地区，随着小乘佛教的传播，先后创制了四种傣族文字，即：傣仂文、傣哪文、傣绷文和金平傣文，又统称为老傣文。

  这四种文字皆自左向右横书，都是从梵文字母衍化而来，但字的形体却各不相同。其中傣仂文历史最为悠久，对其创制时间，由于缺乏明确的文字记载，暂无确切的定论。有关专家根据文献考证后指出："西双版纳在 13 世纪后半叶已使用傣仂文，这是不成问题的。"与此同时，有的专家对傣族历史沿革和社会发展情况以及小乘佛教传入时间等进行考察分析后，进一步指出："不排除公元 6～8 世纪为傣仂文的创制时代。"值得一提的是傣仂文还是一种跨国使用的民族文字，这种文字不仅使用于我国西双版纳等傣族地区，同时还使用于泰国的清迈和缅甸的景栋。各地对其称谓有所不同，如使用于清迈的称为傣允文或清迈傣文，也称兰那文；使用于景栋的称为傣痕文。虽然，有傣仂文、傣允文（兰那文）、傣痕文、老挝经文等称谓，个别字母也有出入，但是，三个地区的文字总体上的差别微乎其微，无论是字母形式，还是拼写法和正字法都是一致的，实际上是一种文字，即人们所统称的"经典文"或"经典傣文"。傣哪文的创制使用时间要晚一些，大约在公元 14 世纪。傣绷文与缅甸的掸邦的掸文基本相同，据缅甸历史上将 1287 年到 1531 年称为掸族统治时期和掸族在这个时期文化较高的情况来看，傣绷文的起源也一定很古老。至于金平傣文，与越南莱州一带的傣族文字很相似，因资料不足，其创制年代还不清楚。从这四种傣文文献的保存情况来看，数量最多、内容最丰富的是傣仂文，其次是傣那文，傣绷文不多，金平傣文则未见。就傣文文献的质地而论，贝叶经最著名。以文献的内容而言，涉及政治历史、法律道德、宗教经典、天文历法、农田水利、科技语文、迷信占卜、文学唱词等傣族社会历史和传统文化的方方面面，是研究傣族的历史文化及语言文字使用情况的重要文献依据，也是探讨中国西南地区与东南亚诸国的文化交流、语言接触等方面的珍贵资料。

19 世纪中叶以后，随着西方基督教的传入，传教士根据中国西南地区诸少数民族的语言特点，用拉丁字母分别创制了拉祜文、苗文、彝文、傈僳文等多种民族文字，主要用来翻译《圣经》等宗教读物，没有形成以著录本民族传统文化为主的民族文献古籍，但对西南各民族的宗教信仰和文化教育曾产生过一定的影响。

### 三、仿照汉字创制的各民族文字

属于仿造汉字类型的民族古文字，既有汉藏语系部分民族使用过的文字，也有其他语系民族使用过的文字。虽然，这些古文字都先后停止了使用，但是，或多或少还有一些文献古籍流传于今世。这一类型的民族文字，学术界又称之为汉字系统的文字。现按语系将这一类型民族文字的创制使用情况分别简述如下。

**（一）汉藏语系仿照汉字创制的民族古文字**

属于仿造汉字的民族古文字中，西夏文最为特殊，其他文字则大同小异。

1. 西夏文

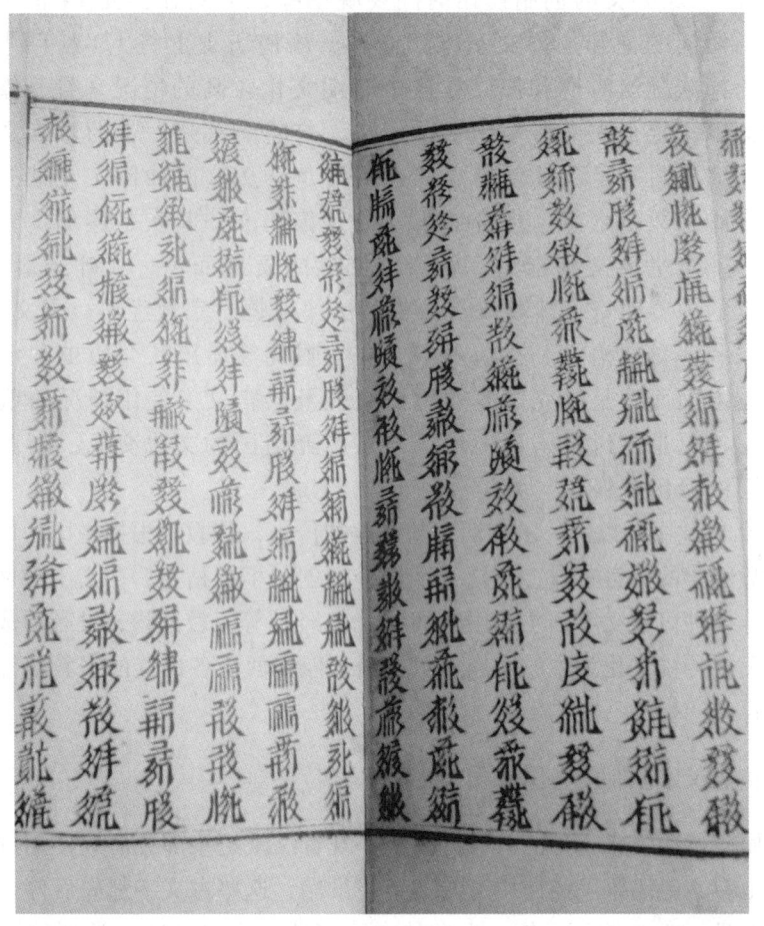

图 1-18　西夏文

公元 11～13 世纪，党项民族所建立的大夏（西夏）国创制使用一种文字，史称西夏文。这种文字的基本笔画和字体仿汉文楷书，但与汉字不同，笔画繁多。另有篆书和草书。西夏文每字由一块或数小块组成，一般分上、中、左、右、下等块，各块都有含义。在西夏文中以会意字为主，总字数 6000 余字。西夏文虽然已经成为死文字，但是有一些极为珍贵的文献典籍一直保存至今，其中有用西夏文翻译的汉文典籍和藏文佛经，还有刻写西夏文的碑刻、官印、禁牌、钱币等文物。是考察西夏国历史文化的重要文献资料，特别是西夏文典籍中的《文海》等几部语言文字著作是研究中国语言文字历史极为难得的实例和书证。

2. 古壮文

广西壮族使用过一种仿照汉字创制的文字，称之为"方块壮字"，或称"土字""土俗字"等。

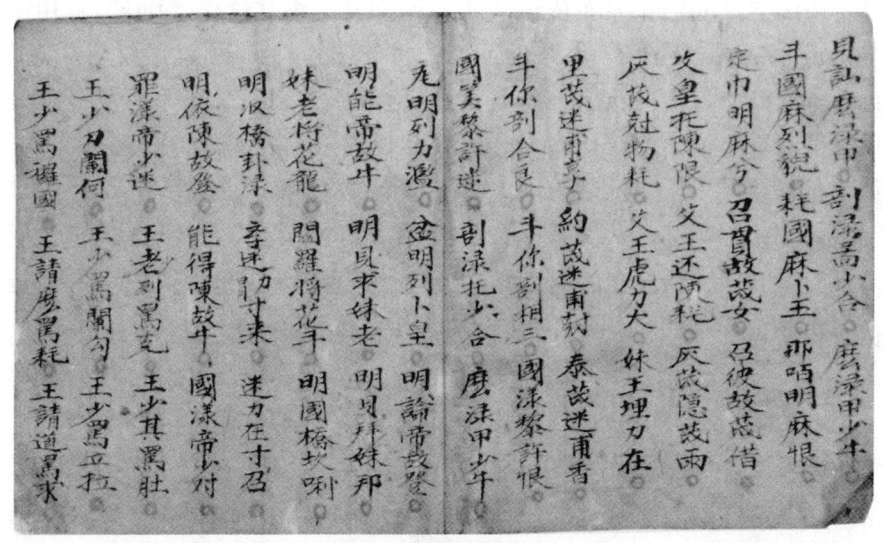

图 1-19　古壮文

这种文字的构造比较复杂，通常是由两个汉字组成，所取的汉字有繁体字，也有简体字，大部分是按汉字的形声造字法创造的。即：用一个读音与壮语相同或相近的汉字做壮字的音符，用另一个意义与所造壮字意义吻合的汉字或汉字偏旁做形旁。如："刀"和"叉"合为一字，壮语读若cax，字义为"刀"；"布"与"衣"合为一字，读若buh，义为"衣服"；"达"与"刀"合为一字，读若dat，义为"削"。一般认为壮族人民至少在唐代就已经仿照汉字创造了这种方块文字。1000多年以来，他们用方块壮字抄写山歌、民间故事、神话传说等，留下了珍贵的文化遗产，是壮族历史文化研究的重要文史资料。

3. 古布依文

早在唐宋时期，布依族地区与中原汉族地区交往日益频繁，部分布依族宗教职业者学会了汉语文，于是开始借用汉文记录本民族口耳相传的经文，但是为数极少。到了明代学习使用汉语文者日渐增多，借用汉文记录书写布依族摩经的情况也逐渐多起来，他们在借用汉字记录本民族语言的基础上，逐步融入一些自创字，使之准确记录本民族语言。布依族仿汉字系统中有三种借用与造字方式：其一，借音。就是用汉字读音与布依语语音相同或近似的字记录布依语，例如：以"拜"字记"去"读作［pai¹］；以"文"字记"人"读作［vɯn²］；以"迷"记"不"读作［mi²］等。其二，借形义。就是用汉字记录布依语词义，例如：用汉字"儿"记录布依语"儿"的词义，将其读作［lɯk⁸］；用汉字"说"记录布依语"说"的词义，将其读作［nau²］；用汉字"远"记录布依语"远"的词义，将其读作［tnau²］。其三，借形音义。就是用汉字记录布依语与汉语音义相同或相近的语词，例如：以汉字"早"记录布依语"早"读作［sau⁴］或［çau］；以汉字"鸡"记录布依语"鸡"读作［kai⁵］；以汉字"金"记录布依语"金"读作［tçim¹］或［kim¹］。其四，借汉字的偏旁部首或固定字创新字。例如："仗"布依语读作［vɯn²］，义为"人"；"日大"布依语读为［ta¹］，义为"大"；"粎汪"布依语读作［wɯəŋ²］，义为"小米"。

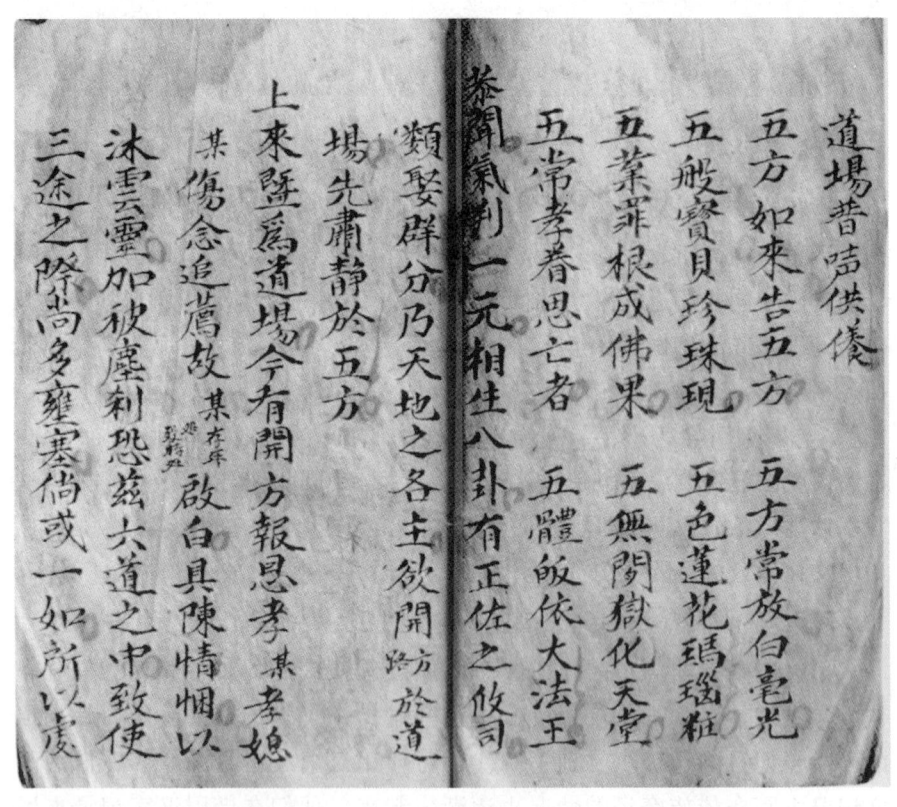

图 1-20　古布依文

4. 古白文

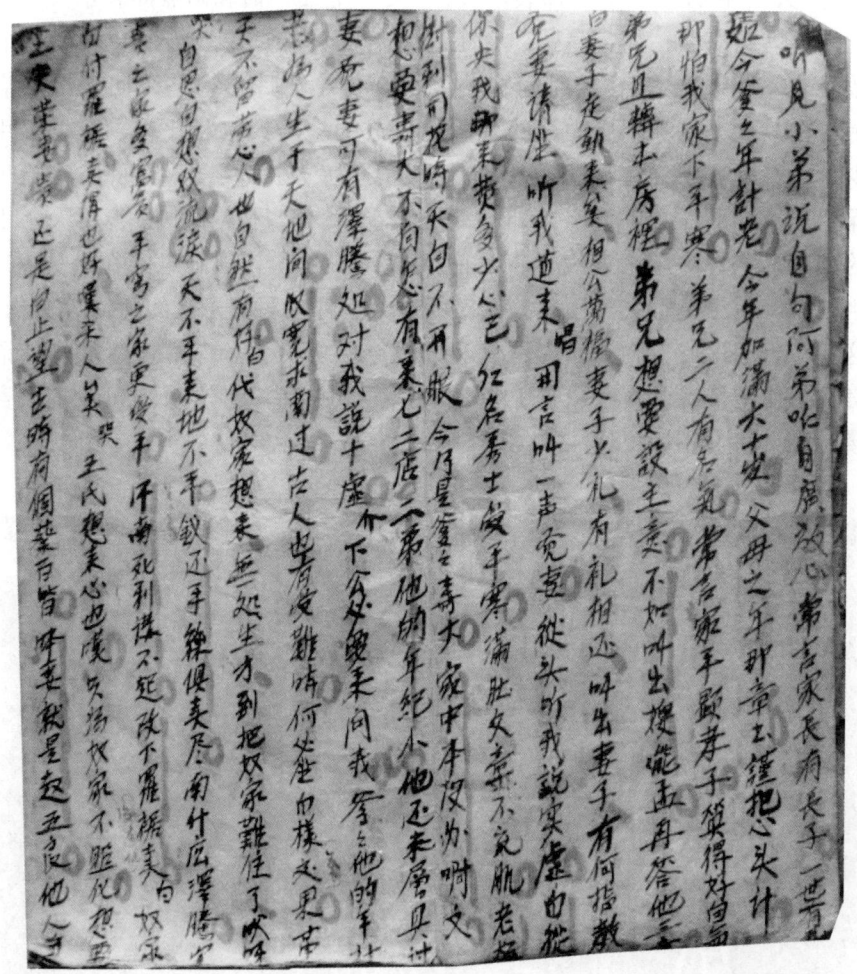

图 1-21　古白文

南诏末期，即公元 10 世纪末，白族人民就开始利用汉字记录白语，创造了一种用增损笔画构成的白文。用这种文字著述，留下了一些白文文献。其中《白古通》《西南列国志》等名著，对研究白族文化历史和考察西南民族关系史都具有重要的文献价值。此外，古苗文、古侗字、瑶文等也属于这一文字类型。

（二）阿尔泰语系仿照汉字创制的民族古文字

1. 契丹文

宋辽时期的契丹人曾经使用过一种仿照汉字创制的文字，称之为契丹文。这种文字又分为大字和小字。契丹大字是增减汉字笔画而成的，如："天"下加一"土"即表示天；"大"上加一横和两点即表示大。有的完全借用汉字，如：皇帝、太王、太后、日、月等。传说契丹大字的数目达"数千"，造字的时间在公元 920 年。契丹小字是受回鹘语文启示，在改进大字和利用大字的基础上形成的。与大字相比较，它可以用少量的符号表示完备的内容，于是被称之为"小简字"。契丹小字除了保留了大字那样的表意字之外，都是表音字。契丹小字中除袭用大字中的表意字之外，用来做表音符号的字有 378 个，其创制时间在公元 924 年以后。由于契丹文停用已久，仅留下数十种刻写契丹文的碑铭等文物。这些珍贵的民族文物是研究古代北方民族历史文化和考察古代契丹族语言文字使用情况的文字依据，也是汉藏语系与阿尔泰语系之间发生语言接触和文字借用历史悠久的见证。

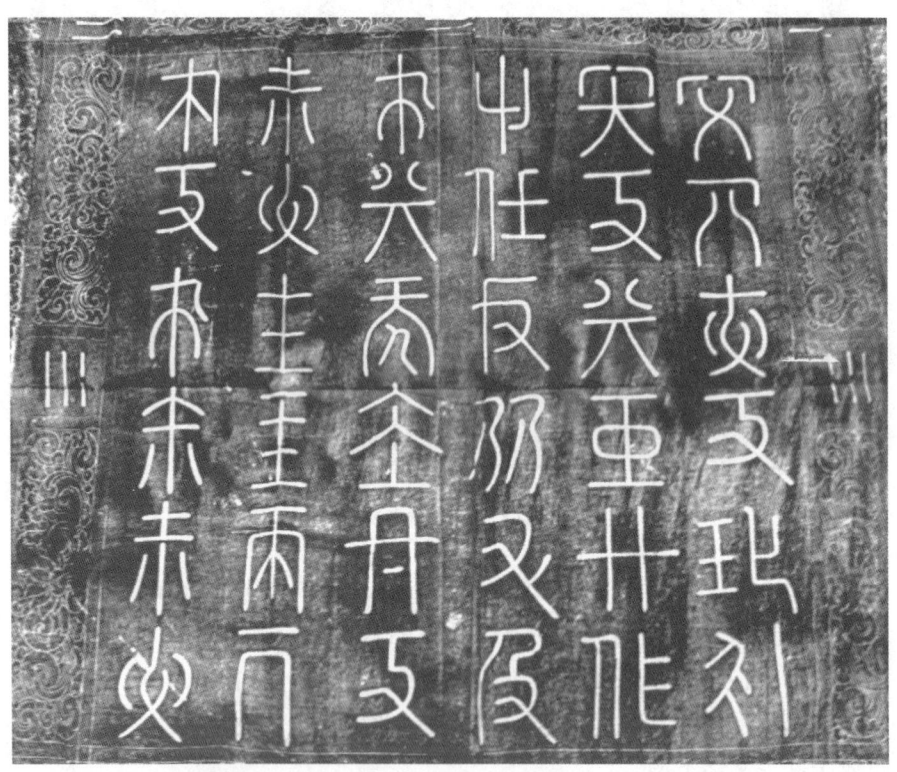

图 1-22　契丹文

2. 女真文

女真族初无文字，建立金国之后，太祖阿骨打即命完颜希伊创女真字，颁行于金天辅三年（1119），称女真大字。

至金熙宗时另制女真小字，与希伊所制大字并行使用。今存女真文文献确有大字和小字两种，以大字居多。传世的女真文文献有字书、碑刻、墓志、佛塔题记等。虽数量不多，但都是研究辽代及女真族历史文化的珍贵文献资料。

图 1-23　女真文

（三）语系未定民族仿照汉字创制的民族古文字

朝鲜族曾经使用过的"吏读文"和"训民正音"也属于仿照汉字类型的文字。

中国少数民族古籍文献整理研究

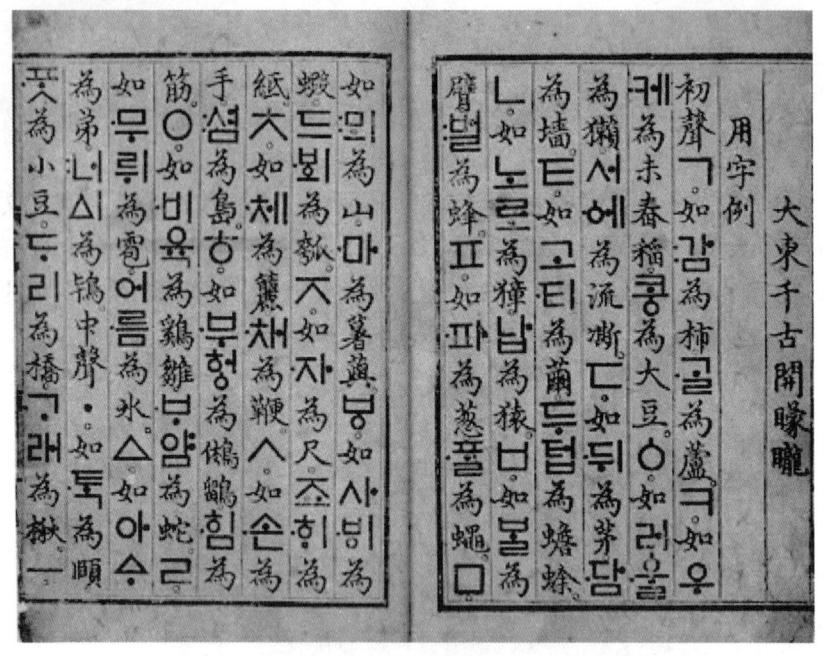

图 1-24　吏读文
(http://blog.sina.com.cn/s/blog_4d40cc3d0100aafj.html)

　　朝鲜族祖先最晚在公元 5 世纪以前就开始使用汉文,他们在长期使用汉文的过程中试图借用汉字记录本民族语言,并制定出一种借用汉字来记录朝鲜语的"吏读文"。广义的吏读包括借用汉字记写朝鲜语的一切形式,以及借用汉字记写朝鲜语固有名词的形式等。狭义的吏读则指按照朝鲜语的句法特点改造汉字,并添加一些词尾的记写形式。例如:将汉语文"凡知同伴人欲谋害他人,不即阻挡救护,及被害之后不首告者,杖一百"一句,译作"吏读文"为"凡同伴人亦　谋害人乙　谋害为去乙　知道知遣即时遮当禁止　救护不冬为弥　他人亦　被害后良中置　现告不冬为在乙良　杖一百为乎事"。到 10 世纪以后,吏读文成为官方文字,但始终存在着难以弥补的缺陷,因为汉语和朝鲜语是两种不同语系的语言,所以用汉文很难做到准确地记录朝鲜语。于是到了 15 世纪,他们在总结使用汉文及吏读文经验的基础上,利用当时已经取得的音韵学研究成果以及对周围民族文字的研究所积累的有关表音文字的知识,创制了便于记写朝鲜语的"训民正音"。这一文字始创于 1443 年,并于 1446 年正式颁布。当时刊行的书名亦叫《训民正音》。这种文字的组字原理与汉字传统的注音方法反切相似,故又称"反切"。训民正音原有 28 个字母,其中包括 17 个初声

22

字和 11 个中声字。正音文字系音位文字，同时具有音节文字的性质。一个音节可分为"初声""中声""终声"，书写以音节为单位组合成方块。这种文字问世 50 年之后，被禁止使用，但在民间使用和学术研究方面的应用从未间断，直到 19 世纪末正音文字又被重新宣布为官方文字，被称为"国文"，从此正音文过渡到现代朝文阶段。历史上用正音文字著录的文献典籍颇多，是研究朝鲜族社会历史和传统文化的重要文献依据，也是考察朝鲜族语言文字与周边各民族语言文字之间关系的珍贵资料。

## 第二节　卷帙浩繁、内容丰富多彩的中国少数民族古籍文献

各民族在历史上创造的文化成果，主要的部分都记录在各自的古籍文献之中。因此，各民族古籍文献是一笔难以估量的知识财富，是中华民族创造力的结晶，也是迈向新世纪、创造新生活可资借鉴的珍贵历史文化遗产。我国少数民族大多地处边陲，自古以来，就劳动、生息、繁衍在这些土地上。从秦汉以来，汉族知识分子用汉文记录了诸多少数民族地方的情况；一些少数民族中的知识分子也用汉文或少数民族文字写下了不少的著作。在这些遗留下来的古文献中，既有关于物产、交通、气候等方面的资料，也有关于政治、民族关系等方面的记录，还有体裁多样和题材丰富，并具有民族风格与地域特色的文学艺术作品，特别是有许多思想犀利、见解独到的文艺理论著述。总的说来，中国少数民族古籍文献大体包括三个部分：一、用少数民族古文字记载的文献典籍和历史文书，还有一些金石铭刻；二、有关少数民族资料的古代汉文古籍文献；三、各民族世代流传下来的具有重要历史文化、学术研究价值的口传文史资料。

**一、用少数民族古文字记录的各民族古籍文献卷帙浩繁**

我国历史上，少数民族曾经使用过 30 多种民族古文字，留下了古彝文、纳西东巴文、古突厥文、藏文、回鹘文、蒙古文、满文、古壮文、古布依文、傣文、瑶文等诸多文种的文化典籍和文献资料。

从目前各民族文字古籍文献的收藏情况来看，国内外的一些著名图书馆、民族地区的省市图书馆以及各大专院校图书馆、科研单位的图书馆、资料室、寺院等分别收藏着各文种的大量古籍文献。如中央民族大学图书馆馆藏的民族古文献包括藏、蒙、满、彝、傣、纳西、西夏等诸多文种。其中不乏珍贵的文献或已绝版的书籍，如藏文《大藏经》纳塘版《甘珠

尔》部、《多仁班智达传》手抄本、《贤者喜宴》初印本、宁玛派契经《伏藏》，蒙文《蒙文汇书》《蒙古秘史》、蒙汉合璧《圣谕广训》，满文《盛京赋》，彝文《西南彝志》，傣文《德宏傣文》手抄本，《六种夷语》（含彝文和五个地区的傣文），等等。除此之外，该馆所藏的1153种拓片（包括西番、梵、西夏、回鹘、突厥、女真、蒙古、藏、满九种古文字金石碑铭）也是非常珍贵的民族古典文献。

　　以单一文种的古籍文献收藏情况而论，许多文种的古籍文献分别被国内外的图书馆或研究单位、寺院收藏。以藏文古典文献为例，按时间先后可分为两大部分。第一部分为吐蕃时期的古藏文文献，这个时期的文献由三个方面组成：其一，金石铭刻，内容包括会盟、记功、述德、祭祀、颁赏、封诰等；其二，敦煌石室藏文手卷，仅流失国外、现藏于伦敦大英博物馆和巴黎法国国家图书馆的就有5000多卷，国内还有相当一部分散存于民间；其三，敦煌和新疆南部偌羌米兰古堡出土的古藏文木简、文书、羊肩胛骨卜辞等，已发掘300多件。现存的藏文古籍文献，据初步调查了解，数量和种类都蔚为大观。如西藏自治区档案馆收藏20000多函约100000多册，哲蚌寺就收藏近10000函，萨迦寺收藏近6000函。又如甘肃省约有藏文古籍17886种，73507部（函本）。仅甘南藏族自治州拉卜楞寺就收藏约60000部（册），可分为全集、哲学、密宗、医药、声明、历史、传记、天文历算、工巧、数学、诗学等十多类。其中全集类177种21320部（册），哲学类15411部（册），传记类1931部（册），声明类249部（册），文法诗学类561部（册），天文历算、工巧类280部（册），医药专著495部（册）。

　　在中国少数民族古籍文献中，民族文字古籍文献的数量最多，内容亦最为丰富。这部分古籍文献由于文字流传范围的限制，过去很少为世人所了解，大部分没有翻译成汉文，非有关文种的专业人员无法问津，但这部分古籍包含着丰富的历史内容和实践经验的体察。有许多闪闪发光的著作，曾经照耀过一代代各民族的先民披荆斩棘、艰苦创业的历程，为后人留下了关于自然、社会和人生的特殊认识和深邃的思考。各民族人民的先民由于所处的自然条件和社会环境的差异，对事物有特殊的视角和体验，因此他们的认识就具有特殊的价值，这是多元一体的中华民族文化不可或缺的组成部分。由于它们用民族文字记载在古朴的纸张、竹简、木牍、桦树皮、布帛、羊皮和贝叶上，或铭刻在碑碣上，更显示出了民族文化特殊的魅力。这些民族文字古籍文献与汉文古籍文献并驾齐驱，优势互补，共同构成了中华民族古代典籍文化的灿烂宝库。在这座文化宝库中各民族文字古籍文献都具有同等重要的地位，各自的文献资料价值和学术研究价值都很高，理应高度重视。

## 二、用汉文记录的各民族古籍文献内容丰富

用汉文记录少数民族或少数民族地方志的情况极为普遍，中央民族大学图书馆藏的少数民族地区的地方志，就多达3200种，约占全国现存地方志8264种（据《中国地方志联合目录》统计）的38.5%。其中内蒙古地方志41种，宁夏地方志9种，青海地方志8种，新疆地方志78种，广西地方志58种，贵州地方志66种，云南地方志125种，西藏地方志44种。有的版本极为珍贵，为中央民族大学图书馆仅有，如《江川县志》清光绪抄本、《新疆四道志》抄本、《开化府志》抄本。

历代文人、史圣的著作中，以少数民族社会历史与传统文化及少数民族地区风情为著述内容的不缺其例。以云南地方文献而论，由于前人的重视和辛勤劳动，已经积累了大量的资料。如自司马迁《史记·西南夷传》专载云南地方民族史事以来，《汉书》《后汉书》及此后历代"正史"，都有比较系统的或分散于各"传""志"中的有关滇事的大量记录。又编年史如《通鉴》《明通鉴》，政书如《文献通考》《通典》《通志》《会典》及历代"统一志"等中，对云南历史、地理诸方面也都历代相承地做过系统载述。个人著作有关滇事的更多，最著名者如东汉杨终《哀牢传》，晋代常璩《南中志》、李充《云南风俗记》，唐代袁滋《云南行记》、韦齐休《云南行记》、李德裕《西南备边录》、樊绰《蛮书》、窦滂《云南别录》、韦琅《云南事状》，宋代辛怡显《云南录》、邓嘉犹《西南备边志》，元代张道宗《记古滇说》、张立道《云南风土记》、李京《云南志略》，明代韩宜可《云南稿》、彭纲《云南总志》、杨慎《滇载记》、田汝成《炎徼纪闻》、诸葛元声《滇史》、谢肇规《滇略》、徐霞客《滇游日记》，清代冯甦《滇考》、毛奇龄《蛮司志》、谢圣纶《滇志略》、檀萃《滇海虞衡志》、倪蜕《滇云历年传》，等等。另有专记各民族及南诏、大理的专著，最早者如传为唐人的《白古通》，此后有明代钱古训《百夷传》、阮元声《南诏野史》、顾应祥《南诏事略》、作者不详的《土司底簿》等。又清代齐召南《水道提纲》，专章记载云南水道；李诚《云南水道考》对云南水道的考述极精审。再如清代吴其濬《滇南矿产图略》、戴瑞微《云南铜政考》对云南矿产及铜务均有系统详明的载述。其他有关云南民族、山川、物产、边事、艺文、古迹等各方面的专书以及有关滇事的杂记、随笔、滇人著作的别集、总集、文集、诗集等，仅各史《艺文志》《经籍志》及各省、

县地方志中所著录或涉及者，就不下数千余种。

　　元代三部农书之一《农桑衣食撮要》是畏兀儿人鲁明善撰写的。这本书是他在安丰路（今安徽寿县）任肃政廉访司官员时写的。此书于元延祐元年（1314）出版。该书共分十二月令，按月记载农事操作和准备，对农民很有帮助。修撰辽、金、宋三史，是元代文化建设的一大盛事。契丹族建立的辽王朝和女真族建立的金王朝，相继在中国北方统治了一个世纪以上。而汉族建立的宋王朝虽然前后统治三个世纪，但始终未能统一全中国。"三国各与正统，各系年号"是符合历史实际的。参加修撰三史的有蒙古人、畏兀儿人和汉人。

　　研究中国民族史及各民族的历史与现状，汉文古籍中的二十四史和《清实录》，以及历代史家的著述和各民族地区的地方志，还有旅行家的笔录，赴边官员向朝廷的述职报告，当地政要、文人的著作等，都是重要的文献依据。可以通过这些著作大体勾画出中国多民族历史的基本轮廓。假如没有这些汉文文献资料，我们就无法知道中国历史上的三皇五帝、夷蛮戎狄，也无法知道北方的匈奴、南方的百越和西南的百濮，以及各民族在历史变迁过程中的分化与融合。这些记载一代又一代地延续了下来，构成了一部中国民族史。有些汉文古籍相当于当时的民族志，如东晋常璩的《华阳国志》，其中涉及西南30多个少数民族情况，记载了西南各民族的地理分布、风土人情、社会制度等丰富内容。唐初樊绰的《蛮书》，有如当时云南的少数民族调查报告。再如玄奘的《大唐西域记》，其中涉及今新疆地区诸多情况。不少汉文古籍中还记载有少数民族的文学作品，如春秋时的《越人歌》、汉代的《白狼王歌》、唐代的《南诏奉圣乐》、六朝时的《敕勒歌》，这些都已成为中国文学艺术史上的珍品。特别是无文字民族的历史文化研究，更需要参照汉文古籍中关于本民族历史文化的文献记载。因此，有关少数民族的汉文古籍文献，无疑是民族古籍文献的重要组成部分，它对研究少数民族情况的重要性，早已受到历代史家的重视。这部分古籍虽然重要，但已有大量的整理研究成果，已不是民族古籍整理研究的重点。我们现在要重视的是一部分长期流传在少数民族民间但很少为人所知的汉文资料，如瑶族的过山榜、白族的大本曲、布依族的巫词和古歌、广东壮族的歌堂书和民间宗教用书，以及各地少数民族用汉文记载的家谱族谱等。这些资料过去不见经传，不登大雅之堂，有的从未受到学人的重视，有的虽曾为民族学者关注过，但也未被系统地收集整理过。其实，这些资料对研究少数民族的社会历史、政治法律、文学艺术以及民间宗教，都有重要的价值，理应作为民族古籍加以收集、整理和研究。

### 三、口耳承传的各民族文史资料浩如烟海

我国各少数民族除了有丰富的民族文字和汉文著述的文化典籍之外，口耳承传的古代民族文史资料也异常丰富。因为无文字的民族，其历史文化主要依赖于口耳相传和世代承袭。有文字的民族，其历史文化可以用文字记录，但口耳相传的内容和范围往往超过了文字记载。事实上，在民族文字记录的古典文献中远古神话和创世史诗等，无疑是根据远古先民口耳相传的文史资料整理记录的，就是有些民族的英雄史诗，口传的范围也比书面传播更为广泛。例如：藏族的《格萨尔王传》虽然有多种手抄本和刻本传世，但是至今仍以口头传唱为主。有些文学作品也不例外，如彝族叙事长诗《阿诗玛》有着多种彝文手抄本传世，但传播范围远不及民间口头传唱那么广泛。就是文史著作的内容，同样存在双向传播的情况。如百科全书式的彝文名著《西南彝志》所辑录的许多文史资料，是当今口头传唱的古歌唱词。有文字的民族尚且如此，无文字的民族就更不待言了。他们的传统文化和一切社会实践积累的知识，以及创作的文学作品，无不用口耳相传的方式继承和传播着。于是我国各民族的口传文史资料，其丰富程度远远超出文字记载的古籍文献。没有文字的民族，对自己传统文化的继承和发展，主要靠口耳相传。他们通过代代承袭的传唱方式，保留了大量的文史资料。正如侗歌中所云："古人讲，老人谈，一代一代往下传；树有根，水有源，好听的话儿有歌篇；没有文字好记载，侗家无文靠口传。"其实，汉文文献早期也是靠口耳相传。这种口耳相传的材料，在古代便是史料。过去学者将古代的传说和当时文人、学士的言论与书本记载并重，也是有道理的。以此论之，少数民族古典文献除了典籍文书之外，还应该包括具有历史文化价值的口传文史资料。在各民族口耳相传的神话、传说、史诗、叙事诗、情歌、寓言、故事、谜语之中所包含的文史资料，例如苗族民间传唱的《苗族古歌》、侗族民间流传的《起源之歌》、彝族民间演唱的《梅葛》和《阿细的先基》、佤族民间传唱的《司岗里》、哈尼族民间传唱的《奥色密色》、拉祜族民间传唱的《牡帕密帕》、瑶族民间传唱的《密洛陀》、水族民间传唱的《开天立地》、景颇族民间传唱的《穆瑙斋瓦》等，被各民族视为自己的历史。其间虽然有一些神话成分，但是也包含着许多具有文史资料价值的内容，无疑是研究各民族历史文化的重要依据。

从上述情况来看，各民族世代流传下来的口头传承资料，其形成的历史已十分悠久。它们一代一代流传下来，有的已经定型，有的时有变异，但是，通过它们都可以追溯到这些民族的起源，并考察其早期历史和最初

的宗教信仰，亦能认识了解这些民族最原始的文学形式。原始宗教的颂词最初都是口头传承下来的，无文字民族就这样一代代传承，有文字民族后来就以文字的形式固定下来，成为宗教经典，也就是这些民族最早期的古籍。无文字民族口传的原始宗教资料有的演变成神话故事，有的演变成创世史诗，有的成为这些民族迁徙生息的历史记述。随着历史的发展，口传资料中还包括战争的传说、发明创造的故事、生产活动的经验和社会文化活动以及风俗习惯的叙述，它们就是这些民族最早的文学作品和历史文献。因此，这些口传资料与用文字记录的古籍具有同等重要的文化价值。

总的说来，包括了上述三个部分的中国少数民族古籍，就能够较为全面地反映全国各民族文化的全貌。首先它使每个民族的古籍能够得到较为全面的记录，其次它覆盖了我国55个少数民族，不管有文字的或无文字的民族，无一遗漏，这样就能使各民族历史上创造的文化成果得到全面的保护而不致失传。我们所说的各民族的古籍是各民族文化中各个学科知识的总汇，是各个民族在长期的历史发展过程中，认识自然、改造自然而求得社会发展进步的经验记录，也是对自然界事物发展规律和人类社会发展规律进行不断探索的认知成果，是一个民族对其所处的特定环境的适应能力及其创造活动的积累。可以说，每个民族在历史上所创造的文明成果和文化知识，都集中地体现在民族古籍之中。

## 第三节　中国少数民族古籍文献在中华民族文化中的地位和作用

正确认识和全面了解民族古籍文献的地位和作用，是正视我国国情、客观地考察和研究中国历史的需要，也是系统全面地认识和了解中华民族社会历史和传统文化的需要。中华民族的统一历史是各民族共同谱写的，在中国多元一体的文化格局中，各少数民族文化与汉族文化一样源远流长，共同丰富了中华民族的文化宝库，扩大了中华文化在世界上的影响。各民族在历史上保存下来的大量民族文字典籍和古文献资料，曾经为中华文化增光添彩，是中华民族最宝贵的精神财富，必将成为我们取之不尽、用之不竭的知识源泉。正确认识和对待少数民族古籍文献，取决于学术研究的科学态度。也就是说能否正确评价少数民族古籍文献的文化价值和系统全面地认识了解中国少数民族古籍文献的地位和作用，可以检验研究者是否能够做到客观公正和科学合理。它直接关系到如何正视中国历史，怎样看待中华文化多元一体格局的重大现实问题。因此，各民族保存下来的文化典籍和各种文献资料都是中华民族的共同文化遗产，具有同等的地位和作用，不该厚此薄彼，都应当引起我们的高度重视。

## 一、丰富多彩的民族古籍文献是中国文化知识宝藏的重要组成部分，并具有重要地位

我国民族众多，文化丰富多彩。我国是由 56 个民族组成的多民族国家，地域的不同和地理条件的差异，以及不同的生产方式和社会发展水平，影响着各民族的发展方向。特别是各民族在形成与发展的过程中，受到周围民族宗教和文化的影响，因而各民族都有自己独特的文化，但又不孤立绝缘。就外部关系来说，它和别的民族、别的国家文化之间有直接的联系；就内部关系来说，它又是由若干文化领域的子系统构成。因此，任何一部民族古典文献，无论其属于何种类型的文献，都是整个民族文化中的一个组成部分，它和其他学科文献之间，必然存在不同层次的联系。而各民族的古籍文献之间，既有一些共同成分，也有许多不同的内容，更有其不同的风格和特点。正因为如此，各民族古典文献从不同的视角和侧面，客观、真实地记录了中华民族共同文化的各个方面。有些民族古典文献所记载的文化思想和文学艺术成就，不仅在我国各民族中产生了影响，甚至对我国周边国家的民族产生了影响。以《格萨尔王传》为例：这部史诗作为古典文献传世，在国内外影响较大者为清朝康熙五十五年（1716）的版本。当年在北京用木刻出版了七章本蒙文《格萨尔可汗传》，从那以后引起了国内外的注意。蒙文版的《格萨尔可汗传》流传于广大蒙古族聚居区，在国外则流传于蒙古国、原苏联布里亚特蒙古自治共和国等地。藏文版《格萨尔王传》在国内广大藏族地区，以及土族、纳西族等地区流传，国外则流传于尼泊尔、不丹、锡金等地。对我国诸多民族和广大地区的社会历史和传统文化产生了极大的影响。[1]

我国各少数民族都有自己悠久的历史和灿烂辉煌的文化。以各种民族文字保存下来的文献古籍，是各民族创业和发展的历史记录，是作为事实见证的最确切的历史档案。我们从古代汉文文献中知道，春秋时代有南方壮侗语族著名的《越人歌》，汉代有藏缅语族的《白狼王歌》，北朝时有出于鲜卑人斛律金之口的《敕勒歌》。《敕勒歌》原文无存，但其汉译文"天苍苍，野茫茫，风吹草低见牛羊"至今仍脍炙人口，成为我国各族人

---

[1] 参见张公瑾主编：《民族古文献概览》，民族出版社，1997 年。

民共有的宝贵财富。但这些诗歌过于短小、零散，无法使人看到古代少数民族在文学上的贡献。在以前的中国文学史上，人们不知道有焉耆—龟兹文剧本《弥勒会见记》，不知道有回鹘文本和察合台文本的英雄史诗《乌古斯传》。同样，以前学中国哲学史的人，也不知道有维吾尔族先民的著作《真理的入门》和彝族先人的著作《宇宙人文论》。民族文字古籍为我们展示了中国古代文化的广阔视野，说明少数民族的祖先与汉族先民一起创造了中国古代的灿烂文化。

各个民族的古籍文献综合了各自民族文化中各个学科的知识。每个民族古籍的内容都非常丰富，涉及历史、哲学、文学、宗教、科技、医学，以及民俗、语言文字等诸多学科领域。各民族古籍文献记载的内容形成各自民族文化结构的总体系，其间不同时期的记载内容，集中地体现了各个时期民族文化的总体面貌。各个民族的文化结构总体与汉族文化总体不会是完全重合，各民族文化之间也有重大差异且各有优势，这就具备了互相取长补短的必要性和可能性。就以文学中的史诗这种体裁来说，各民族的情况就相当悬殊。汉族没有规模宏大的史诗，但北方少数民族有很多英雄史诗，如维吾尔族有《乌古斯传》，哈萨克族有《英雄托斯提克》，柯尔克孜族有《玛纳斯》，蒙古族有《江格尔》，藏族有《格萨尔王传》。藏族跨越南北，但带有较多北方民族气质，而且《格萨尔王传》也在甘肃、青海等北方地区广泛流传。《格萨尔王传》与《玛纳斯》《江格尔》一起，作为我国三大史诗，早已列入世界名著之林。比较起来，南方民族中的创世史诗和长篇叙事诗较多。创世史诗在彝族有《查姆》（云南）、《勒俄特依》（四川），纳西族有《崇班图》（或译《创世纪》），佤族有《司岗里》，哈尼族有《奥色密色》，拉祜族有《牡帕密帕》，壮族有《布洛陀》，侗族有《起源之歌》，苗族有《古歌》，瑶族有《密洛陀》，水族有《开天立地》，景颇族有《穆瑙斋瓦》，等等。而南方各族也都有多少不等的长篇叙事诗，如傣族、壮族各有长篇叙事诗数百部，十分惊人。傣族长篇叙事诗特别发达，主要原因是这里自然条件优越，物产丰富，生活比较富裕，社会相对安定，又有从事演唱的专业艺人和悠久的民族文字，而且还有本民族丰富的社会实践以及近邻国家和民族多方面的思想来源，于是有歌可唱，有事可叙。特别是长期保存在社会基层的农村公社制度，为长篇叙事诗的产生提供了最适宜的土壤。而北方民族的英雄史诗，大都产生于部落向部落联盟的过渡期。这些民族的人民，面对雄山大川、林海雪原，不仅要与风雪和猛兽搏斗，而且在部落兼并中战争频繁，于是孕育和创造了一代代刚毅无敌、所向披靡、战天斗地、建功立业的英雄人物，他们在历史舞台上演出了一幕幕悲壮激烈、惊心动魄的"剧目",为英雄史诗的产生准备了丰富的素材。因此,各民族的文化成果,在体裁上也是优势互补的,从而显示了中华文化的多样性。在中西文化比较中,西方人常夸耀:"我们有《伊利亚特》和《奥德赛》,你们有吗?"是的,汉族文学中的确没有那样宏大的史诗,但我们可以回答:"我们中华民族有!我们有《格萨尔王传》和《玛纳斯》,有《江格尔》。"这类少数民族史诗完全有资格与荷马史诗相媲美。中华文化博大精深,它在古代世界文化中放射出夺目的光彩,其光源不仅埋藏于富有创造力的汉族人民之中,也埋藏于构成中华民族的众多少数民族之中。浩如烟海的中国少数民族古籍文献,正是各族先民创造活动的结晶和见证,它无疑是中国古典文献的重要组成部分。[①]

## 二、民族古籍文献与汉文古籍文献可以相互补充或佐证,二者具有同等重要的文献史料价值

从"中国"的概念看,并不是专指任何一个民族及其建立的政权,而是众多民族和不同民族建立的政权都包括在中国的范围之内。在我国漫长的历史时期,有的王朝是汉族建立的,如秦、汉、隋、唐、宋,称为"中国";也有的王朝是少数民族建立的,如魏、元、清,是由鲜卑族、蒙古族和满族建立的,也被称为"中国"。以中原为正统,以"中国"为正统,是一个非常明显、明确的事情。清朝雍正皇帝在批驳反满的汉族文士时说:"在逆贼等之意,徒谓本朝以满洲之君,入为中国之主,妄生此疆彼界之私,遂故为讪谤低讥之说耳。不知本朝之为满洲,犹中国之籍贯。舜为东夷之人,文王为西夷之人,曾何损于圣德乎!《诗》言'戎狄是膺,荆舒是惩'者,以潜王猾夏,不知君臣之大义,故声其罪而惩艾之,非以其戎狄而外之也。"[②]雍正反对华夷之限,他主张在中国的土地上,不论是哪个民族,唯有德者居之,丝毫没有因自己是少数民族(满族)而不能做中国皇帝之意。

民族文字古籍文献分布于广大的边远地区,对于这些地区的史地人文情况,过去主要赖于内地派去的官员、使臣和汉族旅行家、宗教家的记述。这些汉文记述当然弥足珍贵,如《大唐西域记》对于西北地区、《交州外域志》《桂海虞衡志》对于两广地区、《蛮书》对于云南,都是极为珍贵的史料,而藏文的《青史》《红史》《白史》以及《吐蕃王统世系明

---

① 参考张公瑾:《民族古籍与民族古籍学》,《中央民族大学学报》2003 年第 6 期。
② 转引自李杰著:《中国少数民族文献探究》,民族出版社,2002 年。

鉴》、察合台文的《拉西德史》，彝文的《西南彝志》《彝族源流》《六祖经纬》，傣文的《泐史》等，则给我们保存了大量汉文典籍无法提供的人文史地资料，如成书于 13 世纪的《拉西德史》对中古新疆历史的记述，以及《满文老档》中保存的早期满族史料，就可补汉文史籍之不足。有的民族古籍所记述的材料，可与汉文史料相互印证，如成书于 14 世纪的藏文著作《红史》，其中对汉藏关系有详细记录，且进一步证明了西藏自古以来是我国版图不可分割的一部分。自古以来在我们伟大祖国版图内所发生的惊心动魄的历史事件和繁荣发展的历史进程，没有民族文字古籍就得不到全面完整的记载。因此，今人只依据汉文文献资料，而忽视少数民族古典文献资料，也就不可能做到系统全面地认识和了解中国社会历史与中华民族的传统文化。

## 三、各民族古籍文献是认识和了解中国诸多宗教文化形成与发展的重要文字依据

我国是一个幅员辽阔、民族众多的国家，也是一个多种宗教长期并存的国家。宗教信仰是我国各民族中普遍存在的一种社会现象。原始人类由于当时生产力水平十分低下，还不能理解周围经常发生的各种现象，如风雷雨电、地塌山崩、自然灾害、人的生老病死等，结果在心灵中产生了错误的、虚幻的反应，认为在人的背后总有一种神秘的、不可抗拒的力量在支配着人们的命运。于是引起了对各种自然现象和自然力量的崇拜，并企图用各种方法祈求它们降福消灾。这就逐渐形成了原始的宗教信仰——各种鬼神崇拜和自然崇拜。总之，原始宗教是由原始人类对于生理现象的不了解以及对各种自然力量的畏惧和无能为力而产生的。所以，在少数民族古典文献中关于原始宗教方面的记载与著述甚多，其间难免有迷信色彩和唯心主义的成分。但是，在原始宗教经典中不乏关于人类社会历史和思想智慧及其发明创造等的记载和论述。当世界三大宗教传入少数民族地区之后，除了系统的宗教经典被译为民族文字典籍之外，还不断产生了各种宗教派别对原宗教经典进行解说或阐释的论著，于是各民族宗教派别都拥有极具民族特色的本土化系列典籍。因此，我国各民族有关宗教方面的文化典籍文献异常丰富。

在我国，宗教问题往往与民族问题相联系。各民族都有程度不同的宗教信仰，除了固有的原始宗教之外，世界三大宗教在各民族中广为传播。有些民族几乎是全民信仰某一种宗教，例如云南的傣族、布朗族和德昂族就全民信仰小乘佛教，藏族全民信仰藏传佛教，回族和维吾尔族、哈萨克

族等则全民信仰伊斯兰教。久而久之，就形成了某些宗教节日内容与民族风俗习惯融为一体的现象。当然，宗教问题又不能和民族问题画等号，因为信仰一种宗教的往往是若干个民族，例如信奉汉传佛教的除汉族外，还有白、彝、瓦、布朗、阿昌、拉祜等众多兄弟民族的部分群众。有些民族分别信仰不同的宗教，比如彝族大部分人保留原始宗教，有的则信仰基督教，有的则信仰佛教。所以民族问题与宗教问题既有联系，又有区别。在中国传播的各种外来宗教文化，虽然传播的形式和路径以及时代有所不同，但是都有相当长的历史。加之各种宗教传播到各民族当中，有个本土化和民族化的问题。例如：汉传佛教与藏传佛教和傣族地区佛教之间就有很大差异。随着各种宗教的传播，各种不同的文化思想也必然渗透其间。因此，要研究这些宗教文化的演变和发展情况，仅凭汉文记载是不够的。特别是研究各民族宗教文化的内涵，没有大量的民族古典文献资料，只能是隔靴搔痒，难以接触其本质问题，何以进行深入探讨和研究呢？由此可见，各民族古典文献是认识和了解中国诸多宗教文化形成与发展的重要文字依据。

## 四、各民族古籍文献是中国历史上文字应用及思想开放与文化兼收并蓄的有力见证

多种来源的文字形式说明中华民族自古以来具有一种宽大的胸怀，能够广泛吸收世界各国古代文化的成果。我国古代民族所使用的文字，除10多种属于汉文系统的文字外，还有许多文字来源于阿拉美字母、婆罗米字母、阿拉伯字母和拉丁字母。这许多文字给我们带来了古代西方和印度的文明，丰富了中华文化的内涵。

学术界曾有"文字跟着宗教走"的提法，意思是某种宗教传播所到之处，相应的文字也就在那里得以使用。实际上文字是跟着文化走的，宗教有其文化体系，文字与典籍是宗教文化的载体。例如：彝族、纳西族、尔苏人使用的自创文字和甲骨文等与中国的原始宗教与各民族的传统文化有着密切的联系。汉文的传播与中国儒家思想、道教文化和中国本土化的佛教文化的传播密不可分。又如伊斯兰教及其文化所到的地方大都使用阿拉伯字母，天主教所到的地方大都使用拉丁字母，东正教所到的地方大都使用基利尔（斯拉夫）字母，佛教所到的大部分地方大都使用印度字母。但是，当宗教传播过程中遇到有巨大实力的文化实体时，宗教作为文化交流的使者有可能传播进去，而文字却没能跟进去。如佛教传入中国，由于中华文化的深厚根基，中原地区在吸收佛教文化的时候，就用汉字把深奥的

佛教教义消化了，而印度字母传到西域即今新疆一带就停步不前了。又如信仰伊斯兰教的各民族情况也不完全相同，新疆的维吾尔、哈萨克等民族无论宗教活动，还是其他社会生活中主要使用阿拉伯字母文字，而回族除了宗教活动中阿拉伯文和汉文并用之外，其他社会生活主要使用汉文，这与回族信仰伊斯兰教的同时，其社会生活充满汉族文化氛围有关。随着中国的改革开放和国内外各民族之间、各种文化之间交流的频繁，文字使用情况也在发生变化。由此看来，文字的传播跟宗教与文化的传播有着密切的联系。再说文字传播与科学技术的传播和商业贸易，同样有着密切的关系，现代英文的传播就是如此。通过历史与现实的文字应用发展情况，我们可以发现这样一种现象：文字传播的历史越往前，跟宗教和传统文化的联系越突出，往后则与科学技术和商业贸易的联系越紧密。古代的西北直到东北、内蒙古所通行的佉卢文、粟特文、回鹘文、突厥文以及后来的回鹘式蒙文、满文、锡伯文都使用由印度传来的阿拉美字母，这与当时信仰佛教是一致的，当新疆的若干少数民族改信伊斯兰教之后，原有文字也为阿拉伯字母所取代。而在南边，印度婆罗米字母又从另外的通道进入我国藏族和傣族地区，如今藏族和傣族仍使用婆罗米字母的文字。印度字母没能进入中原地区，说明中华文化作为古代世界四大文明之一，有着强大的自立自为能力，而边远少数民族接受了印度字母，又说明中华文化对外来文化有着强大的兼容性。这两个方面构成了中华文化的多样性，使中华文化的内涵更加充实，更加饱满。

从佛教经典来看，汉文大藏经洋洋大观，令人惊叹，但我们不但有汉文大藏经，而且还有藏文大藏经、蒙文大藏经、满文大藏经、西夏文大藏经和傣文大藏经。藏文大藏经分正藏（甘珠尔）、续藏（丹珠尔）和杂藏（松绷），德格版共收佛经籍 4569 种，其中属于密宗的经轨和论藏等，十之八九是汉文大藏经中所没有的。傣文大藏经属南传上座部巴利语系大藏经，几近半数经籍为汉文佛典所无，保存着佛教经典比较早期的面貌。这些民族文字大藏经都能在一定程度上补汉文大藏经之不足。从上述大藏经的情况来说，中华民族不仅乐于、善于吸收外来文化，而且各民族还在不同地区、不同文化的基础上，多角度、多方位地吸收外来文化，从而使中华文化以特有的多样性和和谐性，跻身于世界民族之林。

从史学方面的情况来看，如蒙文三大历史著作，即《蒙古秘史》于明洪武年间、《蒙古源流》于清乾隆年间以及《蒙古黄全史》被先后译成汉文，就在若干方面补充和纠正了汉文史籍记载之不足和差误。又如白文著作《白古通》和《玄峰年运记》，明代大文豪杨慎自称将二书"稍加删润,成《滇载记》"。万历《云南通志》据此认为杨慎将二书译为汉文成为《滇载记》。无论"删润"还是"翻译",都说明白文的两部著作至少有若干内容为《滇载记》所吸收。

至于其他领域,诸如元代维吾尔族农学家鲁明善的《农桑衣食撮要》,元代回族天文学家札马鲁丁编撰的"万年历",清代蒙古族数学家明安图的《圜密率捷法》,乃至清代彝族人曲焕章根据彝文秘方制作的云南白药等,这些都是汉族文化吸收少数民族文化成分从而使之成为中华民族所共有的精神财富和科技成果的例子。

中华文化统一体就是经过这样互相吸收、互通有无而巩固壮大的。中华文化之所以源远流长、绵延不绝,在世界四大古代文明之中不间断地延续下来,就在于它自身有一种自我更新的能力。这种能力的源泉就是由于不断有兄弟民族富有生机的文化注入其中。陈寅恪先生早年曾经说过:"李唐一族之所以崛起,盖取塞外野蛮精悍之血,注入中原文化颓废之躯,旧染既除,新机重启,扩大恢张,遂能别创空前之世局。"虽然陈先生话中有一些旧词,如"野蛮""颓废"之类,但整段话的意思是积极的。它说明中原文化必须汲取边疆少数民族文化的精华,才能推陈出新,焕发生机。把少数民族的边缘文化融入汉民族的中心文化之中,中华文化才能生生不息、恒久长存,并随时代更迭而繁荣发展。这种情况有如生物界的现象,生物界的自然退化总是要注入新的因素才能衍生进化。中华文化也只有在各民族文化的交融互补中才能不断完善,不断发展。中国少数民族古典文献作为多文种、多语种、多载体的优势,从不同的视角和层面客观地载录了中华文化形成与发展的全过程,极大地弥补了汉文文献资料之不足。因而民族古典文献,无疑是中国历史上文字应用及思想开放与文化兼收并蓄的见证。[①]

## 五、各民族古籍文献是重要的古代语言宝库,保留着丰富的各民族语言文字资料

各民族古籍文献所记录的语言,分属于不同语系,在类型学分类上有属于孤立语型的汉藏语系各语言,有属于黏着语型的阿尔泰语系诸语言,有属于屈折语型的印欧语系各语言,而且每一种类型内部各语言之间在结构、韵律、风格和文化气质方面都存在大小不等的差异。这些不同类型或具有诸多不同特点的古代语言,其语言学史研究的价值是难以估量的。我

---

① 张公瑾主编:《民族古文献概览》,民族出版社,2002年。

们不仅可以凭借这些古籍了解各民族语言发展的历史，追溯不同语言变化的轨迹，而且对于丰富完善历史比较语言学更是一座挖掘不尽的宝藏。20世纪初焉耆—龟兹文吐火罗语文献的发现，使19世纪印欧语分布的传统格局发生了变化。原来印欧语区分为西部的k类语言和东部的S类语言，但吐火罗语地处东部而语言却属于西部的k类语言，它说明历史比较语言学在印欧语系语言研究中虽然取得巨大的成功，但还存在着严重的疏漏。在19世纪欧洲语言学取得辉煌成就的满足和陶醉之后，这是一个小小的嘲讽。

语言是一种文化现象，语言系统也是一个文化系统。一个民族的语言特征与这个民族的文化特征常常具有一种内在的联系。不同语言的古籍文献，显示出由这些语言特点所制约和构筑的特殊文化模式，共同体现出中华民族文化结构的多样性。藏文古籍的下列书名：如《青史》《红史》《白史》《贤者喜宴》《琉璃明镜》《白琉璃》《日光论》《月王药诊》《语鉴》《善说金珠》《金穗》《丁香帐》等所独有的韵味，令人立刻感受到一种不同于汉文古籍的文化氛围。其实，上举的书名都是汉文译名，如果进一步去领会书名原文的音，那更是另一番感受。说到底，汉族本身就是由古代的华夏、夷、蛮诸族融合而成的，后来又不断有少数民族成分融合进来。至于对少数民族文化的吸收，则从很早就开始了。从文学方面看，《诗经》"国风""小雅"中的许多篇章，就来自当时周围各民族所流传的歌谣。后来的楚辞、乐府到宋词、元曲，从内容到体裁形式都渗有少数民族文学的成分。甚至唐代刘禹锡的竹枝词，也有人考证其与土家族民歌有十分密切的关系。

总之，各民族古籍文献的文化价值及其在中国历史文化知识宝库中的地位和作用，随着民族古籍整理研究工作的广泛开展和古典文献资料的进一步发掘利用，而更加引起人们的高度重视，也必将推动着国际中国学研究的扩大和发展。中国学不仅是汉学，还包括藏学、满学、西夏学、壮侗学、彝学，以及跨国分布的蒙古学、突厥学等。近年来国际上掀起的中国文化热，也带动了这些国际性学科的发展。源远流长的中华文化博大精深，它已成为一种传统的力量，已成为统领和维系国内外炎黄子孙的精神纽带。各民族文化都是中华文化的组成部分，各民族古籍文献都是中华文化的瑰宝。因此，在我们向现代化迈进的行程中，切不可忘记各民族古籍文献的价值，切不可忽视我国各民族祖先留下的这些用民族古文字撰写、记录的历史档案文书和著述的文化典籍，以及世代口耳传承的文史资料的重要性。

## 第四节　整理研究中国少数民族古籍文献的重大意义

我国大规模地开展民族古籍的整理研究工作，是从20世纪80年代开始的。各少数民族的古籍文献作为中华民族文化的重要组成部分，是前人给后世子孙流传下来的珍贵文化遗产和知识财富，其间蕴含着丰富多彩的文化内涵，是各民族思想智慧的结晶。然而，由于种种原因，这份珍贵的文化遗产被掩埋在历史的尘埃之中，不为世人所了解，因而长期没有能够得到应有的重视。直到20世纪80年代，古籍整理工作才被列入党和国家的议事日程，民族古籍的整理研究工作亦得到应有的重视。1981年中央书记处根据陈云同志的意见，讨论了整理我国古籍的问题，9月21日发布了《中共中央关于整理我国古籍的指示》，即中发（1981）37号文件。文件中指出"整理古籍，把祖国宝贵的文化遗产继承下来，是一项十分重要的、关系到子孙后代的工作"。1984年"国务院办公厅转发国家民委关于抢救、整理少数民族古籍的请示的通知"即国办发（1984）30号文件。此文件中指出"少数民族古籍是祖国宝贵文化遗产的一部分，抢救整理少数民族古籍是一项十分重要的工作"。这两个文件都指出了整理研究民族古籍的意义，最根本的是要继承祖国宝贵的文化遗产，并把这项工作视为关系到子孙后代的大事。要做好这项跨越古今、影响当代和未来的具有重大现实意义和深远的历史意义的工作，当代古籍整理研究工作者应当将其作为"承先启后"的历史责任和"薪火传承"的重大使命。

回顾20世纪80年代以来的我国民族古籍整理研究工作，一开始就与当时国家的发展形势密切相关。党的十一届三中全会之后，全国上下出现了政局稳定、经济发展的大好局面，这使整理研究民族古籍的工作，在人力、物力、财力等方面都有了保障。"中发（1981）37号"文件对整理古籍工作的组织、规划、措施等方面都提出了具体的要求，这是30年来民族古籍工作顺利开展的主要保证，也是国家兴旺昌盛的标志。我们在大好形势下从事各民族古籍的整理研究工作，虽然如同历史上各朝代的"盛世修典"，但是我们的工作与前人既有相同之处，又有所不同。当今古籍整理研究工作以马列主义毛泽东思想为指导，与以往任何时期的古籍整理研究工作都有着根本的区别。正如原国务院古籍整理出版规划小组副组长周林同志所说："我们是用马克思列宁主义毛泽东思想为指导，尊重民族的历史，尊重历史辩证法的发展，给历史以一定的科学地位。"①现在我们整理民族古籍，就是遵循和践行毛泽东提出的"古为今用"和邓小平提出的"继承人类一切文明成果"的原则和精神。也就是尊重各民族的历史，认识历史发展的规律性，从历史经验中了解现实，把握社会未来的走向，其目的就是为现实服务。因此，我们整理古籍，与清代的小学、读经和五四时期的"整理国故"都有原则上的区别。至于整理研究少数民族古籍，则是一个新开创的事业，历史上问津者寥寥无几。把我国各民族的先民在历史上创造的精神文明成果，加以整理研究出版，系统完整地将各民族古籍文献这份祖国的珍贵文化遗产呈献在全国，乃至全世界面前，其意义更是不可估量。审视中国少数民族古籍文献整理研究工作的重要意义，可以从总体上概括为以下诸方面。

## 一、提供丰富的文史资料，弥补汉文典籍文献记载之不足

各民族古籍文献保存着丰富的史实资料和文化知识，可以极大地充实中国历史的研究资料和文化内容。汉文古籍和民族文字古籍对民族地区历史文化情况的记述，起着互相补充、互相勘正的作用，从而使中国民族史的实际过程更接近真实，更加全面。例如某一本书中讲到某一个事件，这个事件在别的民族的古籍中是找不到的，只有这本书有记录，这样的事实就非常珍贵。如成书于13世纪的《蒙古秘史》一书，对成吉思汗及窝阔台王朝史实的描写，察合台文《拉西德史》对中古新疆历史的记述，以及《满文老档》中保存的早期满族史料，都可补汉文史籍之不足。另一种情况是，别的书中对类似的事件也有过记录，那么，这本书中的记录就起着互相印证的作用，使事实更加可信。如成书于14世纪的藏文著作《红史》，对汉藏关系有详细的记录，进一步证明了西藏自古以来是我国版图不可分割的一部分。此外，有的口传史诗、古歌，记录着本民族历史活动的某些片段，也可对文字记录做补充或与文字记录相印证。自古以来我们伟大祖国版图内所发生的惊心动魄的历史事件和繁荣发展的历史进程，没有民族文字古籍、汉文古籍和少数民族口传古籍三方面的材料，就得不到全面完整的记录。因此，少数民族古籍文献是我国各民族传统文化的重要载体和真实写照，也是研究各民族社会历史的主要文献依据。在对我国历史文化和人类社会发展规律的研究方面具有重要的文史资料价值。

---

① 杨忠主编：《高校古籍整理十年》，江西高校出版社，1991年，第9页。

## 二、弘扬各民族优秀文化，提高民族自信心与自豪感

民族古籍文献是各民族生存和发展的最重要的记录。整理研究民族古籍文献可以使我们了解各民族祖先在缔造中华民族文化的过程中做出的贡献，了解他们艰苦奋斗和艰苦创业的过程，以及中华民族多元一体文化形成的历史。也就是说民族古籍能够集中地提供各民族创造的文化成果，并能极大地丰富人类的文化宝库。举例来说，我国藏族的《四部医典》、蒙古族的《蒙医学大全》、彝族的《双伯彝族草医书》、傣族的《档哈雅》，就是对世界医学的重大贡献。藏族生活在高原地带，他们的药典中就有治疗高原病的特效药。蒙古族在草原以游牧为生，蒙古族的药典中就有治疗跌打损伤和骨折的特效药。傣族生活在亚热带地区，傣文药典中就有治疗热带病的特效药。这些都是别的民族的古籍中所缺少的，能为各民族所共享。再如，藏族的《格萨尔王传》、蒙古族的《江格尔》、柯尔克孜族的《玛纳斯》三部史诗，都是后世所无法企及的艺术高峰，可以与荷马史诗、印度史诗相媲美。再如我国保存的藏文大藏经、满文大藏经、蒙古文大藏经、西夏文大藏经、傣文大藏经，都是独特的佛教典籍总汇，它们在佛教史上的地位是无与伦比的。由此可见，民族古籍中凝聚着各民族祖先创造的文明成果。不管是文学的、哲学的、宗教的、科学技术的，都是对祖国和人类做出的贡献。由于民族古籍文献是各个民族创造能力的结晶，通过整理研究民族古籍文献，把各民族的文化精品挖掘整理出来，使各民族创造的优秀文化得到发扬光大，可以提高各民族的自尊心和自豪感，提高对创造未来美好生活的自信，也有利于使自己的文化成果为各民族人民所了解，促进各民族互相尊重、互相学习，丰富各族人民的共同的精神文化生活，对加强各民族团结与共同发展具有重大的现实意义。

## 三、汲取人类智慧，提高认识物质世界和人类社会的水平

各民族的文化都是对特定环境的适应能力及其适应成果的总和。由于各民族所处的环境不同，就会有不同的适应方式，他们对客观世界的视角及认识方法，也会不同。游牧民族看到的动物种类就比农耕民族多，近水民族对水生动物的分类，甚至洗涤动作的分类，都比山区民族分得细。有的民族更偏重整体性的思维方式，有的民族更注重对事物做分析。就是同一个民族在不同的历史时期，思维方式也存在差异。在原始宗教古籍中，神本主义明显占据主导地位，随着生产的发展、社会的进步，人本主义随之兴起，观察问题的视角也随之发生变化。这种认识视角和思维方式的差

异，完整地保留在各民族的古籍文献中。人们阅读纳西族东巴文经典的译文或是阅读彝文著作的译文，有时觉得理解上有困难，这除了古籍内容比较新颖之外，重要的一点就是认识视角和思维方式的差异。为了让其他民族的读者领会某民族的一部古籍的内容，除了要求译文的信、达、雅之外，还要研究其中认识视角和思维方式的差异。把各民族思维活动的特点和精华集中加以诠释和总结，从而提高对人类认识能力的更全面把握，做到更真实地认识客观世界，这在人类认识史的进化方面，也具有重大的意义。

### 四、探索各民族文化源流，正确认识民族文化价值

在某些民族的古籍中，原始宗教或本土宗教的文献占据相当大的比例。这些民族长期处于相对封闭的环境中，受到神灵观念和灵魂观念的影响是不可避免的。原始宗教往往是一个民族思想史和文化史的源头，它影响到后来的神话、史诗、天文历法，甚至影响一个民族政治原则和经济活动方式等。这些原始宗教古籍的内容从表面看，有时显得幼稚和怪诞，但剥开这些原始崇拜的神秘外衣，其中透露出许多原始时代社会历史的信息，为后人了解原始社会的社会关系，探索各种文化形式的源流，揭示社会文化发展的轨迹，提供了极为珍贵的资料和重要的历史信息。因此，通过民族古籍文献，我们还可以研究各民族文化交流的历史，研究各民族语言的特点及其发展的历史，研究各民族各自具有不同特点的民族文字及其来源、演变，甚至书法特点等。由此可见，整理和研究各民族古籍文献对研究各民族文化交流的历史和语言接触、文字创制使用和演变发展等方面都有着重要的意义。

### 五、传承各民族认知能力、生存技能及其宝贵经验

一个民族的古籍中，不仅凝聚着这个民族祖先在与自然斗争和社会实践中积累的知识成果，而且体现着一个民族认识世界和观察世界的特殊视角和方法。例如：彝文古籍文献中对彝族哲学思想和认识论有着系统的著述，这一哲学遗产值得我们继承。又如：北方游牧民族在畜牧业的发展方面有丰富的实践经验，南方农业民族在稻作生产技能和食品加工储存，特别是腌制食品的工艺方面有着特殊技能。再如：西南的一些少数民族在自然采集和各种昆虫的食用方面有非常丰富的经验。所有这些内容在各民族的古籍文献中多有记载，它们将丰富人类的认知能力和生存技能，为人类规划美好的未来提供重要的参照系。因此，通过古籍文献整理研究工作，

将各民族古代产生的各种认知能力和生产技能及其经验挖掘和开发出来，供各民族共同学习和借鉴，有助于推动和促进当前的社会主义精神文明和物质文明建设。由此可见，中国少数民族古籍文献的整理研究，对传承各民族认知能力和生产技能及其宝贵经验，丰富和提高现实生活质量，共同建设祖国大家园，开创更加美好的新生活具有重大的现实意义。

## 六、增强各民族和睦相处意识，共同维护安定团结局面，推动国家统一大业

民族古籍中记载着祖国各族人民在历史发展过程中相互交流和互相竞争的关系。民族古籍使各族人民了解自己民族历史上不是在孤立的环境中成长的，而是在各族人民互相帮助、互通有无、取长补短、你追我赶的过程中发展起来的。历史上也有民族矛盾、民族战争，它也能使人们知道更加珍惜民族间友好相处、和平团结的好处。因此，整理研究各民族古籍文献，有利于汲取历史经验和教训，增强民族团结和社会和谐意识，让人们自觉维护民族团结。对国家长治久安、开创安定团结的大好局面、推动国家统一大业具有重大意义。

## 七、促进国际学术交流，推动各学科与国际接轨

民族古籍经过整理研究，可以为全世界所享用。外国学者研究中国少数民族古籍由来已久。一个世纪以来，他们也有不少研究成果，如今，藏学、满学、西夏学、彝学、蒙古学、突厥学、壮侗学等已经成为国际性的热门学科。随着我国民族古籍整理研究工作的大规模开展，必将进一步推动这些国际性学科的发展。目前国际西夏学的进展，就突出地表现在西夏文献的解读和研究工作的进展上。许多学科中的古代历史文化研究，也主要靠古代文献资料的应用。因此，整理研究各民族古籍文献对进行国际学术交流和推动我国诸多学科的发展具有重要意义。

## 八、充实各学科领域的研究内容，推动相关学科的发展

民族古籍的内容包罗万象，如"国家民委关于抢救整理少数民族古籍的请示"中所指出，"包括历史、语言、文学、艺术、哲学、宗教、天文、历算、地理、医药、美术、生产技术等"。民族古籍整理研究工作的开展，丰富了这些学科的知识，充实了这些学科的内容，也推动了这些学科的发展。单就文学来说，已出版的单一民族文学史就有蒙古、藏、壮、维吾尔、白、彝、布依、侗、京、仫佬、毛南、瑶、苗、纳西、羌、傣、回、满、土家、朝鲜、水、乌孜别克、拉祜、普米、布朗、基诺、阿昌、土族

等28种。此外，还有中央民族大学出版社出版的《中国少数民族文学史》，洋洋三大册，近100万字（2001年修订本）。再就佛教经典来说，避开少数民族文字的大藏经讲中国佛教经典是不完整的。至于少数民族的音乐、医药学遗产，更在中国的音乐和医药学中占有重要的地位。因此，可以说，各民族古籍整理研究工作的开展，不仅可以为本民族历史文化的研究提供翔实的文献资料，还可以极大地丰富相关学科的研究内容，从而使许多学科别开生面，为人类的知识宝库增添新的内容和活力。有的学科像医药学，随着各民族医药典籍的整理研究，在民族传统医药的开发利用方面定会有较大的进展，甚至会在一定范围内有重大突破。比如在一些疑难杂症的攻克方面，会在少数民族传统医药中惊人地发现一些特效药。由此可见，中国少数民族古籍文献的整理研究工作必将极大地充实各学科领域的研究内容，推动相关学科的发展，对社会进步和科学技术的发展都有重大意义。

**九、为认识人类社会发展史和世界文化史提供典型材料**

从历史上来看，我国的少数民族社会发展极不平衡，直到中华人民共和国建立前夕，各民族都分别仍处于人类社会发展的不同阶段，以西南地区为例，许多少数民族如同汉族一样早已进入封建社会，但是藏族仍处于封建农奴制阶段，凉山彝族处于奴隶制阶段，苦聪人等还处在原始社会阶段。由此可见中国各民族在中华人民共和国成立之前保留着人类社会发展史上的所有社会形态，所以反映不同形态的少数民族古籍文献，无疑是考察人类社会最翔实、最完备的百科全书。我们通过整理研究民族古籍，就会把各民族文化中具有普遍性、规律性的文化价值揭示出来，使处于边缘的文化进入中心文化。当年摩尔根调查印第安易洛魁人部落，如果将其著作取名为《易洛魁人某某部落的调查报告》，那么，在外界看来，他所记录和描述的只是一种边缘文化。但他通过调查研究，揭示了易洛魁人部落生活中具有人类社会史普遍意义的东西，并将他的调查研究成果著成《古代社会》一书。接着马克思写了笔记，恩格斯据此写了《家庭、私有制和国家的起源》，于是，对易洛魁人部落文化的研究，被纳入主流文化研究的轨道，之后易洛魁人部落文化个案成为中心文化原始阶段的典型范例。于是，人们把易洛魁人部落的生活视为人类史上不可逾越的一个阶段。这就是边缘文化所具有的中心文化的意义。只要我们对民族古籍具有这样的意识，它的意义就不亚于一本《古代社会》。由此可见，我国少数民族古籍在世界文化史上同样具有极为重要的意义。

本书通过分节论述，基本展现了中国少数民族古籍文献体系中文种众多、文献内容丰富多彩的概貌，也初步揭示了中国少数民族古籍文献的文化价值及其在整个中国文化知识宝藏中的地位，以及其考察中国历史文化方面的作用。与此同时，还概括了对中国少数民族古籍文献进行整理研究的意义。从中我们深深地感悟到：源远流长、内涵博大精深的中国少数民族古籍文献、其整理研究工作，必然涉及广泛的学科领域，是一项关系到子孙后代的系统工程，也是一项长期而艰巨的任务。

自从创造使用文字，并著书立说之始，古籍的整理研究工作就与继承传统文化知识紧密联系在一起，历史上许多著名的文化典籍和学术著作，就是不同时代的学人整理研究前人撰著的文献典籍所取得的成果。从中国学术史的角度考察，历代都有贤能之士担负起整理古籍文献，继承传统文化的重任，并取得了丰硕的成果。"四书""五经"是典籍文献整理工作者完成当时古籍文献整理任务而取得的重大成果。汉代的刘向、刘歆父子校书秘阁也是在肩负当时国家古籍文献整理工作的历史重任；郑玄遍注群经，也算在担负文献整理的部分工作；司马迁写成130篇，计526500字的巨著《史记》也是他在承担历史文献整理任务时所取得的丰硕成果。历代都有从事文献整理研究的杰出人物，他们留下了许多古籍文献的整理研究成果。特别是到了清代，我国的文献考证之学超越以往，涌现出数以百计的专门名家。他们在整理研究古代典籍文献方面成就辉煌，有关古代文献方面的著述，真可谓浩如烟海、汗牛充栋、蔚为大观。就我国各少数民族古籍文献整理研究工作而言，历朝历代都有许多贤明之士担当此任，并取得举世瞩目的成就。以彝族文化史而论，贵州水西地区的彝族慕史（古代彝族的说唱艺人）集诸多彝文文献，编成彝族文史巨著《西南彝志》，为之整理彝族历史文献的重大成果。各地彝族经师编辑抄录"侬侬苏"①也是对古代彝文文献的一种整理活动。现今保存的如此众多的"侬侬苏"，正是前人的彝族文学典籍整理工作取得的显著成果。又如滇南彝区流传的"吾查"和"买查"亦为彝文文献之集大成者。云南罗平县彝族经师毛荣昌先生所藏的彝文《玄通大书》为今存彝文典籍中体量最大的一部，其内容包括了命理、阴阳、占卜等诸多方面，可称之为宗教经典之集大成者。

以上这一切，以史学家的眼光去审视，便会发现前人只不过是替我们

---

① "侬侬苏"，彝语音译名词，为彝族文体称谓，是彝族最古老的文学样式，在彝族地区广为流传，译者会根据不同的方言读音以不同的汉字作音译。如四川译为"勒俄"，贵州译作"弄恩"等。也有人根据诗歌的文化内涵，将其称之为"彝族诗经"。

整理了一部分文献资料而已。由此可见，前人的古籍整理工作主要任务在于古籍文献的梳理和辑录，并将具体的研究工作重点放在校勘、注释等方面。随着学术的发展，整理古籍文献的任务和具体工作范围也在发生一定的变化。正如梁启超在《中国近三百年学术史》一书中谈到清初史学之建设时所说："明清之交各大师，大率都重视史学——或广义的史学，即文献学。"这就把古籍文献整理工作看成广义的史学研究，其内容自然也就很丰富了。所以，整理古籍文献不仅仅局限于校勘、注释几部古书，而是要担负起系统地整理古籍文献和全面地研究古籍文献的艰巨任务。在中国少数民族古籍文献整理研究工作的总体任务中，除了上述古籍文献的具体整理任务之外，还要对古籍文献进行综合性研究，随着整理研究工作的不断深入，理论与方法的探索显得尤为重要。因此，中国少数民族古籍文献整理研究工作真可谓"任重而道远"，需要古籍文献整理研究工作者进行不懈的努力。

# 第二章 中国少数民族古籍文献历史与现状

中国历史上各少数民族曾经使用或正在使用的语言多达100多种，曾经创制使用过的民族文字多达三十余种，尚存至今的各民族文字古籍文献，可谓卷帙浩繁、内容丰富多彩。除了民族文字古籍和各种文书档案资料之外，各少数民族还保留着丰富多彩的口传文史资料，形成庞大的民族古籍文献体系。如此众多的各民族文字古籍文献和口传文史资料，不但具有浓郁的民族特色，而且有着显著的地域风格。在漫长的社会历史发展过程中，各民族的文化典籍和文书档案，以及口传文史资料都不断地得到了丰富和发展，并逐渐形成各自独特的形式和风格。有文字的民族，用本民族文字著书立说，记载和保留自己的历史文化，形成了浩如烟海的民族文字古籍文献；而没有文字的民族则用口耳传承的方式保留了大量的口传文史资料。用各民族语言文字保留下来的古籍文献和口传文史资料都是珍贵的文化遗产，值得我们去关注和珍惜，并加以有效的保护和科学合理的开发利用。为了便于了解我国少数民族古籍文献的产生、发展历史与流传和保存现状，本章对各民族文字古籍文献和口传文史资料的地域分布情况和保存现状进行简要的介绍和论述。

## 第一节 北方各少数民族文字古籍文献的历史与现状

我国北方，历史上曾有很多少数民族居住，但在漫长的历史长河中，有的民族相继消亡，有的民族则逐渐融合于其他民族之中。与此同时，也不乏一个古代民族分化成为当今诸多少数民族的情况。从语言系属来看，北方的古代民族，除了一部分属于印欧语系之外，大部分属于阿尔泰语系。在阿尔泰语系中，突厥语族、蒙古语族、满—通古斯语族的人口居多。而属于其他语系和语族的俄罗斯、塔塔尔、塔吉克、乌孜别克、朝鲜等跨国居住的民族，在我国境内的人口相对较少。以创制使用和传承民族文字情况考察，历史上北方民族先后创造使用过十多种民族古文字，有的文字因使用者的消亡而成为没有人使用的死文字，如佉卢文、焉耆—龟兹文、西夏文、女真文、契丹文等；有的文字则因相继演变和间接发展成为多种文字而延续下来，如：粟特文先演变为回鹘文，后发展成蒙古文，又发展成满文，再发展为锡伯文。有的古代民族文字则直接分化发展为当今的多种民族文字，如：察合台文分别发展成为维吾尔文、哈萨克文、柯尔克孜文等。而有的民族在历史上没有本民族的古文字，如：东乡族、土族、保安族、撒拉族、裕固族、赫哲族、达斡尔族、鄂温克族、鄂伦春族等。总的说来，在长期的社会发展过程中，由于各个民族的社会发展不平衡，以及政治、经济、文化背景不同，有的民族有自己的文字，有的民族则没有文字；有的民族使用过多种文字，而有的民族则通用汉字。从目前尚存的古文字和古文献情况论之，现当代北方民族在历史上主要使用过古代突厥文、回鹘文和察合台文、回鹘式蒙古文、满文等多种民族文字，并且用这些文字创作、记录和保存了大量社会、历史、经济、医学、天文学、宗教、语言、文学等方面的丰富的古籍文献。

## 一、佉卢字古籍文献历史与现状

佉卢字文献大都属于公元 3～4 世纪的遗存，其出土地点大多在尼雅、安得悦、楼兰等地，这些地区都属于鄯善王国的故地。英籍匈牙利人斯坦因收集的 758 件佉卢文书中有 703 件出自尼雅，占近 93%；在敦煌、玉门等地也出土过佉卢字文献。

佉卢字文献的材质较多，有树皮、皮革、绢和纸等。其中最常见的是木牍，大量公文信函都是用墨书写在木牍上的。发现的佉卢字木牍一般长 9 厘米，宽 6 厘米，厚 0.7 厘米左右；由上下两块组成，下称底牍，上称封牍；在木牍上角钻一个小孔，以便穿绳连接在一起；底牍正面比较平整光滑，以便写字；封牍比底牍稍短，宽度完全相同；封牍的下面凿有封泥槽。信写好后可将封牍夹住底牍，用绳索捆好，将绳索打结后置封泥槽中，并在封牍上面写上收信者的单位和名字。另外有一种形状奇特的楔形木牍，是鄯善王国专门用来颁布诏令的，主要发送给地方行政长官和督军、税监、监察等一些重要官员。诏令内容涉及财政、税收、军事、司法等社会生活的方方面面。这种特殊的楔形木牍限于国王使用，具有权威性，用特殊造型与其他信函相区别，以保证投递的迅速与安全。用佉卢字记载和书写的诉讼、纳税账目、水利灌溉、户口登记等社会活动中的各种文书木牍，无须传递和保密，故不用封牍；木牍的形状、尺寸也无统一规定，木牍的大小以内容多少而定。羊皮制作的佉卢字文书也十分独特，1902 年斯坦因在新疆尼雅发现大小不等的 32 块羊皮，大部分写有佉卢字，少部分尚留空白未用。这批佉卢字羊皮文书大多数已经残破，有的还被虫蛀，只有 14 块保存得稍微完整，一般长 19.5 厘米～32.3 厘米，宽 6 厘米～17.5 厘米。

新疆出土的佉卢字文献分别属于阗王国和鄯善王国。佉卢字最初先传到于阗，但于阗居民使用的是和田—塞语，属东伊朗语族，不属于印度语族。鄯善王国居民使用的语言则属于印度语族西北俗语的一支变种，被称为鄯善俗语，但其中渗入了大量非印度语词，主要是伊朗语词，还有本地的楼兰语词。鄯善王国的佉卢字在书写形式上和语法上也有自身的特点。现在发现的佉卢字文献大多属于鄯善王国的文书，其产生时代，大约在 3 世纪上半叶至 4 世纪上半叶。尚存的佛教经典《法句经》在佉卢字古籍文献中最著名。

1892 年法国人杜特雷依在和田购到了一种写在桦树皮上的写本残卷，经研究确认，是写于公元 2 世纪的佉卢字佛教经典《法句经》，共二卷三十九品，是从早期佛经十二部经和四阿含经中的蝎颂采集分类编成的，在古印度是佛教徒初学入门的读物。该经典是公元 2 世纪的桦树皮写本，经 1000 多年的岁月沧桑，已有多处破损或折断，有的书叶已断为两截，以致影响文字的对接拼读。这部佉卢字《法句经》写本，在 1897 年巴黎举行的东方学大会上被首次公开，引起了极大的轰动，因为在此之前，人们只知道佉卢字仅出现在古印度的碑铭上，它的写本还是首次面世。也是在这次大会上，俄国东方学家奥登堡（V. Oldenberg）宣布这一写本的主要部分在圣彼得堡。原来俄国驻喀什噶尔总领事彼德罗夫斯基早就在新疆地区大量收集古代文物，他在和田附近买到了佉卢字《法句经》的大部分，并藏于圣彼得堡的埃尔米塔什博物馆。奥登堡只发表了这部抄本的一张残叶，主要部分至今尚未刊布。

## 二、焉耆—龟兹文古籍文献历史与现状

在国家图书馆收藏着两页焉耆—龟兹文残页，纸色发青，纸质较厚，正反两面均有文字，内容和所属时代均不详。新疆发现的古纸是内地传入的还是当地制作的，因没有确切的依据，现在很难判断，但是可以肯定的是，焉耆—龟兹文已有较多的纸质文献，这对于佉卢字文献来说是一大进步。现已发现并刊布的焉耆—龟兹文文献种类较多，数量丰富，包括佛经、文学作品、公文档案、经济账目、辞书、医书和洞窟中的题记、铭刻

等。文学类作品中，最为著名的是剧本《弥勒会见记》。

《弥勒会见记》成书约在5～6世纪，内容是弥勒菩萨上兜率天，以及在弥勒净土的各种趣事见闻。该剧长达27幕，每幕都标出地点、出场人物和演唱曲调，被称为中国历史上最早的剧本。吐火罗语的《弥勒会见记》在20世纪初被德国探险队发现后从新疆携往德国，至今尚未影印出版。据耿世民先生讲，这批文献都很残破，数量也非常少。1974年冬在吐鲁番地区发现的吐火罗文《弥勒会见记》残卷，共44叶（88页），虽然是部残稿，但比20世纪初出土的那一部要长得多。这部文稿每页长约32厘米，宽约18.5厘米，大多为8行，少数为6行，纸色发黄。这部手稿曾被火烧过，残缺严重，以致没有一页甚至没有一行是完整的，大多数残页仅剩几个字，页序已完全混乱，给解读造成了很大困难。这部吐火罗文《弥勒会见记》残卷现藏于新疆维吾尔自治区博物馆。焉耆—龟兹文图书还有剧本《佛弟子难陀生平》、故事《福力太子本生故事》《六牙象本生故事》《木匠与画师故事》《国王的故事》等，诗歌《箴言诗集》《摩尼赞美诗》等。佛教经典是焉耆—龟兹文文献中数量最多的部分，较为重要的有《法句经》《杂阿含经》《十二因缘经》《十诵律比丘戒本》《托胎经》《辨业经》等。语言类书籍有梵语—龟兹语、龟兹语—回鹘语等对照字书。

焉耆—龟兹文文献大多收藏在国外，以德、俄、法、印、英、日等国为较多，国内也有部分收藏。这些文献大部分都未整理和刊布。

## 三、于阗文古籍文献历史与现状

自汉武帝通西域后，于阗地区与内地关系密切，经济、文化等方面都有密切的交流，汉文一直是当地的通用文字。于阗文传入当地后，汉文的主导地位逐渐被于阗文取代，但并未被废止，汉文对于阗文还产生了很大的影响。在于阗文古籍文献中有大量汉语借词，有的文献还在于阗文中夹写汉字。已发现的《汉语—于阗语词汇》《突厥语—于阗语词汇》等书籍表明了当时使用双语的实际情况。从于阗文的装帧形式看，主要有两种。一是梵夹装，纸叶左侧中间有一圆孔，以便用绳相连。另一种是卷轴装，纸的宽幅不等，一般在25厘米以内，卷子长度最长可达7米，这种卷轴装的图书往往是汉文与于阗文合璧。这两种不同的装帧形式反映出汉文化与印度文化在于阗地区的影响与结合。

在敦煌藏经洞发现的编号为P3510号于阗文文献共10页，梵夹装，前8页是一发愿文，首尾完整，字迹工整，后2页是另一篇发愿文的开头部分。在发愿文末节有一题记，意为"Tcumttehi 太子叹佛功德而命人写讫"。据学者考证，Tcumttehi 太子即是李圣天之子从德太子。从题记可知，当时有一批专业抄书人，专门应人之请抄写经卷，而命人抄写者即以此为一种功德，为自己或他人祈福禳灾。于阗文长卷《佛本生赞》则是于阗王朝重臣张金山请人写成，献给当时于阗王的。[①]

于阗文文献对了解和田历史有着重要意义，可以填补汉文史籍中的空白。著名的"钢和泰藏卷"就是具有代表性的一件。此卷从内容上看，应定名《于阗沙州纪行》较为宜。此件原出敦煌，20 世纪 20 年代俄国人钢和泰在北京购得。原件为纸质，一面书写汉文佛经，另一面书写于阗文和古藏文。于阗文共 73 行，古藏文 41 行。记录了沿途村镇国家、山川地理、种族部落等，以及在沙州佛寺施财建塔、装修佛像等情况，53～73 行为韵文。经蒲立本（E. G. Pulleyhlank）考定为公元 925 年所写。于阗文文献大多数是佛教典籍，这些佛典大多数直接译于梵文原著，这对研究西域佛教史和佛经流传史有很重要的意义。

英国贝利教授（H. W. Baller）从 1945 年起将各国所藏大部分于阗文文献影印刊布，并进行了转写，计有《于阗文文献》六册（1945～1967）、于阗文佛教文献一册（1951）、影印原件《塞克文献》六册（1960～1973）、《于阗文抄本》一册（1938）、《塞克文献译文集》一册（1968）等。[②]在新疆有一些于阗文文献出土，国内也有一些专家进行研究，并发表了有价值的论著。[③]现已发现的于阗文文献大约可分为世俗文献和佛教文献两大类，世俗文献又可划分为文书档案类、词汇集、医药书、文学类等几类。

（一）佛教经典，如：《菩萨行愿赞》《维摩诘经》《贤劫经》《般若波罗蜜多经》《护命法门神咒经》《善财童子譬喻》《金刚行愿赞》《文殊师利化生经》《忏悔经》《白伞盖陀罗尼》《佛顶尊胜陀罗尼》《善门经》《善欢喜譬喻》等。

（二）文书档案类，如：使臣致于阗王奏报、尉迟释帝王赞颂、于阗王致曹元忠书、致金汗书信和奏报、七王子致于阗王书、朔方王子致于阗

---

[①] 张广达、荣新江：《敦煌文书第 3510 页（于阗文）〈从德太子发愿（拟）〉及其年代》，《文史遗书编》，甘肃人民出版社，1987 年，第 76 页。
[②] 〔英〕贝利（H. W. Bailey）：《于阗文文献》（六册）剑桥，1945～1967 年；《于阗文佛教文献》，伦敦，1951 年。
[③] 黄振华：《于阗文贤劫经千佛名号考证》，《中国民族古文字研究》第二辑，天津古籍出版社，1993 年。

王书、朔方王子禀母书、致于阗王奏报甘州突厥情势、于阗—伽湿弥罗行程、于阗沙州行程等。

（三）词汇集，如：梵语—于阗语词汇集、突厥语—于阗语词汇集、汉语—干闻语词汇集等。

（四）医药书。

（五）文学类，诗歌如《佛本生赞》，长达六百多行，由尉迟尸罗用诗歌体创作。另有一些抒情诗。

（六）其他，如账目、碟状、铭文、练字作业等。[①]

**四、粟特文古籍文献历史与现状**

隋唐时期，在西域丝绸之路上活跃着一个新的民族——粟特人。粟特人与塞人、咸海周围的花刺子模人有血缘关系。中国史书中很早就出现过他们的名字，《晋书》称为"粟戈"，《三国志》作"属圈"，《大唐西域记》作"牵利"，另有"速利""孙邻""苏哩"等译名，这些都是对钵罗婆语中 Sunk 的音译。粟特人自称 Sogd，《北史》译为"粟特"。粟特人是一个擅长经商，富于冒险精神，又对其他民族的文化善于吸收、传授的民族。佛教、基督教、摩尼教、袄教在粟特人中都有各自的信徒。自南北朝以来，粟特商人更是不绝于道，并且在河西走廊、长安、洛阳等地形成了大小不等的聚居点。粟特人的经商和移民，加强了西域和中原地区的经济文化交流，对西域的繁荣发展做出了重要的贡献。粟特商人的驼队带来了西域的特产，也传进了他们独特的文化。粟特文古籍文献中佛教典籍文献数量最多，已知的有三十多种，如：《菩萨行愿赞》《佛本生赞》《金光明经》《出生无边门陀罗尼》《观自在陀罗尼》《观自在赞颂》《药师经》《妙法莲华经》《金刚般若经》《阿育王譬喻》《罗摩传》《三归经》《菩萨赞》《理趣般若波罗蜜多经》《甘露明陀罗尼》《佛说无量寿经》《智炬陀罗尼经》等。

粟特文起源于阿拉美字母，在以几种不同形式书写不同宗教的文献中有书写佛经的佛经体、书写景教经典的古叙利亚体和书写摩尼教经典的摩尼体。粟特文一般是自右至左横写，后来受汉文的影响，也有自上而下竖写的。早期的粟特文字母之间分写，后来变成连写。《大唐西域记》中最早提到这种文字：字源本二十余言，转而相生，其流浸广，粗有书记，竖

---

[①] 黄振华：《于阗文研究概述》，载于《中国民族古文字研究》，中国社会科学出版社，1984年，第64页。

读其文，递相传授，师资无替。根据对出土的粟特文献研究，佛经体字母17个，古叙利亚体字母22个，摩尼体字母29个。粟特字母对我国其他少数民族文字产生过重要影响，首先是回鹘人使用这种文字创造了回鹘文，其后，蒙古文、满文也传承了这种文字。

1906年，英籍匈牙利人斯坦因从敦煌以西的长城烽燧遗址中发现了6封粟特文信件，其中第二封长达63行，提到洛阳被匈奴人所破、中国皇帝逃亡等事。有的研究者将这批文献的时间定为4世纪，有的则认为在公元196年左右。与这批粟特文献一起出土的汉文文献则属于公元2世纪。不论其确切年代是何时，这批粟特文信件是我国发现的最早的粟特文文献。这批早期粟特文文献所用的字体与后来通行的三种文体还有较大的区别，被称为"老粟特体"，但它与后来的佛经体近似。

大多数粟特文文献的时代约在6~11世纪，大都是纸质抄本，也有一些木牍和羊皮书。篇幅较长的佛经《须达翠太子本生经》共34页，约1500行。此外还有《般若波罗蜜多心经》《金光明经》《大般涅槃经》《大悲经》《禅经》《善恶因果经》《金刚般若经》《长爪梵志所问经》《青颈陀罗尼》等。这些佛经大多译自梵文、汉文和焉耆者—龟兹文。摩尼教经典则译自钵罗婆语和安息语，年代约为8~10世纪，主要文献有《巨人书风福音书》《国名录》及印度文学作品《五卷书》翻译残本等。景教经典则从古叙利亚语经典中译出，年代约为6~11世纪，主要有《新约》残卷。[①]粟特文文献大多在敦煌、吐鲁番被发现。

1932年在塔吉克斯坦的穆塔山发现了大批粟特文文献，这是在粟特故地首次发现粟特文书，自然引起了许多学者的浓厚兴趣。这次发掘共发现了94件文书，其中两件为羊皮质地，上书阿拉伯文，另有5件粟特文书背面有汉文。这些文书属于8世纪，是研究当时粟特与唐朝、大食和突厥关系的重要文献。

粟特文的摩尼体主要用于书写摩尼教经文，在有的学术著作中，又将这种字体说成摩尼文。摩尼教约在6世纪上半叶传入中国，至唐代已很兴盛，在长安建有摩尼教大云光明寺，在长江流域中下游地区和河南、太原等地也广建寺庙。从五代历经宋、元、明、清，摩尼教一直以明教、魔教、白莲教、明尊教等各种不同的名目形式活跃在中国民间。唐宝应二年（763）回鹘牟羽可汗从洛阳延请睿容等四名回鹘法师到漠北回鹘都城，牟

---

① 龚方震：《粟特文》，载于《中国民族古文字图录》，中国社会科学出版社，1990年，第54页。

羽可汗放弃了原来信奉的萨满教，改奉摩尼教，并将摩尼教尊为国教，从此摩尼教在回鹘王国广为盛行，回鹘西迁后，摩尼教在回鹘王国还兴盛一时，直到宋太平兴国七年（982）王延德出使高昌时还见到当地"复有摩尼寺，波斯僧各持其法，佛经所谓外道也"[①]。有的史料还提到当时的回鹘国王也信奉摩尼教。摩尼教在新疆流行了近400年，留下了大量遗物，1902～1914年德国皇家吐鲁番考察队在新疆进行了四次考察，发现并掠走了大量古代文物，其中就有很多摩尼教的寺庙遗址壁画、文献残片等。据学者研究大多为9～10世纪的遗物。已发现的摩尼教文献最有代表性的是《二宗经》《摩尼教徒忏悔词》等，这些文献残片大多是在吐鲁番的亦都护城、胜金口、吐峪沟和交河故城等地发现的，有数千片之多。

摩尼文字体工整，结构优美，清晰易认，很多书页还带有用金粉或各种颜色绘成的插图，装帧精致。这可能与摩尼本人就是一位艺术家有关。摩尼文书籍用上等的不同颜色的墨汁抄写，所用纸张有时还要用面粉和白芨混合做成的糨糊涂刷一遍。这种制作精美、富有艺术性的图书使得摩尼教文献很容易识别。摩尼教文献有多种装帧形式，有的是卷轴装，有的是经折装，有的是欧洲式平装。此外，还有是梵夹装，书页上穿一个或两个孔，上下用木板相夹，再用长绳穿孔捆紧。书写的材质多为纸张，也有羊皮、软毛皮或丝织物。有的书籍封面用打有孔的、印有标记的皮子制作，设计十分精美。有的在孔眼旁还有金色的装饰物。德国吐鲁番考察队还发现过一本书的封面残片，是用精心打磨过的龟甲制成的，上面装饰着金箔。此外，还有一些粟特文的碑铭，其中最重要的是蒙古布古特发现的6世纪的碑铭和1890年在今蒙古国杭爱省的哈拉马勒嘎斯城址（黑虎城）发现的9世纪九姓回鹘可汗碑。布古特碑铭正面及左右两侧均刻粟特文29行，直书，自左向右读，记突厥第一汗国土门、木杆、伦钵和沙钵略可汗事迹，背面是婆罗米文字，今藏于蒙古国杭爱地区博物馆。[②]粟特文文献在19世纪末被发现以来，引起了国际学术界的巨大兴趣，但人们对这种文字一无所识。首先解读这种文字的是德国东方学家缪勒（F. W. K. Muller），他认为这是一种钵罗婆语方言。后来德国伊兰学家安德里亚斯发现10世纪阿拉伯语学者贝鲁尼的著作中关于粟特语的月份名字与新发现的文献记载相同，方知这便是消失已久的粟特语。粟特文文献大都藏于国外，近年来

---

① 《宋史》卷四百九十《高昌传》。
② 龚方震：《粟特文》，载于《中国民族古文字图录》，中国社会科学出版社，1990年，第54～56页。

我国新疆也有粟特文文献出土，如1975年新疆博物馆考古队在哈喇和卓古墓中发掘出17枚木牌，其中9枚正面写有"代人"二字，背面则用朱笔书写有粟特文。[①]粟特文文献在中西文化交流史上起了重要作用，对研究中国古代的政治、经济、宗教、文化等方面提供了珍贵的资料。

## 五、突厥文古籍文献历史与现状

突厥从6世纪中叶建国，首先征服了游牧于准噶尔盆地一带的铁勒，兼并其部众5万余帐落（户），奠定了突厥强大的基础。552年，土门发兵大败柔然，追杀其可汗。土门自立为伊利可汗（Llig qayan），正式建立突厥汗国。它最强盛时，曾据有蒙古草原、准噶尔盆地、中亚草原，对我国历史和世界历史都曾产生过巨大影响。744年，回纥之骨力裴罗自立为可汗，灭突厥，第二突厥汗国遂亡。此后，突厥在漠北的地位为回纥所取代。突厥文留下的古代文献典籍中，写本和刻本典籍极为少见，以碑刻居多。已发现的鄂尔浑碑有11通，年代较久的是《雀林碑》（688～691年间建）。各碑分属突厥汗国（552～744）或维吾尔汗国（744～840）时期。叶尼塞碑铭约80块，多为黠戛斯人的墓志，属9～10世纪。手写本文献在20世纪初发现于敦煌、新疆的古楼兰废墟及吐鲁番，包括历史、传记、墓志、石刻、宗教文书、行政文件、日常器皿的刻文等。突厥文的释读扩大了突厥语族语言文字史及文学史研究的领域。现将目前尚存的碑文中，具有代表性和典型意义的碑铭列举如下。

《毗伽可汗碑》，古代突厥文、汉文碑铭。突厥文部分为阙特勤之侄药利特勤所撰（与《阙特勤碑》的作者为同一个人），汉文部分为唐玄宗开元二十二年（734）史官李融撰写，内容与突厥文部分无关。碑立于唐开元二十三年（735）。1889年俄国雅德林采夫于蒙古国鄂尔浑河流域右岸和硕柴达木湖畔发现该碑。碑文以毗伽可汗的名义叙事，刻记他对"突厥诸官和人民"、"九姓乌护诸官和人民"、诸降部族所说的"话语"，主要是记述第二突厥汗国的建立者阿史那骨咄禄之长子毗伽可汗的生平事迹和武功。该碑是目前保存较好、字数最多的古代突厥文碑铭之一，故自发现以来，国内外有很多学者对此进行过研究。

《暾欲谷碑》，又称巴颜楚克图碑。古代突厥文碑铭，为暾欲谷本人生前于唐开元四年（716）左右撰写，死后约于唐开元八年（720）立于墓前。1897年由克莱门茨夫妇发现于今蒙古国土拉河上游右岸与那拉哈驿站

---

[①] 新疆博物馆考古队：《吐鲁番哈喇和卓古墓群发掘简报》，《文物》1978年第6期。

之间的巴颜楚克图。碑文主要记述暾欲谷为谋臣时，辅助第二突厥汗国骨咄禄、默啜、毗伽三代可汗的丰功伟绩。

《古突厥格言残篇》，原件现存于伦敦大英图书馆，编号为 Or. 8212－78（旧编号为 Ch. 0014）。

以上这些文献对于研究古代突厥语言、文学和社会历史文化，都具有重要参考价值。

### 六、回鹘文古籍文献历史与现状

回鹘文是突厥语族诸民族先民回鹘人创制使用的一种音素文字，在伊斯兰教传入以前，曾经在察合台汗国广泛使用，并保留了大量文献。回鹘文来源于中亚的栗特文。在甘州回鹘王国、高昌回鹘王国和喀喇汗王朝均使用回鹘文。当今尚存的回鹘文古籍文献主要发现于新疆的吐鲁番和甘肃的敦煌及河西走廊地区。保留至今的回鹘文文献，有碑刻、写本、木刻书等载体种类，著述内容十分丰富，是中华民族的重要文化遗产之一，也是研究古代西域各民族社会历史、宗教信仰、语言文字、文学艺术、科学技术等方面的重要资料。现在将其具有典型性和重要价值的典籍文献列举如下。

《大元肃州路也可达鲁花赤世袭碑》，于 1962 年在甘肃酒泉市被发现，现藏于酒泉市文化馆。该碑立于元顺帝至正二十一年（1361），碑文用汉文和回鹘文书写，记录了一个唐兀族家族自西夏灭亡至元朝末年 150 年间六代 13 人的官职世袭情况，为我们了解元代河西走廊地区唐兀族的历史，提供了珍贵的文献资料。

《弥勒会见记》，又称《弥勒三弥底经》，是目前在国内收藏的回鹘文文献中篇幅最大、数量最多的一部文献，原件现藏于新疆维吾尔自治区博物馆。该书是一部长达 27 幕的演说佛教教义的原始剧本。它不仅是我国维吾尔族先民的第一部文学作品，同时也是我国各民族（包括汉族）现存最早的剧本，在我国文学史上占有非常重要的地位。

《佛教诗歌集》，现藏于伦敦大英图书馆。字体为回鹘文草书体，诗文中多处夹写汉字。所收诗歌内容丰富，如：第 1 页 16 行为一首田园诗《在这块地方》，由四段押头韵的诗歌组成，每段末尾重复"在这块地方"一语；第 331～364 页为一首 14 段八行诗，押头韵，其内容属于《四十华严》中的《中种善行赞》，作者为回鹘学家安藏；第 369～468 页为《向三十五佛致敬》；第 515～532 页为有关般若婆罗米多内容的 15 段四行诗；第 54～66 页为回鹘学者安藏和必兰纳识里根据汉文再创作的《普贤行愿赞》诗歌。

《佛说天地八阳神咒经》，是现存回鹘文佛经残卷中所占比例最大的一种经典，其抄本、刻本残卷在西域、敦煌等地都有发现。在考察这些残片时，人们总会发现有许多不相同的地方。班格、冯加班等在研究柏林收藏的写本时，曾将其划分为 72 种不同的版本，之后又发现此经写本 89 种，如果加上北京、伦敦、圣彼得堡及日本各地所收藏的写本、刻本，其种类已达 168 种之多。日本学者小田寿典经过研究后认为，该经掺杂有波斯的信仰成分，他还认为这些写本在年代上可分为三类，亦即三个阶段，在最初的阶段，波斯拜火教的思想非常浓厚，后来的写本则对前面的有所修改，越靠后，修改的地方就越多，而波斯的信仰也就逐渐被排除。

## 七、察合台文古籍文献历史与现状

蒙古帝国的建立者成吉思汗生前曾把他所征服的广大地域分封给其四个儿子，其中中亚河地区以及巴而喀什湖以东、以南的草原地区被分给其次子察合台，成为所谓的察合台汗国。察合台汗国是成吉思汗封地最大、种族和部落最为繁杂的地区，它包括繁荣的城市、定居的农民、逐水草迁徙的游牧民，首府在伊犁河流域的阿里麻里。察合台汗国的主体民族畏兀儿由于融合了其他民族而更加壮大，瓦剌、哈萨克、柯尔克孜等民族这个时期在天山南北也得到了发展。

察合台汗国是成吉思汗次子察合台的封地及其在封地上建立的政权。1241 年察合台去世后，哈剌旭兀继汗位。14 世纪上半期察合台汗国分裂为东西两部分。东察合台汗国领有伊犁河谷及喀什、叶尔羌等南疆地区，首府为阿里麻里，14 世纪中期当元朝势力衰落后，北部的别失八里、吐鲁番、哈密等地也成为东察合台汗国的组成部分。西察合台汗国领有河中地区，后于 1370 年左右为帖木耳汗国所取代。

东察合台汗国是察合台后裔秃黑鲁帖木儿建立的。1321 年和 1330 年怯伯与也先不花相继死去，蒙古各部群龙无首，危机渐生，各自为政，互相攻杀。1348 年，权臣布拉吉宣布他找到的秃黑鲁帖木儿是也先不花的儿子，并在阿克苏拥立他为汗。历史上把秃黑鲁帖木儿统治的地区称为东察合台汗国。

秃鲁帖木儿于 1361 年不断向河中地区用兵，收复河中地区，察合台汗国暂时得到统一。秃黑鲁帖木儿是察合台汗国王族中第一个接受伊斯兰教的人，他用强制的手段迫使天山以北 16 万蒙古人改信伊斯兰教。察合台时代是突厥语各民族文献大发展的时代，这一时期，出现了许多著名的诗人、史学家、文学家，留下了丰富的古籍文献。现将其中具有影响力的代表作和重要典籍列举如下。

《福乐智慧》,是用回鹘语写成的一部古典文学名著。全书共 85 章(外加 3 个补篇),长达一万三千多行。为巴拉沙衮人尤素甫于回历 462 年(1069~1070)在喀什写成,献给当时喀什的统治者阿布·阿里·哈桑·宾·苏来曼的,为此作者曾得到侍从官的称号。该书的中心内容是教导人们如何得到"幸福的智慧"。像其他伊斯兰文学一样,长诗一开始是对安拉、先知穆罕默德及四大哈里发的赞词;之后为颂词,它以描写春天开始,接着是对当时喀什统治者布格拉汗的歌颂;然后谈到七行星及黄道带十二星座、人类的尊贵、语言的利弊,以及善行、知识、智慧、书名的含义、人的衰老。这部长诗在文学结构上的特点是采用对话形式,叙述部分居于第二位,这使得长诗具有诗剧的特点。诗中人物也以比喻形式出现,不同人物都有其象征性价值,如国王日出代表法制,大臣月圆代表幸福,其子贤代表智慧,隐者觉醒代表来世。该书虽受到阿拉伯、波斯文学及文化的影响,但仍然可以看到突厥传统的表现。总之,《福乐智慧》不仅是一部重要的文学作品,而且在某些方面可以说是研究当时社会及精神文化的一部百科全书。

《真理的入门》,又名《真理的献礼》,是一部长篇劝诫诗。作者阿合买提是个盲诗人,家乡在玉格乃克,后人因而也称他为阿合买提·玉格乃克。但作者的生平以及本书写成的确切年代不详。作者自称将这本书献给哈喇汗王朝的官员埃米尔·木合木德。该书主要阐述了维吾尔等突厥民族的伊斯兰教论理学,作者不仅倾诉了自己对现实社会中种种现象的不满,而且提出了自己的见解和主张,他企图以穆斯林的劝诫来唤醒世人,从而恢复安宁的社会秩序。他认为,因为人们堕落,世界才遭到破坏,所以他在这部书中着重讲述了穆斯林修身处世之道。这部文献的部分抄本首次由土耳其学者乃·阿西木发表于 1906 年,其后俄国学者拉德洛夫和土耳其学者法·克甫热律、热·阿拉提出版过有关这部文献的研究著作。我国于 1981 年出版了魏萃一的汉译本。据研究,这部作品约写成于 13 世纪初期,这个时代相当于喀喇汗王朝的衰落时期,因此作品在一定程度上反映了那个时期的社会面貌。[①]

《先祖阔尔库特书》,大约成书于 14~15 世纪。其篇名有:德尔谢汗其子布哈什汗之歌、萨拉尔·喀赞汗的阿吾勒遭践踏之歌、巴依勃尔其子巴姆瑟·巴依拉克之歌、喀赞别克其子奥拉孜身陷囹圄之歌、乌古斯·朵

---

[①] 魏萃一:《真理的入门》(汉译本),新疆人民出版社,1981 年。

哈其子帖勒·托莫尔勒之歌、乌古斯·康里其子坎·吐拉勒之歌、乌古斯·喀则勒克其子伊干涅克之歌、巴萨特斩除独眼巨人之歌、别吉勒其子艾莫列之歌、乌古斯·乌孙其子谢克列克的故事、萨拉尔·喀赞为其子奥拉孜所救之歌、外乌古斯因反叛内乌古斯而诛杀巴依拉克之歌。是一部史诗性的英雄传说集，现有两个抄本存世。其一收藏在德国的德累斯顿图书馆，该抄本封面写有"先祖阔尔库特书"字样，下面写有"乌古斯诸部的语言"。另外一个抄本藏于梵蒂冈的图书馆，该抄本注明"关于喀赞别克及其他人的乌古斯传说故事"。据研究，前一个抄本的语言为克普恰克语，而后一个抄本是以乌古斯语言为基础的语言。德累斯顿本包括 12 个篇章，梵蒂冈本只有 6 个篇章，但后一个抄本与前一个抄本的相应各章内容相同。因此，《先祖阔尔库特书》当初有可能是先由讲克普恰克语的人笔诸于文字的，后来又有人将其译为乌古斯语，但未能全部翻译完毕。

《五卷诗》，是一部包括 5 篇独立成篇的叙事长诗集。作者为阿里希尔·纳瓦依（1441～1501）。纳瓦依生于亦鲁（今阿富汗北部），4 岁时入学，聪明过人，能背诵大量波斯诗文。1449 年后全家暂逃伊拉克，没多久，回故乡继续求学，并开始用波斯语和突厥语写诗。1472～1476 年，纳瓦依曾一度为官，但他的很多具有进步意义的改革措施、扶持发展文学艺术的具体办法、限制并打击封建官吏搞分裂的计划都受到造谣诽谤，因而无法施展他的伟大抱负和宏图，终于被迫辞职。纳瓦依在离开政界后的两三年里（1483～1485）写出《五卷诗》，即《正直者的惊愕》《莱丽和曼季侬》《帕尔哈提与希琳》《七星图》和《亚历山大的城堡》五部长篇叙事诗。

《正直者的惊愕》是一部哲理叙事诗，共 64 章。诗人以传说和寓言体裁，讲述了他对社会、伦理的观点，尖锐地批判暴君、卑劣的政客、虚伪的宗教人士，揭露内廷生活的荒淫和无耻。诗中用了许多寓言、民谣、谚语等民间文学材料。诗人的许多诗行，后来已转成了谚语，对后世文学产生了巨大影响。

《莱丽和曼季侬》是盛传于中亚一带的关于一对彼此倾心相爱的青年男女恋爱悲剧的故事。诗人抨击了阻挠自由人性的中世纪恶劣陋习，叙述了曼季侬如何奋起反抗不合理的社会，终于毁灭的悲剧。故事悲壮感人。

《帕尔哈提与希琳》描写的是一个肯钻研学术和各项技艺的青年帕尔哈提与希琳相恋，非但未能如愿，反招杀身之祸的故事。

《爱情与苦难书》，亦可译作《爱情与痛苦》，作者是赫尔克提。该书是维吾尔文学史上极为难得的一部长篇叙事诗，共 27 章，2070 余行，叙述了晨风如何为夜莺和玫瑰的爱情，奔波其间、穿针引线的故事。作者在第一章里以"爱情"一词发出一通幽默风趣的议论。第二、第三章记述了夜莺与玫瑰初见，晨风在万花园中穿行。从第五至二十六章，都写晨风、夜莺、玫瑰三方的对话。故事透迤地展开，特别是五、六、七章的对答，生动活泼，富有戏剧性。第二十七章是尾声，系统地论述了爱情、政治、统治者与人民，以及许多事物之间的辩证关系。

《爱情组诗》，作者阿布都热依木·纳扎尔是继纳瓦依之后，最有才华、多产的诗人，他是19世纪维吾尔族最伟大的叙事诗人。在《爱情组诗》的总名称下，共有25部叙事诗，四万八千多行，分别归为三大部，即：（1）《生的食物》，其中主要是"心明"和"眼亮"两个人的宗教对话录。此外还收了《东方的太阳》《忌物》以及关于宗教伦理的颂赞传说。（2）《流浪者的故事》，其中包括诗人一生大多数重要的作品。如《什刺子诗人萨迪的奇遇》《身毒公主偷读艳情诗歌受责记》《帕尔哈提——西琳》《莱丽——曼季侬》《巴赫兰皇帝与迪拉拉》《瓦木克——乌祖拉》《四个托钵僧》《古丽尼莎·曼宗》《麦速德——迪拉拉》《热碧雅——赛丁》。（3）《五行诗集》。主要仿纳瓦依昔日一度用过的诗体。

历史上留存下来的察合台文献不算少，但是和西域其他文字古籍文献一样，大多数已流失国外。关于这方面的目录，可参考马尔丁·哈尔特曼的《察合台文抄本目录》（1904）和穆根诺夫的《亚洲民族研究所所藏维吾尔抄本目录》（1961）。我国现存的察合台文古籍文献，收藏地较分散，且没有进行过系统研究。现在已有的目录有：1957年新疆博物馆编《维吾尔古典文学抄本目录》（维吾尔文）；新疆维吾尔自治区少数民族古籍办编《维吾尔、乌孜别克、塔塔尔古籍名录》（维吾尔文）。仅后者就收录了新疆维吾尔自治区少数民族古籍办收藏的维吾尔、乌孜别克、塔塔尔古籍目录1550条。

## 八、西夏文古籍文献历史与现状

西夏文字就目前发现的文献资料证实，大约有5900多个。内蒙古额济纳旗黑水城出土的西夏辞书《文海》与《音同》收字最全。这两部辞书是由西夏时期的党项族人编著的，为进一步研究西夏语言、文字提供了丰富的实物资料。同时出土的还有一部由党项族人骨勒茂才编著的辞书《蕃汉合时掌中珠》，它是用汉文与西夏文对音、对意的方式编成的，并收录了许多党项语词汇，因而成为后人解开西夏语言、文字的钥匙。近百年来，中外专家学者经过艰苦不懈的努力钻研，结合这些珍贵的文献资料，已基本掌握了西夏文字的结构与部分语音，使西夏学的研究有了明显的突破。西夏文的创制使用者党项民族已不复存在，但是留下了许多西夏文古籍文献，其内容丰富多彩，是研究西夏地方政权和党项民族历史文化的重要文献依据。现在将其重要文献介绍如下。

《现在贤劫千佛名经》，卷首有板画《西夏译经图》，高、宽各 27 厘米，图中刻僧俗人物 25 身，有西夏文题款 12 条计 63 字，记图中主要人物的身份和姓名。上部正中跏趺而坐的高僧为"都译勾管作者安全国师白智光"，即译场主译人。他斜披袈裟，讲解经文，并以手势相辅助。旁列 16 人为"助译者"，其中 8 位僧人分别有党项人或汉人。图下部人身较大者，左为"母梁氏皇太后"，右为"子明盛皇帝"，即西夏惠宗秉常及其母梁氏皇太后。此图形象地描绘了西夏译经的场面和皇太后、皇帝重视译经，亲临译场的生动情景，是研究西夏译经史不可多得的资料，也是中国目前所见唯一的一幅译经图，十分珍贵。

《过去庄严劫千佛名经》，西夏文佛经，卷末有发愿文，文中在记述了佛教在东土盛行、传译佛经、三武毁佛等佛教在中原流传的基本史实后，着重记述了佛教在西夏流布和译经的情况，具体记载了西夏第一代皇帝元昊建国当年即开始组织译经，以白法信、白智光等 32 人为首，用了 53 年的时间将汉文大藏经翻译成西夏文，称作"蕃大藏经"，共有 362 帙，820 部，3579 卷。显然这一发愿文为西夏译经史提供了关键的资料，使西夏译经事实变得清晰、具体。

《金光明最胜王经》，其中第一卷有序言两篇，第一篇是译自汉文的《金光明经忏悔灭罪记》，第二篇是《金光明最胜王经流传序》，十分重要。序言记载了《金光明经》流传东土后先后五次由梵文译为汉文的经过，包括译经朝代、时间、主译人、译经地点、所译卷、品数等，特别是记述了西夏时期翻译、校勘此经的经过以及在西夏倡导、传播此经的情况，最后还提及西夏灭亡后此经的遭遇与序言作者的发愿。另此经卷十末尾有跋文四面，记载了刊印时间起自乙巳年，完成于丁未年，据考证为蒙古乃马真称制的 13 世纪中期。此序和跋对研究《金光明经》在西夏的流传，以及考究西夏译、校经史有重要价值。

## 九、契丹文古籍文献历史与现状

契丹文字是中国古代少数民族契丹族使用的文字，分契丹大字和契丹小字两种。契丹语属阿尔泰语系，与蒙古语非常相似，但是由于契丹文至今没有被解读，所以很难比较。

契丹大字创制于公元 920 年，是辽太祖耶律阿保机下令由耶律突吕不和耶律鲁不古参照汉字创制的，应有三千余字。契丹文颁布以后，立刻在辽国境内使用。由于契丹境内的汉族都使用汉文，契丹文只会通行于契丹民族中。但是，契丹上层统治者大都通晓汉文，并以汉文为尊，契丹文使用范围有限。

契丹小字由耶律迭剌受回鹘文启示对大字加以改造而成。小字为拼音文字，较大字简便，契丹小字"数少而该贯"，即原字虽少，却能把契丹语全部贯通。契丹小字约五百个发音符号。主要用于碑刻、墓志、符牌、著诸部乡里之名以及写诗译书等项。

后来，虽然辽国灭亡了，契丹文仍然被女真人所使用，并帮助创造了女真文。直到金章宗明昌二年（1191）"诏罢契丹字"，一共使用了 300 多年。因辽代严格限制契丹文化的"出口"，大量文献没有流传开来，除《燕北录》和《书史会要》里收录的几个契丹字外未留下片纸只字。契丹文被重新发现于 20 世纪 20 年代，从出土的契丹文哀册和碑刻来看，大字是一种表意方块字，其中夹杂一些直接借用汉字的形式，小字是一种拼音文字，利用汉字笔画形体创制出 300 多个原字，然后缀合拼写成词。原字分正楷、行草、篆书等字体，篆体字的拼写方式异于正楷和行草，采取鱼贯式而不是层叠式。行文的款式自上而下竖写，自右而左换行，敬辞抬头或空格。原字有一个书写形式代表几种语音或一个语音采用几种书写形式的情况，因此，同一个词或词素表现在文字上可以有不同的拼写形式，所以到现在为止还没有一个完整的契丹文语句被解读出来，契丹文也成为中国文字史上著名的难题。

## 十、女真文古籍文献历史与现状

女真文分大、小字两种，大字是金太祖阿骨打天辅三年（1119）仿照汉字制成的，小字是在天眷元年（1138）参照契丹字创制颁布的。传世者以大字为多，但对此亦有不同看法。女真文文献形式有图书、碑铭、铜镜、印鉴、题记等，女真文在宋代史书中便有记载，但以后变成了死文字。直到道光九年（1829），才有人注意到女真文，19 世纪末以后，随着女真文文献更多地被发现，中外研究学者也不断增加，并取得了一批重要的研究成果。

## 十一、蒙古文古籍文献历史与现状

蒙古族与中国北方东胡、鲜卑、契丹、室韦有密切的渊源关系。"蒙古"作为族称，最初只是蒙古语族诸部中一个部的名称。《旧唐书》称"蒙兀室韦"，居于望建河（今额尔古纳河）东岸，后西迁不儿罕山（今蒙古大肯特山）一带，发展繁衍为许多部，各有名号。辽金时期多以"鞑靼"或"阻卜"泛称蒙古草原各部。13世纪初，以成吉思汗为首的蒙古·孛儿只斤氏族，统一主儿乞、泰亦赤兀、弘吉剌、札答兰、塔塔儿、蔑儿乞、克烈、乃蛮、汪古等草原各部，于1206年建大蒙古国，"蒙古"遂成为全民族的统一名称。现主要分布在内蒙古自治区、新疆维吾尔自治区、辽宁、吉林、黑龙江、青海、甘肃、宁夏回族自治区、河北、河南、四川、云南、北京等省（区）、市。

蒙古语属阿尔泰语系蒙古语族，有文字。于13世纪初，以回鹘文字母为基础创制，史称回鹘蒙古文。后经改革即成为现今通用的蒙古文。忽必烈时曾创制蒙古新字"八思巴文"。新疆蒙古族多讲卫拉特方言，使用"托忒"蒙古文。蒙古文属拼音文字类型。

蒙古文文献产生于13世纪上半叶。根据现有资料，蒙古族的第一部文献当属回鹘式蒙古文《成吉思汗石》（亦称《也松格石》），写于1225年。在此之后，有《拔都致窝阔台汗的信》（见《蒙古秘史》第275节），写于1238年。《十方大紫微宫窝阔台汗圣旨碑》（1240）、《贵由汗玺》（1246）、《释迦院碑记》（亦称《蒙哥汗碑文》，1257）、《蒙古秘史》（1240）等文献的问世，不仅证明了蒙古文文献形成于13世纪中叶的事实，而且还证明了13世纪中叶的蒙古文古籍文献形式已经具备了石刻、玺文、碑铭、令旨、信礼、书籍等不同类型。这些初期的蒙古文文献都属于回鹘式蒙古文文献。

蒙古文古籍文献浩如烟海，有重要历史价值的古籍文献亦很多，因限于篇幅，仅能列举一小部分如下。

《蒙古秘史》，蒙古族第一部历史文献和文学巨著。成书于元太宗十二年（1240），全书共282节。汉译名为《元朝秘史》。撰者不详。原稿为回鹘蒙古文，现已失传，仅存明初的汉字标音本。《蒙古秘史》原为元朝藏于国史院的蒙古皇室秘籍，因元朝败北才落入明人手里而公之于众。《蒙古秘史》以生动的文学语言和编年史体裁记述了蒙古族的起源和成吉思汗统一蒙古各部、建立蒙古汗国的英雄事迹，以及窝阔台继汗位以后的蒙古族社会、政治、经济、军事方面的重要历史事件。《蒙古秘史》作为蒙古族第一部历史文献和文学巨著，开辟了蒙古族编年史和蒙古族文学的先河，给历史著作和历史小说以极大的影响。《蒙古秘史》与《黄金史》《蒙古源流》被称之为蒙古族的三大历史著作，与《格斯尔》《江格尔》被称作蒙古文学的三个高峰。《蒙古秘史》为研究蒙古族13、14世纪社会、历史、语言、文学、法典、民俗、军事等都提供了宝贵的资料。

《格斯尔》，蒙古族英雄诗史，几个世纪以来广泛流传于我国蒙古族聚居区，以及蒙古、俄罗斯布利亚特蒙古族当中。在漫长岁月的流传中，在内蒙古、青海、新疆等省、自治区中产生了不同的版本。《格斯尔》不仅有回鹘蒙古文版本，而且还有托忒蒙古文版本。蒙古族英雄史诗《格斯尔》，主要描写了格斯尔是一个天神转世，能够呼风唤雨、斩妖降魔、为民除害，威震四方，深受爱戴，被人们尊称为雄师大王的故事，从而表达了当时人民群众的社会理想和对美好生活的愿望。《格斯尔》篇幅宏大，涉及蒙古族语言、文学、宗教信仰、生活习俗等诸多方面，从而对研究蒙古族古代社会、文学等具有十分重要的价值。

《卫拉特法典》，亦称《1640年卫拉特法典》，音译为《察津毕其格》。是一部用回鹘蒙古文书写的17世纪著名的地方性法典。明崇祯十三年（1640）准噶尔布诺颜额尔德尼巴图尔洪台吉召集卫拉特蒙古部的28位汗诺颜制定了《卫拉特法典》。法典的制定旨在安定内部，加强团结，维护封建秩序，保护封建主和上层喇嘛利益，共同抵御外部威胁。此法典的原件和副本都已经失传，现存的是托忒蒙古文抄本。内蒙古社会科学院图书馆和内蒙古社会科学院历史研究所都藏有托忒蒙古文抄本。法典原文未分章节，内容包括关于内政、外敌、驿站和使者、宗教、特权、打猎、道德、杀人、遗产、抚恤、婚嫁、盔甲赋、小偷和骗子、养子、叛逃者、狂犬与狂犬病患者、牲口制伤、火灾与水灾、债权、走失的牲畜、淫荡、吵架与挑衅、宰畜与救畜、救人与抢人、被告与证据、搜捕、受贿等的有关认定和处罚条款。具有独特地方色彩的《卫拉特法典》，不仅为研究蒙古族法典律、刑罚提供了珍贵的文字依据，而且还为研究蒙古族社会、政治、经济、历史、军事、文化、民俗、宗教、道德观念等方面提供了重要的文献资料，尤其是对研究蒙古族法律由习惯法走向成文法的历程具有重要的参考价值。

《蒙文石刻天文图》，是卷帙浩繁的蒙古文文献中为数不多的自然科学方面的重要文献，也是我国仅存的4幅石刻天文图中唯一的用少数民族文字刻写的一幅天文图。在内蒙古呼和浩特市旧城五塔寺金刚座舍利宝塔的后山墙上，清朝雍正三年（1725）钦制石刻。《蒙文石刻天文图》以北极为天文图中心，清楚地标明了北极圈、南极圈、夏至圈、冬至圈和赤道，并且还准确地注明了24个节气，冬至点在上，夏至点在下，春分点在左，秋风点在右。此外，还有360度方位和28宿的划分以及银河、星宿，共270座。在天球圆面外围有4层注字的圆圈，最外一层均匀地分为12段，刻下12宫天干和12生肖的蒙古文名称。它为研究蒙古族天文历法和自然科学发展史提供了非常珍贵的资料。

《蒙药正典》，19世纪蒙古族重要的医学文献，是蒙古族著名药物学家占布拉道尔吉编写于19世纪的一部大型医学书籍。《蒙药正典》以图文并茂而著称。书中共载入879种药物，并附有插图576张，生动而广泛地介绍了蒙古地区药物和药物学知识。占布拉道尔吉的《蒙药正典》以手抄本形式在蒙古族医生当中流传。手稿现存于内蒙古医学院中医系蒙医专业资料室。《蒙药正典》对于研究蒙医蒙药遗产和蒙医学史都具有重要价值。

《蒙文启蒙》，是蒙古族现存语言文献中较早的一部文献，是一个以正字法为主的蒙古语早期语法著作。现存于内蒙古语言研究所。有木刻版、石刻版、铅印本。手稿有经卷式、线装式两种。全书由文字史、正字法、语言三个部分组成，主要讲述了蒙古文的发展形成历史和字母系统的构成、元音和辅音的分类和组合、词类的区分、词缀法的运用、元音和谐等问题。此书还提供了"集字成词，集词成语，集语以表明意思"的语言原理。此书是根据13世纪著名的搠思吉斡节尔的同名著作编写的。据说贡嘎坚赞、贡嘎敖德斯尔等也曾编写过类似的语法书，但是均已失传。因此，此书集蒙古族早期语法研究之大成，是20世纪以前蒙古语语法著作的典范。《蒙文启蒙》为研究蒙古族文字史、蒙古语正字法、蒙古语言提供了原始材料。

**十二、满文古籍文献历史与现状**

满族是一个具有悠久历史的民族。先秦时期的肃慎，汉、三国时期的挹娄，南北朝时期的勿吉，隋唐时期的靺鞨，宋、辽、金、元、明时期的女真都是满族的先人。1616年，女真族领袖努尔哈赤在赫图阿拉（今辽宁省新宾满族自治县）建立了后金政权。1635年，皇太极下令废除"女真"旧称，定族名"满洲"。1644年清军入关后，建立了一代封建王朝清朝。满族主要居住在辽宁省、吉林省、河北省以及北京市、内蒙古自治区、新疆维吾尔自治区等地。满族现有13个自治县。满族的语言属阿尔泰语系满—通古斯语族满语支。满族有自己的民族文字。

满文古籍文献非常丰富、宏大。从时间上看，满文文献从满文创制起（1599）至清朝末年（1911）止，其间经历了三百多年。在这期间，从满文创制到整个后金时期为第一阶段，经历了大约半个世纪；从清初到清末整个清代为第二阶段，经历了两个半世纪。这两个阶段的满文文献有一些不同的特点。第一阶段为满文文献的初创时期，使用的文字有老满文和新满文，并以新满文为主，其内容以历史文献为主。由于这一时期的文献年代久远，其价值极高。满文文献内容十分丰富，它全面反映了满族及整个清代的社会历史、语言文化、风俗习惯、宗教信仰、民族关系等各个方面。从文献内容上分，可分为历史文献、语言文献、文学文献、翻译文献、宗教文献、民俗文献、军事文献、地理文献、医药文献及自然科学文献等。现将部分典籍文献列举如下。

《满文老档》，是满文最早的历史文献。共有180册，以编年体的形式记录了从明万历三十五年（1607）至清崇德元年（1636）之间的重要历史事件。其中包括努尔哈赤统一女真各部、建立后金政权、与明代的战争、建都辽沈以及皇太极继位等一系列大事。《满文老档》还从多方面反映了满族早期的社会历史生活，如满族的社会组织、八旗制度、法律规范、风俗习惯、宗教信仰等方面。由于老满文使用的时间较短，用老满文记录的满文文献比较少，因此，《满文老档》也就成为研究满语文的重要材料。

《清太祖武皇帝实录》，全书共4卷，修于天聪年间，成于崇德元年（1636）。《实录》是由皇太极谕旨纂修的，由希福、刚林等人参加撰写，并且最终以满、蒙、汉三种文字完成。《实录》的主要内容取材于《满文老档》，但也有一些自己的特点。现存《满文老档》缺少努尔哈赤以13副盔甲起兵的记录，最早的记录年代是明万历三十五年（1607），而《实录》的记载则开始于明万历十一年（1583），比《满文老档》早24年，从而填补了《满文老档》的不足。《清太祖武皇帝实录》以努尔哈赤生平为线索，比较完整、详尽、准确地记录了其凭借13副盔甲起兵、灭九部联军、扫四路劲旅、雄踞辽沈、奠定了清朝基业的历史功绩。书中所记"满州源流""诸部世系""满州国"等节尤为重要，并为后人多方引用。《实录》不仅记史详尽，而且语言生动，颇具文采。

《清入关前内国史院满文档案》，现存于中国第一历史档案馆，共47册，其中天聪朝18册，崇德朝29册，记录了清太宗天聪元年（1627）至崇德八年（1643）共16年间所发生的历史事件，比较完整地反映了清入关前清太宗皇太极在朝的社会历史生活。在体例上与《满文老档》基本相同，在文字上采用了实录的方法记事。对于每一件事的记录有详有略，像对明战争、对蒙联姻、与朝鲜的关系、八旗设置以及改诸申为满州、修建盛京实胜寺大事都有较详尽的记载。尤其是在"天聪九年"的档案中比较完整地记录了满族族源神话"长白仙女神话",这个神话在后来清代的许多史书中都有出现,其出处当源于满文的记载。此书不但有重要的史学价值,即说明了满族的来源,而且还有重要的文学价值,即保留了满族著名的族源神话。

《御制盛京赋》,是乾隆皇帝第一次东巡,初到盛京,拜谒福陵、昭陵时所作。乾隆八年(1743),正值乾隆皇帝33岁,当他在东巡所见先祖征战故地、缅怀祖上功德、饱览沿途风土人情时,激起了他的创作欲望,于是写下了这部宏大诗篇《盛京赋》。现存《盛京赋》的版本较多,有乾隆年间的满文本、满汉合璧本和满文篆字本。最早的版本为乾隆八年本,现存于辽宁省图书馆。满文篆字本是用满文篆字抄写的本子,全书共32册,包括了31种满文篆字。《盛京赋》由序言、赋、颂三个部分组成。

《满文诗稿》,成书于光绪二十九年(1903),著者不详,现收藏于中国社会科学院民族学人类学研究所。诗稿共收17首满文诗,其诗长短不一,内容包括写景、抒情及人生的感叹,其中以写人生和个人感情为主。

满文文献的种类多种多样,其价值也是多方面的。从这些文献中,我们既可以看到满族的社会历史,同时也可以看到满族的语言、文学、风俗、宗教、音乐、舞蹈、经济、政治、军事、医学等各个方面的情况。从一定意义上说,满文文献是认识满族的百科全书,也是昔日满族社会生活的缩影。

## 十三、锡伯文古籍文献历史与现状

锡伯族自称"锡伯",意为"瑞兽"或"带钩",史称"须卜""室韦""失比""西楚""席伯""席北""史伯",皆"鲜卑"音转。锡伯族主要分布在辽宁、吉林、新疆。关于族源问题说法不一,一说是鲜卑后裔,系东胡一支;一说源出室韦后裔,乃通古斯族系不同部落形成;一说与满族同源,均女真后裔。锡伯族有自己的语言文字,语言属阿尔泰语系通古斯语族满语支,文字从16世纪开始和满族采用同一种文字。

锡伯族由于特殊的历史原因,其古籍文献大部分存在口传文献中,有民歌、民间故事、叙事诗等。其中较著名的有《离乡曲》《拉希汗图》《喀什喀尔之歌》《三国之歌》,以及文字优美的散文性书信体裁的《辉番卡来信》和《顿吉纳的诗》。

《顿吉纳的诗》,作者顿吉纳,东北齐齐哈尔人,锡伯族。这首诗是他77岁时(1826)到察布查尔与那里的同胞一起过清明节时即兴作的一首抒情诗。当时许多人把它抄录下来，故流传至今。例如：

> 生在齐齐哈尔的顿吉纳，
> 长在清朝时分的人哟！
> 情愿从军东奔西跑，
> 来到这天涯海角。
> 目睹了同胞们沦落的情形，
> 难道这就是奈何不得的命运？
> 是天赏给了这般处境，
> 难道这就是改变不得的缘分？
> ……

此外，《萨满神歌》在锡伯族的口头文学中颇有影响，已被记录、整理成文本。近年来，在满文档案中，发现有不少关于锡伯族历史方面的记载，这也是锡伯族古籍中不可缺少的一部分。

### 十四、朝鲜文古籍文献历史与现状

朝鲜族主要分布在吉林、黑龙江、辽宁等地，19世纪70年代自朝鲜半岛迁入我国东北地区定居，在与当地各族人民共同劳动和斗争的过程中逐步形成了自己的特点，成为我国少数民族之一。朝鲜族有自己的语言文字，一般认为，朝鲜语属阿尔泰语系，但至今尚无最后定论。公元5世纪前用汉字，6世纪之后出现了借用汉字的音或义来标记朝鲜语的吏读（吏读文）。1441年1月，创制了"训民正音"，从此朝鲜族有了自己民族文字。19世纪70年代前，我国的朝鲜族同朝鲜半岛上的朝鲜人民有共同的历史文化；19世纪70年代后，移居我国东北地区的朝鲜人，在长期的历史发展过程中，不断地吸收汉族及其他兄弟民族的文化，从而创造了反映自己民族特点的100多年来的历史文化。

朝鲜族有自己特定的历史，因此，在收集整理朝鲜族古籍文献时，既要尊重历史，又要正视现实。在我国少数民族中，类似朝鲜族这样"跨境"的情况还有许多，整理古籍时，只要尊重历史，弘扬自己民族的传统文化，总会得到社会的认可和人民的欢迎。

朝鲜族的古籍文献，从时间上可分为19世纪70年代以前和以后两大部分。从形式上可分为口传文献和文字文献。口传文献主要是民间传说，19世纪70年代前的民谣，有的已用文字记录下来，成了文献。历史上把用汉字记录、整理的朝鲜族民间歌谣称之为"民谣汉译诗",如《沙金花》在 14 世纪时就用汉文记录下来了:"一年农事不曾知,黄雀何方来飞去。鳏翁独自耕耘了,耗尽田中禾黍为。"劳动歌谣在朝鲜族的民歌中,不仅起源早,而且数量很多,尤其以描写插秧、捕鱼者最多。

在收集整理朝鲜族古籍时,不论是口传文史资料,还是文字文献,重点都应该放在 19 世纪 70 年代以后,即朝鲜族成为中华民族大家庭的一员以后的传统文化。当然也不排除整理 19 世纪 70 年代以前的我国朝鲜族同胞和朝鲜人民共同创造的历史文化。但要有选择,有比较,收藏在我国境内的历史文献尤其要抓紧抢救和整理,如辽宁图书馆收藏的吏读文文献(有关李朝的史料)。这些文献整理出来之后,可弥补一些史学研究中的空白。

**十五、回族古籍文献历史与现状**

回族分布在全国绝大多数县、市,主要与汉族杂居于宁夏、甘肃、青海、新疆、云南、河南、河北、山东、安徽等省区,并且有大小不等的聚居区。回族是中国古代从西方来的阿拉伯人、波斯人及其他中亚一带的人进入中国后,与汉人、蒙古人、维吾尔人等融合而成的一个民族。中国和西方的接触,有悠久的历史,大量考古资料证明,东西方的交往,远在东周时期就已经存在了。东西方接触的这条路线,即所谓的"丝绸之路",以 13 世纪迁入的中亚各族人、波斯人和阿拉伯人为主,包括 7 世纪以来侨居东南沿海某些商埠的阿拉伯和波斯商人后裔在内,在长期发展中吸收汉、蒙古、维吾尔等民族成分逐渐形成。一说还应包括 10 世纪中期以来分布葱岭东西喀什噶尔等地改信伊斯兰教的部分回鹘人后裔在内。其先民在唐宋时被称为"蕃客",历史上从事内地和边疆屯田垦牧,或经营制香、制药、制革、制炮以及矿产的采冶业等,尤擅于经商,涌现出不少政治家、思想家、航海家、建筑家、学者及诗人、画家、经学家等。

回族人除了著有大量汉文典籍之外,在教职人员中,还流传一些阿文和波斯文,以及其他外国文字撰著的书籍,主要是有关《古兰经》和其他一些伊斯兰教方面的著作。此外,还有少量的非宗教著作,如:工具书、书目、伊斯兰教、语言文字、文学艺术、历史、文物、科技等。现在将回族的主要古籍文献列举如下。

《古兰经》,铁铮译,1927 年北平中华印书局出版,463 页,约 23.6 万字。《古兰经》是伊斯兰教最根本的经典,是先知穆罕默德宣布的"安拉启示"的汇集,共 30 卷,114 章,6236 节(节的划分有不同方法,因而有不同的节数，但字词并无增减）77934个词汇。《古兰经》原文是阿拉伯文。

《天方典礼》，刘智撰。刘智（约1660～1730），江苏上元人，回族著名学者。他15岁立志向学，不但通读经史百家，而且读西洋书，读佛经、道经，重点研究了天方之书"会通诸家而折中于天方之学"。著书数百卷，刊行仅十分之一，他的著作中，《天方性理》《天方典礼》《天方至圣实录》三书，是他的代表作。《天方性理》为伊斯兰教有关天人性命的学说；《天方典礼》主要讲教法；《天方实录》是穆罕默德的传记。这三部系列丛书，是刘氏用来阐明伊斯兰教的理论体系。

《中阿初婚》，扬仲明撰，1911年出版。此书分四卷，即字义、字体、字用、菁华录。卷1字义学，分门别类列举阿文词汇，采取单词短句汉文对照形式。这是最早由中国人自编的阿文课本。卷2字体及卷3字用学为《连五本》的汉译，但大量补充了材料。卷4菁华录是作者用汉文及阿文写的关于阿文文法的论著及诗文。于广增先生说："扬敬修的《中阿初婚》是中国伊斯兰教经堂教育史上一部划时代的重要著作。它打破了用经堂语译解阿拉伯语的老传统，使汉语踏入了经堂，为汉阿对译开辟了途径，是应该在中阿文化交流史册上大书一页的。"

《琼瑶集》，五代李询著。已佚，王国维有辑本。《花间集》收其词37首，《尊前集》收18首，除去重复的一首，共54首。《全唐诗》卷896录之。李询被称为第一个回族作家，其《琼瑶集》可被称为第一部回族古籍。

《心泉学诗稿》，6卷，宋蒲寿宬撰。蒲寿宬，南宋末人。其先为阿拉伯人，先居广州，后徙泉州，遂为泉州人。蒲寿宬是宋代回族中鲜有的有诗集传下来的一位著名诗人，通观全集200余首诗中，似乎看不出他是一位穆斯林，足可以看出其汉学之深。《心泉学诗稿》收于《四库全书》集部四别集三附录影印《四库全书》1189册中。

《回回药方》，明代回族医药书，著作名已佚。原书共36卷，刻于明代，具体年代无考。现北京图书馆仅藏残本4卷，即目录卷下、卷12、卷30和卷34。

《七政推步》，7卷，明人贝琳撰。此书为洪武十五年（1382）由翰林吴宗伯和回族大师马沙亦黑等翻译的回族历法。它是除《明史·回回历法》之外较为完整的回族历法著作，为研究回历之重要资料。

## 第二节　南方各少数民族文字古籍文献的历史与现状

我国南方少数民族众多，分布极广。如西南地区是少数民族成分最多、分布较广的一个地区，居住在这里的少数民族有藏、羌、门巴、珞巴、彝、白、傣、哈尼、纳西、傈僳、景颇、佤、布朗、拉祜、阿昌、普米、德昂、怒、独龙、基诺等民族。由于历史原因，西南各民族的社会和经济发展极不平衡，文化的发展存在一定的差异性。除了藏族、彝族、纳西族和白族有文字古籍之外，其余大多数民族都没有文字古籍，只有口传文史资料。又如中南地区，少数民族人口较多，民族种类也不少，与西南地区一样，有本民族文字的民族不多，除了壮族、布依族、苗族等有本民族文字之外，其他侗族、瑶族、仡佬族、黎族等诸多少数民族则没有本民族文字。再如东南地区，少数民族人口较少，畲族、高山族等都没有本民族文字。因此，东南民族基本上无文字，口述文史资料极为丰富。

**一、藏文古籍文献历史与现状**

藏族自称"博巴"，少数又称"堆巴""安多哇""嘉戎哇"等，是我国历史悠久、文化独特、文献资料十分丰富的少数民族之一。主要分布在西藏自治区以及四川、青海、甘肃、云南等省的部分地区。

藏语属汉藏语系藏缅语族藏语支，有文字。藏文古籍文献的形成始于佛教经典的翻译。历经前后宏期1300多年沧桑，逐步形成了浩如烟海的古籍文献。文献的种类有：目录文献、语言文献、文学文献、历史文献、佛学文献、因明文献、医学文献、历算文献等。现将其一些重要典籍列举如下。

《藏文大藏经》，元朝武宗海山（1308～1311）时为皇帝所信赖的大德尊巴降央，委托前藏欧巴洛赛益西等人，把《甘珠尔》（经藏律藏藏译文）和《丹珠尔》（论藏藏译文）编纂而成集。《大藏经》分为《甘珠尔》和《丹珠尔》两大部，由贡噶多吉编订于14世纪后半叶。有多种版本，共收佛语藏文译典1108种。包括译成藏文的显宗经律和未译成藏文的梵音密宗经律，内容分为七类，即戒律、般若（慧度）、华严、大宝积经、经集、涅槃、续部（密乘，佛教密法及其经典）。

《十三颂、性入法注——珍奇锁钥》，俗称《赛多大疏》，简称《大疏》，成书于1891年，著者为赛多五世·洛桑崔臣加措。《大疏》内容分为：十三颂疏和性入法疏两卷。十三颂疏包括：关于藏文字符、音节结构、八啭声及其他虚词功用、诗体与颂体行文中八啭声及其他虚词的省略等。性入法疏包括：字母表中字性五分法、前加字字性四分法、后加字字性三分法、再后加字之功能、阴阳配合规律、以动词为中心的能所关系、主谓宾及其限制、动词三时一式等。

汉文典籍和故事译成藏文方面的作品有《尚书》《春秋后语》《战国策》《史记》《孔丘项橐相问书》等。文化科学方面的有《达布聂赛传略》《松赞干布传略》《赤都松与赤德祖赞传略》《赤松德赞传略》等。较为珍贵的钟铭碑文有《唐蕃会盟碑》《达札鲁恭纪功碑》《第穆萨摩崖石刻》《谐拉康碑》《赤松德赞墓碑》《噶迥寺建寺碑》《桑耶寺碑》《楚布江浦建寺碑》《昌珠寺钟》《叶尔巴寺钟》，等等。还有一些藏译文，如《罗摩衍那藏译文》（印度史诗）、《米拉日巴道歌》《萨迦格言》《仓央嘉措情歌》《颇罗鼐传》《猴鸟的故事》等。

《青史》，廓诺·迅鲁伯（1392～1481）著，元代藏族著名译师，是被史学家奉为顶上庄严大宝般的人物。此书分为：教法来源、后宏期佛教、旧译密乘、新译密乘及随来是《道果》等法类、阿底峡传承录等共15辑。

《西藏王统记》（也称《王统世系明鉴》），萨迦·索南坚赞著，生卒年不详。1388年成书。此书着重叙述了松赞干布、赤松德赞、赤热巴巾等"藏王三杰"的事迹，也着力叙述了汉藏关系。

《贤者喜宴》，巴俄·祖拉陈瓦（1504～1566）著。成书于1564年，共17章，791页，以木刻本传世，藏于山南洛札代瓦宗拉垄寺。本书广征博引，内容丰富，特别是其中第七章吐蕃王臣史和第十三章噶玛派教史最具特色，记录了许多极为珍贵的史料，其与后来敦煌出土的古藏文史料大都可以互相印证。书中还收录了很多具有重要资料价值的古代碑铭石刻，可以说它是提供吐蕃奴隶社会史料较多的著作之一。

《土观宗派源流》，全名为《善说一切宗派源流和教义晶镜史》，土观·罗桑却吉尼玛（1737～1802）著，清代著名藏文历史文献，成书于1801年，1802年刊版。书中除叙述印度外道和佛教、西藏苯教和佛教以及各教派的历史外，对内地的儒、释、道三教及蒙古、于阗等地的佛教法脉源流和教义，也有广泛的涉及，在汉藏文化交流方面做出了一定贡献。

《菩提道灯论》，阿底峡（982～1054）于宋庆历二年（1042）作于阿里，是藏传佛教噶当派的一部主要著作。概括了显密教大小乘的重要义理，并解决了许多"大小相违、显密相违"等问题，在藏传佛教后宏期起过重要作用，故为一般藏族佛教学者所推崇。

《菩提道次第广论》，宗喀巴（1357～1419）著，明建文四年（1402）成书于热振寺，有略本。此论针对时弊而发（当时藏传佛教戒行废弛，僧侣生活放荡，需要整顿寺规，倡行戒律），对当时整顿西藏佛教具有指导作用，整顿后的教轨为教派名称（格鲁及善轨），因此，此论为藏传佛教各鲁派的基本典籍，共24卷。

《释量颂能无颠倒显示解脱道论》，贾曹杰·达玛仁钦（1364～1432）著。全书木刻版共436叶，870面，5220行。著者在后记中说他写此书的根据有两个，一是上师宗喀巴等对天（天主慧）、庄严（庄严师慧护）、法上、婆罗门（商羯罗阿难陀）诸师的注释本所作的善说；二是宗喀巴所教导的如实修心之理则（解脱道）。并说只求多闻而不务如理修行、只修瑜伽而不依量理正道的人，是不可能获得胜如意（正果）的，声明他只是出于如此的同情心才写此书的。

《四部医典》，是藏族医圣宇妥·元丹贡布宁玛的一部古代藏医学巨著，成书于8世纪末。全书共四部156章。四部医典的名称分别是根本医典、论说医典、秘诀医典和后续医典。全书内容从基础理论到各科临床实践都有涉及，包括人体生理解剖、胚胎发育、病因病理、治疗原则、临床各科、方剂药物、诊断疗械和疾病预防等。由于本书内容丰富、具有较普遍的实践意义，因而受到藏族人民的喜爱。全书著成之后，经历各代藏医学家的修订后、补充，直到11世纪，经医圣后裔宇妥巴第十四代新宇妥·元丹贡布进行了一次全面的修订后，成为现行于世的《四部医典》，是学习藏族医学之必读书目。

《时轮经》，传为释迦牟尼晚年传法的记录。共12000颂，内容分为五品。1072年开始译成藏文，共有14种不同译本。17世纪刊印的北京藏文大藏经中被列为首函第二篇，遂一直作为西藏天文历算的基础并在藏传佛教中拥有重要的地位。

《时轮历精要》，降巴桑热著，1983年由四川省德格藏文学校铅印发行；1985年，西藏天文研究所按60年更换一次历元的传统，再次做了校补增订，将历元换为十七饶迥丁卯年（1987），由西藏人民出版社出版。

《康熙御制汉历大全藏文译本》，是从蒙人哲布尊丹巴（1635～1723，五世达赖弟子）所选译的《新法算书》（汉本共100卷，其前身为137卷的《崇祯历书》蒙文本转译的。

《马杨寺汉历心要》，作者据说是乾隆初年雍和宫的一位喇嘛以及青海马杨寺的索巴坚参等人。成书之后，时宪历便以此书为准绳在蒙、藏地区流传开来，在此后的 120 年间甚少有研究时宪历的新著问世，据传只有《第十三饶迥甲子（1804）汉历基数·文殊意旨庄严篇》和《汉历大海甘露一滴》，到 19 世纪 60 年代才又得重兴。

## 二、彝文古籍文献历史与现状

彝族自称诺苏、纳苏、尼苏等，历史悠久，文化源远流长。分布在云南、四川、贵州和广西。主要聚居在云南楚雄彝族自治州、四川凉山彝族自治州、红河哈尼族彝族自治州、贵州毕节地区和六盘水市以及广西的隆林等地。彝语属汉藏语系藏缅语族彝语支，有文字。

彝文古籍文献的产生与形成经历了非常复杂的过程，彝族文字的发明并用于文献记录标志着彝族社会进入文明时代。彝文古籍包罗万象，如一本书里就兼有宗教、历史、文学等各个方面的内容。现在将其具有代表性的重要典籍列举如下。

《爨文丛刻》，我国著名的地质学家丁文江先生于 20 世纪 30 年代到贵州考察地质时发现，并认识到其重要价值，后特请彝族知识分子罗文笔先生和他一起翻译并整理出若干篇，最后由丁先生将译稿汇编在一起，题为《爨文丛刻》，于 1936 年由商务印书馆出版。该书收有《千岁衢碑记》《说文（宇宙源流）》《帝王世经（人类历史）》《献酒经》《解冤经》《玄通大书》《天路指明》《权神经》《夷人做道场用经》《武定罗婺夷占吉凶经》等。《爨文丛刻》是研究彝族语言文字、社会历史、民族文化的珍贵资料，被《中国大百科全书·语言文字卷》列为经典文献之一。

《西南彝志》，彝语称"哎哺啥额"，意为"影形及清浊二气"，指宇宙和人类的产生，先有清气和浊气，由于清浊二气的发展变化，然后出现天、地、人乃至万物的影形。此书表达了古代彝族的哲学思想和基本观点。是一部比较系统地记载彝族历史文化的古书，为研究彝族历史提供了重要资料，被《中国大百科全书·民族卷》列为研究民族史的重要文献之一。1983 年已由贵州民族出版社出版。

《宇宙人文论》，全书以布慕笃仁和布慕鲁则兄弟对话的方式，论述了彝族先民对宇宙、人类、万物的产生与来源的认识。此书由罗国义先生等翻译，马学良先生审定，1982 年由民族出版社出版。

《彝族诗文论》，原著者为举奢哲、阿买尼等，由康健、王子尧等编译，于 1988 年由贵州人民出版社出版。该书论及"论历史和诗歌的写作""论诗歌和故事写作""经书的写法""医术的写法""彝语诗律论""纸笔与写作""论诗的写作""诗歌写作谈"等。它的发现是我国民间文学普查继续深入的一个重要标志。

《劝善经》，是一部现在所见木刻版本较早的文献之一。成书时间大约在明正德十二年（1517），全书 22900 多字。对于研究彝族社会历史、经济结构、文化艺术、民俗、宗教、语言文学等有重要价值。马学良、张兴等翻译，1986 年由中央民族大学出版社出版。

《阿诗玛》是一部世界著名的彝族撒尼人叙事长诗，流传于云南石林彝区。这部长诗自 20 世纪 50 年代收集并在影坛出现以来，蜚声国内外，产生了极大的社会影响，在文艺界引起了轰动。现已出版的有彝、汉、英、日、俄、德、法等 12 种文字的版本。

《查姆》，流传于云南哀牢山彝族地区，是讲述史前社会的一部史诗，记载的内容古老而珍奇。分上、下两个部分，上半部分讲述天地的产生和人类的起源；下半部分讲述棉麻、绸缎、金、银、铜、铁、锡、生产、生活用具、纸笔、书等的来历，对研究彝族远古社会的经济、风俗等有重要的参考价值。尤其是这部史诗为彝族先民的天体演化和早期人类演化的思想提供了颇有研究价值的资料。史诗中虽然充满了虚幻的想象，但也包含了彝族先民朴素的唯物主义宇宙观。此书，1958 年由彝族知识分子施学生老先生翻译，郭思九、陶学良整理，1981 年由云南人民出版社出版。

《妈妈的女儿》，主要流传于四川凉山彝族地区。全书 1000 余行，由序歌、出生、成长、议婚、订婚、接亲、出嫁、哀怨、怀亲等十节组成。长诗以抒情的方式诉说了"妈妈的女儿"从呱呱落地来到人世开始，度过了天真烂漫的童年，在繁重的劳动磨炼中长大成人，而后被迫嫁到婆家，终日哀叹，凄苦欲绝的惨淡一生。反映了奴隶社会父权制度下买卖婚姻给彝族妇女带来的不幸和痛苦，同时也对买卖婚姻制度提出了强烈的控诉和抗议，唱出了彝族妇女对婚姻自主、妇女解放的美好憧憬。四川民族出版社 1985 年出版了彝文版。

《勒俄特依》，主要流传于四川凉山和云南宁蒗等彝族地区。共分 15 篇，主要描述了天地万物的形成、改天造地的经过及彝族先民的迁徙状况和彝族的两大系统——古侯、曲涅谱系。对研究彝族古代社会及彝族哲学思想发展史、彝族文学有重要的价值和意义。

## 三、纳西东巴文古籍文献历史与现状

纳西族自称"纳西""纳亥""纳日"等，他称"么些""摩挲"等。分布在我国西南边陲的横断山脉深处，即西藏境内的盐井，四川的盐源、盐边、木里，云南的丽江、中甸、维西、宁蒗、永胜、华坪、鹤庆、剑川、德钦、兰坪等地。纳西族渊源于南迁的古氐羌人，其先民晋代称"摩挲夷"，唐代称"磨些蛮"，分布于今川、滇雅砻江下游和金沙江两岸，属"乌蛮种类"。三国时内部已有阶级分化，唐初曾建立越析诏（磨些诏），为六诏之一，后为南诏所统一。宋时隶属于大理，元明清三朝，纳西族的部分首领先后被中央王朝授予世袭封建土司官职，如明代的丽江木氏土知府等，其管辖的地方基本上都已进入封建领主制发展阶段。明末尤其是清初改土归流后，大部分地区向封建地主制发展。纳西族先民较早地创制使用本民族文字，并拥有丰富的文化典籍。

现在存世的纳西东巴文古籍文献，仅国内云南社会科学院和国家图书馆等单位收藏的就有10000册以上，国外仅美国国会图书馆等单位就收藏有3500多册。这些文献典籍不仅保存了原始宗教史的丰富资料，还保存了社会发展史和文学艺术等方面的珍贵文史资料。

珍贵的纳西东巴文典籍文献，不仅对研究纳西族社会历史和传统文化具有重要价值，而且对研究人类认识发展史和文字发展史也具有较高的参考借鉴价值。鉴于纳西东巴文及其古籍文献的实际价值，它已被列入人类记忆文化遗产名录，受到我国政府的高度重视和全世界的关注。可以说，纳西东巴文典籍文献是纳西族古代社会及古老文化的百科全书。其内容包括：社会、宗教、民俗、哲学、天文、医药、文学、艺术等各个方面，无疑是我们研究纳西族语言文字和社会历史的重要文献依据。现将其重要典籍介绍如下。

《鲁般鲁饶》，在叙述朱普雨勒排与开美久命金爱情悲剧的过程中，对口弦的起源做了形象的说明；《舞蹈的出处与来历》讲述了舞蹈起源的经典；《跳仁忍的来历》叙述了阿忍命始创"仁忍磋""喂玛达""呀号哩""唔史磋""唔生生"唱腔之过程。

《东巴画谱》，其中既有总谱，又有分谱。如《东巴画谱》是总谱，《祭风木牌画谱》及《祭署神画谱》是分谱。分谱的数量众多，几乎每种需要大量使用木牌画的仪式都有专门性的画谱。

《东巴舞谱》，在纳西语中叫"磋模"，记录了73种舞蹈的规范，其动作、场位、动律、道具、路线等都十分准确的表现。如果将谱中所记述舞蹈做一分类，即成动物舞、神舞、战争舞、法杖舞、灯花舞5种。

## 四、白文古籍文献历史与现状

白族自称"白子""白伙""白尼"，他称有"那马""勒墨""民家"等。主要分布在云南大理白族自治州，丽江、碧江、保山、南华、元江、昆明、安宁等地，贵州毕节、四川凉山等地也有分布。白族渊源于南迁的古氐羌人，形成于唐宋南诏、大理国时期，与唐代今大理洱海地区的白蛮有亲缘关系，历史上与汉族关系密切。唐时白蛮首领参加南诏地方政权；历经白蛮所建大长和国、大天兴国、大义宁国三个短暂的地方政权。白语，属汉藏语系藏缅语族彝语支。

历史上白族使用汉语比较普遍，并曾用汉字的音和义再加上一些新造字来记录白语，被称为"白文"。方块白文在南诏中后期形成，此后一直在白族民间使用，至今已有 100 多年的历史了。但是由于种种历史原因，方块白文古籍没有得到很好的保存，特别是明代以前的方块白文古籍，流传至今的只是极少数。现在将白文的主要古籍文献列举如下。

《西南列国志》，清人陈鼎在其所著《蛇谱》一书中说："杨升庵先生流寓滇中数十年，通彝语，识番文。……乃译黑新迳西南列国志八百余卷，载蛇状甚详。予在大理浪穹何氏见其抄本，惜匆匆北还，不能尽录其书入中原以为恨。"据此可知其著者为黑新迳，其书内容除讲述南诏大理国的历史以外，也包括有关西南地区的政治、经济、风俗、特产等。

《白国因由》，宗教类作品，讲述了密教梵僧（观音）到大理传教的传说故事，主要是他降服当地巫教首领罗刹，后又帮助蒙氏和段氏建国，以法律开化当地人民，传播密教等。

《仁王护国般若波罗蜜多经·嘱果品第八》，有汉文 1800 多字，白文旁注约 1700 字，白文疏记多达 4300 字。

《段政兴资发愿文》，段政兴资为大理国第十七王，1147～1172 年在位。在多数碑铭中是年代较早的一种。

《邓川石窦香泉段信苴宝碑》，又称《舍田碑》，系大理第 11 代总管段信苴宝于 1379～1381 年间舍给释觉真和尚常住地的记事碑。碑文共 409 个字。该碑为古白文记叙体的代表作。

《词记山花·咏苍洱境碑》，明代白族诗人杨黼撰，全碑用白族民歌体"七七七五"写成，共 20 段，502 字。前半部分主要描述苍洱的秀丽景色；后半部分追忆先世，感叹怀才不遇、人世无常。据碑阴之《圣元西山记》，碑立于景泰元年（1450）。

《大本曲》（本子曲），是白族人民喜闻乐见的曲艺形式，主要流传于大理地区。唱腔悠扬婉转，语言优美。它的唱腔由白族调发展而来，有一整套的说唱形式，具有鲜明的民族特色。大本曲数量极其丰富，流传较为广泛的有 60 本，如《柳荫记》《血汗衫》《磨房记》《摇钱树》（《张四姐大闹东京》）、《琵琶记》（《赵五娘寻夫》）、《秦香莲》《招魂祭江》《丁郎刻木》《王素珍观灯》《金钗记》《辽东记》《黄氏女对金刚经》等。

本子曲是用方块白文书写的，主要流传于江川县。目前已收集到的曲本有《青姑娘》《鸿雁带书》《放鹧曲》《秧鸡曲》《出门调》《李四维告御状》《兵灾匪祸血泪仇》《月里桂花》《串枝连》等。

## 五、傣文古籍文献历史与现状

傣族自称"傣"，按分布地区又有"傣仂""傣哪""傣雅""傣端"等自称，旧称"摆夷""摆彝"。主要分布在云南省德宏、西双版纳、耿马、孟连的河谷平坝地区，其他分布在新平、元江、景东、景谷、普洱等三十多个县市。

傣语属汉藏语系壮侗语族壮傣语支，有傣文。傣文古籍的形成大约始于唐代，即 7 至 10 世纪之间。当时随着小乘佛教的传入，西双版纳等地也传来了印度的文字系统。最初的傣文只是用于传播佛教，其主要用途是转写佛教经典。从 13 世纪后半叶开始，到 17 世纪初，有人引傣文著作《多拉维梯》一书所说傣文创制于傣历 639 年，也就是指这次傣文的改进。后来在使用过程中又增加了两个声调符号，于是，傣文就不仅能转写佛教经典，而且能准确记录傣语。此后，傣文可以用于交际，不仅可以书写文经，也可以意译佛教经典和古代印度的文学作品，还可以用于撰写傣文著作。从 17 世纪到 20 世纪初期是傣族古籍最丰富的时期，如今保留下来的大量傣文古籍，多半是这个时期的作品。到 19 世纪中期，小乘三藏经典基本完备，长篇叙事诗与文学作品被大量记录成文，而且有了大量历史、法律、农田水利和天文历法著作。1748 年即清乾隆十三年官府设会同四译馆编撰《华夷译语》，其中的《车里译语》是有关西双版纳傣文的有确切年代的材料。现将其重要古籍文献列举如下。

《西双版纳历代编年史》即《泐史》（傣语为《囊丝本勐》），自 1180 年，即傣历 542 年，傣族首领叭真入主西双版纳建立景龙金殿国起，写至 1950 年西双版纳解放为止。此书有详简不同的几种写本，其中 1180～1846 年部分有李拂一的译本，译名即是《泐史》，1947 年由云南大学刊印。后有张公瑾于 1958 年补译 1844～1950 年的部分，名《续泐史——西双版纳近百年大事记》，刊于 1985 年《傣族社会历史调查（西双版纳之九）》上。另外，还有傅懋勣、刀忠强等五六个同志的译本。

《勐仂王族世系》，全书记传本，不分章节，原书见于西双版纳自治州勐海县。1987 年由云南民族出版社出版。此书叙述了从 6～7 世纪西双版纳修建寺塔开始，经历十数个王朝，至 11 世纪帕雅阿腊我逝为止，包括从召哈先窝到召蜡贡满大约 400 年的历史故事。

《麓川思氏谱牒》，直译作《勐卯者阑思家官谱》，叙述麓川首领自芳罕当政（1256）经思可法袭职（1340）达鼎盛时期，直至思可法败溃（1449）近 200 年的历史，从中可知明三征麓川时期麓川内部王位更替详情。

《文书和传令官常用文牍》，本书是西双版纳傣族最高政治机构"议事庭"经常使用的命令、委任状、宣誓文及地方来往文书之样式总集。本书抄写者为冈景（他名）帕召结印翁歇（人名），抄写时间为傣历 1301 年（1939）2 月。

《芒莱法典》，为 13 世纪至 14 世纪的作品，是傣族历史上最早的一部法学著作。有多种抄本。本书以芒莱王命名，当是芒莱当政时颁发的法律，也可能是当时实行的习惯法经后人条文化后以芒莱之命名。内容分断案的基本原则、刑法条文及案例分析 3 部分，体现出初期封建领主制之等级关系、原始农村公社制下之财产关系及当时的伦理道德原则，在西双版纳一带长期具有法律效力。对研究傣族法制史和当时傣族地区的社会性质和社会风貌有重要的价值。

《召片领大判事条例》，残本，没有抄写人和抄写时间，内容包括凶杀、偷盗、奸淫、抢婚、逃婚、借贷、遗产处理、奴隶逃匿、水利分配、牲口管理、庄稼保护、失火、招领养子、夫妇纠纷等。绝大部分案件都以罚款作为处理方法。

《事务准则》，全书 40 张，80 页，开头部分讲述官员判断案件要坚持的若干原则，并列了许多案例，其中包括各种民事刑事的处理办法，而且有很多难案的判决方法。

《帕蔑代雅训世箴言》，内容借佛祖之名对事物来源做种种宗教解释，并教导世人如何处理人与人以及人与宗教的关系。原存于景洪曼西姆佛寺。书后抄写者署名为都丙立西达。

《萨普善提》，意译《音韵诠释》，是西双版纳老傣文文献中极为重要的一部语文学文献。主要解释西双版纳老傣文的字母、发音和拼音、拼写方法。从书中我们可以看出傣族人民很早以前在分析自己民族的语言文字方面已经达到相当高的水平。对研究傣语语音史和文字史有着重要的价值。

《巴塔麻嘎捧尚罗》，内容叙述从开天辟地起，到万物起源，人类形成、兴旺和迁徙定居的过程。内容丰富，规模庞大，是一部傣族古代的神话集成。有多种抄本，以勐欣抄本最完整。

《召树屯》，讲述了勐板加王子召树屯与孔雀王国的七公主囊玛诺腊的爱情故事。各地有多种抄本，北京图书馆存有一种手抄本。

　　《甘特莱的由来》，傣语原名为《蒙腊甘特莱》，是西双版纳老傣文断案故事集，记述了甘特莱如何机智准确地判断种种疑难问题和案件。此类文献还有《谆腊菩提》《苏帕息》《玛贺苏》等。"阿銮故事"，内含多种"阿銮"命名的故事集，如《牧羊阿銮》《四脚蛇阿銮》《三眼阿銮》《金皇冠阿銮》等。

　　《挡拉雅》，意为《药典》。傣族的医药是一种珍贵的医学遗产，在民间流传的此类医学书籍很多，书名一般叫《挡拉雅》。但书中的内容繁简不同，各有特点。

　　《宣慰田、头人田及收租清册》《耿马九勐十三圈的头田登记册》，以及各勐土司私庄田的各种收租清册、各村社占有土地的登记册等，属于考察中华人民共和国成立前傣族地区土地占有和农田管理制度的重要文献资料。

　　《西双版纳大勐笼傣文碑》，立于今景洪市大勐笼，碑边部分已残，碑首有四幅九曜位置图，为18世纪末击退缅甸木梳王朝入侵者之后重建佛寺所立之纪念碑，碑首天文图拓片已收录于中国社科院考古所编《中国古代天文文物图集》（文物出版社1980年版）。

## 六、古壮字古籍文献历史与现状

　　壮族是一个历史悠久、文化灿烂、人口众多的民族。主要分布在广西壮族自治区的西部地区，其余分布在云南省文山壮族苗族自治州以及贵州、广东、湖南等省。壮族是岭南的土著民族，越人的后裔。商代初年，商汤取得天下，便命令壮族先民瓯、桂国、捐子、百濮等部贡献奇珍异宝。春秋战国时代，壮族先民被称为西瓯、骆越；汉代相继出现乌浒、俚等名称；三国称僚；宋呼撞；明称俍；中华人民共和国成立后统一称为僮，因有歧义，后统一称为壮族。壮语属汉藏语系壮侗语族壮傣语支。壮族有自己的文字——方块壮字。方块壮字因没有统一规范，故局限于民间流行而未曾大面积推广使用，中华人民共和国成立后，党和政府根据人民的意愿使用拉丁字母创造了新壮文。现在将重要壮文古籍文献列举如下。

　　《布洛陀经诗》，第一部保存原文并完整译注的古壮字古籍，主编张声震，1991年由广西人民出版社出版。这部史诗产生于父系氏族公社末期，经长期加工而成，后成为巫教的重要经典。内容为：《序歌》（1）（2）；第一篇《造天地》（1）（2）（3）；第二篇《造人》；第三篇《造万物》；

第四篇《造土官皇帝》；第五篇《造文字历书》；第六篇《伦理道德》；第七篇《祈祷还愿》。全诗 5741 行，是从 22 本布洛陀经诗异文中节选出来的，各部分相对独立，又有内在的联系，所选章节保持原貌。

《廖士宽墓碑》，为宜山清代著名壮族歌师廖士宽的墓碑。墓主廖士宽生前才华横溢，壮歌出口成章，远近叹服。但他生平坎坷，家道凋零，生活艰辛。

《欢传扬》，为将做人道理传播人间的歌。比较有名的有明代《传扬歌》，清初蒙廷守《传扬歌》。明代《传扬歌》是这类文献的代表，被称为壮人的"道德经"。全诗 2100 行。

《摩兵布洛陀》，是红水河中游壮族巫教摩兵派的经诗，是由创世史诗加工而成。全诗 482 行，五言排歌体。体现了壮族先民的宇宙观，表达了人类力图掌握自己命运的进取精神。

《布伯》，是又一部师公经书，异文甚多。这里介绍的是流传于红水河中下游的一个古壮文手抄本，全诗 83 首，由三个部分组成，332 行，七言四句，上下句式，压脚韵，不分章节。

《嘹歌·贼歌》，以明代朝廷镇压八寨起义为背景，通过一对男女青年悲欢离合的故事，反映了壮族人民对这场不义战争的批判，从而肯定了人民起义的正义性。长诗共分三个部分，第一部分从拉兵丁开始；第二部分描写出征和打仗；第三部分描写退兵和忏悔。是一部难得的文献。

《莫一大王》，师公戏剧本，据英雄史诗改编而成。内容说的是南丹莫一自幼失恃，以为人家放牛为生，备受欺凌。这出戏是民族反抗精神的颂歌。莫一被桂西壮人尊为祖先，立有神庙。

从上述壮字古文献中可以看到若干特点：一是按壮人习惯，文献多以韵文形式出现。二是内容丰富多彩，广泛地反映了壮族不同时期的各个方面的社会生活，因而有历史学、民族学、经济学等多方面的价值。三是受汉文化影响很深，不少古籍题材取自汉族古典小说、戏剧、民间传说和历史文献。

## 七、布依字古籍文献历史与现状

布依族自称"布越"，旧称"仲家""夷族"。主要分布在贵州南部和西南部，镇宁、紫云、关岭、平坝、清镇等地均有分布。与壮、侗、傣等族同属于古越人中的"西瓯和骆越"。魏晋南北朝至唐代，统称为"蛮僚、八番"；元明清称"仲家"；1953 年起统称布依族。布依语属汉藏语系壮侗语族壮傣语支，历史上仿照汉字创制了古布依字，留下不少古籍文献。

此外，民间流传的诗歌非常丰富。例如：

《造万物歌》，又称《造万物》，流传于黔西南安龙、册亨等地。长诗叙述了布依族祖先翁杰、神农、阿举等不怕艰难、创造和发明了宇宙万物的宏伟业绩。

《十二部问答歌》，古歌，流传于贵州望谟、罗甸等地。由黄仁书收集整理，载于1984年由贵州黔西南州民委编印的《布依族苗族古歌情歌集》。全诗分两大部分，前四部尊溯天地万物形成及人类起源；后八部叙述青年男女班哥与卢妹相爱以及反抗掠夺婚姻的故事，表现了青年男女对爱情自由的追求。

《王玉连》，布依族叙事长诗。由廖家国演唱，杨路塔记译，收入《民间文学资料》第四十一集，全诗共900余行。

《六月六》，由布哥收集，董寿昌、李子和、王清士、张亚新、陈训明等整理。收入1982年贵州人民出版社出版的《布依族古歌叙事歌选》。全诗共400余行。"六月六"为布依族的传统节日之一，通过"六月六"节日的由来及一些自然现象的描述，表现了人与大自然的冲突以及最终战胜大自然的决心和顽强的斗志。

这些古代流传下来的诗歌，对研究布依族的历史和民俗等具有一定的参考价值。

## 八、水书古籍文献历史与现状

水族自称"虽"，史称"僚""夷""水苗""水家"等。主要分布在贵州三都水族自治县，部分居住在都匀、荔波及广西环江、南丹、河池等县境。与古代"骆越"族有历史渊源。传说原从岭南北上，沿红水河、龙江入贵州。隋唐统称"溪峒蛮"，宋置抚水州，被通称"抚水蛮"。操水语，属汉藏语系壮侗语族侗水语支，兼通布依、苗、汉语。

水族虽然有古代文献——《水书》，但很少有关于本民族社会历史的记载，它记载的主要是与宗教信仰有关的内容，是巫觋用于择日、占卜、召神、驱鬼等活动的工具。因此，水族古籍文献的形成与发展与水族宗教信仰紧密相连。

"水书"是水族古老的宗教文化典籍，它不仅比较完整地记载了古代水族的语言文字资料，也保存了珍贵的水族天文、历法和气象资料以及原始宗教资料，对于研究水族的社会历史和文化有着重要的文史资料价值。水族文献按用途可分为两类：一类是普通水书，水语称为 $le^1pa:k^1$，意为白色的书，为日常生活中占卜、测吉凶使用；一类是黑书，水语称为

le$^1$nam$^1$，意为黑色的书，用于放鬼、收鬼、拒鬼，但数量很少。现将水书古籍文献列举如下。

《水书》，水族古老的宗教文化典籍，为水族先民卜筮用书。特点是：1. 是用古老的文字书写的，这种文字不取书体，而是取近似篆书体或图形体或仿汉字古体方块字的方法创制的水族文字。2. 水字只代表水族语言的部分符号，文中需要口语补充才能表达句子完整的意义。3.《水书》各藏本多数系从右到左直行竖写。4. 各家的藏本都没有标题，多以书的开头两个音节为书名。故有同书不同名的现象。例如《甲己》本，首句为"甲己巳巳"，故叫甲己本；《春寅》本，首句为"春寅午戌日"，故叫春寅本；《亥子》本，首句为"亥子丑年酉方"，故叫亥子本。三者都是朗读本，可能在传抄时因不同页起头之故而名异，其内容大致相同。

《甲己》手抄本质地为白色棉纸。长 29 厘米，宽 21 厘米，整本共 25 页，最后两页为干支或时间配十二生肖或二十八宿的象形字。在右边用棉线装订，纸质变黄，有残破，无封面。记录丧葬宜忌条目 160 条，此系光绪年间抄本，现由三都县三洞乡吉留村潘全（80 多岁）老先生收藏。

《亥子》本是用毛笔写在白棉纸上的抄本。长 28 厘米，宽 20 厘米，整本共 20 页。本书用于丧葬，封面书有"此光绪壬戌十六年仲秋月中完荣轩潘德昌"字样。现由三都县三洞乡达便村潘永智老人收藏。

《春寅》本系用毛笔抄写在棉纸上，长 27 厘米，宽 20 厘米，整本共 25 页。书末附有二十八宿和七元历的甲字和形象字，右边用线装订，完好。现由三都县三洞乡板闷村潘永秀（80 多岁）老先生收藏。

《营造》本系用毛笔书写或绘制在白纸上的抄本，长 20 厘米，宽 25 厘米，整本共 23 页。内容主要记录与营造有关的宜忌事项。现存于三都县九阡区水各乡水兑寨吴老先生家。

《婚嫁》本系用毛笔书写在棉纸上的抄本。长 14 厘米，宽 20 厘米，共 26 页。内容主要记录与婚嫁有关的事项。现存于三都县九阡区水各乡水兑寨吴老先生家。

## 九、苗文古籍文献历史与现状

苗族自称"果雄""模"或"蒙"，他称"长裙苗""短裙苗""红苗""白苗""青苗""花苗"等。主要分布在贵州、湖南、云南、广西、四川、广东、湖北等地。苗族的先民可能是古代三苗的一部分。一说渊源于殷商时代的"髳"人。秦汉时主要居住在湘西、黔东一带，包括在"长沙、武凌蛮"或"五溪蛮"的名称之中，以后逐渐迁徙，散布在西南各地山区。中华人民共和国成立前基本上处于封建地主经济发展阶段，并有一定程度的资本主义经济因素，有些地区内部发展较缓慢。近代以来出现的苗文中只有湘西苗文与宗教没有关系。传教士在苗族不同地区传教，分别为不同的苗语方言设计了几种拼音文字，除了翻译基督教经书之外，人们还使用这些文字记录了传统的口传文学。苗族文献中涉及苗族历史的主要分为两类，一类是使用苗文记录苗族口传历史；一类是石板塘根据自己的阅读和理解编写的涉及历史的诗歌，以及对当时湘西地区苗族的一些人物的记述。

《大花苗语词汇》，抗战时期从上海搬迁贵阳的大夏大学社会学部主持研究贵州少数民族语言的一个项目。主持人是李振麟，"大花苗语"即今天的苗语滇东北次方言，由杨汉先（苗族）负责，《词汇》按意义分为39类。

《苗法法苗词典》，法国传教士 JosPh Esquirol 编著，1931 年在香港出版。

《川苗苗语词汇》，美国传教士葛维汉（D. C. Graham）编写，1938 年出版。他的著作还有《关于川苗札记》（1926～1929）、《川苗的习俗》（1937）、《川苗的礼仪》（1937）、《中国西部川苗札记》（1939）、《川苗的宗教习俗》（1940）和《川苗的诗歌与故事》（1954）等。

《花苗一书》《花苗二书》，柏格理、李司提反、张约翰著，1905 年，华英书局。

《约翰福音》，不列颠与海外圣经协会，1908 年；柏格理翻译，照相版。

《从摩西到丹尼尔的旧约历史》（Ndeud At Laol Gangb Gid Mot Xit Dalt Dad Nib Lib），1917 年，木版印刷。

《新约全书》（HiK TaiK Ndeud Chieb），1917 年，由传教士 WH Hudspeth 和苗族杨雅格带到日本印刷。HiK TaiK 苗语的原义是"根据"，人们把它引为"圣经"。1919 年在上海首次印刷。1929 年第三次印刷。1936 年第三版，增加了汉语书名《花苗新约全书》。

《马太福音》（MaxTeet Fuf Yinb），1928 年，不列颠与海外圣经协会印制。这个译本得到一个姓杨的苗族教师的帮助。《马太福音》1928 年译本再版，开始使用有声调的符号；1932 年和 1935 年，上海，不列颠与海外圣经协会。（苗语与汉语标题不符。）

《测量天地歌》，诗歌描写"烈地昂彩劭"和"高杜占地奥"两位能写书的人为测量天地，走遍了天涯海角。他们叫家乡人建立"卯施鲁城"以便观察天文。歌谣叙述了古代苗族人进行天文观测和编订历法的科学活动的情况。

《格乌爷老和格娜爷老歌》（一），杨芝记译，叙述了格乌爷和格娜爷两位军事首领在"纵走半个月走不尽，横走十三天走不完""美丽而宽广"的直米立和当里木平原上保卫家乡的战斗。

《怀念失去的地方》，杨芝记译，叙述了苗族南迁之后，因为生存环境恶劣而怀念古代曾经居住的盛产稻谷、糯米、红稗、高粱、棉花的平原田地，于是格炎爷老、格池爷老和嘎炎卯丙三位老人让姑娘们把旧居地的江流、城池、房屋、水田、水渠等绣在衣服上的故事。

## 第三节　无文字少数民族口传文史资料的历史与现状

我国诸多无文字民族，在漫长的历史长河中，积累了丰富的生产、生活经验，涌现出许多杰出人物，产生了诸多英雄事迹。他们以口耳相传的形式，流传着丰富的文史资料，成为后人认识、了解其历史文化的依据。

### 一、北方各民族的口传文史资料历史与现状

#### （一）土族口传文史资料历史与现状

土族主要分布在青海省东部的互助、民和、大通、乐都、门源和甘肃天祝、永登、卓尼等地。土族自称各地不一，有"蒙古尔""蒙古尔孔"（蒙古人）、"察罕蒙古尔"（白蒙古）、"土昆""土户家"等，旧称"青海土人""西宁州土人""土民"，藏族称其为"霍尔"。族源说法不一：一说由古代"吐谷浑"后裔，吸收了藏、汉、蒙古等民族成分而逐渐形成；一说由元朝一支蒙古军与当地土古浑人在长期的相处中，逐渐发展而形成；或说源于阴山"百靼鞑"等。

土族语属阿尔泰语系蒙古语族，通用汉语文。土族的口传文史资料，以叙事诗和民歌为主。比较著名的如爱情悲剧故事《拉仁布与祁门索》，本叙事诗长达 300 多行，在青海土族人民中广为流传，有散文体和韵文体等形式流传，1957 年 3 月《青海湖》上发表了青海师范学院中文系的收集整理本。另外还有《登登玛秀》《祁家延西》《太平哥》等。土族的民歌可分家曲和山歌。家曲分赞歌、问答歌、婚礼歌等。在现有的古籍整理成果中，还缺少有关宗教方面和其他译注资料，还有待于进一步收集和整理。

#### （二）东乡族口传文史资料历史与现状

东乡族旧称"东乡回""东乡土人""东乡蒙古人""蒙古回回"等。分布在甘肃省临夏回族自治州境内洮河以西、大夏河以东和黄河以南地

带，一半以上聚居在东乡族自治县，其余散居在兰州、定西以及宁夏、新疆等地。由13世纪进入该地区的一支信仰伊斯兰教的蒙古人（一说出于一支"色目人"），与当地汉、藏、回等民族长期相处、发展而成。

东乡语属阿尔泰语系蒙古语族，多数人兼用汉语，通用汉语。无本民族文字。其口传文史资料以民歌和叙事长诗为主，著名的有《米尔尕黑》《占黑娜姆》《璐姑娘斩蟒》等。东乡族的民歌"花儿"很有名，一般都用汉语演唱。关于族源方面的口传文史资料还不多见，有待于发掘。

（三）保安族口传文史资料历史与现状

保安族自称"保安"，旧称"保安回"。分布在甘肃省积石山保安族东乡族撒拉族自治县大河家一带。根据民间传说，以及语言特点和习俗，一般认为它是由元朝时期一支信仰伊斯兰教的蒙古人在长期发展中吸收汉、回、藏等族成分而逐步形成。

保安族语言，属阿尔泰语系蒙古语族，通用汉语。保安族的口传文史资料极为丰富。神话传说，如《神马》，在保安族人民中广为流传，主要叙述了三个青年为寻找曾经为保安人带来安居乐业的神马，历尽艰辛，重建家园，最后分别与回、藏、蒙三个姑娘成亲，过上幸福生活。《神马》不仅反映了保安人民勤劳、勇敢，追求美好生活的强烈愿望，同时也歌颂了民族间的团结与友谊。民间故事，如《三邻居》，教育人们不要轻信别人的挑拨离间，各民族要团结永爱，互相帮助，要认识团结就是力量的道理。此外，民歌也很丰富，过去常常用"花儿"的形式，唱出反抗压迫和剥削的心声。情歌也很有特色，常常用来反映男女青年冲破封建礼教的束缚，追求真挚爱情的思想情感。

（四）赫哲族口传文史资料历史与现状

赫哲族因地区不同，自称有"那贝""那乃""那尼傲"等，史称"黑斤""黑真"等。是中国人口最少的民族之一。主要分别在黑龙江省同江、抚远和饶河等县沿江地区。少数在抚远镇、勤得利、苏苏屯、佳木斯和富锦、集贤、桦川、依兰等县境内。

赫哲语属阿尔泰语系满—通古斯语族满语支。赫哲族的口传文史资料首推"伊玛堪"，意为说唱故事。这种说唱形式，以唱为主，以说为辅。"伊玛堪"为概括的总称，有长篇、中篇和短篇。"伊玛堪"中属于英雄史诗的篇目繁多，如《满都莫日根》《香叟西雅丘莫日根》《木杜里莫日根》《牟哈莫日根》《安徒莫日根》《爱珠力莫日根》《满格木莫日根》《哈斗莫日根》《宁蒂奥莫日根》《希尔达鲁莫日根》《马尔托莫日根》《毛古鸠力莫日根》《木出空》《西热勾》《杜西里》《木鲁莫日根》等。赫哲族的英雄史诗是历史的缩影，从中可以窥见赫哲族的历史发展足迹。"伊玛堪"所反映的历史较为古老，所包含的内容非常丰富，它不仅具有重要的文学价值，而且具有民族学、历史学、语言学、地理学、社会学、民俗学、宗教学等学术价值。

### （五）达斡尔族口传文史资料历史与现状

达斡尔族自称"达斡尔"，史称"打虎儿""达呼尔""达瑚尔""达古里""达胡尔""达瑚里""达古儿""达呼里""达乌尔"等，又称"爱门人"。主要分布于内蒙古呼伦贝尔市莫力达瓦达斡尔族自治旗、鄂温克族自治旗、黑龙江齐齐哈尔、龙江以及新疆塔城、霍城等地，多与蒙古、汉等民族杂居。达斡尔族的族源，有来自辽代契丹族等多种说法。可靠的历史记载始于16世纪初清初，"索伦部"和"萨哈尔察部"（满语，意为"黑貂皮"）内均包括有达斡尔人。

达斡尔语属阿尔泰语系蒙古语族，无文字，一般通用汉语。达斡尔族的口传文史资料，有神话传说、叙事诗、民间故事、民歌等。如：

《薄坤绰》，是达斡尔族民歌中最有代表性的部分，反映了清王朝统治时期达斡尔族人民的苦难生活及人民的悲惨命运。

《小郎与代夫》，是一部反映达斡尔族农民起义的叙事长诗，有多种唱法，它是根据清末到民国初期发生在黑龙江齐齐哈尔市郊区农民起义的事实编唱的。

清末，有两位杰出的达斡尔族文人。一位是阿拉布丹（1809～?），他一生写过很多散文、游记和诗歌。大多数作品已经佚失，现仅存20多首。另一位庆同甫（1880～1938），姓孟，名庆元，字同甫。达斡尔名叫乌尔恭博，通晓满、汉语，他一生写过不少作品。如《达斡尔民族志》《打鱼》《伐木》《耕种》《戒酒》《四季诗》等。达斡尔族古籍在民间用手抄本形式流传很多，希望地方政府和主管部门进一步重视收集、发掘和整理民族古籍工作。

### （六）鄂温克族口传文史资料历史与现状

鄂温克族自称"鄂温克"，亦作"艾温克""埃文克"，通古斯语音译，意为"住在大森林中的人们"。史称"索伦""通古斯""雅库特"。主要分布在内蒙古自治区的呼伦贝尔市鄂温克族自治旗、陈巴尔虎旗、扎兰屯市、阿荣旗、鄂伦春自治旗和黑龙江讷河市。

鄂温克语属阿尔泰语系，满—通古斯语族通古斯语支。无文字。信仰萨满教。

鄂温克族的古籍，只有口传文献，有神话传说、故事、寓言、歌谣以及叙事诗等。如篇幅较长的叙事诗《两棵白桦》，叙述了一对有情人双双殉情，在埋葬俩人尸体的土坑里，长出两棵白杨树的悲剧故事。本诗具有鲜明的人物性格和动人的故事情节，有很高的艺术性。从中我们可以看到鄂温克族人民的勤劳与智慧。

鄂温克族的古籍同其他北方没有文字的兄弟民族一样，发掘得还不够。因此，应该加强对鄂温克族古籍的收集和抢救。

### （七）鄂伦春族口传文史资料历史与现状

鄂伦春族自称"鄂伦春"，清代文献上称"俄伦春""俄尔吞""俄乐春""俄尔吞"等，意为"打鹿的人""山岭上的人"。主要分布在内蒙古自治区呼伦贝尔市和黑龙江呼玛、逊克、爱辉、嘉阴等县。明清时期，同达斡尔、鄂温克等族，被统称为"索伦部"。17世纪中叶，因沙俄入侵，陆续南迁大小兴安岭一带。康熙年间被分为"摩凌阿鄂伦春"和"雅发罕鄂伦春"。

鄂伦春语属阿尔泰语系，满—通古斯语族通古斯语支。无文字，通用汉语。

鄂伦春族的古籍，由于历史的原因，只有口传文献。其中有神话传说和民歌等。如鄂伦春族起源神话《恩都力创造了鄂伦春人》，流传较广，影响较深。另外，在传说中还有关于历史事件和历史人物的传说，在这类传说中，以反抗沙俄入侵的英雄人物的故事、传说为主，影响及流传较广的是《毛考代汗进北京》《吴达内的故事》《阿雅莫日根》《吴成贵莫日根》《坤玛布库》等。此外，还有反映民族迁徙及山河、风物的传说，如《嘎仙洞和奇奇岭的传说》《白嘎拉山的传说》《多布库尔的传说》《兴安岭与甘河的传说》等。这些传说都从不同角度反映了鄂伦春人的历史、迁徙、狩猎、反抗沙俄侵略与压迫以及歌颂民族英雄等内容。

在鄂伦春民族的口传文献中，包含的内容十分丰富，有反映民族历史的，有歌颂劳动的，有揭露旧社会黑暗统治的，有歌颂反抗斗争精神的，还有反映爱情生活的。因此，应该进一步加强对鄂伦春族古籍文献的抢救和收集整理工作。

## 二、中东南各民族口传文史资料历史与现状

### （一）侗族口传文史资料历史与现状

侗族自称"甘"，旧称"侗僚""侗家苗"。其祖先与壮、布依、水、

仫佬、毛南等民族同渊源于古越人中的"西瓯"和"骆越"，后为僚人的一部分，明清时称"侗僚"或"侗家苗"。主要分布在湖南、贵州、广西三省（区）交界地带。

侗语属汉藏语系壮侗语族侗水语支，过去有过"汉字记侗音"的文字，但因欠缺科学，它不能完全、准确地表达侗语，因而没有发展成正式的民族文字。侗族的口传文史资料，题材广泛，内容丰富，主要有侗歌、款词和白话、神话故事、传说、戏曲等种类。现将重要文史资料列举如下。

《起源之歌》，广泛流传于黔、湘、桂毗邻的侗族地区。由杨权、郑国乔整理、译注，1988年由辽宁人民出版社出版。共5500行。长诗由"开天辟地""侗族祖公"和"款"三个部分组成。这部史诗充分反映了从远古到封建末期侗族先民的物质生活和精神文明，生动形象地解释了侗族祖先对史前世界、自然万物的看法，反映了古代侗族社会绚丽多彩的生活，不愧是一部古代侗族社会的百科全书，具有文学价值和史料价值。

《娘梅歌》，通过青年男女相爱、定情、抗婚、报仇等曲折的经过，反映了封建社会下婚姻制度对青年男女的摧残，以及人们追求自由婚姻和幸福生活的强烈愿望。

《六面阴六面阳》，侗族款歌，载于《侗族史诗——起源之歌》，记述了六条重罪及六条轻罪的犯案过程及处罚办法。此书既是法律文献，又是一部优秀的文学作品，有助于了解侗族封建社会的乡规民约和习惯法。

（二）瑶族口传文史资料历史与现状

瑶族自称"勉""金门""布努""炳多优""黑尤蒙""拉伽"等。因经济条件、居住环境或服饰不同，又有"盘瑶""山子瑶""顶板瑶""花篮瑶""过山瑶""白裤瑶""红瑶""蓝靛瑶""八排瑶""平地瑶""坳瑶"等。关于瑶族的族源，说法不一，或认为源于"山越"，或以为源于"五溪蛮"，或认为瑶族的来源是多元的，既有"长沙、武陵、五溪蛮"，也有山越成分。大多数人认为瑶族与古代的"荆蛮""长沙武陵蛮""莫徭"等在族源上有渊源关系。中华人民共和国成立后统称为"瑶族"，现主要分布在广西壮族自治区及湖南、云南、广东、贵州等省。

瑶族有本民族的语言，但支系比较复杂，有将近一半人使用的语言属于汉藏语系苗瑶语族的瑶语支；有五分之二的人使用的语言属于苗语支；广西金秀瑶族自治县的茶山瑶语则属于壮侗语族的侗水语支。各地瑶族语言差别很大，有的相互不能通话，通常用汉语、壮语或互相熟悉的其他民族的语言交谈。没有本民族的文字，一般通用汉语。瑶族的口传文史资料，一般为古歌、长诗、民间故事体裁。现在将其具有重要影响者列举如下。

《密洛陀》，流传于广西的巴马、东兰、都安等地。有多种版本，如莎红整理的《密洛陀》，长达900多行。《密洛陀》从讲述天地形成、人类万物起源，到民族的形成、生产、生活，内容宏大丰富。它是瑶族社会生活的"百科全书"，同时，也是我们研究了解瑶族古代生产、生活、风俗习惯、宗教信仰等方面的第一手资料。它在瑶族文学史上占有重要的地位。

《盘王歌》，瑶族古典歌谣，也称《盘古书》《盘王大歌》或《大路歌》，长达三千余行。《盘王歌》是瑶族人民进行还盘王愿仪式的主要唱本，凡是崇拜盘王的瑶族地区都有《盘王歌》。《盘王歌》有其独特的艺术风格，形式多样，歌曲并存，在瑶族社会中是脍炙人口的作品，同时对后世瑶族民歌创作产生了深远影响，在瑶族文学史上有不可忽视的作用。为我们提供了大量瑶族古代历史、生活习俗的珍贵资料。

《海南信歌》，是一部反映瑶族古代迁徙的生活歌，以歌代信，忠实地记录了古代瑶族的迁徙路线，是我们研究瑶族历史、迁徙史不可多得的资料。该古歌流传在自称"勉"和"金门"的瑶族中。

（三）仫佬族口传文史资料历史与现状

仫佬族自称"伶""谨"。主要居住在广西罗城仫佬族自治县，少数散居在宜山、柳城、忻城、柳江、都安、河池、环江、柳州、融安、融水、南丹等县、市，与壮、汉、瑶、苗、侗、毛南、水等族杂居。仫佬语属汉藏语系壮侗语族侗水语支，与毛南语、侗语、水语相当接近。大多数人兼通汉语，部分人还会说壮语。没有本民族文字，历来都用汉语为交际工具。

仫佬族的口传文史资料中，民歌占有很大比重。其民歌分为"随口答""古条"和"口风"三种。随口答为即兴创作的短歌，即问即答。古条为叙事长诗，以民间流传的历史故事、神话传说为主，一般15～30首为一条组成长歌，叫"古条"。口风为一种讽刺性歌谣，内容不拘，形式多样，富于讽刺和诙谐，深受群众的喜爱。除民歌之外，还有《唱罗按》《凤凰山》《鸳鸯石》《垦王山》等神话传说和民间故事。

（四）京族口传文史资料历史与现状

京族在历史上自称"京"，他称"越"，中华人民共和国成立后定名为京族。主要分布在广西壮族自治区防城各族自治县江平区的山心、沥尾、巫头三地及恒望、潭吉、红坎、竹山等地区。京族语言系属未定，与越南语基本相同。

京族自 15 世纪以后陆续从越南涂山等地迁来，最先居住在巫头岛和江平镇附近的寨头村，后来才逐渐向沥尾、山心、潭吉等地发展。清朝政府曾在江平地区设立"江平巡检司"，清末属防城县管辖。京族在历史上曾和汉、壮等族人民联合进行过多次反帝反封建的斗争。

京族的古籍文献主要是用字喃书写的唱本，有古歌、叙事诗、民间传说、故事等文学体裁。主要作品有：《十三哥卖鬼》《琴仙》《斩龙传》《金桃姑娘》《刘平扬礼结义》《宋珍与陈菊花》等。

### （五）毛南族口传文史资料历史与现状

毛南族自称"阿难"，意思是"这个地方的人"。从宋代开始，在汉文史料中记载，今广西环江县境内先后有"茆滩""矛滩""矛难""昌南"等地名。毛南族的族称与地名有密切关系。主要分布在广西壮族自治区西北部的江环、河池、南丹、宜山、都安等地。其中70%以上聚居在环江县境内的上南、中南、下南山区，俗称"三南"，素有"毛南山乡"之称。

毛南语属汉藏语系壮侗语族侗水语支。没有本民族文字，由于长期和汉、壮等族杂居，多数人能讲壮语和汉语，通用汉文。

毛南族因没有文字，其古籍只有口传文献。其中有神话，如《盘古的传说》《格射日月》《三九的传说》《太师六官》等。还有许多风物传说，如《顶卡花》《仕女峰》《恩爱石》等。除此之外，还有民间故事，如家喻户晓的《三界公爷养菜牛》的故事，三界公爷已成为毛南族最大节日的祭祀之主。此外，毛南族也有反映祖先来源的史诗。

### （六）土家族口传文史资料历史与现状

土家族自称"毕兹卡"，汉语称为"土家"。主要分布在湖南省西部的永顺、龙山、保靖、桑植、古丈等县和湖北省西部的来凤、鹤峰、咸丰、宣恩、利川、恩施、巴东、建始、五峰、长阳等县。

土家语属汉藏语系藏缅语族中的一种独立语言。无本民族文字，通用汉文。现绝大多数人使用汉语，沿酉水（源自湖北鹤峰，注入湖南沅水）流域约 20 万人仍使用土家语，有的也兼通汉语。

土家族先民史籍称谓较多。秦汉时，以其崇拜白虎被称为"廪君种"，或以使用武器的特征被称为"板楯蛮"，或以其人呼"赋"为"賨"而称为"賨人"；属"巴郡南郡蛮"和"武陵蛮"的一种。此后，多以地域命族，被称为"酉溪蛮""傒中蛮""巴建蛮""信州蛮""酉阳蛮"等。宋代，出现了区别武陵地区其他族别而专指土家的"土民""土蛮""土兵"

等名称。以后，随着汉族居民大量迁入，"土家"作为族称开始出现。

由于地理条件的决定，土家族的文化与汉文化交流较早，相互吸收、影响。由元至清，在鄂西地区出现了一个土家族诗人群，如田九龄、田宗文、田玄、田圭、田珠涛、田甘霖、田舜年等，形成一个可观的诗人世家。他们留下了大批汉文著作，成为土家族古籍中的珍品。主要著作有田九霖的《紫芝亭诗集》，原以手抄本汇集。1983年被收入由湖北省鹤峰、五峰两县统战部、县志办等合编的《容美土司史料汇编》中。被《历代土家族文人诗集》收录了16首诗。

《长阳竹枝词》，作者彭秋潭，湖北长阳县人。他的其他著作有《秋潭诗集》《秋潭外集》《秋潭败帚》《秋潭窈言》等。

除了汉文著作外，还有大量的口碑文献，如土家族古歌《摆手歌》，融神话、传说、故事、史诗、民歌为一体，在土家族文学史上占有重要的地位，也是研究该民族社会历史、经济文化、宗教信仰、民俗风情等方面的重要资料。另外，还有土家族习俗歌《哭嫁歌》、民间叙事诗《锦鸡》、劳动歌《挖土锣鼓歌》等。

**（七）黎族口传文史资料历史与现状**

黎族因分布地区的不同和方言、服饰等的差异，其自称有"侾""歧"（杞）、"美孚""本地"等。黎族源出于古代百越的一支。西汉曾以"骆越"，东汉以"里""蛮"，隋唐以"俚""僚"等名称来泛称中国南方的一些少数民族，海南岛黎族先民即包括在这些泛称之内。"黎"这一专有族称始于唐末，到宋代才固定下来，沿用至今。现主要分布在海南省的万宁、屯昌、琼海、澄迈、儋州市、定安等地。

黎语属汉藏语系壮侗语族黎语支，不同的地区有不同的方言。由于长期与汉族接触，不少群众兼通汉语。黎族没有文字，但有丰富多彩的口碑文献，有神话、传说、童话、民间故事、家谱等。题材广泛，内容丰富，世代口耳相传。主要作品有：《人类的起源》《甘工鸟》《丹雅公主》《姐弟俩》等。黎族的古籍文献还有待于继续发掘、整理。

**（八）畲族口传文史资料历史与现状**

畲族自称"山哈"。"哈"，畲语意为"客"，"山哈"指居住在山里的客户。但这个名称不见于史书记载。畲族的民族来源说法不一，有人主张畲瑶同源于汉晋时代长沙的"武陵蛮"（又称"五溪蛮"），持此说者比较普遍，依据的材料也较多；有人进一步追溯至春秋、战国时期生活在淮河与黄河之间的"东夷"里靠西南的一支"徐夷"，认为徐夷与武陵蛮有渊源关系，因而也与畲族有一定的渊源关系；有人主张由"南蛮"的一支发展而成，持此说者认为畲族来自古代"蛮"或"南蛮"，是广东的土著居民；还有古越人后裔说，认为畲族是春秋时期越王勾践或范蠡的子孙、秦汉时期"百越"的后裔或汉晋时代山越的后裔等。现分布在福建、浙江、江西、广东、安徽五省80多个县（市）的部分山区。

畲语属汉藏语系苗瑶语族。99%的畲族操接近于汉语客家方言的语言，但在语音上与客家话稍有差别，有少数语词跟客家话完全不同。广东惠阳、海丰、增城、博罗一带的畲族约1000人，使用接近于苗瑶语族苗语支的瑶族"布努"炯奈话的语言。本民族无文字，通用汉文。口传文史资料很丰富，尤其是山歌最为出名。流传下来的传统山歌有近千首，四五万行，其中以历史山歌流传最广，如《高皇歌》《麟豹王歌》和《高辛与龙王》等。神话传说有《高辛与龙王》，由陈玮君整理，刊于1979年浙江人民出版社出版的《畲族民间故事》。史诗有《高皇歌》，1992年由中国广播电视出版社出版。这些作品热情歌颂了畲族先祖的英雄业绩，同时也从各个方面反映了畲族的历史与文化以及社会的发展情况，对于研究畲族的历史和文化，无疑是宝贵的资料。

（九）高山族口传文史资料历史与现状

高山族因地区、语言的差异，内部有阿美人、泰雅人、排湾人、布农人、鲁凯人、卑南人、曹人、赛夏人和雅美人等不同的名称。高山族的来源，据文献记载，其祖先是百越中闽越的一部分。三国时期称山夷，隋代称流求土人，唐代以后有马来人和其他民族陆续迁入台湾，与原居民融合，明代称"东番""夷"，清代称为"番族"或"土番"等。日本侵占台湾期间，侮称为"蕃族""高砂族"。抗日战争胜利后，大陆普遍泛称台湾的少数民族为高山族。现主要居住在台湾本岛，人口约50多万人。此外在大陆居住者近3000人（1990年统计）。

高山语属南岛语系印度尼西亚语族，无文字。拥有内容丰富、形式多样的歌谣、神话、传说和民间故事等。主要作品有：以反映劳动生产、娱神祭族为内容的《庆丰年歌》；反映狩猎生活、赞颂青年猎手勇敢刚毅和不怕牺牲精神的《打猎歌》；反映高山族原始宗教内容的《祭祀歌》等。

### 三、西南各民族口传文史资料历史与现状

（一）仡佬族口传文史资料历史与现状

仡佬族是我国云贵高原中部的一个古老的少数民族。旧称"仡佬苗"，

汉文史书上有不同的称法，如"木仡佬""花仡佬""红仡佬""披袍仡佬"等。主要分布在贵州、云南、广西等省区。

仡佬语属汉藏语系，语支未定，无文字。仡佬族口传文史资料主要有创世史诗《十二段经》，其中包括《铁牛精阿约》《巨人由禄》《阿仰姊妹制人烟》《阿利捉风》《打虎擒獐射羊》《砍树造房》《挖矿炼铁》《找野果》等。

### （二）哈尼族口传文史资料历史与现状

哈尼族自称和他称众多，自称以"哈尼""卡多""雅尼""豪尼""碧约""白宏"为多，他称如"僾尼"等，史称"和泥""窝泥"等。哈尼族渊源于南迁的古氐羌人，其先民唐代史籍称"和蛮"。现主要分布在云南南部红河哈尼族彝族自治州境内的红河南岸和墨江哈尼族自治县、元江哈尼族彝族傣族自治县。江城、西双版纳、澜沧江等地也有分布。

哈尼语属汉藏语系藏缅语族彝语支，无文字。拥有大量的口传文史资料，其中，迁徙史诗《哈尼阿培聪坡坡》是一部哈尼族祖先迁徙史记，流传于云南南部的哀牢山民族地区，对于研究哈尼族的社会历史和生活状况有重要的资料价值。另外长篇史诗《普亚德亚左亚》对哈尼族社会影响深远，具有十分重要的史料价值，它和《哈尼阿培聪坡坡》被后人称为姊妹篇。此外，还有叙事诗《直、琵、爵》《英雄与花朵》、风俗歌《普祖代租》、祭礼歌《艾玛突》、赞颂始祖歌《阿波仰者》、丧葬歌《诗窝纳窝本》等。这些诗篇都是较为著名的作品，流传甚广，从不同侧面反映了哈尼族的历史与现状，都是认识了解和考察研究哈尼族社会历史和传统文化的重要文史资料。

### （三）傈僳族口传文史资料历史与现状

傈僳族自称"傈僳"，史称"栗些""力些""栗栗"等。傈僳族源于南迁的古氐羌人，其先民唐代史籍称"栗栗两姓蛮"或"栗蛮"及"施蛮""顺蛮""长裈蛮"，均属乌蛮。分布在今川、滇雅砻江、金沙江、澜沧江两岸等广阔地带。元时称"卢蛮"。元明时多受丽江诸地纳西族封建领主统治，16世纪中叶因不堪纳西族木氏土司的奴役，大批向滇西北怒江等地迁徙，直至清代迁徙还在继续。现主要分布在云南省怒江傈僳族自治州，丽江、迪庆、大理、德宏、楚雄及四川凉山等地也有分布。

傈僳语属汉藏语系藏缅语族彝语支，原有西方传教士创制的大写拉丁字母及其倒写变体做字母的文字，还有一种自创的音节文字。这两种文字都尚未通行。中华人民共和国成立后设计了拉丁字母形式的文字方案。

傈僳族的口传文史资料中，以神话传说和民歌为主。如反映古代农耕生产和歌颂纯洁爱情的《生产调》《种麦调》；反映古老习俗和风土人情的《猎歌》《骂龙调》《求婚调》《结婚调》《哭调》《送灵歌》；反映抗争买卖婚姻的《逃婚调》《重逢调》等。这些珍贵文史资料，有的已整理出版，如云南人民出版社 1980 年出版的《重逢调》《逃婚调》的合集本，全诗 1200 多行，歌颂了一对倾心相爱的男女青年，挣脱包办婚姻的枷锁，经过千辛万苦，最终建立了幸福家庭的故事。是研究傈僳族的社会历史和生活状况的宝贵资料。

（四）佤族口传文史资料历史与现状

佤族因地区不同，其自称有"布饶""阿佤""佤"等。其先民在先秦时为百濮的一支，唐时称望蛮，分布在永昌一带（今云南西南部）。现主要分布在云南沧源、西盟、澜沧、孟连、双江、耿马、永德、镇康等地。

佤语属南亚语系孟高棉语族佤崩龙语支。无文字。20 世纪 30 年代末至 40 年代初，美国基督教传教士为了传教，设计了一套佤语拼音文字，在"巴饶克"方言区部分信仰基督教的部落中使用，但没有被多数佤族人民所接受。

佤族被人们称之为"神话王国"。其神话内容非常丰富，如：天地神话、人类起源神话、万物起源神话、洪水神话、婚姻神话等。在诸多文史资料中最具代表性的是《司岗里》神话，该神话以诗的形式，广泛流传于云南澜沧、沧源、耿马、双江等地。这部创世神话除了以口传方式长期在民间广泛流传之外，现在已有汉文版文本。如刘允提、陈学明翻译整理为汉文译注本的《司岗里》，分十三章，共 1000 多行，已由云南民族出版社于 1980 年出版。此外，《兄妹成婚》在佤族地区流传也极广。对于兄妹成婚有着不同的说法：其中一种认为"雷神原先住在地上，因为他与其妹同居，结果谷子就长不好"。另一种则认为"从葫芦中出来的兄妹，盖房子、种谷子，因兄妹成了婚，庄稼长不好，饿死很多人。后来兄妹分开居住，庄稼又长好了"。上述神话中的两种说法，都影射了兄妹通婚这一古老的血亲制度，以谷子长不好和长得好的两种不同结果来否定兄妹通婚，从中反映了佤族先民从氏族内婚向氏族外婚的婚姻形态变化痕迹。

上述佤族的口传文史资料，大多与当时的社会组织、生产方式、生活习俗以及宗教信仰有着密切的关系，是认识了解和考察研究佤族古代社会历史和传统文化的宝贵资料。

## （五）拉祜族口传文史资料历史与现状

拉祜族自称"拉祜纳""拉祜西""拉祜普"，旧称"倮黑"。其先民源于南迁的古氐羌人，唐代史籍称"锅锉蛮"，分布在今云南的金沙江南岸地带，自后分东西两路继续南迁。现在主要分布在云南澜沧江东西两岸的思茅和临沧两地区，其中以澜沧拉祜族自治县为多。

拉祜语属汉藏语系藏缅语族彝语支，原无文字。近代西方传教士曾用拉丁字母创制过一种拉祜文，但未能推行。虽然没有本民族的文字古籍，但口传的文史资料种类繁多，内容极为丰富，其中最主要的部分有神话、史诗、叙事诗等。有《人是怎样传下来》《历法的来源》《各民族的来源》等创世神话和《牡帕密帕》《古歌》等史诗，以及《扎怒扎别》《蜂蜡灯》等叙事长诗。比较著名的如《牡帕密帕》，云南人民出版社于1979年出版了由扎莫演唱、刘辉豪整理翻译的汉文单行本。史诗反映了拉祜族社会发展的基本面貌，有着历史的影子，是一部难得的历史文献资料。又如纳海翻译、陶学良整理的《古歌》于1981年由《民间文学》发表。其内容包括三个部分：1. 叙述天地、人类起源；2. 叙述创造万物、抗旱、种植、打猎、繁衍人类等；3. 叙述民族迁徙、战争、迁徙原因和路线等。拉祜族《古歌》是深受人民喜爱的优秀作品，每逢佳节或婚丧等大事都要唱诵。

## （六）景颇族口传文史资料历史与现状

景颇族自称"景颇""载佤""浪峨""喇期"等，他称有"大山""小山""浪速""茶山"等。其先民为唐代寻传蛮的一部分，定居在云南西北部的怒江以西地区。现主要分布在云南德宏傣族景颇族自治州，少数分布在泸水、昌宁、耿马、澜沧等县。

景颇语属汉藏语系藏缅语族，内部分操景颇语和载佤语。无文字。《创始纪》（穆脑斋瓦）在景颇族人民中影响很深，同时也反映了景颇族人民对大自然和人类社会的认识。另外，还有歌颂英雄人物的《凯诺和凯刚》，反映青年男女追求自由婚姻和美好爱情的《腊必毛垂与羌退必波》《恩戈弄与洛培马扎堆》《丁冬拉马石布郎与桑章盆楠》等。此外，还有丰富的民歌，如《种庄稼歌》《建寨盖房歌》《结婚歌》《丧葬歌》和《情歌》等。这些作品从不同侧面反映了景颇族社会生活、生产以及风俗习惯等面貌。

## （七）布朗族口传文史资料历史与现状

布朗族自称"布朗""阿尔瓦""阿佤"等。其先民为先秦时百濮的一支，汉晋时称为"濮"；唐时称"扑子蛮"；元明清时称"蒲蛮""扑子蛮""蒲人";中华人民共和国成立后定为布朗族。

布朗语属南亚语系孟高棉语族佤德昂语支,无文字。有神话传说、故事、诗歌等。如《顾米亚》神话,流传于云南金平一带,由朱嘉禄整理。这个神话讲的是:太阳九姐妹和月亮十兄弟仇视神人顾米亚开天辟地的成功,集中热力暴晒大地,直晒得土地龟裂、庄稼枯死、万物无法生存。顾米亚发誓要射掉多余的太阳和月亮,他经过千辛万苦,爬到一座高峰上,向天上、地上各射了一箭,将多余的太阳和月亮射死。从此,大地复苏,世间太平,人民安康。而《艾洛卜我》神话则讲述了人王艾洛卜我与上天的帕亚夭决战的动人故事。这些神话以布朗族的图腾为题材,对大自然现象做了奇特的解释。这些无疑是研究布朗族早期生活状况和宗教信仰的重要参考资料。

(八) 阿昌族口传文史资料历史与现状

阿昌族自称"蒙撒""蒙撒掸""衬撒""汉撒""峨昌"等,汉文史籍称"峨昌""莪昌"或"阿昌"等。其先民是居住在滇西北的金沙江、澜沧江和怒江流域的土著居民。

阿昌语属汉藏语系藏缅语族缅语支,无文字。有神话传说、民歌、故事等。如有较大影响的创世神话《遮帕麻与遮米麻》,由创世、天公地母传人种、补天治水、妖魔乱世、降妖除魔等五个部分组成。阿昌族人民把这部史诗视为本民族的历史诗歌。此外,还有叙事长诗《曹扎》《铁匠战龙王》《谷稗》《狗的故事》,情歌《黄鹂入圆》《永远把你放心窝》《仁义山歌》《结交山歌》《夸口》《送路》等。另外,阿昌族的民歌有劳动时和喜庆事时唱的,如"窝罗""则勒扎";也有祭歌性质的"麻朗调""拉嘎调"等。这些作品从不同侧面反映了阿昌族远古时期的社会生活和文化,对于研究阿昌族的社会历史和文化有着重要的参考价值。

(九) 普米族口传文史资料历史与现状

普米族自称"培米""普英米""普日米"等,均为"白人"之意,汉文史籍称"西番""巴苴"等。其先民为南迁的古氐羌人。主要分布在云南的兰坪、宁蒗、丽江、维西、永胜及四川的木里和盐源等县。

普米语属汉藏语系藏缅语族羌语支,无文字。普米族的口传文献有神话、诗歌、传说故事等。比较著名的有《捉马鹿》《贡嘎岭歌》《出嫁歌》《天亮曲》《给羊子故事》等。《天亮曲》反映了古代普米族人民的劳动生活和对未来美好生活的向往。

(十) 怒族口传文史资料历史与现状

怒族主要分布在云南怒江傈僳族自治州的贡山、碧江、福贡三县及兰坪县的兔峨，有少数分布在维西县。有多种自称：住在福贡、贡山的自称"阿怒""阿龙"，古代与独龙族有亲属关系；住在碧江的自称"怒苏"，其先民唐代称为"庐鹿蛮"，与大、小凉山彝族关系密切。其地唐宋时受南诏、大理国政权管辖。元称"路蛮"。怒语属汉藏语系藏缅语族。语支未定，无文字。

怒族的口传文史资料，有诗歌、神话、故事等。有"人类起源""天地起源""民族起源"等传说；还有关于民族繁衍生息和迁徙的创世神话，如《女始祖茂充英》就是一部反映怒族各氏族繁衍迁徙的神话。相传，在远古时代，天降蜂群，歇在怒江边的拉加底树上。蜂与蛇交配（又说与虎交配），即生下怒族的女始祖茂充英。茂充英又与多种动物交配而繁衍了蜂、虎、蛇、麂子、马鹿等氏族。另外，还有《祭猎神歌》《瘟神歌》《婚礼歌》等，在怒族民间流传极广，对其社会文化生活有着重大影响，无疑是研究怒族宗教信仰以及民俗文化的第一手资料。如《婚礼歌》长达3000多行，在婚礼宴会上由老人吟唱，其内容由人类起源唱起，分为《创世》《谈情》《牧羊》《剪毛》《织毯》《迎亲》等章节。这些都是怒族人民家喻户晓的传世之作，不仅生动地叙述了怒族的起源，也充分描绘了怒族的恋爱、婚姻、家庭以及生产生活面貌，具有重要的文史资料价值。

**（十一）德昂族口传文史资料历史与现状**

得昂族自称"达昂"，他称"崩龙"。其先民为秦时百濮的一支，主要分布在云南的潞西、瑞丽、陇川、梁河、盈江、保山、镇康、永德、耿马、澜沧等地。德昂语属南亚语系孟高棉语佤德昂语支，无文字。

德昂族的口传文史资料，主要有神话、史诗、民歌等。神话传说主要是人类起源、族源起源等，如《达古达楞格来标》《洪水的故事》《保葫芦》《天王地母》等比较著名。著名的叙事诗《下缅甸调》长达600多行，主要叙述了一对相爱的男女青年由于无钱办婚礼，只好离开父母去缅甸打工，挣到钱后返回家乡欢欢喜喜地举办婚礼的故事。故事生动，语言质朴。另外，还有一些脍炙人口的情歌、山歌，如《像江河水长流不断》等。

**（十二）独龙族口传文史资料历史与现状**

独龙族是我国人口较少的少数民族，主要分布在云南贡山县独龙江两岸和贡山北部的怒江两岸。自称"独龙长"，为古老的居民。汉文史料称"撬"；明清时称为"俅""俅人""俅子""曲人"。中华人民共和国成立后定名为独龙族。独龙语属汉藏语系藏缅语族，语支未定，无文字。

独龙族的口传文史资料，有神话、史诗、民歌等。神话、史诗大都记载人类起源、人类与自然斗争等内容。其中洪水神话与云南及其他少数民族的神话内容大体相同，只是加入了一些独龙族生活地域、环境的特点。如在神话基础上产生的《创始纪》，由"人类起源""人与恶魔的斗争""洪水漫天""祭神的由来""娶媳妇""卡雀哇"（年节）六个部分组成。它将神话、传说、歌谣融为一体，折射出独龙族早期的社会发展过程，是独龙族人民的历史经典和百科全书。

### （十三）基诺族口传文史资料历史与现状

基诺族自称"基诺"，旧称"攸乐"，主要分布在云南西双版纳傣族自治州景洪市山区。其先民为南迁的古氐羌人。

基诺语属汉藏语系藏缅语族，语支未定，无文字。基诺族的口传文史资料有神话、传说、民歌等。流传较广、影响最深的是创世神话《女始祖尧白》和《玛里玛妞》。这些神话和传说，既反映了基诺族先民对人类社会及大自然的认识，同时也从另一个侧面反映出基诺族过去的社会发展过程和生活状况。其重要文史资料列举如下。

《生活的歌》，叙述了一对男女青年恋爱、结婚，以及共同劳动创造美好生活及对未来的向往。

《巴格勒》（情歌），堪称基诺族人民的经典作品，在喜庆和盛大场合时都要演唱这首歌，是一部歌颂青年男女纯洁爱情的故事，从古至今一直在基诺族人民群众中传唱。

所有这些神话、传说和民歌的内容，对于研究基诺族的历史和文化，有着重要的参考价值。

### （十四）门巴族口传文史资料历史与现状

门巴族多数自称"门巴"，部分自称"主巴"。主要分布在西藏东南部门隅地区，部分分布在珞渝地区的墨脱、梅楚卡、巴加西仁和更仁一带，另有少数散居在林芝排龙山地区。唐代受吐蕃政权管辖，在经济、文化和宗教等方面与藏族有长期的关系。中华人民共和国成立前属封建农奴制经济，受藏族僧俗领主统治，差赋、乌拉繁重。部分地区尚存原始农村公社制残余。

门巴语有多种方言，属汉藏语系藏缅语族。无文字，部分人通晓藏语。门巴族口传文史资料有神话传说、民歌、故事等。如《镇压女妖》《吉萨格来战妖魔》等神话，有借助想象解释自然现象的传说《那嘎湖》《却吉桑姆和冬顿》《三兄弟河》等。另外，传唱较广的作品有《萨玛·

白鹤歌》《萨玛·欢聚》《萨玛·流浪》《萨玛·建屋歌》《萨玛·牧人歌》《萨玛·长虹山》《萨玛·悲歌》《萨玛·逃亡》等。著名情歌《仓央嘉措情歌》，突出体现了门巴族情歌的特点。叙事长诗《太波嘎列》共《召唤歌》《神牛歌》《引牛歌》《牧牛歌》《四季歌》《四饰歌》《搭帐篷歌》《搭灶歌》《拴狗歌》等十四部分组成。长诗全面反映了门巴族农牧业生产及劳动、生活过程。

### （十五）珞巴族口传文史资料历史与现状

珞巴族各部落分别自称为"博嘎尔""巴达姆""民荣""崩如""崩尼"和"德根"等。主要分部在西藏东南部的珞渝地区和隆子、米林、墨脱、察隅等县的边沿山区。据藏文史籍《红史》记载，松赞干布统治时期，该族所在地区即辖于吐蕃王朝。其后该族人民与藏族交往日益频繁。

珞巴语属汉藏语系藏缅语族，语支未定，无文字。珞巴族的口传文史资料以神话传说为主，如流传较广、影响较深的是长篇神话《阿巴达尼》，由《阿巴达尼遇难》《阿巴达尼试妻》《阿巴达尼二子遇难》《宁崩鬼》《阿巴达尼与猴子比箭》《阿巴达尼向猴子报仇》《阿巴达尼与阿巴达珞》《阿宾肯日》《普苏达冬和罗马达当》《狗和廪鹿》《阿兵金娜》《勇士与雕》《阿巴达尼的四个儿子》《宾鸟追马》《种子的来历》《斯金巴娜达明与金尼麦包》等若干个部分组成。这些传说，从不同侧面反映了古代珞巴族的历史和社会的发展情况，为研究珞巴族的社会发展提供了不可缺少的资料。

### （十六）羌族口传文史资料历史与现状

羌族自称"尔玛"或"尔咩"。主要分布在四川省茂汶羌族自治县以及汶川、理县、黑水、松潘、北川等县。汉时其先民遍及中国西北、西南各地。魏晋时西北的宕昌、邓至等羌人尚属父系氏族阶段。唐时发羌等融于吐蕃。唐末宋初，除岷江上游的羌族外，大都发展为藏缅语系各族，或融于汉族或其他民族。据岷江上游新石器的发现可知，几千年前该地就有人类居住繁衍。现存的石棺葬，属羌人中戈基人的墓葬，经考古鉴定为西汉文物。在此的古羌人部落甚多，以冉、駹两部落为最大。

羌语属汉藏语系藏缅语族羌语支，无文字。羌族的口传文史资料体裁众多，如传说、神话、史诗、民间故事、民歌等。现在列举几种具有代表性神话传说如下。

《开天辟地》，属于宇宙和人类起源的神话，叙述了宇宙与人类的关系，以及人类与大自然的斗争等。

《山沟平坝的形成》，以神奇而生动的形象叙述了羌族妇女主宰天地的故事，倍受族人的喜爱。

《羌戈大战》，流传于四川羌族地区。史诗充满着神奇色彩，真实地反映了历史上古羌族人民的一支迁徙到岷江上游定居前后，与当地其他各部落进行斗争、融合而形成单一的羌族的历史过程。此书具有历史学、民族学、文学等学术价值。

《木姐珠与斗安珠》，是一首以争取自由婚姻、反抗封建礼教为主题的爱情叙事诗。从中既可以看到羌族封建社会时期的社会生活状况和矛盾，也可以了解史前羌族人的生活方式。

在漫长的历史长河中，羌族人民所创造的灿烂文化和优秀的文艺作品，是羌族人民的宝贵财富，也是中华民族文化宝库的瑰宝。

# 第三章　中国少数民族古籍文献载体与版本和装帧

中国少数民族古籍文献和汉文古籍文献相比，无论是载体种类，还是版本样式或装帧艺术，既有许多相同或相似之处，也不乏各自的地域特点和民族风格。本章对民族古籍文献的载体、版本、装帧三个方面予以分节论述。

## 第一节　中国少数民族古籍文献载体

古籍文献作为一种特殊的社会产品，是物质形态和意识形态的综合体。它具有三个基本要素，即：物质载体、符号系统、文化信息。在这三个要素中物质载体是最直观的文献特征，并具有双重性，除了文献载体功能之外，还有着文物的性质。记录社会意识的物质载体，主要包括文字、图画等符号系统的书写材料，以及书刻工具、装帧形式等。我国有文字的各民族先后采用各种材料作为文献的载体，记录自己的历史文化。在纸张出现之前，最常见的载体材料为金石、简牍等。当纸出现以后，古籍文献的载体形式发生了重大变化。纸书古籍文献的出现标志着人类文明进入了一个新的历史阶段，古籍文献亦有了突飞猛进的发展。

### 一、民族文字金属铭文

中国少数民族除了用碑碣石刻记录和保留了大量的文献外，还广泛使用金属铭文，并将其作为少数民族古典文献的一种重要载体种类，其中主要有印章、钱币、铜镜、钟鼎等。

#### （一）民族文字古印章

中国少数民族古文字印章与汉文印章大同小异，除了诸多相似之处，也有个性特征。它虽为一小小器物，但包含有等级制度的重要文化含义，具有权力的象征意义。除此之外，铸刻民族文字的印章带有时代的特点。

由文字、图像、图案等组成的印章印面艺术，离不开印章实体，包括印身与印纽等，是印章实用性和审美情趣的完美结合，组成了完整的印章艺术。民族古印章的研究是民族古文字文献研究的内容之一。

图3-1　汉代彝文印章　　　　图3-2　女真文印章

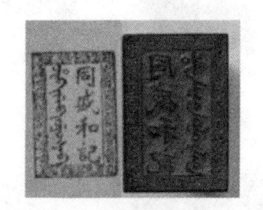

图3-3　清代满文印章　　　　图3-4　满汉文合璧印章

从目前掌握的材料来看，民族古文字入印者主要有回鹘文、契丹文、女真文、西夏文、八思巴文、回鹘式蒙古文、察合台文、藏文、满文、彝文等，其中以契丹文、女真文、八思巴文、藏文、满文印章居多。

（二）民族文字古钱币

古钱币是我国历史长河中流传至今数量最多、内容最丰富的实物资料。它直接反映古代社会的经济状况，并涉及各个时代的政治、军事、历史、地理、文字、美学、金属冶炼、书法艺术等许多领域。我国古代钱币的形制十分复杂，仅用作钱币的材料就不下几十种，如牲畜、谷帛、龟、贝、玉、铜、铅、铁、金、银、纸张等。同一钱形，有大小、轻重、成分、质料、版别、钱面文字、钱背符号、有郭或无郭、重轮、重好、四出、决文、传形等区别，有合背、合面、剪边、磨边、对读、旋读、复文等不同情况，按钱币性质分，又有重钱、记值钱、年号钱、国号钱、记号钱、纪年钱、记数钱等。但我国钱币的基本形态是方孔圆形钱和圆形圆孔或圆形无孔钱。

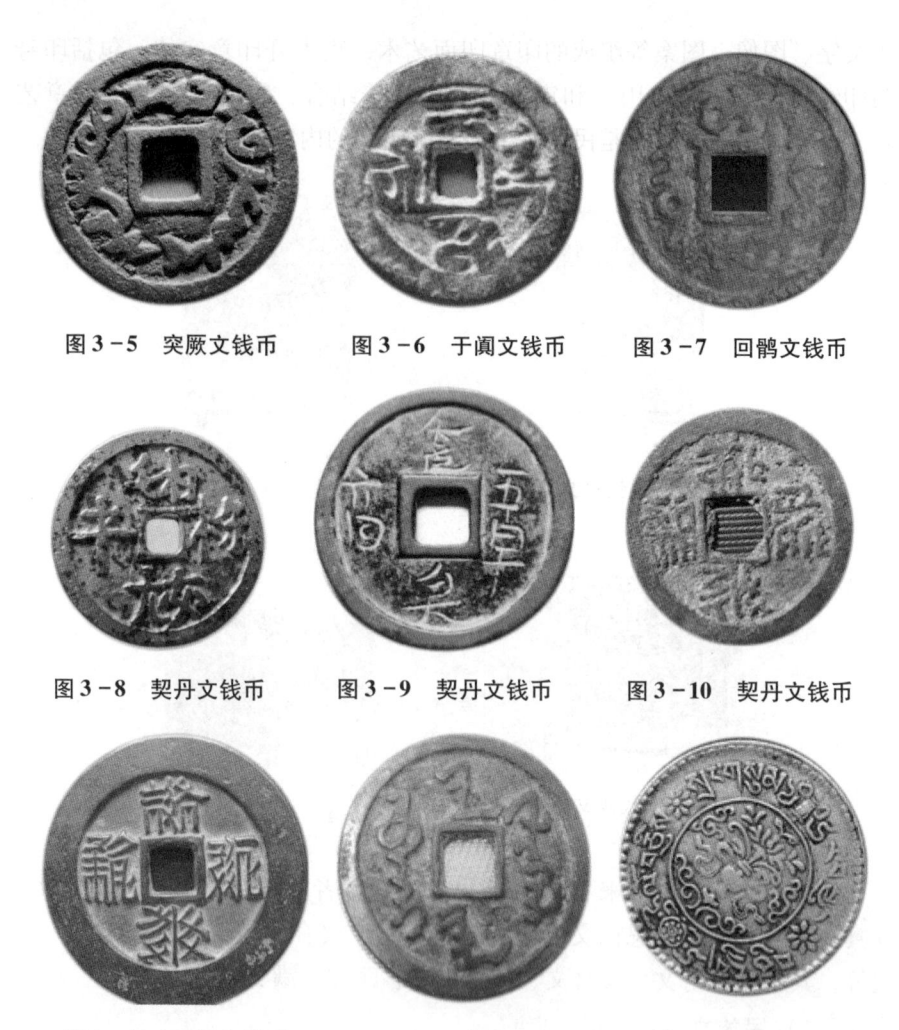

图 3-5　突厥文钱币　　图 3-6　于阗文钱币　　图 3-7　回鹘文钱币

图 3-8　契丹文钱币　　图 3-9　契丹文钱币　　图 3-10　契丹文钱币

图 3-11　西夏文钱币　　图 3-12　蒙古文钱币　　图 3-13　藏文钱币

我国少数民族古文字钱币不仅种类繁多、数量巨大，而且年代也很早。如在新疆于阗地区出土了公元 2 世纪的"汉佉二体钱"。19 世纪末俄国驻喀什噶尔总领事彼得罗夫斯基搜集的佉卢文钱币有 21 枚；1893～1901 年英国驻新疆的使者先后掠夺走 97 枚；斯坦因从 1900 年到 1916 年的三次中亚考古中得到佉卢文钱币 187 枚。虽然有些铸民族文字的古钱币先后流失到国外，但国内也多有收藏。现在仍有大量分散在民间或埋藏于地下的民族古文字钱币值得搜集和发掘。

（三）民族文字古铜镜

我国目前发现铸刻民族古文字的铜镜，主要有女真文、契丹文、西夏文等。如铸契丹小字的"完颜通铜镜"，正八角形，边长 9.5 厘米。镜背正中有钮，钮上有系穿，四周留边，上下左右铸缠枝花纹图案，以镜钮为中心画出边长 14.5 厘米的正方复线边框，框内以单线画隔 5 行，行中铸契丹文，除 3 行、4 行各 2 字外，其余每行 4 字，共 16 字。边缘阴刻汉字"济州录事完颜通"。

图 3-14　铸契丹小字的"完颜通铜镜"

该镜 1971 年出土于吉林省大安县红岗乡永合屯小学，现藏于吉林省博物馆。对于镜上的契丹字铭文，有学者认为是一首充满宗教色彩的诗歌，也有学者认为是翻译的《论语》阳货篇中的 4 句话。

（四）民族文字古钟鼎

图 3-15　藏文桑耶寺钟　　　　图 3-16　彝文成化钟

我国见于钟鼎的民族文字并不多，目前已发现的有铸有古藏文的"桑耶寺钟"和铸有彝文的"成化钟"。铸有古藏文的"桑耶寺钟"属于吐蕃时期的文物。钟体表面铸藏文两列，回环，阳文，字迹苍古。藏文大意：王妃甲茂赞母子二人，为供养十方三宝之故，铸造此钟，以此福德之力，祈愿天神赞普赤松德赞父子、眷属，具六十种妙音，证无上之菩提。该钟现仍存于桑耶寺。

铸有古彝文的"成化钟"系明成化二十一年（1485）由彝族罗甸水西君长、贵州宣慰使安贵荣与其妻奢脉捐资铸造。此钟体高 135 厘米，口径 110 厘米，厚1厘米，重约300公斤。钟上部四方各有一幅八卦铭文。八卦四周的云雷纹间夹有两对"日""月"图案。中部周围有彝、汉文8幅，上、下各4幅，其中有3幅的文字基本完整，彝文约占一半。钟文记捐资建庙铸钟事，现存于贵州大方县文物管理所。图3-17左为钟体，右为彝、汉文上下合璧的一面。

（五）民族文字古符牌

符牌是古代各民族用于传达信息、通关出入的凭证，用金、玉、铜、木、竹制成。我国目前发现的符牌主要有女真文、契丹文、八思巴文、西夏文、满文等符牌。

图3-17 西夏文"敕燃马牌"

图3-18 西夏文道教符

中国历史博物馆收藏的西夏文"敕燃马牌"，牌身为圆形，铜质，直径15厘米，上有系穿，由上下两块套合组成。上块正面刻双线卷草纹，下端刻西夏文"敕"字。下块正面刻双线西夏文楷书"敕燃马牌"四字。这一符牌是西夏时期快马传递紧急命令时使用的信牌。

图 3-19　契丹文皇命　　图 3-20　契丹文金牌 　　图 3-21　契丹文
　　　太尉腰牌　　　　　　　　　　　　　　　　　　　银钴金腰牌

1972年河北省承德县深水河老阳坡发现了辽代金牌和银牌。两牌除材质不同外，大小、形制和牌面上的文字均同。金牌作长方形，四角抹圆，体如薄板，光亮夺目，上端有圆孔，孔周突起如箍，内壁有磨痕，穿孔下刻阴文3字。银牌的形状和文字与金牌相同，内壁亦有磨痕，体积、穿孔均小于金牌，牌面有污锈，呈亮黑色，文字阴刻，阴刻部分鎏金。金银牌上的文字为契丹文，由三字单文组成，前一字是单文，后两字为复字。均为契丹小字，应释读为"敕宜速"。

（六）民族文字其他古器物铭刻

古代有文字的民族有着把文字铸刻在各种器物上的习俗。将文字铸刻在各种器皿之上，不仅具有装饰功能，而且有着某种特殊的标示作用和一定的纪念意义。

1. 民族文字银函，如：铸刻在殉葬品"银函"上的契丹文。

图 3-22　契丹文银函正面铭文 　　　　图 3-23　契丹文银函盖顶铭文

整个银函的不同侧面及函盖顶都刻有契丹字，约778个。所记载的内容，似抄自辽道宗哀册。由此推知：银函可能出自辽道宗永福陵，当为道宗陵中盛道宗殉葬宝物之器具。据有关专家考证："道宗死于寿昌七年（1101）正月朔十三日，乾统元年（1101）四月十日徙于云庆山仙游殿，六月廿三日安葬于永福陵，此银函应于当时封藏陵中。"若此银函作为盛辽人随葬宝物的特制冥器，这种将文字作为器物装饰主体的装饰艺术手法，在我国艺术史上尚未见记载。它展现出契丹文字叠拼竖写、大小殊异、错落有致的文字图案。其字形结构严谨，笔画整齐，字形优美，变化灵活，古朴大方，表现了独特的意境和情趣，充分显示了契丹文明的先进性、艺术性，为考察和认识契丹历史文化提供了直接的证据，具有很高的文物艺术价值和重要的历史文献价值。

2. 民族文字铜擂钵，如：铸刻在铜擂钵上的古彝文。

图3-24 铸刻彝文的铜擂钵

古代彝族把彝文铸刻在铜制擂钵之上。在贵州省大方县奢香博物馆收藏的文物之中，有一个铸刻多个古彝文的铜质擂钵，擂钵上除了铸刻多种图案之外，还铸刻多个古彝文。

如此种类颇多的金属器物铭文足以表明：我国民族文字被书刻在各种金属器物之上的习俗由来已久，历史上遗留下来的民族文字金属器物铭文不仅种类非常之多，记载内容亦相当丰富，是一份非常珍贵的文化遗产。

## 二、民族文字石刻文献

我国历史上少数民族曾经在碑碣石刻上用本民族文字书写、镂刻了大量的文献，成为今天研究这些民族历史文化的珍贵文物和文字依据。中国少数民族文字的石刻文献，就其形制种类来说，主要有碑铭、摩崖、石幢、符牌、题记等。

### （一）民族文字碑铭

我国现存的少数民族文字碑铭多采用天然石经过精心打造而成，主要有：粟特文碑铭、焉耆—龟兹文碑铭、突厥文碑铭、契丹文碑铭、女真文碑铭、回鹘文碑铭、回鹘式蒙古文碑铭、八思巴文碑铭、西夏文碑铭、藏文碑铭、彝文碑铭、满文碑铭、白文碑铭等。

1. 契丹文碑铭

图3-25　契丹文《大金皇弟都统经略郎君行记》

契丹文碑记《大金皇弟都统经略郎君行记》，刻于金太宗天会十二年（1134）十一月四日，王圭、黄应期撰文。碑文刻在陕西省乾县乾陵乡武则天陵前著名的无字碑上。该刻文在碑的正中部分（右上图是碑文的拓片），四周环刻花纹图案，框出一长方形，长142厘米，宽92厘米。上部为碑额，汉字篆书3行12字"大金皇弟都统经略郎君行记"，额下右部刻契丹小字5行97字，左部稍下刻汉字6行104字，文尾另注"右译前言"4字，明确指出契汉两种文字对译。文叙金太宗弟游猎乾陵并重修陵上建筑之事。

2. 突厥文碑铭

图 3-26　突厥文《阙特勤碑》

突厥文碑铭《阙特勤碑》，立于今蒙古国和硕柴达木地区科克辛—鄂尔浑河岸，乌兰巴托以西400公里。碑面刻有40行碑文，其右侧的13行为其续文，另外碑的两个侧面亦刻有突厥文，共计66行。该碑虽然有个别几处剥蚀，但从整体上看，碑文保留较完整，是古代突厥碑铭中最重要的"三大碑"之一（其他为《毗伽可汗碑》和《暾欲谷碑》）。《阙特勤碑》的汉文部分为唐玄宗开元二十年（732）所撰，内容与突厥文部分无关。突厥文部分为阙特勤之侄药利特勤撰，内容主要是记述第二突厥汗国的建立者阿史那骨咄禄之次子阙特勤的生平事迹和武功。该碑对古代突厥文及第二突厥汗国史的研究具有重要的价值。

## 3. 多文合璧碑铭

**图3-27　多文合璧《莫高窟六字真言碑》**

此碑于元至正八年（1348），由功德主西宁王速来蛮命人刻石。碑高75厘米，宽55厘米，上刻"莫高窟"三字。碑中央阴刻四臂观音坐像，周遭三方都有两列刻文：上方第一列为梵文，第二列为藏文；左方为汉文，内为西夏文；右方为回鹘文，内为八思巴文。这六种文字都以汉字"唵、嘛、呢、叭、咪、吽"为音，世称六字真言碑。碑上还刻有功德主、立碑人的题名。现保存于甘肃省敦煌莫高窟内。

## 4. 满蒙文合璧碑铭

库里满蒙文石碑，坐落在吉林前郭县新丰乡库里屯前，俗称"库里碑"。碑文为满蒙两种文字。石碑由碑额、碑身、碑座三部分组成，通高5.82米。碑额呈长方体，顶端两角略圆，高145厘米，宽130厘米，厚40厘米。额正、背两面各由两条相互盘绕的幡龙组成，有一竖长45厘米、横宽40厘米的呈长方形的凸起平面，上用双线阴刻两行长短不等的印刷体满蒙文5个大字，汉语意为"敕立"之意。左侧两个是新满文，右侧三个是古蒙文；下方至碑额底部12厘米宽皆为精雕云水图案。碑身呈板状长方体，高292厘米，宽125厘米，厚34厘米，碑身正面四周有云龙浮雕图案，碑面上，从上到下，从左到右，15竖行，单线阴刻印刷体满蒙 2 种文字。左侧 7 行满文 182 个字，右侧 8 行古蒙文 201 个字，共 383 个字。每种文字首行皆为"追封忠亲王暨忠亲王贤妃碑"，尾行皆为"大清国顺治十二年五月初七立"。碑文历经数百年，仍然字迹清晰、内容完整无损。碑座为用一完整巨石雕制而成的石龟，首尾长 310 厘米，高 145 厘米，最宽处 132 厘米。

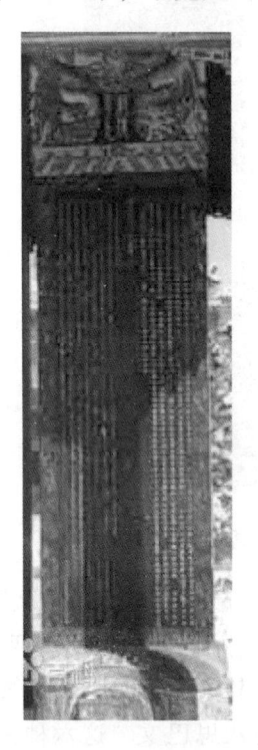

图 3-28　库里满蒙文石碑

5. 彝文建桥碑铭

彝文石刻《大渡河建石桥记》，该碑刻立于明万历二十年（1592），是贵州大方大渡河上建桥时所立，碑文以彝汉双文并碑而立，是彝文书法的典型代表作之一，其中，彝文有 1900 多个字，内容丰富，后世简称《石桥碑记》。

图 3-29　贵州水西彝文《大渡河建石桥记》

6. 多文合璧碑铭

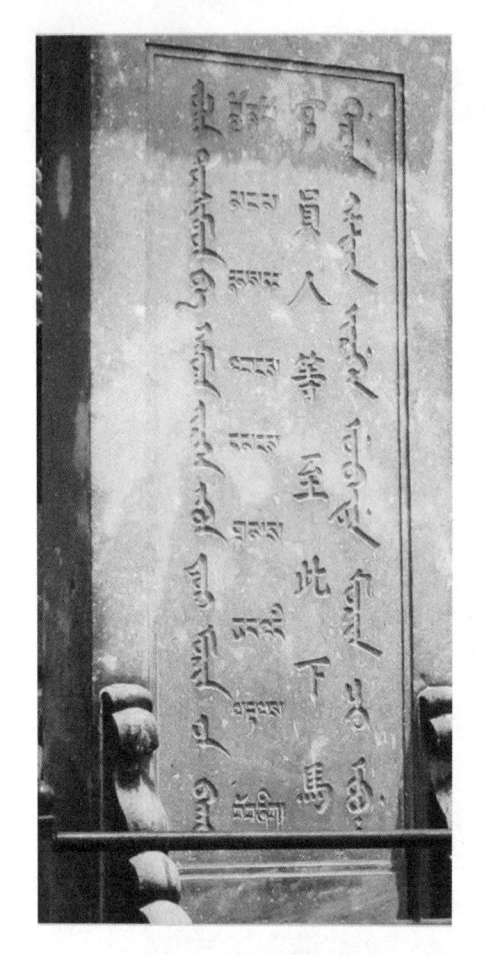

图 3-30　多文合璧下马碑　　　图 3-31　满汉文合璧
　　　　　　　　　　　　　　　《端顺长公主墓碑》

　　河北承德避暑山庄的丽正门是山庄的正宫门，门前左侧竖一块石碑，碑体正面用多种文字刻着："官员人等至此下马"，人称官员下马碑。满汉文合璧《端顺长公主墓碑》位于北京市西城区德胜门外冰窖口75号。这座公主园寝始建于清初，又称皇姑墓，埋葬着清太宗皇太极第十女固伦端顺长公主。固伦端顺长公主是顺治皇帝福临的姐姐，崇德元年（1636）三月二十五日生，顺治七年（1650）薨逝，时年14岁。顺治十三年（1656）六月谥曰：端顺。现存螭首龟趺碑一通，碑身高大，实为逾制。碑阳上述满汉合璧的"端顺长公主"五个大字，左满文，右汉文，碑阴无字。

## （二）民族文字摩崖石刻

摩崖是直接将文字刻写于天然崖壁、岩石上，不对其进行特殊加工的铭刻。由于摩崖铭刻简易速成，所以在我国少数民族中留下的摩崖文献非常丰富。如藏文摩崖铭刻《勒巴沟摩崖石刻》《工布第穆萨摩崖石刻》《谐拉康石刻》；彝文《禄劝镌字岩摩崖》《普沙岩书彝文碑》；女真文《授官摩崖》《息马摩崖》；白文《段信苴宝摩崖》等。这些摩崖铭刻也同碑刻等其他载体文献一样，是研究各民族历史文化的重要材料。

### 1. 藏文摩崖石刻

图 3-32　藏文摩崖石刻

藏文《勒巴沟摩崖石刻》位于青海玉树通天河畔。石刻有着千余年的历史，相传它们是文成公主进藏时留下的遗迹。据记载，公元710年，唐中宗养女金城公主与吐蕃赞普赤代祖丹联姻，金城公主选址在嘎玉勒巴沟驻跸地，命工匠刊刻了有大量佛教内容的摩崖，还特别雕刻了《公主礼佛图》，以铭记文成公主与松赞干布对弘扬佛法和促进唐蕃和好的功绩。此藏文摩崖石刻已经被列为第六批全国重点文物保护单位。

## 2. 彝文摩崖石刻

**图3-33 彝文摩崖石刻**

彝文《禄劝镌字岩摩崖》石刻，位于禄劝县城北20公里发明村（原名法尼则）旁掌鸠河畔的峭壁上。该崖面诗文石刻较多，其中有一篇彝文摩崖石刻，记载了彝族罗婺部世袭首领及其后裔明代凤氏土司的盛衰史。碑框高83厘米，长172厘米，彝文为从左至右直书，共562个字，碑文四周镶以双线边框，并在双线中间饰以图案。记述凤氏土司世袭情况及丰功伟绩，其沿革世系上起宋朝下迄明代。摩崖刻于何时，尚不能确定，从其内容来推算，应为明嘉靖以前。它是我国目前较古老的彝文摩崖石刻之一，对研究彝族社会的历史具有重要的史料价值。

### （三）民族文字石幢刻文

石幢最初是指佛教寺院中刻有经文的天石柱，后也泛指所有刻于柱形石上的文字。它与碑铭的区别仅在于形状的不同，而与摩崖的区别在于：摩崖刻于崖面上，而石幢是在天然石柱上稍加工后刻写文字。例如明弘治十五年（1502）所立西夏文《石经幢》，由顶盖、幢身、基座三部分组成，平面呈八角形，共两座。

西夏文《石经幢》一号幢通高263厘米，二号幢通高228厘米。幢身7面刻西夏文楷书《佛顶尊胜陀罗尼》。第1面幢额上刻"相胜幢"3个大字，第1行题款分别载明：明弘治十四、十五年兴善寺的沙弥巴答那征、比丘师圆寂，在塔院墓地造幢，主持者为党项人平尚吒失领占。该石幢1962年出土于河北省保定市韩庄，现存于保定市莲池公园。

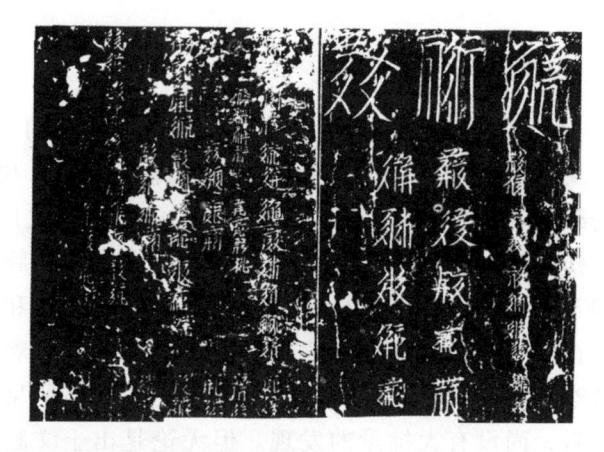

图 3-34　西夏文《石经幢》

(四) 民族文字题记

图 3-35　焉耆—龟兹文本行经变题记

我国各民族古文字题记很多，用途广泛，载体多样，既有刻于墙壁、山石、器具上的，也有书写于绢画、壁画、岩画上的。如在敦煌莫高窟石窟群洞窟中就存有大量的藏文、回鹘文、西夏文、契丹文题记。

### 三、民族文字简牍

少数民族古籍文献载体中除了前两节所述的金石载体之外，在纸书普及应用前后还存在简牍、皮革、陶器、甲骨、树皮、贝叶等多种材质的载体。其中简牍在纸书产生之前，使用范围之广和使用时间之长都胜于其他载体。简牍又分别称为竹简、木简和木牍，即：把竹子和木材加工成片，作为书写材料，只能写一行的竹片和木片称简，可以书写多行的小木板称牍。简牍在书籍发展史上代表着一定的发展阶段，是考察民族文字载体种类的重要内容，从目前所见少数民族古籍载体情况看，尚没有大批量的发现。但无论是出土文献，还是流传保存的古籍文献中都有竹木简。

#### （一）民族文字竹简

图3-36 彝文竹简

据有关彝文文献记载，彝族曾大量使用过木牍、竹简记载本民族历史文化。如彝文碑刻《大渡河建石桥记》有"姆俄格家获大权后，木牍竹简多如柴堆"的记载。由此可知，彝族曾经大量使用竹简和木牍为典籍文献载体。在当今的宗教活动中也仍然保留用竹木材料书写的习俗，如以木质"灵牌"书写死者名字和生卒年月，用木质"咒语牌"书写咒语或绘画鬼像。现在还有少量的彝文竹简古籍文献保留于民间。

（二）民族文字木牍

新疆维吾尔自治区博物馆馆藏有 1959 年、1973 年两次在若羌县米兰古城考古发掘中所得的吐蕃简牍。1959 年 10 月新疆博物馆组织了一个文物工作组，在巴音郭楞蒙古自治州各县进行文物普查。文物工作组在若羌县米兰古城清理了 9 间房子的遗物，从第三号房子出土 4 支吐蕃文木简，长 15.6 厘米、宽 1.3 厘米；第四号房子出土吐蕃文木简 21 支和一些残木牍等。木简分大小两种，一种长 10.6 厘米、宽 1.6 厘米，一种长 14.4 厘米、宽 2.3 厘米，一端有小孔一个；第五号房子出土吐蕃文木简与木牍 14 支，木简长 19.9 厘米、宽 3 厘米，简的一端有一个小孔；第六号房子出土吐蕃文木简 59 支和 3 块写着文字的葫芦残片；第七号房子出土吐蕃文木简与木牍等 95 件；第八号房子出土吐蕃文木简与纸片 13 件；第九号房子出土吐蕃文木简 19 支。由此表明少数民族曾经大量用简牍作为古籍文献的载体。当造纸术出现之后，竹木简牍逐渐为纸张所代替。因此，少数民族古文字简牍保留下来的实物并不多见，能够保存到现在的民族古文字简牍多为出土文物，这些竹木质文物出土后，随着环境变化（主要是湿度变化）出现了变形、开裂。如图 3-37。

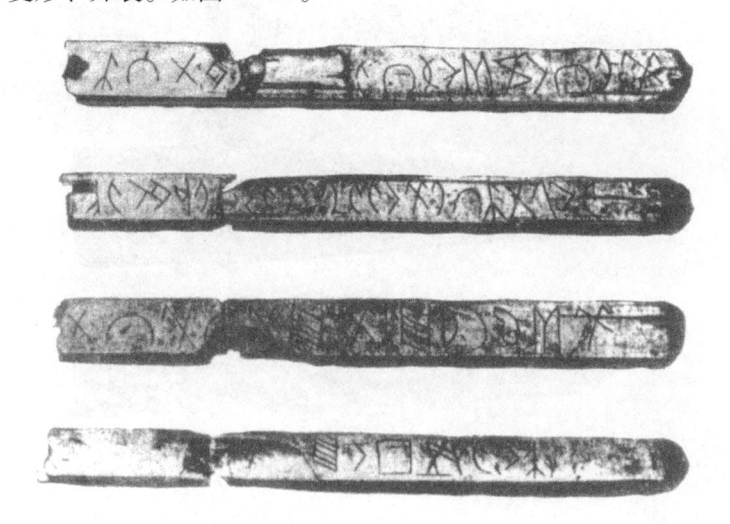

图 3-37　突厥文木牍

也有一些保存完好的民族古文字木牍存世，武威市博物馆有用藏文书写的《天龙八部祈祷文》和《烟祭祈愿文》，为元代木牍，至今完好无损。如图 3-38。

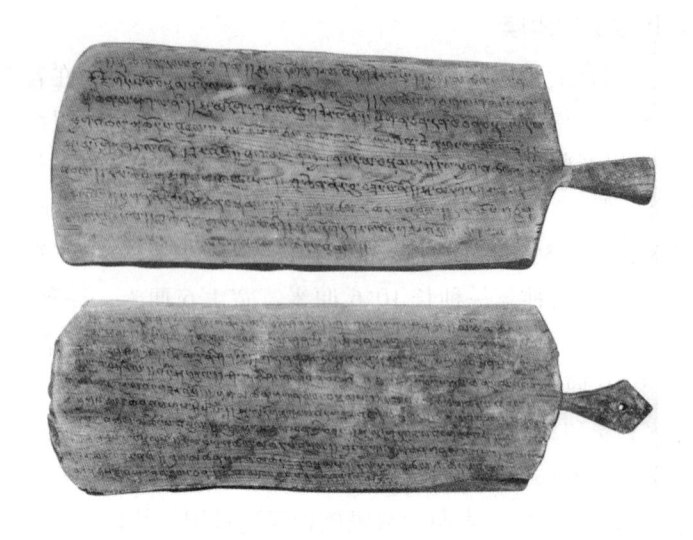

图 3-38　藏文木牍

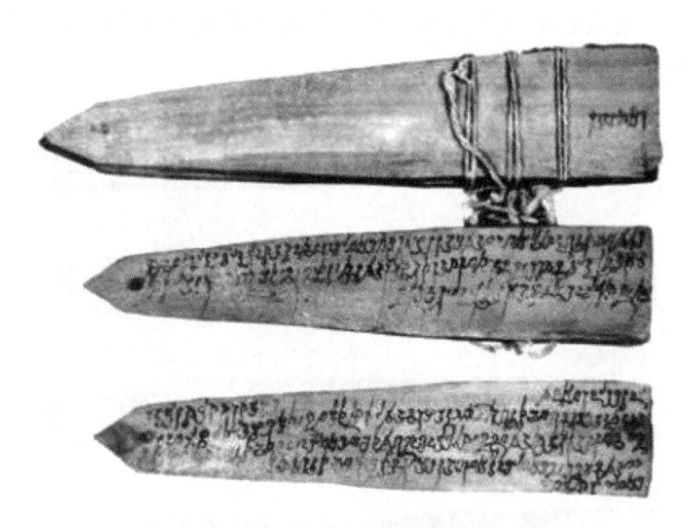

图 3-39　佉卢文木牍

## 四、民族文字贝叶经

图 3-40　傣文贝叶经

居住在我国西南的傣族，长期保留用贝叶写经书的习俗。傣族信奉佛教，他们所写和诵读的佛经称"贝叶经"。贝叶经是用铁笔在贝多罗（梵文为 Pattra）树叶上所刻写的佛教经文。西双版纳发现的贝叶经，有巴利文本和傣文本。内容除小乘佛教经典外，还有许多传说、故事、诗歌和历史记载等。在东南亚各国，还有用缅甸文、泰文等拼写的贝叶经。贝多罗树，形状很像棕榈树，西双版纳傣语称其为"戈兰"。自古以来，傣族社会所有的历史事件和文化，全靠用一片片贝叶做记录世代相传，傣族人民把贝叶经视为全民族的宝贵财富加以保护。历史上，每座佛寺里都有一个藏经阁，傣语称"林坦"，所有的贝叶经都要统一保管在这里，由佛爷、和尚严格看管，未经寺主允许，任何人不得擅自进入这里带走经书。对贝叶经的管理很严格，所有佛教经典和其他内容的贝叶经都是不允许个人带出佛寺藏入私人家中的。所以，很少出现贝叶经在佛寺里流失的现象。

### 五、民族文字皮书

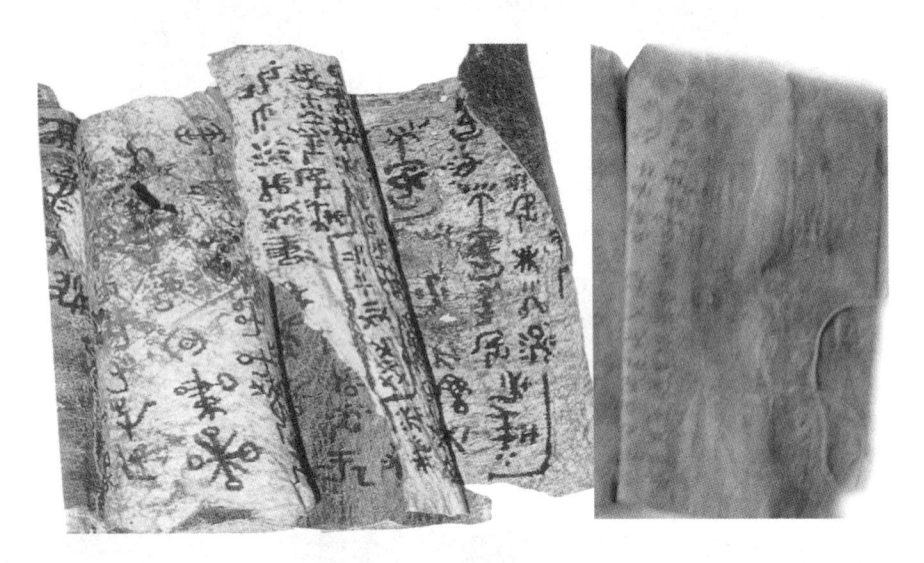

图 3-41　彝文皮书

我国许多少数民族长期处于游牧生活状态，有着在牛羊皮上书写文字的习惯。将写在羊皮上的称羊皮书，写在牛皮上的称牛皮书，又将写在各种动物皮子上的文书统称为皮书。皮革用于书写的优势在于平整，可以书写较多的文字，但有容易被虫蛀等缺陷。加之在以农业为主的地区，获得动物皮子比较困难，保存也不方便。因此，当纸书出现并普及应用之后，用皮革书写的情况逐渐减少，乃至无人以皮革做书写材料，现在只有一小部分皮书保留了下来，如：写有彝文的羊皮文书，在云南、贵州、四川等省彝区有所保留。

### 六、民族文字陶器刻文

我国数千年以来就有在陶器上书刻文字的习俗。近代出土的许多文物上，都书刻着古文字，有的有五六千年的历史。也曾发现书刻少数民族文字的一些陶器，如彝族地区出土的陶制骨灰套罐上书写着许多古彝文。

图 3-42　写有彝文的骨灰陶罐

## 七、民族文字甲骨文

民族文字甲骨文，是指用少数民族文字刻写在动物肩胛骨、肋骨或者乌龟、鳖的腹甲上的文字。历史上少数民族有将文字书写在兽骨上的习俗，故刻写少数民族文字的各种兽骨卜辞等实物至今保存完好。如藏文、彝文等。

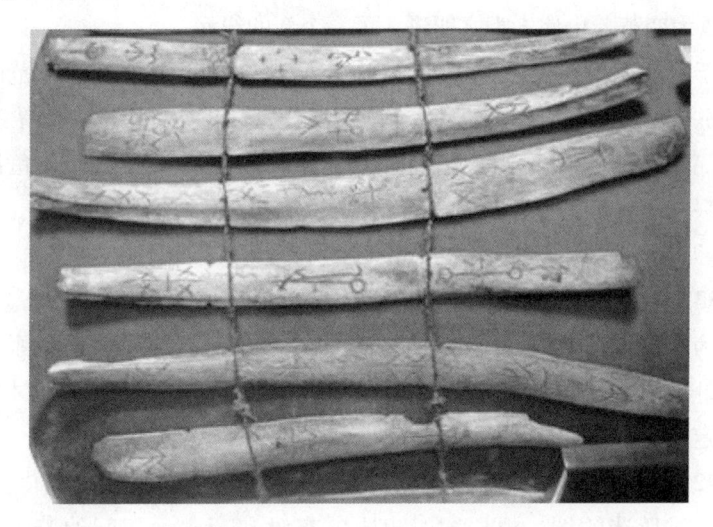

图 3-43　契刻在牛肋骨上的彝文

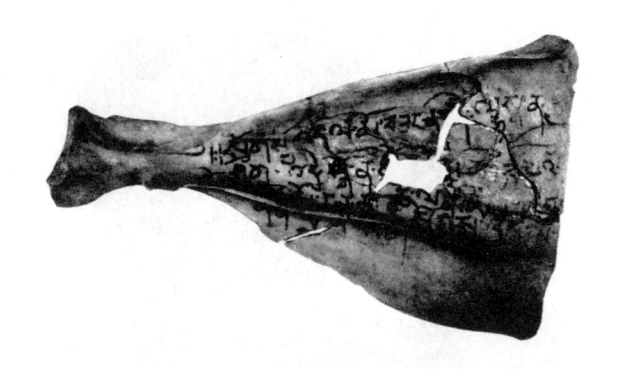

图 3-44 藏文肩胛骨卜辞图片
（参见中国国家图书馆、中国国家古籍保护中心编《西域遗珍——新疆历史文献暨古籍保护成果展图录》161 页，国家图书馆出版社，2011 年 1 月）

## 八、民族文字纸质古籍文献

纸的发明是文化史上的一件大事，它为手抄和印刷书籍提供了极为有利的条件。用纸写书、印书，较其他文献载体形式具有很多优点。造纸的原料容易取得，成本低廉，又可以大量生产。纸质文献的出现，不仅是文献载体形式的重大变革，也使人类文明进入了一个新的纪元。

关于纸的发明，过去一般认为是东汉蔡伦发明了纸。据宋范晔所著《后汉书·蔡伦传》记载："自古书契多编以竹简，其用缣帛者谓之为纸。缣贵而简重，并不便于用，伦乃造意，用树肤、麻头及敝布、鱼网以为纸。元兴元年（105）奏上之，帝善其能，自是莫不从用焉，故天下咸称蔡侯纸。"考古实物证明，早在蔡伦以前就已经有了纸。

1933 年中国西北科学考察团在新疆罗布泊汉烽燧亭遗址发现过一片残纸。纸为白色，长 10 厘米，宽 4 厘米，质地粗糙。经现代手段化验，认定是麻类纤维所造。同时出土的还有西汉宣帝黄龙元年（前 49）的木简，因而被测定为公元前 49 年左右的遗物，早于蔡伦 154 年。

1942 年在内蒙古额济纳河附近发现了写有文字的纸团。经化验测定，为植物纤维所造的纸。根据同时出土的东汉和帝永元年间的若干木简推断，该纸当属公元 93～98 年左右的遗物，也早于蔡伦发明纸的记载。

上述出土实物证明，中华民族早在蔡伦之前就已经出现造纸工艺技术。东汉时期的蔡伦在总结前人经验的基础上，对造纸技术及原料加以改进，并从书籍制作材料的角度，发现纸的新用途及其广阔的发展前景，极大地推动了造纸事业的发展，其功不可没。自从有了纸，到最后完全取代竹木简及缣帛而成为书籍主要或唯一的载体形式，经历了一个漫长的过程。自东汉蔡伦之后，纸虽已用于写字著书，但关于汉代用纸写书的文献记载和出土文献，还都是罕见的。这一事实说明，纸作为新兴的文献载体还没有得到普遍的注意和广泛的应用。究其原因主要有二：一是当时的社会生产力仍很低下，纸还无法普及；二是长期使用竹帛，已成习惯。因此，从东汉至魏晋，一直是缣帛、竹木简、纸并用，到东晋元兴三年（404），桓玄帝下令："古无纸，故用简，非主于敬也。今诸用简者，皆以黄纸代之。"[1]纸作为唯一的文献载体的地位才得到确立。20世纪初，敦煌莫高窟千佛洞发现的大批纸质遗书也证明了这一点。纸取代缣帛、竹木简而成为文献的主要载体之后，不但避免了缣帛的成本昂贵及竹木简的笨重，而且由于纸较缣帛和竹木简更易于着墨，所以自东汉至五代，纸逐渐用于抄写文献，自唐代又开始用于雕版印刷，宋代用于活字印刷书籍，纸书和各种纸质文书大量出现了。由于造纸技术的普及，用少数民族文字书写的各种纸质书籍和文书也随之出现。下图为形制多样的民族文字古籍和文献，真可谓卷帙浩繁，内容丰富多彩。

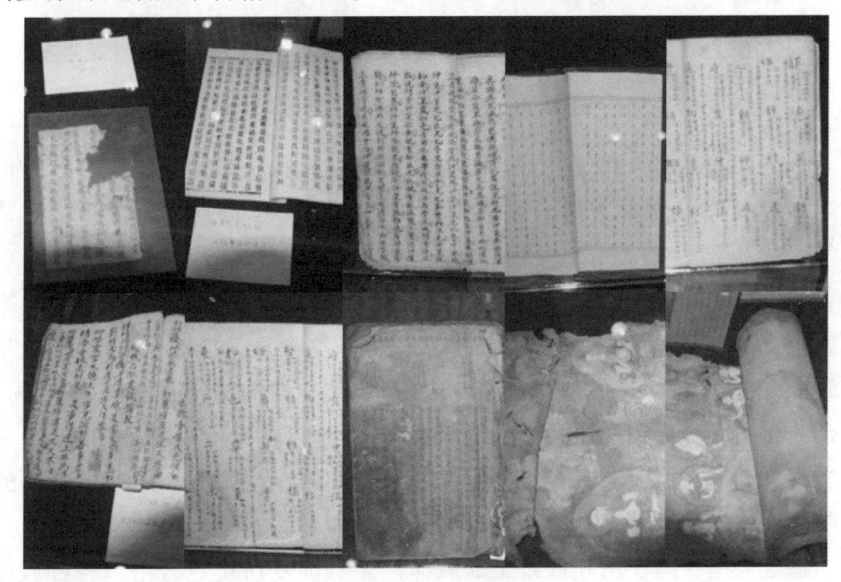

**图 3-45　纸质古籍**

在存世的各民族文字古籍中，除了用单一文种著书立说之外，还有一些多文种合璧的书籍和多文种与精美图画合璧的图书卷册。如图 3-46 为

---

[1]《初学记》卷二十一引"桓公伪事"。

中国国家博物馆收藏的《职贡图卷》。

图 3-46 《职贡图卷》（部分）

此《职贡图卷》全卷长 1438 厘米，宽 33.8 厘米，作者为清朝时期浙江乌程（今浙江省湖州市）人金廷标，善画，供奉宫廷。这是记录清代各民族生活及贡赋情况的画卷。乾隆十六年（1751），乾隆帝下令"看沿边各督、抚于所属苗瑶黎壮以及外夷番众，仿其服饰绘图，送军机处汇齐呈览，以昭王会之盛"。于是全国各省督、抚派员绘图，送呈清政府交皇帝御览。后由金廷标等据图绘成。卷前为藩属及海外诸国，其余为国内各族，凡 300 组，每组以男女别幅，计 600 幅。每幅有满汉文字题记说明其历史、居住地区、生产、生活状况，以及向朝廷的贡赋。

总之，在我国各民族古籍文献载体产生和演变历史过程中，各种载体之间既存在或先或后的关系，又有多种载体并行使用的情况，在纸书出现之前更为突出。甚至在纸书出现并以纸张为主要古籍文献载体材料之后，我国少数民族中仍然存在多种载体并用的情况。目前尚存的古籍文献载体，充分表明我国少数民族曾经用木牍、竹简、兽皮、树皮、陶器、贝叶等诸多材料作为古籍文献的载体。

## 第二节　中国少数民族文字古籍版本

### 一、民族文字古籍的结构

纸书古籍的结构与现代出版物有很大差别，下面从外形结构、内部结构、单页版式等方面加以说明。

#### （一）民族文字古籍的基本单页版式

民族古籍单页版式，与汉文古籍的单页版式一样，包括版框、界行、版心、鱼尾、象鼻、天头、地脚、书耳等。

1. 版框/边栏

版框，又称边栏，指一张印页四周的围线。版框有很多种，以栏线的条数分，有四周单边、左右双边、上下双边、四周双边等。四周边栏只有一条围线的，叫四周单边；左右边栏各有两条线组成的，叫左右双边；四周边栏都是两条围线的，叫四周双边，四周双边又叫文武栏。

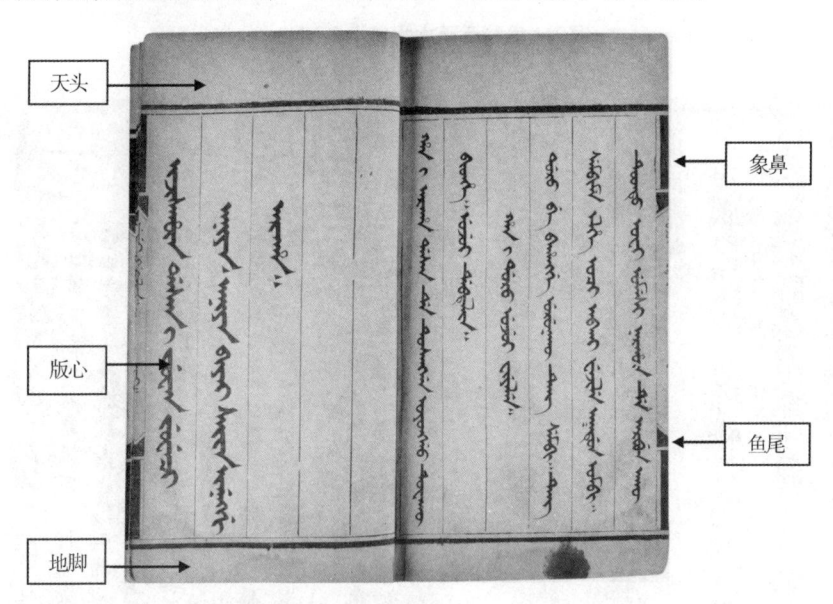

图3-47　满文《御制资政要览三卷》内府刻本版面书影

（开本 18.7cm×12.3cm，故宫博物院藏品，参见中国国家图书馆、中国国家图书保护中心编《第三批国家珍贵古籍名录》第八册，219页，国家图书馆出版社，2010年9月）

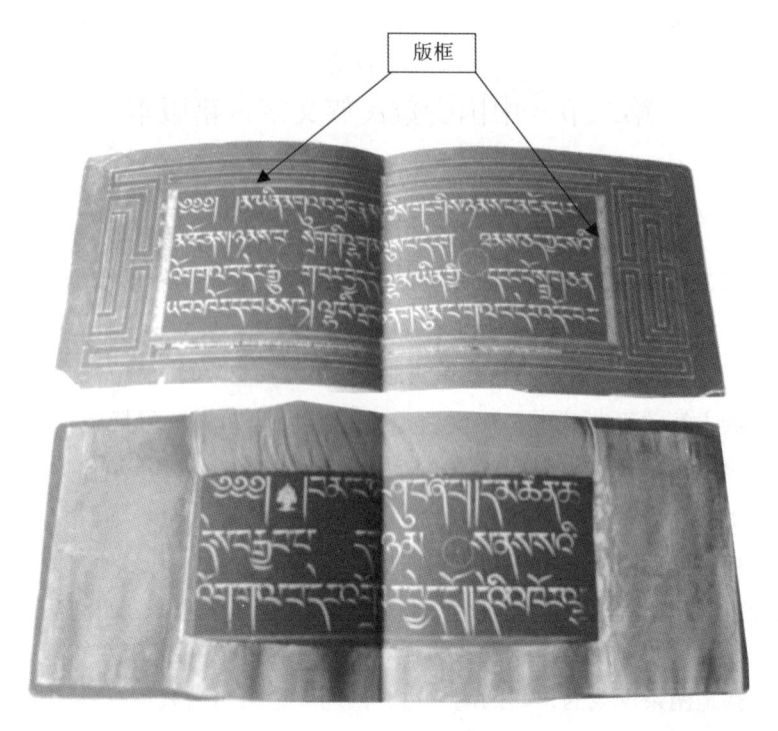

图 3-48　西夏文古籍上下双栏

图 3-49　西夏文古籍上下单栏

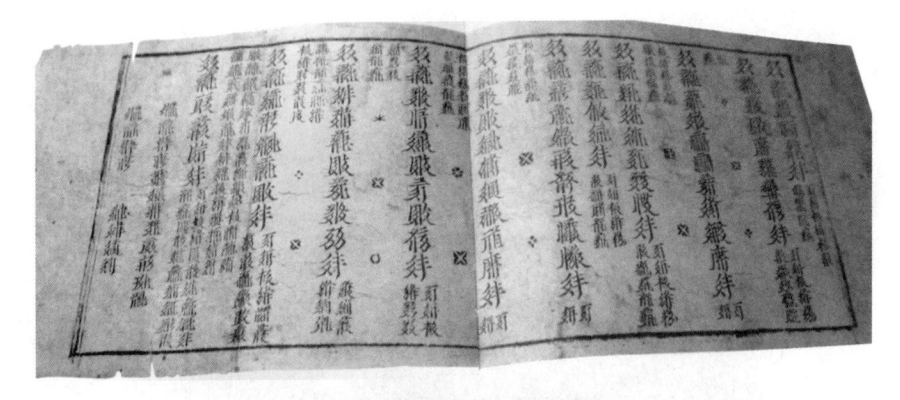

图 3-50　西夏文古籍四周单栏

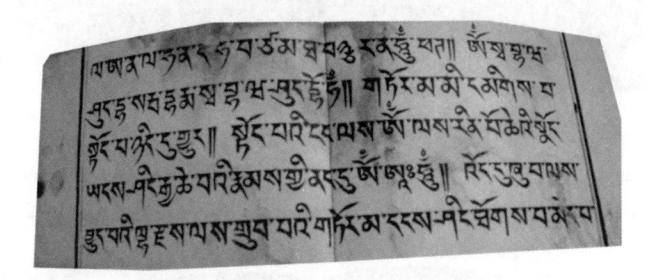

图 3-51　藏文古籍左右双栏

以栏线的图案来分，有卍字栏、竹节栏、博古栏等。卍字栏是以卍字组成的栏线。竹节栏是以竹节图案组成的栏线。博古栏是以各种乐器图案组成的栏线。

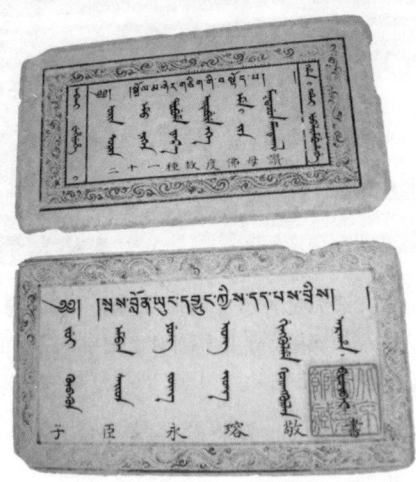

图 3-52　多文古籍《御译救度佛母赞》

（开本 9cm×16.2cm，国家图书馆藏品，参见中国国家图书馆、中国国家古籍保护中心编《第二批国家珍贵古籍名录》第十册，369 页，国家图书馆出版社，2010 年 9 月）

**图3-53 藏文古籍刻本《药师经》**

(开本18.5cm×48.7cm，版框15.5cm×43.5cm，西北民族大学图书馆藏品，参见中国国家图书馆、中国国家古籍保护中心编《第二批国家珍贵古籍名录》第十册，222页，国家图书馆出版社，2010年9月)

**图3-54 藏文清泥金写本《药师琉璃光七佛本愿功德经》**

(开本10.9cm×36.6cm，版框9.9cm×35.5cm，辽宁省博物馆藏品，参见中国国家图书馆、中国国家古籍保护中心编《第二批国家珍贵古籍名录》第十册，86页，国家图书馆出版社，2010年9月)

2. 界行

界行，是字行之间的分界线。界行和栏线有朱墨二色，红色栏线称朱丝栏，黑色栏线称乌丝栏。如图3-55。

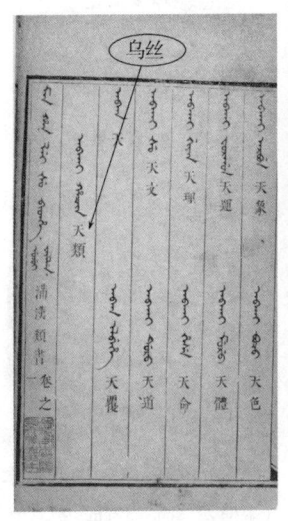

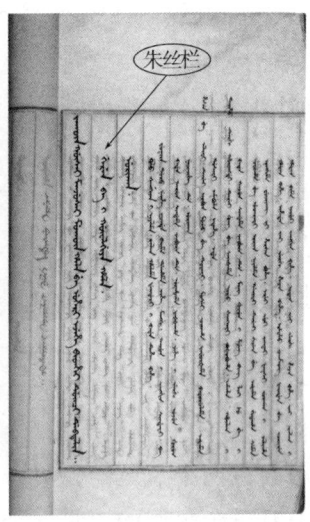

图 3-55　满文界行书影

（左：《满汉类书三十三卷》（开本 25.5cm×15cm，版框 20.5cm×13.4cm，辽宁省图书馆藏品）；
右：《八旗满洲氏族通谱八十卷》（开本 35.5cm×21.5cm，版框 25cm×17.7cm，国家图书馆藏品）；
均见中国国家图书馆、中国国家古籍保护中心编《第二批国家珍贵古籍名录》第十册，
313、333 页，国家图书馆出版社，2010 年 9 月）

在少数民族古籍中除了与汉文古籍相同的边栏之外，还有一些特殊的边栏、界行修饰。如图 3-56。

图 3-56　西夏文古籍页面特殊界行、边栏书影

3. 版心

版心，又称中缝、书口、版口，指每页正中较窄的一格，格内常常刻有书名、卷次、页码、字数和刻工姓名。

4. 鱼尾

鱼尾，版心全长四分之一处的鱼尾形标志。鱼尾的种类很多。以鱼尾数量来分，有单鱼尾、双鱼尾、三鱼尾等：版心只有一个鱼尾的，叫单鱼尾；版心有两个鱼尾的，叫双鱼尾；版心有三个鱼尾的，叫三鱼尾。以鱼尾的方向来分，有对鱼尾和顺鱼尾：两个鱼尾方向相反的，叫对鱼尾；两个鱼尾方向相同的，叫顺鱼尾。以鱼尾的虚实来分，有白鱼尾、黑鱼尾、线鱼尾、花鱼尾等：只有鱼尾外部轮廓的，叫白鱼尾；鱼尾轮廓用黑墨填实的，叫黑鱼尾；鱼尾由线条构成的，叫线鱼尾；鱼尾由图案构成的，叫花鱼尾。

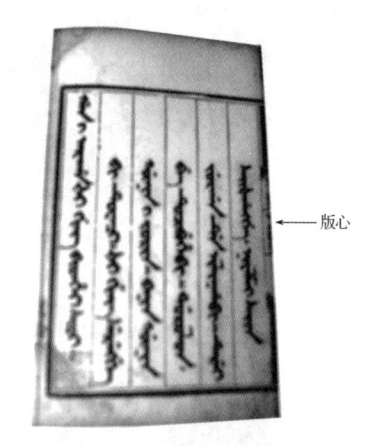

图 3-57 满文《御制资政要览三卷》内府刻本

（版框 22.8cm×17cm，故宫博物院藏品，参见中国国家图书馆、中国国家古籍保护中心编《第三批国家珍贵古籍名录》第八册，215 页，国家图书馆出版社，2010 年 9 月）

图 3-58 双鱼尾

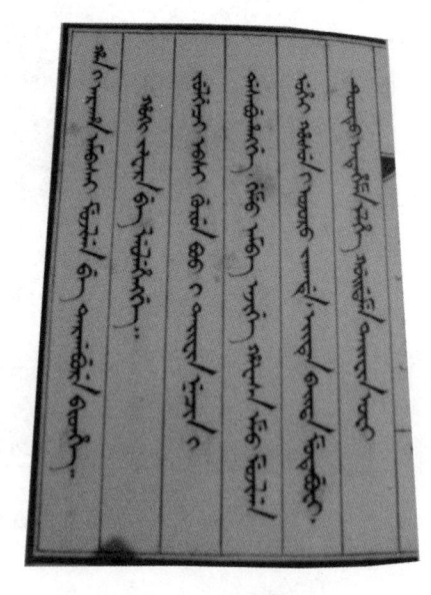

图 3-59 单鱼尾

5. 象鼻

象鼻是连接鱼尾和版框的一条线。这条线有粗细之别，粗线的叫大黑口或阔黑口，细线的叫小黑口、线黑口或细黑口。没有象鼻的，叫白口。白口刻有文字的，叫花口。

此外，天头，又称书眉，是指上栏以外的空白处。地脚，是指下栏以外的空白处。书耳，又称书格或耳子，是指版框外边上端的小方格，用以书写篇名、室名等。

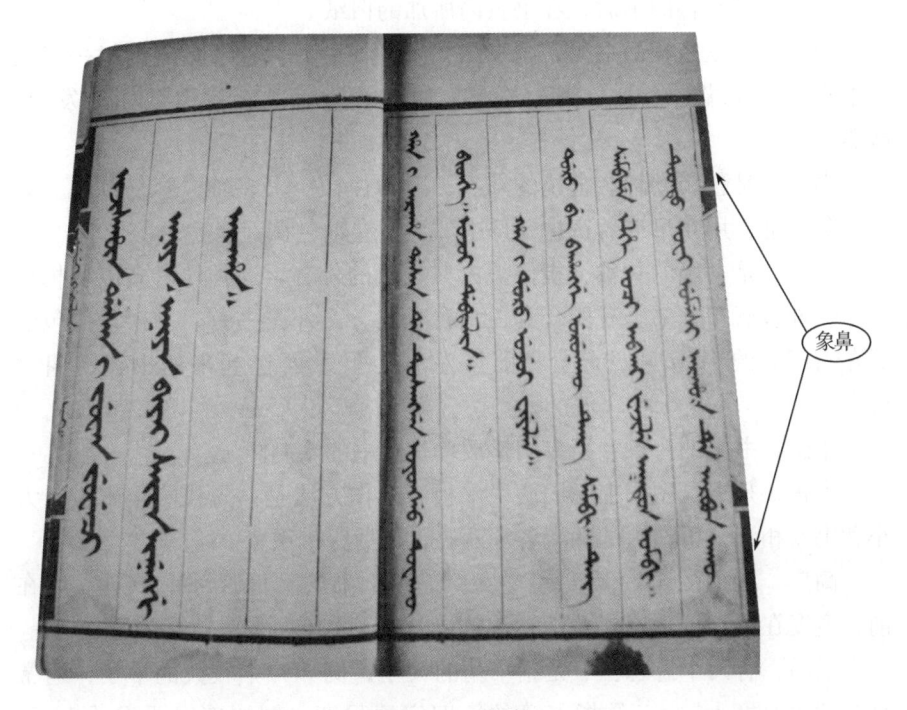

图 3-60　象鼻

(二) 纸书古籍的外形结构

古典文献的外形结构包括书衣、书签、书名页、书首、书根、书脑、书脊等。现分别介绍如下。

书衣，又称书皮，指包在全书最外层的一张纸。这张纸较厚，有保护全书的作用。

书签，是贴在书衣左上方的一个长方形纸条或丝条，上面标有书名。书签常常请名人或师长题写。

书名页，是书衣之后题有书名的一页。

书首，又称书头，指书的上端。

书根，指书的下端。古书不便直立，多平放在书架上。为了翻检的方便，常常在书根上题写书名、册数和册次。

书脑，指装订线右边的部分。

书脊，又称书背，指装订线右侧的截面。

副书，又称护页、扉页，是夹在书衣和书名页之间的空白页子。其作用是保护书页，防潮防蛀。

包角，是用细绢所包订线一侧上下之角，既美观又有保护作用。

衬纸，是修补旧书时，在书页内所加的白纸。

金镶玉，是修补旧书时，因书品太小，不可剪裁，书页之内衬一张长于书页上下两端的白纸。因为原书旧页如金发黄，新衬白纸如玉发白，故名。

书帙，是包装卷轴装书籍的外衣，因为往往一书多轴，容易混乱。为了避免混乱，用布帛或竹帘把一部书的许多卷轴包在一起。

书套，是书函的一种，指保护古典文献的外套。这种外套多以草板纸为里，外包蓝布。书套有四合套、六合套之分。外露书首、书根，仅包前后左右四面的书套叫四合套；前后左右上下六面包起来的书套，叫六合套。

木匣，书函的一种，指专门盛放珍贵图书的木制匣子。

夹板，是夹在图书上下的两块木板。制作方法是：先找两块木板，大小和书衣相当，再在板的两端各穿两孔，最后穿带系紧。

高广，指书的页面长度和宽度。记录纸书的页面尺寸，一般长度在前，宽度在后。古人以尺寸为计量单位，今人多以厘米为计算单位。

书品，有两个意思：一是指书籍的大小，例如开本较大的本子，通常称为"书品宽大"；一是指书籍的新旧完损程度，例如破损严重的本子，通常称为"书品太坏"。

### （三）纸书古籍的内部结构

古典文献的内部结构主要有序、目录、跋、凡例、卷首、卷末、附录、外集、卷端、小题和大题、牌记、墨钉、墨围、阴文、白文、行款、藏章、帮手等。

序，是正文之前说明写作经过、刊刻情况、学术源流等内容的文字。

目录，是正文之前的篇章名目，包括全书的所有篇名。

跋，是图书在流传过程中写上的有关版刻源流、流传源流的文字。

凡例，是全书编制体例的说明文字。

卷首，是正文之前独立成卷的部分。其内容大多是圣谕、先人著述文字或著者生平资料。

卷末，是正文之后独立成卷的部分。其内容大多是后人著述文字、著者生平资料、著者同人赋赠之作或与正文相关的一些内容。

附录，是正集之后的附加部分，和卷末的情况基本相同。

外集，是正集之外的部分。一般比卷末、附录的篇幅要大。其内容主要包括：（1）释家以佛理为内学，以儒论为外学，因此，释家别集均以无关佛理作品作为"外集"；儒家以儒论为内学，以佛理为外学，因此，儒家别集均以无关儒理的佛理作品为"外集"。（2）与内集不同文集、不同内容的作品。（3）补遗之作。

卷端，是每卷正文前两三行表示书名、著者、编纂校刊姓氏、版刻情况的文字。

小题和大题，小题指篇名，大题指书名。文献卷端书名写在篇名之下者，叫作"小题在上，大题在下"。

牌记，是刻书者用以宣传刻书情况的特殊标识。

墨钉，是正文中表示阙文的黑色方块，如"■"。

墨围，是为了强调"注""疏"等有关字眼，在其四周标上墨线，如注、疏等。

阴文，指笔画凹下的字，多用于"注""疏"等字。

白文，是指只有正文、不含注疏的本子。

行款，是书页版面的行数和字数，一般以半页为计算单位。

藏章，又称藏书印，是文献在流传过程中钤上的印章。

帮手，指藏章、序跋等可以帮助鉴定版本的一些东西。

中国少数民族古籍文献中除了纸书之外，还有单页纸记录的各种文书档案等。这些文书档案大都记载了各民族人民的日常生活，如云南禄劝县古籍办公室保存的彝文古籍文献中就有单页的纸质文献，其文书种类有地契、土地买卖文书、借据、婚姻调解文书、牲畜与山林交换文书等，所涉及的领域十分广泛，内容也非常丰富。古代回鹘文、于阗文、西夏文等都有一些文书存世。这些各民族纸质文书档案，无疑是研究这些民族的难得的第一手资料。

例如：存世的一件于阗文文书，为陈奏受命伴送七王子借道甘州通聘天朝的情况。文书中说，使者携带贡玉600斤，经仲云部所居之地抵沙州，得悉甘州动乱，城遭沙州军联合仲云部及鞑靼部攻陷，毗伽可汗被杀，新汗继立，旋遭黑山回鹘军攻破。原件为伯希和所得，现藏于法国，编号为2741。

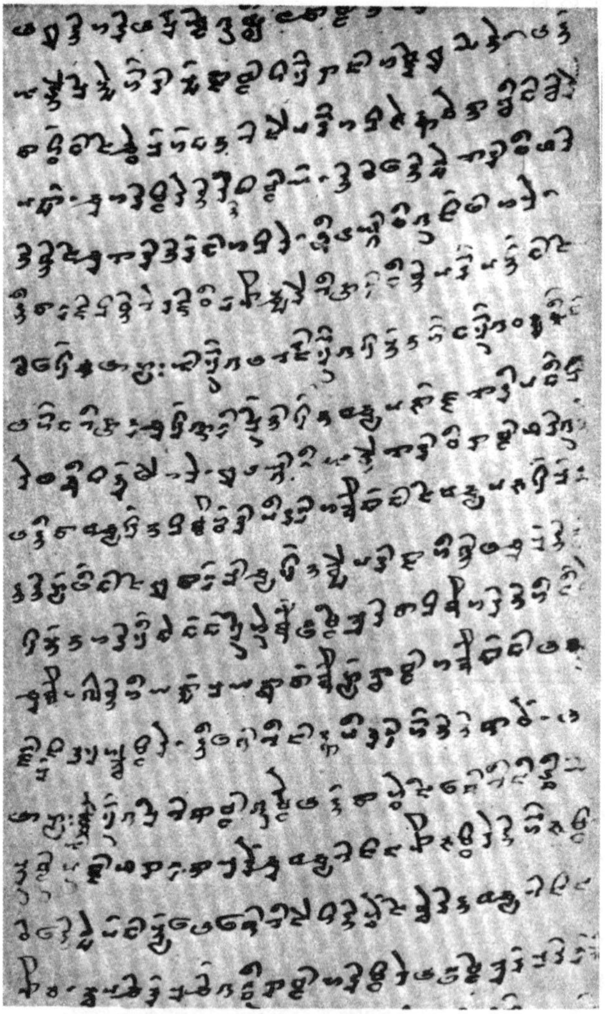

图 3-61　于阗文《于阗伴送使致于阗王奏报》

又如：用彝文书写的古代文书档案亦不少，仅禄劝县民族宗教事务局古籍办公室就收藏80多份彝文各类文书，其中有一份《搅盘康村稗子田免征赋税文书》。

图 3-62　彝文《搅盘康村稗子田免征赋税文书》
(现藏于清华大学图书馆)

## 二、纸书古籍的版本类型

纸书古籍文献的种类非常复杂，既可以按刻书的时间、地点、单位，也可以按装订形式、制刻工艺、写本种类、字体、行款、纸张、颜色、版式、内容、用途等进行分类。下面就民族古籍整理研究中经常遇到的版本类型做一介绍。

### （一）以装订形式区分

以装订形式区分，有卷子装本、经折装本、梵夹装本、旋风装本、蝴蝶装本、包背装本、线装本等。关于这些装订形式，详见第三节民族古籍装帧形制，此处从略。

### （二）以制版工艺区分

以制版工艺区分，我国古籍有写本、拓本、刻本、活字本、套印本、钤印本、石印本、影印本、铅印本等。少数民族文字古籍以写本居多，兼有刻本，亦有多色套印本。

1. 写本

写本，是人工抄写而成的书，是民族文字古籍文献中为数最多的一个种类。特别是南方民族文字古籍文献绝大部分属于写本。

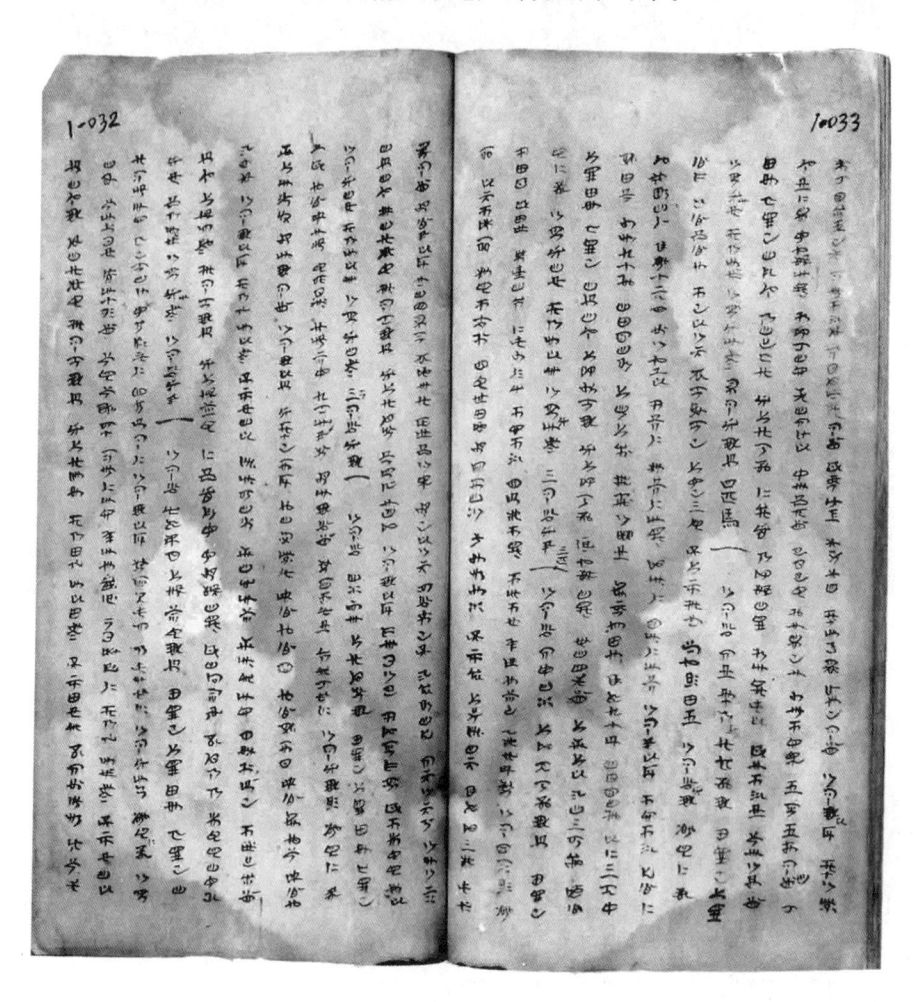

图 3-63　彝文写本《西南彝志》

2. 刻本

刻本，是指雕版印刷而成的书籍。我国各民族文字古籍中有不少刻本，以藏文、蒙古文、满文居多。

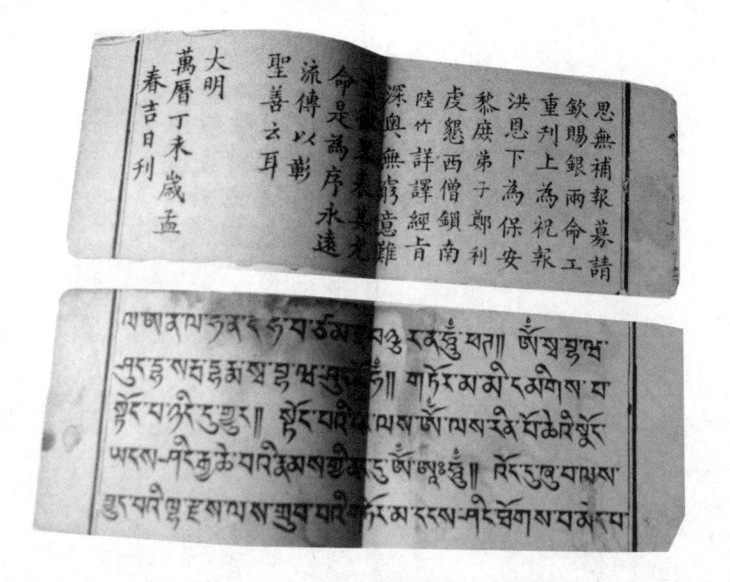

图 3-64　藏文刻本《药师佛八如来坛场经》

（开本 35.5cm×14cm，国家图书馆藏品，书影参见中国国家图书馆、中国国家古籍保护中心编《第二批国家珍贵古籍名录》第十册，42 页，国家图书馆出版社，2010 年 9 月）

图 3-65　蒙古文刻本《格斯尔传》梵夹装

（开本 17.5cm×57.5cm，版框 14cm×54.5cm，内蒙古自治区图书馆藏品，参见中国国家图书馆、中国国家古籍保护中心编《第二批国家珍贵古籍名录》第十册，176 页，国家图书馆出版社，2010 年 9 月）

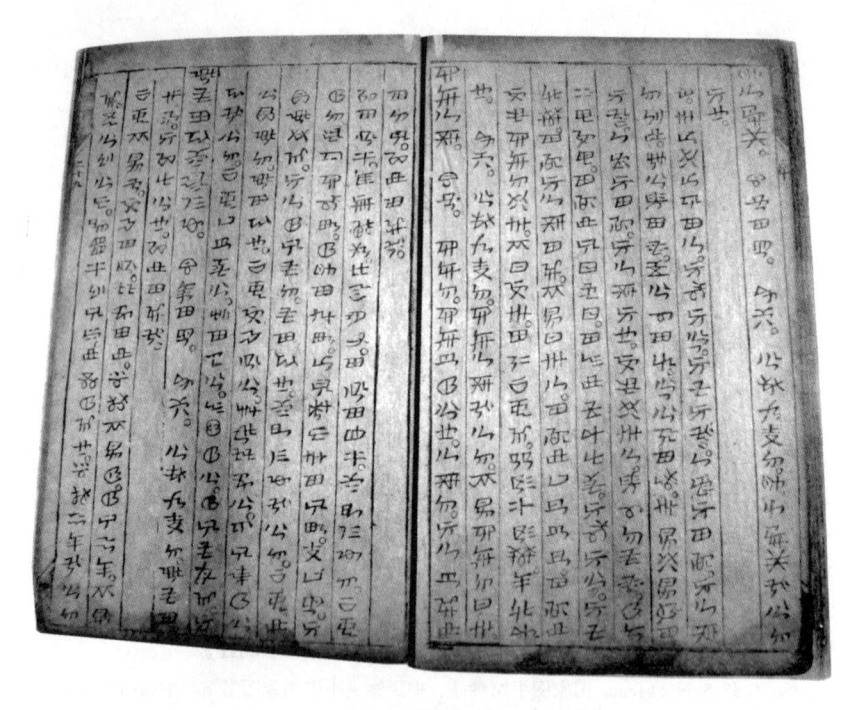

图 3-66　彝文古籍明刻本《劝善经》

（开本 24.8cm×17.2cm，版框 22.8cm×14.9cm，国家图书馆藏品，参见中国国家图书馆、中国国家古籍保护中心编《第三批国家珍贵古籍名录》第八册，219 页，国家图书馆出版社，2010 年 9 月）

### 3. 套印本

套印本，是将书中的正文、评点等不同内容分别各刻一版，然后用不同颜色依次加印在一起而成的书。

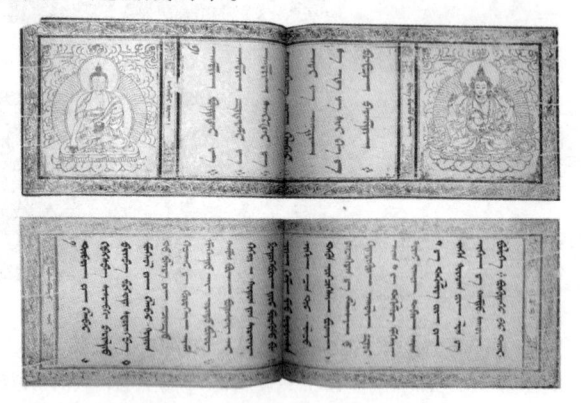

图 3-67　藏文《寿般若波罗蜜多八千颂》梵夹装

（开本 21.6cm×63.3cm，版框 17cm×53.7cm，国家图书馆藏品，书影参见中国国家图书馆、中国国家古籍保护中心编《第三批国家珍贵古籍图录》第八册，134 页，国家图书馆出版社，2012 年 5 月）

## （三）以写本种类区分

以写本种类区分，有写本、稿本、抄本、旧抄本等。

写本，是以手写形式流传的本子。抄写宗教经典，一般只说写经而不说抄经，故当今留存的宗教经典手抄本，多称写本。中国少数民族古籍文献多以写本形式流传。

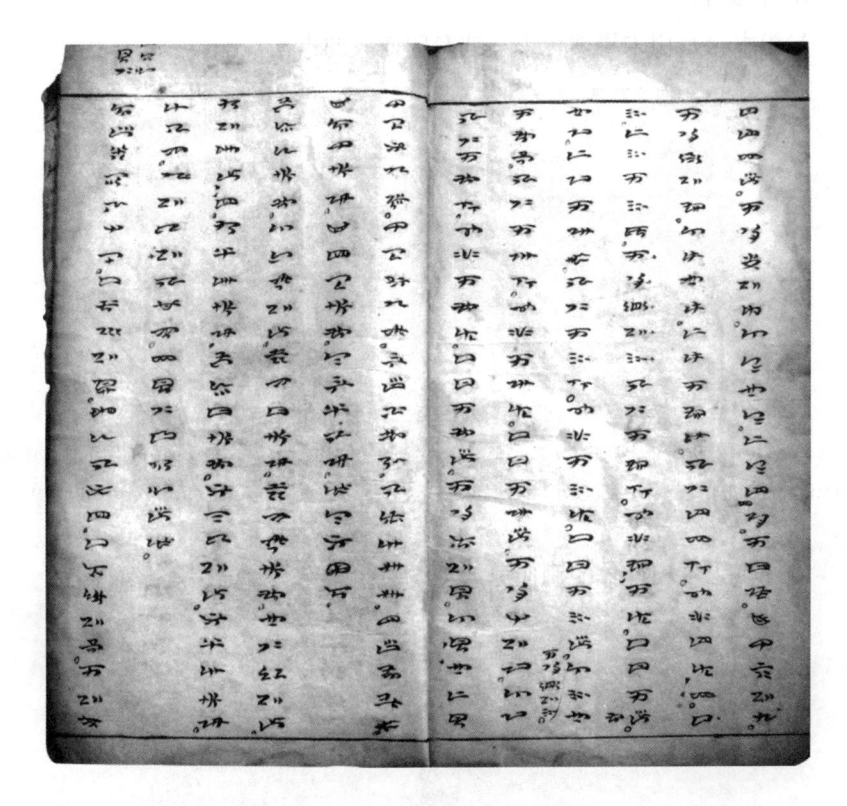

图3-68　彝文手抄本书影

稿本，是著者的原稿。稿本又可以分为手稿本、清稿本等。手稿本是著者亲笔写成的稿子；清稿本是指用以增补、校订或复印的著作誊清本。

抄本，又称传抄本，是指根据底本传录而制成的副本。抄本又有乌丝栏抄本、朱丝栏抄本、精抄本、影抄本、旧抄本之分。乌丝栏抄本是用墨栏格纸所抄写的书；朱丝栏抄本是用红栏格纸所抄写的书；精抄本是指纸墨精良、书法工整、内容错误较少的抄本；影抄本是指把透明纸覆在底本上面，按其原有字体、行款照样摹写的本子；旧抄本是指时间不详的早期抄本。

## （四）以活字种类区分

以活字种类区分，有泥活字本、木活字本、铜活字本、铅活字本等。

## （五）以颜色区分

以颜色区分，有朱墨本、朱印本、蓝印本、金汁儿本、银汁儿本等。

### 1. 朱墨本

朱墨本，是用朱墨两色书写或套印而成的本子。

**图 3-69　藏文明朱墨写本《甘珠尔一百五函》**

（开本 25.2cm×69.8cm，版框 15cm×56.2cm，内蒙古图书馆藏品，参见中国国家图书馆、中国国家古籍保护中心编《第二批国家珍贵古籍名录》第十册，102 页，国家图书馆出版社，2010 年 9 月）

朱印本，是用红色印刷而成的本子。

**图 3-70　藏文明朱印本《甘珠尔一百八十函》**

（开本 21.5cm×68cm，版框 14cm×62cm，内蒙古图书馆藏品，参见中国国家图书馆、中国国家古籍保护中心编《第二批国家珍贵古籍名录》第十册，40 页，国家图书馆出版社，2010 年 9 月）

**图 3-71 藏文明朱印本《甘珠尔》**

(开本 15.3cm×59.4cm，版框 14cm×62cm，内蒙古图书馆藏品，参见中国国家图书馆、中国国家古籍保护中心编《第二批国家珍贵古籍名录》第十册，40 页，国家图书馆出版社，2010 年 9 月)

## 2. 金汁儿本

金汁儿本，是用金汁儿书写或印刷的本子（也称泥金本）。

**图 3-72 藏文清金汁儿写本《金刚般若波罗蜜经》**

(开本 11cm×27cm，版框 7.5cm×26.8cm，内蒙古图书馆藏品，参见中国国家图书馆、中国国家古籍保护中心编《第二批国家珍贵古籍名录》第十册，40 页，国家图书馆出版社，2010 年 9 月)

### 3. 银汁儿本

银汁儿本，是用银汁儿书写或印刷的本子。

**图 3-73　藏文清银汁儿抄本《法经根本》**

（开本 22cm×62cm，武威市博物馆藏品，书影参见中国国家图书馆、中国国家古籍保护中心编《第三批国家珍贵古籍图录》第八册，98 页，国家图书馆出版社，2012 年 5 月）

**图 3-74　藏文明朱印本《甘珠尔》**

（开本 15.3cm×59.4cm，版框 14cm×62cm，内蒙古图书馆藏品，参见中国国家图书馆、中国国家古籍保护中心编《第二批国家珍贵古籍名录》第十册，40 页，国家图书馆出版社，2010 年 9 月）

### 4. 珊瑚粉汁儿本

珊瑚粉汁儿本，是用珊瑚粉汁儿写成的本子。

**图 3-75　藏文元珊瑚粉汁儿写本《山法了义海》**

（开本 12cm×68cm，西藏博物馆藏品，参见中国国家图书馆、中国国家古籍保护中心编《第二批国家珍贵古籍名录》第十册，40 页，国家图书馆出版社，2010 年 9 月）

（六）以内容区分

以内容区分，有单刻本、合刻本、抽印本、丛书本、增订本、删本、节本、足本、残本、校本、注本、批点本、真本、伪本、序跋本、插图本、过录本、X卷本等。

1. 单刻本

单刻本，是只含一种书的刻本。

2. 合刻本

合刻本，是两种以上的著作合刻在一起的本子。

3. 抽印本

抽印本，是抽取一种（套）书的部分内容刻印而成的书。

4. 丛书本

丛书本，是汇刻多种著作而成的书。

5. 增订本

增订本，是增订原本内容而成的新书。

6. 删本

删本，是删节原本内容而成的书。

7. 节本

节本，是节选原本内容而成的书。

8. 足本

足本，是卷数完整的本子。

9. 残本

残本，是卷数残缺不全的本子。

10. 校本

校本，是经过校勘而成的本子。

11. 注本

注本，是带有注释的本子。

12. 批点本

批点本，是带有眉批、圈点的本子。

13. 真本

真本，又称正本，是指内容无误的原本。

14. 伪本

伪本，是指通过各种手段作伪而成的书。

15. 序跋本

序跋本，是带有某人序跋的本子。

16. 插图本

插图本，是带有插图的本子。插图与文字结合可形成文图并茂的图书，达到以文解说图意、以图为文示意的表达效果，从而深刻揭示文图的文化内涵。

（1）藏文经籍插图

图 3-76　左右行文中间插图

（2）蒙古文经籍插图

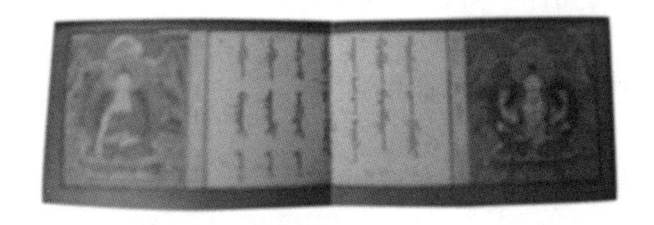

图 3-77　中间行文左右插图

（3）彝文经籍插图

图 3-78　左图右文的彝文经籍《百乐书》

（开本 29cm×44cm，云南省少数民族古籍整理出版规划办公室藏品，参见中国国家图书馆、中国国家古籍保护中心编《第三批国家珍贵古籍图录》第八册，276 页，国家图书馆出版社，2012 年 5 月）

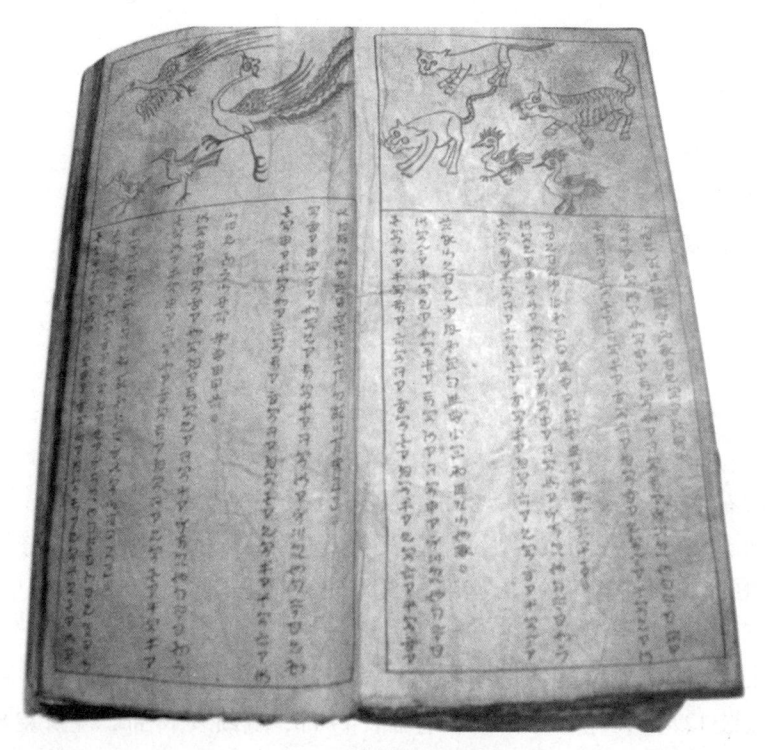

**图 3-79　上图下文的彝文经籍《玄通大书》**

（开本 55cm×30cm，中央民族大学古籍研究所藏品，书影参见中国国家图书馆、中国国家古籍保护中心编《第三批国家珍贵古籍图录》第八册，209 页，国家图书馆出版社，2012 年 5 月）

17. 过录本

过录本，是指将名家批校文字移录而成的本子。

（七）以用途区分

以用途区分，有底本、样本等。

1. 底本

底本，是作为校勘主要依据的本子或据以编纂、刊刻的本子。选择底本是校勘、编刊古籍的重要环节，底本选不好，就会以讹传讹，影响古籍的质量。

2. 样本

样本，是待审查、校订、观赏的本子。

（八）以流传情况和价值区分

以流传情况和价值区分，有俗本、孤本、秘本、善本等。

1. 俗本

俗本，又称通行本，是指流布较广、容易得到的本子。

2. 孤本

孤本，是指举世无双的本子。

3. 秘本

秘本，是指秘不示人的本子。

4. 善本

善本，是指文物价值、艺术价值或学术价值较高的本子。

## 第三节　中国少数民族文字纸书古籍装帧形制

随着纸书的大量出现，其装帧形制也不断发生变化，表现出不同的特点。我国民族文字古籍装帧形制，深受汉文古籍装帧形制的影响。虽然，多数古籍的装帧形制和基本样式与汉文常见的装帧样式相同或相似，但是，也出现了一些颇具地域特色和民族风格的装帧样式。以国家珍贵古籍名录中的古籍书影材料为例，第三批国家珍贵古籍名录共入选 221 部民族文字古籍，其中线装 127 部，梵夹装 50 部，卷轴装 14 部，缝缋装 18 部，经折装 8 部，包背装、蝴蝶装各 1 部。从这批珍贵古籍的装帧情况看，藏文佛教经典、蒙古文佛教经典、傣文佛教经典以梵夹装居多，察合台文古籍以缝缋装居多，满文除了奏章之外的古籍以线装为主，而西夏文古籍则卷轴装、经折装、缝缋装都有，彝文古籍则以裹卷装居多，兼有经折装、毛装等。

图 3-80　纳西族自制的东巴纸经书的特殊装帧形制

**图 3-81　多文种合璧古籍的特殊包装样式**

从目前我国有关研究单位和图书馆收藏的民族文字古籍来看，民族文字古籍的装帧形制主要有以下几种。

## 一、民族文字古籍卷轴装

在民族古籍装帧形制中卷轴装亦为常见的装式之一，各文种古籍中都有一些卷轴装的经卷。

**图 3-82　藏文卷轴装《大乘无量寿宗要经》**

（开本 31.2cm×675cm，敦煌研究院藏品，书影参见中国国家图书馆、中国国家古籍保护中心编《第三批国家珍贵古籍图录》第八册，20 页，国家图书馆出版社，2012 年 5 月）

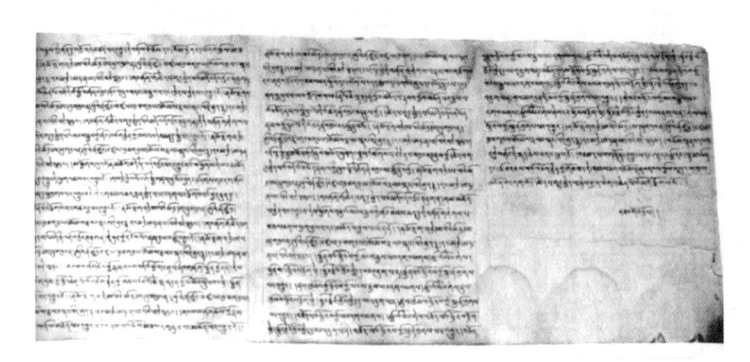

**图 3-83 藏文卷轴装《大乘无量寿宗要经》**

(开本 31cm×136cm，敦煌写本，西北民族大学图书馆藏品，书影参见中国国家图书馆、中国国家古籍保护中心编《第二批国家珍贵古籍名录》第十册，10 页，国家图书馆出版社，2010 年 9 月)

## 二、民族文字古籍封底裹卷装

在彝文古籍中有一种近似于卷轴装的装帧形制，根据其装帧的基本方式，可称之为彝文封底裹卷装。这种装帧形制，从书卷的外貌特征看，酷似汉文卷子装。实际上它将卷子（卷轴）装和包背装、线装的方法合为一体。

第三章 中国少数民族古籍文献载体与版本和装帧

图 3-84 彝文封底裹卷装

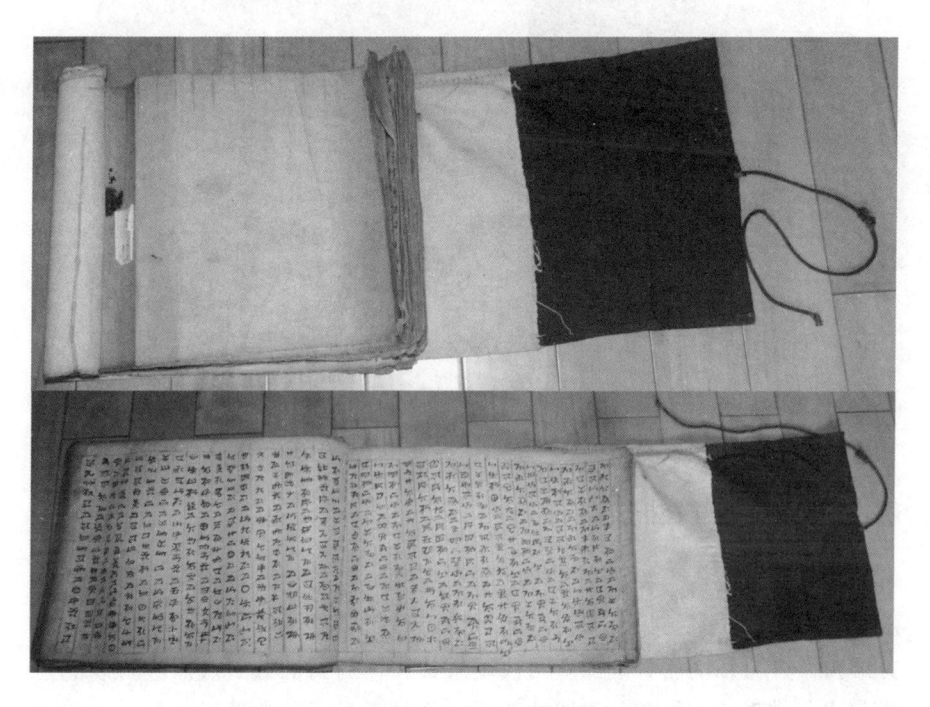

图 3-85 用皮革或土布为封底的彝文裹卷装

## 三、民族文字古籍轴夹纸裹卷装

在彝文古籍中有一种近似于卷轴装的装帧形制，根据其装帧的基本方式，可称之为彝文轴夹纸裹卷装。这种装帧形制，从书卷的外貌特征看，酷似汉文卷子装。实际上这种装帧形制，是用一根筷子一般粗的竹子或木棍，从一头剖开至九成，使另一端剩下未剖开的一成，将裁剪好的纸张叠成一摞夹在被剖开的竹棍缝隙间，先把剖口的上下两半束缚在一起，再用线将纸书与竹棍订连。

图 3-86 彝文轴夹纸裹卷装残卷

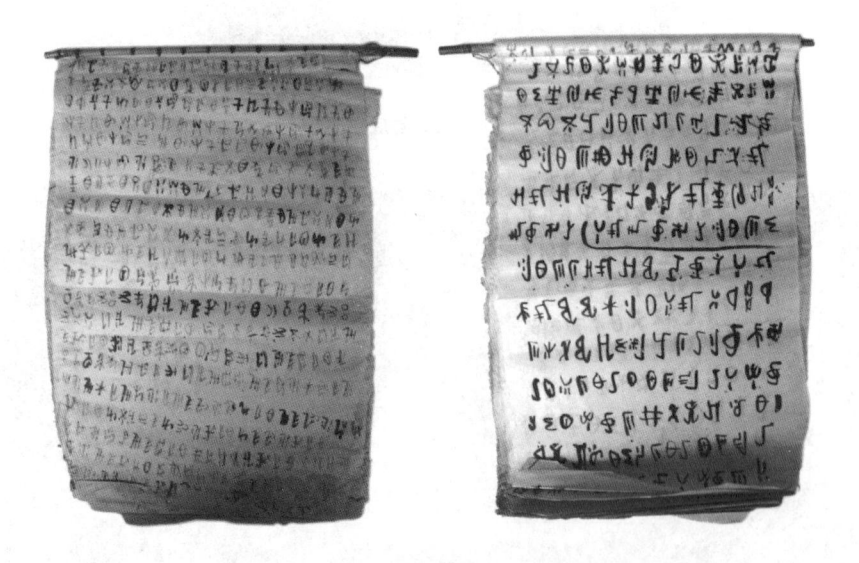

图 3-87 彝文轴夹纸裹卷装

## 四、民族文字古籍经折装

经折装又称折子装，是唐代后期产生的一种书籍装帧形制。其制作方法是将写好的长条卷子，按特定的行数，像折扇子那样，均匀地折叠成长方形折子，再在前后分别加上两块硬纸片，作为封面或封底。经折装的产生与唐代佛教的盛行有着密切的关系。它是由卷子装改造而来的。由于经折装古籍文献不仅在阅读、翻检、保管、收藏方面比卷子装更为方便，而且在制作、材料方面也比卷子装省工、省时、省料，所以经折装出现不久，就取代了卷子装的地位。北宋时期雕印的佛、道经典，绝大部分都采用了经折装形式。同时，历代王朝的奏折也采用这种形式。清朝的满文奏折就流行这种形式。其他少数民族文字古籍中也很常见。

1. 西夏文古籍经折装

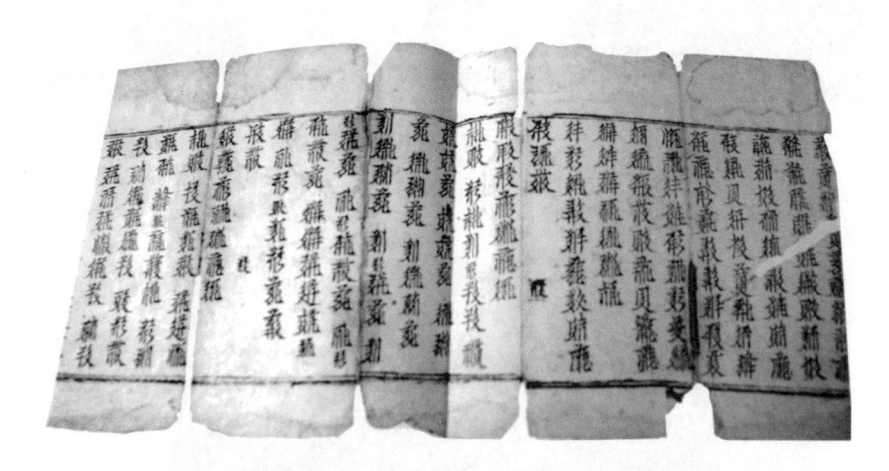

图3-88　西夏文经折装《佛说百寿怨结解陀罗尼经》

（开本20cm×8.3cm，武威市博物馆藏品，参见中国国家图书馆、中国国家古籍保护中心编《第二批国家珍贵古籍名录》第十册，10页，国家图书馆出版社，2010年9月）

2. 彝文古籍经折装

图3-89　彝文经折装清华大学图书馆藏品

3. 满文奏折

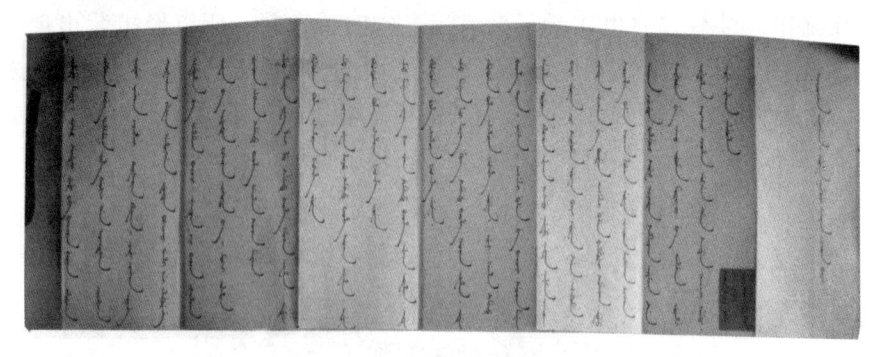

图 3-90　满文经折装式奏章

4. 藏文古籍经折装

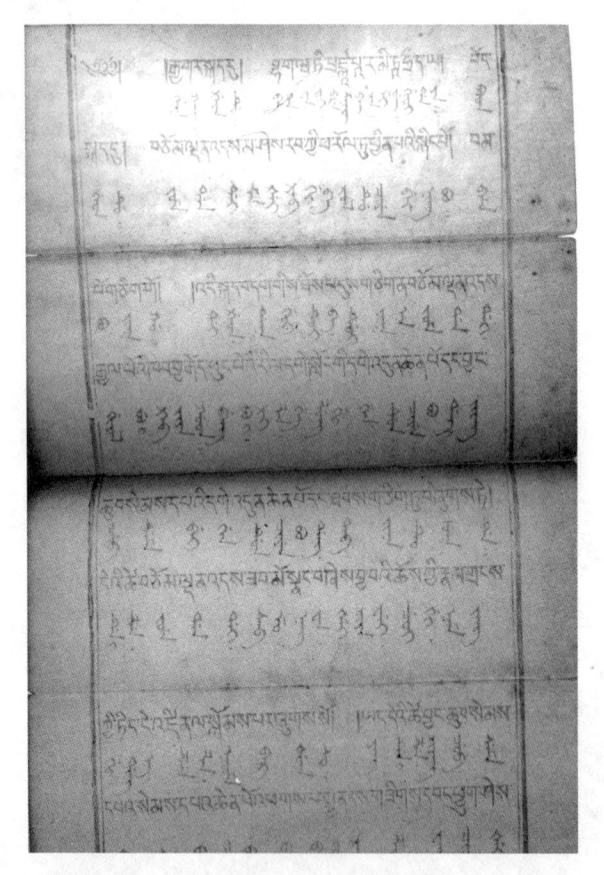

图 3-91　藏文经折装《般若波罗蜜多心经》

（开本 20cm×7.8cm，版框 15.3cm×7.6cm，国家图书馆藏品，参见中国国家图书馆、中国国家古籍保护中心编《第三批国家珍贵古籍图录》第八册，90 页，国家图书馆出版社，2012 年 5 月）

## 五、民族文字古籍梵夹装

梵夹装原本不是中国古籍文献的装帧形制，而是对古印度用梵文书写在贝多树叶上的佛教经典装帧形制的一种称呼，又称为贝叶经。梵夹装的具体制作方式，是将写好的贝叶经，按经文段落和贝叶多少，依经文的顺序排列，然后用两块竹板或木板，将排列好顺序的贝叶经夹住，再在夹板和贝叶经上穿一个（在中间）或两个（在两端）洞，用以穿绳。一个洞者，穿绳之前，先将绳的一端挽上疙瘩，以另一端将夹板和贝叶经串连，然后用绳绕捆夹板。两个洞者，以绳的两端同时串连夹板及贝叶经，然后绕捆起来。这种装式在藏文、蒙古文、傣文、满文等佛教经籍中应用较多。

尽管我国少数民族中也有用贝叶写经的，如北京图书馆收藏的一些傣文贝叶小乘经，但由于我国与印度的制作材料不同，我国的古籍文献（包括写本和印本），大多以纸张制作书籍，即将纸裁成长条，模仿贝叶制成梵夹装。如北京图书馆所藏敦煌遗书中，有一件唐写本《思益天所问经》，麻纸书写，其装帧是典型的纸书梵夹装。这是迄今为止所见到的纸书梵夹装最典型的实物。

**图 3-92 蒙古文梵夹装《五守护神大乘经》清写本**
（开本 18.5cm×54.7cm，版框 13.7cm×49.3cm，内蒙古自治区图书馆藏品，
参见中国国家图书馆、中国国家古籍保护中心编《第二批国家珍贵古籍名录》
第十册，162 页，国家图书馆出版社，2010 年 9 月）

**图 3-93　藏文梵夹装《声明要领二卷》元写本**
（开本 7.8cm×40.5cm，西藏自治区博物馆藏品，参见中国国家图书馆、中国国家古籍保护中心编《第二批国家珍贵古籍名录》第十册，20页，国家图书馆出版社，2010年9月）

## 六、民族文字古籍蝴蝶装

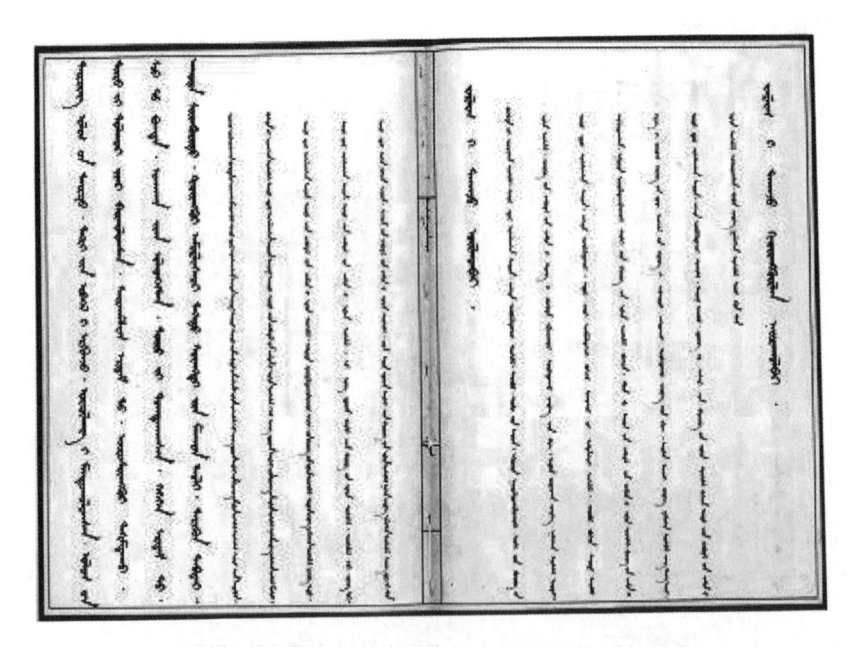

**图 3-94　蒙古文蝴蝶装《清十朝实录三千七百五十八卷首三十六卷》**
（开本 44.5cm×29cm，版框 29.5cm×19.5cm，中国第一历史档案馆藏品，参见中国国家图书馆、中国国家古籍保护中心编《第二批国家珍贵古籍名录》第十册，222页，国家图书馆出版社，2010年9月）

蝴蝶装简称蝶装，因书页展开形似蝴蝶而得名。蝴蝶装是册页装的最初形式，盛行于宋代。其制作方法是：将每一印页有字的一面向内对折，然后把书口的背部粘连在裹背纸上，再装上硬纸作为封面即可。蝴蝶装古籍可以在书架直立，书口向下，书背向上，书根向外，与现代图书的排架形式差不多。由于这种装帧形制是版心向内、单口向外，因此，书背保护完好。其余三边若有污损，可以裁去，而不影响文字内容。但其缺点是每读一页，必须连翻两页。在各少数民族文字古籍中蝴蝶装比较少见。

## 七、民族文字古籍缝缋装

**图 3-95 察合台文《赛布里诗集》缝缋装书影**

（开本 25cm×14cm，新疆维吾尔自治区少数民族古籍搜集整理出版规划
领导小组办公室藏品，参见中国国家图书馆、中国国家古籍保护中心编
《第三批国家珍贵古籍图录》第八册，4 页，国家图书馆出版社，2012 年 5 月）

缝缋装是在包背装的基础上发展起来的一种装帧形式，是我国古代书籍装帧技术发展的最后阶段。这里所说的"缝缋"大概就是指"线装"，由此看来用线订书早已有之。现在的线装形式是在明朝中叶才形成的。装

订的方法是把包背装的整封面改为两张半页的软封面，分别作为封底和封面进行装订成册。现在尚存的许多察合台文古籍为缝缋装，如入选第三批国家珍贵古籍名录的 13 部察合台文古籍均为缝缋装。

## 八、民族文字古籍卡片装

因彝文历算书使用频率极高，又需要几种推算结果相互印证，因此，彝文古籍中有一种卡片式装帧形制，即将书叶制作成卡片，平时把卡片重叠在一起用布包裹，并用细绳捆扎成包，使用时可以打开抽取其中需要的卡片，加之卡片是用多层纸张裱糊而成的，比较结实，能够经得起反复抽取使用。

图 3-96 卡片装正面　　　　图 3-97 卡片装背面

图 3-98 卡片装托布与卡片

图 3-99　卡片装包布与卡片

## 九、民族文字古籍包背线装

我国古籍包背装是古代图书的一种装订形式，源于北宋后期。包背装将书页背对背地正折起来，使有文字的一面向外，版口作为书口，然后将书页的两边粘在书脊上，再用纸捻穿订，最后用整张的书衣绕背包裹。由于包背装的书口向外，竖放会磨损书口，所以包背装图书一般是平放在书架上。包背装图书的装订及使用较蝴蝶装方便，但装订的手续仍较复杂，所以不久即被另一种装订形式——线装所取代。当今留存的少数民族文字古籍中除此种装帧形制之外，彝文古籍中有一种集包背装和线装一体的特殊装帧形制。

图 3-100　彝文古籍包背线装书封面图

图3-101　彝文古籍包背线装页面图

## 十、民族文字古籍线装

我国古籍线装始于南宋初期,通行于明代中叶,至清初大盛。其装订方法是:(1)折页,即把书页对折为两个半页;(2)分书,即依卷页顺序分为若干册;(3)齐栏,即每页以书口为准对齐;(4)添副页,即加入书衣内的空白页;(5)草订,即先用纸捻穿订;(6)外加书衣;(7)截书,即用刀把书口之外的三边截齐;(8)打磨,即用砂纸磨去毛边;(9)包角,即珍贵书籍用绫绢包其订线一侧的上下两角;(10)订眼,即打印线孔;(11)穿线;(12)贴签,即贴上书签。我国尚存的民族文字古籍中以线装书居多。

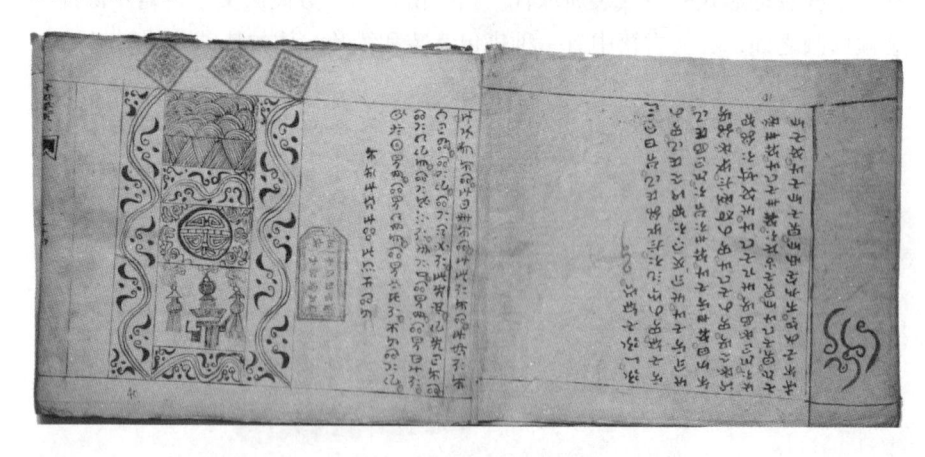

图3-102　彝文线装书

图 3-103　清华大学图书馆藏彝文古籍修复并重新装订的古籍线装书

线装与包背装的区别在于：线装不用整纸书衣包背，而是在书的前后各加书衣，然后订眼穿线。一般的线装书多打四孔，开本大的也有打六孔的。线装的优点有两个：一是比包背装结实，不易脱落；二是书本旧了可以重装，可以整旧如新。其缺点是重装次数越多，针孔也就越多，有损原书。

# 第四章 中国少数民族古籍文献的调查与搜集和收藏

我国少数民族古籍的整理研究，是一项长期而艰巨的任务。面对文种众多、数量庞大的少数民族古籍文献，收藏管理与整理研究都面临极大的机遇和挑战，既要注重尚存民族文字古籍文献的普查登记和搜集收藏并进行科学整理与研究，又要注重无文字民族口传文史资料的抢救和保护。那么，如何对民族文字古籍文献和无文字民族的口传文史资料进行有效的抢救和保护，并积极开展科学整理与学术研究？这个问题值得我们深刻思考和认真对待。首先，应该明确在民族古籍文献整理研究的系统工作中，调查、搜集和收藏民族古籍文献是对民族古籍文献进行整理翻译和科学研究的基础，也是合理开发利用民族古籍文献资源的前提条件。其次，要认识到我国各民族古籍文献是历代祖先留给后世子孙的重要文化遗产，而这一文化遗产在漫长的历史长河中，曾经历了各种各样的劫难，因年代久远而自然损毁和遭天灾人祸而亡佚都在所难免。再者，必须洞悉各民族文字古籍文献和口传文史资料中有一批珍贵古籍文献劫后余生，虽然在历代有识之士的精心呵护下得以保留，但是保留下来的古籍文献，由于载体材料的特性和相关保管条件所致，免不了存在继续损坏和亡佚的危险，亟待抢救与保护。因此，只有对各民族文字古籍和各种文书档案以及口传文史资料进行广泛、深入的调查和积极主动的搜集以及妥善保存和科学管理，才能科学地开发和持续、有效地利用。为此，本章对民族古籍文献的普查登记和深入调查、搜集和收藏与口传文史资料的搜集整理予以分节论述。

## 第一节 中国少数民族文字古籍的调查与普查登记

中国少数民族古籍文献调查，是指深入古籍收藏单位和民间对各民族古籍文献的产生、流通、使用、收藏、管理等方面进行全面的考察。由于历史的原因，中国少数民族古籍文献在发展过程中形成了各自流布和收藏分散的特点。早在 20 世纪 30 年代开始，我国语言学、民俗学、史学等各学科领域的专家学者就根据学术研究的需要对各民族古籍文献进行了不同规模和不同程度的调查研究。到 20 世纪 50 年代，我国政府着手民族古籍整理，先后组织相关单位以及专家学者对各民族文字古籍文献做过不同程度的调查，成果显著。到 20 世纪 80 年代我国更加重视民族文字古籍文献的整理研究工作，调查研究的力度随之增强。为了系统全面地了解和掌握民族文字古籍文献的实际情况，科学合理地制定整理出版规划和组织实施主要研究项目，各级有关行政主管部门曾组织人力物力进行大规模普查登记，进而组织各级图书馆编纂民族古籍联合目录和全国少数民族古籍总目提要等重大项目，所有这些举措也为系统全面地了解民族文字古籍文献的文化信息提供了重要途径。

## 一、中国少数民族文字古籍文献调查

民族文字古籍文献调查，泛指以考察和研究民族文字古籍文献为目的而进行实地调查获取相关信息和重要数据的学术活动。调查的方式和调查的内容以及调查过程中所采用的具体方法可以灵活多样，不拘一格。既可以有组织地进行实地调查，了解民族文字古籍文献分布、流传、收藏情况和保存现状；也可以从各学科领域的实际出发，专家学者根据专业学术研究的需要对民族文字古籍文献进行采访并获取所需的信息或实际文献资料；还可以根据图书收藏单位增加馆藏需要，深入民族地区采访，具体了解民族文字古籍文献的流传分布与保存现状，以便制订购藏计划，进行合理的征集、收藏等调研。特别是从事民族古籍文献整理的组织领导机构，以及相关业务管理部门的专业工作者和中国古典文献学专业民族古籍文献研究方向的教学科研工作者，要系统全面地了解自己的工作目标及整理研究对象，只有对民族文字古籍文献的历史与现状做全面的调查分析，才能制定科学合理的工作规划和有效地进行学术研究。以往进行调查所掌握的民族文字古籍文献数据，大都限于在各级图书馆和有关科研院所、博物馆、部分高校图书馆所收藏的少数民族古籍文献，对于那些至今仍然散存在民间及个人手里的古籍文献还未做过系统全面的深入调查和摸底。要建立科学的民族古籍文献学体系，必须加强中国少数民族文字古籍文献的调查工作。民族古籍文献调查既是民族文字古籍整理的前提，也是民族古典文献学学术研究和理论探讨与古籍整理实践的基础。因此，对中国少数民族文字古籍文献调查的目的意义、基本方法及调查提纲的撰写和纲目体例的设置等都有必要做具体论述。

(一) 中国少数民族古籍文献调查目的和意义

我国是世界上文化发达最早的国家之一,我们的祖先创造了光辉灿烂的古代文化,积累了极其丰富的文献典籍。早在远古时代,相传就有所谓《三坟》《五典》《八索》《九丘》之类的著作。在周代据《周礼》记载,有"邦之六典"、邦国之志,以及三皇五帝之书。各诸侯国,亦各有其国史。由于众多图籍的出现,所以周王室内就收藏了大量的文献图书。我们从汉文文献的收藏发展历程来看,汉文文献很早就受到了官方的重视,最早的汉文藏书是官藏。从周代开始,国家就设立了相应的藏书库,各朝代的政府都拥有数量可观的汉文藏书。从汉代开始就已初步形成了国家出面收集整理书籍的传统。其后,各朝代秉承汉法,进行了不同层次、不同规模的文献收集整理活动。文献的编目、训诂、注疏、校勘等工作从来就没有中断过。即使是私家藏书,藏书一般不下几千卷,不少人超过万卷、几十万卷,甚至上百万卷。为了把如此繁多的书籍加以妥善收藏和保管,便广建馆、阁、楼、堂,作为藏书之所。甚至有编制藏书目录的风习,于是汉文古籍文献的发展轨迹与大致状况始终是比较清楚的。而我国各少数民族文字的古籍文献在历史长河中与汉文古籍文献的际遇则迥然不同,长期处于被边缘化的境地,得不到应有的重视。因此,目前民族文字古籍文献的实际状况令人担忧。除了藏文、满文、蒙古文、维吾尔文等部分文种的古籍文献保存较好之外;彝文、纳西东巴文、古壮文、水书等民族古籍文献的损毁、亡佚十分严重;而佉卢文、焉耆—龟兹文、于阗文、契丹文等文种的古籍文献则处于临近濒危或极度濒危的状态;亟待加强抢救和保护。首先面临的就是了解现状,摸清底数,凡此种种都需要进行各种形式的调查分析,才能采取行之有效的保护措施。由此可见,加强中国少数民族古籍文献的抢救和保护,深入开展民族文字古籍文献的科学整理和学术研究,做好民族文字古籍文献的开发利用工作,实现文献资源共享的目标,都离不开深入的调查。因此,系统全面地深入调查民族文字古籍文献,具有深远的历史意义和重大的现实意义。

1. 进行摸底调查,更好地认识了解中国少数民族古籍文献的实际情况

长期以来对中国少数民族古典文献缺乏系统的认识了解,对其基本情况至今不十分清楚,需要进行全面的调查,只有这样才能摸清情况,并掌握其整体面貌。从总体上看,中国少数民族的古籍文献所涉及的文种甚多,而各民族文献产生发展的历史与应用保存的现状,亦各不相同。

如：彝族历史上就已形成大分散、小聚居的分布格局，除了经历了公元7～9世纪200多年的南诏地方政权外，没有出现长期统一的政权，在聚居地域如此分散、社会体制极为松散的情况下，彝族文化在其他民族的包围之中，彝文古籍文献的发展必然受到局限。其一，在彝族社会中，只有彝族毕摩和少数知识分子收藏和使用彝文古籍文献。历史上被官方征集、收藏的彝文古籍文献数量不多。彝文古籍文献绝大部分散藏于民间私人手中。其二，彝文古籍文献的制作主要是人工抄写，雕版印刷极少，难以形成批量生产。历史上除有水西土司、南楼土司、万德土司等一些土司府衙，集中收藏过一部分彝文古籍文献之外，多数彝文古籍文献由个人收藏，其收藏的规模都比较小，不会聚集大量的古籍文献。其三，彝族历史上除极少数藏书者编纂或整理过自己的藏书外，没有形成大规模有组织、有计划地收集整理文献的传统和编制目录的现象。由于上述历史原因和各种条件的局限，彝文古籍文献长期处于收藏分散、家底不清的状态。因此，滇、川、黔、桂四省区的彝文古籍文献数量究竟有多少，其记载内容涉及哪些学科领域，古籍文献根据学科属性和具体用途可以分为哪些种类，目前尚无确切的数据。为了对彝文古籍文献做到摸清家底，掌握基本情况。就必须进行系统全面的调查。

又如：傣文古籍文献，历史上主要以手工用钢笔书刻在贝叶上，尚未应用印刷技术。目前尚存的傣文古籍均为手抄本，或称手刻本，绝大部分都是由私家收藏，一部分由佛寺保存。傣文古籍除佛教经典之外的原始宗教文献，主要由村子里的波摩（兼行巫术和医术者）抄刻和保存。由于傣族男子少年时期有进佛寺当一段和尚的传统，在寺院里都要习文诵经，故在乡下农村中识字通经并能缮写刻文者众多。特别是在佛寺中年过20岁的人都可以晋升为佛爷，还俗后皆可以获得"康朗"称号，成为傣族的中高级知识分子。他们还俗后一般都手不离书本，或吟诵或抄写。特别是傣族全民笃信佛教，有献经祈福的习俗，故产生了一种专为他人抄刻经书的行家，傣语谓之"阿章"，他们事实上充当傣文书法家的角色。他们帮人抄刻经书，请求抄刻者会给予一定的报酬。由此可见"阿章"对傣文古籍的传播是有贡献的。正是献经祈福的礼俗使寺院成为集中收藏傣文古籍的书院。然而，所献经书越来越多，傣族佛寺中形成一种处理多余经书的习俗，即：当经箱经架都已装放不下时，就要挑选一部分陈旧的书籍加以销毁。这使傣族经文不断更新，以致古老的善本难以保存下来。从古籍文物性角度考量，古籍的本子越早越珍贵，但傣族佛寺中的长老，看来并不是古物爱好者，而是更讲究传承性的现实主义者。因宗教信仰和对经书崇拜与敬畏，流传在民间的古籍，家家户户都能妥善保存，爱护备至。

总之，各个民族由于历史、社会、宗教、风俗的不同，在一定的历史条件下，对古籍文献的传播、保存各有不同，有积极的，也有消极的。因此，种种情况表明：民族古籍文献工作面临收藏分散、地域广阔、情况复杂、家底不清的实际困难。要彻底摸清各民族古籍文献之家底，切实做到全面了解各民族古籍文献的面貌，就必须开展系统全面的调查工作，对各地区、各民族的典籍文献进行认真的普查和登记。

2. 加强专项调查，提高古籍文献整理研究质量

各民族古籍文献整理，是指对原有的古籍文献进行校勘、标点、注释、今译、汉译等加工，以便今人和后人的查阅与利用。各种文献都有良莠、真伪、善恶之分。如果整理古籍文献一概而论，不做任何选择或取舍，是很难达到继承和发扬优秀文化遗产的目的。要辨别真伪、良莠、优劣，就必须开展古籍文献的调查。对中国少数民族古籍文献进行调查具有以下意义。

（1）应用古典文献学知识调查提高古籍文献优劣的判断能力。

在汉文文献的发展过程中，人们为了更好地利用、阅读、收藏各类文献古籍，建立了记录文献古籍源流、辨证古籍真伪、优劣的目录学和版本学。从而，通过目录学和版本学的学习，可以帮助我们认识汉文古籍文献的全部面貌，获得辨别古籍文献价值的能力和知识。而民族古籍文献除了藏文有完善的目录之书，许多文种的古籍文献尚未出现整理文献古籍的目录学和版本学。因此，要获得对民族古籍文献的辨识能力，在无前人的成果和经验可供借鉴和学习时，唯一的途径是，从实践中获得对民族古籍文献的理性认识，从古籍文献的实际调查中提高辨识能力。从彝文古籍文献、傣古籍文献、纳西东巴文古籍文献的收藏和分布情况来看，对古籍文献进行全面、细致的普查、登记是非常必要的。还要可以根据普查登记的数据和相关材料，辨别出学术价值和文物价值都很高的民族古籍善本以及孤本、珍本、秘本等；可以通过调查研究鉴别出精抄本、足本或劣本、残本等古籍文献的品级；也可以判定哪些古籍文献为原写本、原刻本或传抄本、转刻本以及删节本、增订本等。因此，调查的过程，就是我们鉴别文献真伪、优劣，探求文献版本发展源流的过程，也是认识、了解民族古籍文献特征和差异的过程。

（2）通过调查可以根据实际情况，制订行之有效的古籍文献整理计划。

开展民族古典文献的翻译工作，按理应该建立在古籍文献的调查收集基础之上。因为，只有通过调查收集，古典文献的情况清楚了，整理和翻

译才会有的放矢。但是古典文献的翻译整理可以说是与文献调查收集一同进行的。通常收集到一部文献，就急于翻译整理，其结果是，随着古籍文献调查的继续深入才发现整理本原来要么是残本，脱漏严重，要么是劣本，抄写质量极差，达不到稀珍善本古籍优先整理的要求。民族古籍文献的翻译整理工作是一个系统化的工程，必须建立在对民族古籍文献的深入调查基础之上，从古籍文献的实际出发，制定整理计划，确定整理步骤。首先，调查的面要宽，避免遗漏。对某一地方的古籍文献或各个地方的某一类、某一种文献要做穷尽式的调查、登记。对古籍和文献档案的完好程度、内容价值、装帧形制、纸张质量、字体字形、缮写情况等都要记录在案。其次，整理要有重点。根据调查显示的情况，对那些学术价值大、资料性强的古籍文献要不惜投入一定的人力和物力，予以重点整理。尤其是要将珍本、善本作为重点整理翻译的首选。

（3）通过调查有利于古籍文献整理工作主管部门制定整理出版规划和组织有关单位协作攻关。

制定民族古籍文献整理规划要注重系统性，要根据古籍文献的实际价值，做出合理的整理计划。具体排列出哪些古籍文献先整理，哪些古籍文献后整理的顺序。制定民族古籍文献整理规划，还要考虑古籍文献的学科类别问题。对民族古籍文献进行分门别类的整理也是非常必要的，应当根据各学科的实际情况，优先整理各学科急需的古籍类别。如：史书、文学典籍、哲学著作、医药书等应该作为优先整理的类别，这样有利于为各学科提供有价值的文献资料，以促进各学科学术研究进展。特别是要根据各文种古籍文献的特点确定优先整理的类别，例如在彝文的宗教类古籍文献之中，在送灵仪式上念诵的一系列经文形成一个完整的体系，包括数十种经书。如果把这套经书作为一个完整体系整理出版，对彝族宗教信仰与祖先崇拜礼俗的深入研究具有重大的推动作用。此外，各地整理工作要加强联系与协作。在摸清各地文献的情况下，要有分工、有计划、有协作地对民族古典文献进行整理。有的古籍文献由甲地负责整理，有的古籍文献则由乙地负责整理，而另一些古籍文献还需要几个地方的专家合作翻译整理。由此可见，通过调查掌握情况对于民族古籍文献整理出版工作进行整体规划和制定具体整理出版计划都是非常重要的。

3. 进行中国少数民族古籍文献的专题调查，为古籍文献的分类研究提供个案资料

中国少数民族古籍文献的专题调查是指对古籍文献的某一方面、某一类别、某一课题进行专门的调查了解。比如对石刻文献进行专题调查，该

专题包括建筑碑刻、墓碑、指路碑、地界碑等子项目，著录的主要内容有立碑地点、时间、立碑人，立碑的作用，碑刻的主要内容，碑刻的形制（如尺寸，是刻在经打制的石料上还是天然石料上，有无边栏界行和花鸟装饰等）。最好附上碑刻的拓片和照片。中国少数民族古籍文献的专题调查应在普查的基础上进行，普查登记的信息和相关数据既能够为专题调查提供线索、指明方向，也可以为专题调查如：占卜类文献的专题调查、哲学类古籍文献的专题调查、有关古籍文献收藏制度的专题调查等提供一些具体的文献资料。通过对中国少数民族古籍文献的专题调查，能够全面地反映该领域的古籍文献概貌，进而深刻揭示其文献资料价值和学术研究价值，并为相关学科领域的学术研究提供翔实的文献资料。

4. 进行古籍文献相关知识的调查，促进古典文献学理论建设

中国少数民族古籍文献的形成和发展及其历史与现状，有其自身的规律，对其进行科学整理和文献资源的开发、利用，也要遵循其基本规律。在民族古籍文献整理研究的理论探索和实践经验的归纳总结的基础上，有必要对其进行系统地梳理和高度概括，使之全面反应研究客体的存在形式及其产生和发展规律，并聚合学术研究的先进理论和整理实践的科学方法，最终形成一门系统完整的学问。这就需要对各民族的古籍文献的产生与发展、流通与传播、收藏与管理的历史与现状，乃至各民族古籍文献具体整理研究中对其源流与分类、校勘与注释、版本与辨伪、古今词语对译、民汉语文对译等各个方面的实际情况进行深入调查和具体分析。只有深入调查，才能发现民族古籍文献自身的特点和所需要的理论和方法。因此，中国少数民族古典文献学的理论建设中必须以调查为基础。就拿校勘来说，校勘要求汇集众本，除其重复，校其谬误，缮写定本，以便阅读流通。在少数民族古典文献中，有很多文献都是手写的抄本，写抄中脱漏页码、缺行、讹字、衍文甚或肆意增删文献内容者，多有所见。通过文献调查，广搜异本，相互比勘，有利于探索中国少数民族古典文献的具体校勘原则和方法。再从收藏和阅读来看，通过调查传统的文献收藏方式和流通形式，分析其利弊，提出新的理论方法并建立新的收藏制度和阅读制度，有利于民族古籍文献的保护和利用。凡此种种，都要通过我们的实际调查和分析研究才能实现。

（二）中国少数民族古籍文献调查的相关要求和基本方法

中国少数民族古籍文献调查是一项专业性很强的特殊工作，并非人人都能够胜任。调查者除了热爱古籍文献调查工作，具有吃苦精神和实事求

是的科学态度之外，还要具备相关的专门知识和技能。因为从事民族古籍文献调查要肩负起推动古籍整理工作和发展古典文献学理论的使命，而文献学的学术研究也要密切关注文献调查的进展和所取得的成就。这两项工作关系极为密切，调查可以为学术研究提供事实依据，学术研究可以及时地在理论和方法上加以总结概括，指导古籍文献的实际调查，并提高调查效果，保证调查质量。因此，在实际调查中应当充分应用古典文献学的理论和方法。

1. 调查者的知识储备和技能要求

首先，调查者必须通晓被调查文种的民族文字。比如：进行彝文古籍文献调查，在调查工作的团队中应有熟悉彝语和精通古彝文的成员参加，最好是有被调查的方言区的人员参与调查。因为彝文属于意音文字类型，一个字读一个音节，有的字符表意，有的字符表音，而有的字符既表意又表音，在古籍文献中的具体用字缺乏严格的规范，有些古籍文献抄写者任意用字，在具体古籍文本里异体别字颇多。各地彝文虽属于同源，但随方言流变的情况非常突出，甲地不能识读乙地古籍文献、此毕摩不能解读彼毕摩经书的情况极为普遍。在这种情形之下，调查者最好熟悉所调查之地的彝族语言和文字，这对调查民族古籍文献至关重要。不懂民族文字，难以对所调查的文献进行登记、著录，不能对文献的内容价值做出判断。

其次，调查者应当具备一定的文献学知识。各民族文字古籍文献在结构、行款、装帧、插图、收藏、流通、使用等方面都有自己的特点。民族古籍文献的结构一般相对简单，包括书名、正文、后记三大部分。书名写在封面上，有的还出现在第一页的第一行开头，标有书名符号。有些民族古籍文献，正文无句读标点，只有表示段落篇章的符号和替字符号、换字符号等。后记记述该书的价值、来历、用途和抄写者的姓名和时间。蒙文、彝文等书籍的行款虽与汉文古书一样为竖排本，但其书口、书背与之相反。因其文字是从上至下，再从左向右排列，翻阅时与现代书籍相同，一般都是从右向左翻动。文献装帧早期多用卷轴装，有牛皮、羊皮、鹿皮、麻布等做封皮，后来也出现了一些线装书籍。插图有卷首画、卷尾画、书中插画等形式。收藏方面，多置于通风干燥之处，定期暴晒，用烟叶和草药防止鼠啃虫蛀。借书转抄有相应的制度，也要支付一定的报酬。有些书籍只能在特定的范围内流传。总之，各个民族古籍文献都有各自的特点，认真了解各民族古籍文献的基本知识，有助于开展民族古籍文献的调查。

第三，调查者应当具有广博的科学文化知识。民族古籍文献内容丰富，涉及社会历史、政治经济、宗教哲学、医药卫生、天文历法、文学艺术等方方面面。古籍文献调查本身就是一种科学活动，调查者要准确介绍文献内容，对古籍文献整体进行科学分类、著录，必须具备广博的文史知识和较高的学术造诣。否则，难以胜任专业性很强的调查工作。

第四，调查者还应该具备摄影、绘画、拓印等技能。在调查中寻访到一些特殊的文献，如年代较早的原稿本或极为罕见的珍稀孤本，以及文献价值极高的善本等，如果一时无力收集，又唯恐其以后散失毁灭，而如此重要的古籍仅靠文字著录，不足以直观地反映其面貌。这就需要借助照相、绘画、测量等手段加以补充。金石铭文，难以搬动、运输，要利用拓片、临摹、照相、摄像等技术予以复制，以提高调查效率和资料的获取能力。

2. 中国少数民族古籍文献调查的准备工作

任何一项调查都有相同之处，调查之前都要有充分的准备，绝对不能打无准备之仗。"平时不烧香，临时抱佛脚"的仓促上阵之举，是绝对不可取的。从过去的一些调查经验和情况来看，调查效率怎么样，所取得的成果如何，与调查前的准备工作是否充分和到位有着密切的关系。民族古籍文献调查的主要准备工作，可以概括为三项。

第一项就是资料准备。在许多民族地区都曾经做过一些文献调查工作。虽然受当时调查目的、调查人员素质的制约，调查工作不太完善和科学，但毕竟积累了一些材料。比如，各地语委、民委、民宗局、文化局对本地部分古籍文献的收集、复制和翻译，对散存在民间文献书籍的登记，少数金石铭文的拓印等。在调查之前，要熟悉这些材料。并且为了调查的完整性和系统性，要将这些资料列入调查范围，根据新的调查目的和要求，进行重新核实、登记、著录。另外，我们从前人收集的文献资料中能够增加对该地文献的了解，发现调查线索，避免在调查中走弯路是非常重要的。除了文献资料的准备、熟悉，还应准备该地的地理、行政区域分布图、交通图等以备调查所用。收集该地的历史、方志、调查报告等资料对文献的调查也有一定的作用。

第二项是编制调查提纲。在调查前，要根据调查的目的、要求和时间编写调查提纲是非常重要的。可以说，调查提纲的制定和编写是调查准备工作的重点。对调查提纲的具体制定与纲目体例等在下一节里详细论述和介绍。

第三项是调查工具和设备的准备。到民族地区去做古籍文献调查，一定要准备好相关的调查工具和设备。比如，前往少数民族地区调查民族古籍文献，照相机、摄影机、扫描仪、测量书籍开本规格和金石铭文形制的米尺、记录用的笔墨纸、照明用的灯具（电筒）、复制金石铭文用的拓印工具等都在必备的器物设备之列。

3. 中国少数民族古籍文献调查的基本方式

（1）以召开座谈会的方式进行调查

开调查会是民族文献调查的方法之一，调查会一般在调查者住处或公共场所进行。调查者到了某个地区或村庄，在当地领导的协助下，把收藏和使用文献的民间知识分子、上层人士召集起来，根据调查提纲的要求进行访谈和询问。被调查者相互补充，互相启发，争相回答。在这种调查会上，能够了解该地的古籍文献的基本情况，能够发现新的资料和问题。召开调查会要注意的是，要尊重被调查者，不能使用命令式的语气和提问，要及时引导话题的进展和深入。

（2）以个别访问的方式进行调查

由于大多数民族古籍文献主要散存于民间，由私人收藏。在实际调查过程中除了集中开会座谈之外，很大一部分还需要用个别访问的形式才能完成。所谓个别访问，是指对被调查者进行私人会晤，选择适当的场地进行。其间既可以到受访者家里登门拜访，也可以邀约受访者到访问者的驻地进行访谈。无论采用何种方式，访问前要事先了解被调查者的情况。联系访谈事宜，最好要有第三方引荐，特别是到比较偏僻和闭塞的地方调查访问，第三方引荐尤为重要。民族古籍文献的登记、著录工作也大都在个别访问时进行，这就要求调查者要善于建立与被调查者之间的亲密关系，向被调查者说明献书的重要意义和贡献。个别访问工作做得好，不仅能使对方倾其所有，端出家底，拿出所有藏书，甚至将传世的珍本、孤本一次献出。从这个意义上讲，个别访问形式，在整个古籍文献调查中显得非常重要。

（3）以实地考察与实物观摩方式进行调查

在中国少数民族古籍文献调查工作中，以实地考察与实物观摩方式进行调查是最普遍、最常用的一种调查形式。正如俗话所说："百闻不如一见"，对于具体了解某个地区的民族古籍文献流传情况，或者欲知某个单位或者某一个人的民族古籍文献收藏情况，深入馆藏的实际单位和藏书人家中做实地考察，或直接观摩和具体翻阅所收藏的民族古籍文献，以获得古籍文献的有关信息资料和目睹藏书实际，这种调查往往是最直接、最有效的中国少数民族古籍文献调查形式。采用这种调查形式能否获得预期效果，主要取决于调查者对所调查单位和个人的熟悉程度以及事前的沟通效率。

## 二、中国少数民族古籍文献调查提纲的制定

为了提高调查工作质量和实现专业调查目标，在从事各种专业的田野调查之前，根据调查目的及调查对象和时间期限、地点范围等实际情况制定科学合理的调查提纲是非常必要的。在调查过程中按照事先设立的调查纲目一项、一项地加以落实，才能避免疏漏应该调查的项目和内容，也只有按照纲目逐项开展调查，才会使调查工作井然有序，并达到事半功倍的调查效果。其他专业调查都如此，中国少数民族古籍文献的专业调查亦不能例外。

### （一）制定中国少数民族古籍文献调查提纲的重要性

任何问题的分析、处理结果虽然都不是出现在调查之前，而是在进行系统全面的调查，并获得充分的事实依据之后。但是要在调查过程中切实提高工作效率，真正实现调查目的，事先进行缜密策划和系统地安排部署，并制订出调查计划和撰写出调查提纲，对任何一项专业调查都是非常必要的，民族古籍文献的调查工作也不例外。也就是说，民族古籍文献的调查和其他专业调查一样，只有在一定的理论指导下，遵循必要的原则，并应用符合本专业实际的方式方法进行有计划的调查，才能取得预期的调查目的。因此，在调查之前必须根据民族古典文献的特点和民族古籍整理研究工作的实际情况，进行精心策划和合理安排，切实做好各项计划，并认真撰写出行之有效的调查提纲。特别是在集体调查中，一个系统完整的调查提纲，既是全体成员的行动纲领，又是明确分工各司其职、检查各项调查工作进度、检验和评价调查成果的依据。由此可见，制定调查计划和撰写调查提纲，对于民族古典文献专业调查来说，是极为重要的。

### （二）中国少数民族古籍文献调查提纲

中国少数民族古籍文献调查提纲的撰写和其他社会调查提纲的撰写一样，要根据调查目的和调查计划，以及调查对象的实际情况和基本特点而定，需要灵活掌握运用。为了反应和揭示中国少数民族古籍文献调查的基本内容及其重点、难点，并明确调查中的注意事项，就要借鉴前人的调查经验和方法，结合民族古籍文献调查的实际需要。下文是参考"彝文文献调查提纲"拟定的《中国少数民族古籍文献调查提纲》，供撰写民族古籍文献综合调查提纲和各文种古籍文献调查提纲之借鉴与参考。

## 中国少数民族古籍文献调查提纲范例[①]

1. 所调查地区的简要情况。如当地少数民族的人口及分布、自然环境、支系状况、自称他称、语言（属何方言、特点）、节日、习俗和信仰等。

2. 当地政府有关单位和个人对民族古籍文献的收集、收藏情况。如文献收集的地点、时间、单位和个人。收藏的条件、收藏的方式（是原件或是手抄件、复印件）、管理和流通制度。所收藏文献的数量和书目、文献的完好率。文献有无破坏情况，破坏的程度、原因，是否进行过修补裱糊。

3. 当地已整理、翻译和出版的民族古籍文献有哪些，何时出版，由哪家出版社出版。哪些文献已经整理后内部印刷传阅。哪些文献正在整理和翻译中。

4. 民间民族古籍流传、分布的情况及数量。尽量列举其书目。当地的文献除在本地流传收藏外，历史上有无外流的情况。具体流传何处，通过何种方式外流。

5. 当地各单位个人所收藏的民族古籍文献的书目。已整理翻译的文献的内容提要。

6. 当地有关民族文字来源的传说和有关的民汉文记载（民族古籍和地方志的汉文记载）。当地民族古籍文献中民族文字的特点（指字形与书法）。复印5～10页在文字字体字形上有代表性的文献图片。如金石铭文等，可采集拓片。

7. 当地民族古籍文献的书写工具及其制作。包括过去和现在的笔的类型、制作，墨的类型和制作工艺。尽量采集有关图片。

8. 当地民族古籍文献的书写材料（如各种纸质、金石铭文、皮书、木板书竹简、帛书、兽骨等）。尽量附上有关图片。

9. 当地民族古籍文献纸书的装帧形式。如卷轴装的具体制作，册叶装（旋风装、经折装、蝴蝶装、包背装和线装）的具体制作。需附上有关照片。

10. 民族古籍文献的版面装饰。如金石铭文的边栏界行和花草装饰，纸书的边栏界行和花草装饰。需附有关图片，可扫描、复印、照相、摄像

---

① 本调查提纲范例参考"彝文文献调查提纲"，详见《彝文文献学概论》，中央民族大学出版社，1996年，第172～176页。

和临摹。

11. 民族古籍的插图版画。如卷首扉页画、卷尾画、书中插画。插图版画与书籍内容的关系。除黑白插图外有无彩色插图。有无连续插图的情况。需采集图片（包括古籍中的各种道场、祭坛图），可复印、照相、摄像和临摹。

12. 民族古籍文献中的附加符号。如替字符（同行替前字、隔行替对应字）、换字符号、段落篇章符号等。各种附加符号的形式和功能要予以说明，并采集原书的有关复印件或图片，可扫描复印、照相、摄像和临摹。

13. 金石铭文的雕刻。如雕刻材料的选择、制作，雕刻工匠的选择、雕刻的酬金、雕刻时间地点的讲究；雕刻字体字形的选择和文字的选用。需附托片。

14. 民族文字纸书的抄写。如是否按原书逐字抄写，有无改变字形、增删内容的情况。抄书是否选择吉日，借书抄写是否要付一定的酬金，怎样支付。抄书时是否举行仪式，如该地民族古籍除了在一定的阶层和行业中流传外，是否能在民众中流通传抄。哪些经书只能在人为宗教信徒或原始宗教祭师间流通而不能外传。哪些书可以在世俗及民众中流传普及。有些世传的秘本是否只能在本教会或本家族、家支中传抄，而不能借给非本教会或本家族、家支的人。该地民族文字古籍的流通是否已形成人们共同遵守的流通制度。

15. 民族文字古籍的收藏与管理。如民族文字古籍收藏的地点，防鼠虫、防水、防火的措施和方法。取书、用书有无仪式，若有仪式，其程序、形式和内容如何。对有些特殊的经书有无特殊的收藏方式（例如凉山彝族毕摩对用人血、牲血写成的诅咒书，要藏于人兽不能攀缘的岩洞中，用时择日取之）。有无官方藏书的情况。

16. 破旧书的处理。如对破旧经书是随意处置或是在处理方面有一定的讲究和禁忌。有无抄成新书后将旧书焚毁的情况。有无用经书做信徒和祭师的殉葬品或书主人死后烧一些古籍以示殉葬的习俗，烧多少，烧何种经书。

17. 当地民族古籍文献的分类。民族宗教司职人员和民间对民族文字古籍的传统分类方法，按文献的内容、文献的形式、文献流传的地域特点对该地民族古籍文献进行分类。对每一类中有代表性的2～3种文献进行简要介绍和提示。

18. 当地金石铭文的种类及每一类之数目。对具有代表性的碑刻铭文做具体的介绍，如：立碑地点、时间、撰文及刻字者的姓名，立碑的目的和意义，立碑者的家世与姓名等。

19. 当地古籍流传收藏的卷册数目与总页数、总字数。介绍代表性的著作和作品时，尽可能述明刻写和抄写时间、地点及其刻印者和抄写者的姓名、书的开本规格、页数、字数、内容大意。

20. 对一些特殊的文献，调查要详细。如对兽骨文、金文、帛书、竹简、木牍文、皮书文等，需要说明其收藏者、撰写者、数量、文字记述内容、文献的形式和特点等，调查者要对其一一进行准确记录。

21. 当地民族古籍文献损毁事例。详述当地历史上民族古籍文献损毁情况，重点记录文献数量最多、价值最高的几次事件，并对其过程、原因、后果做详细记录。

22. 当地历史上有无规范文字、整理收集文献，对民族古籍进行归类编目收藏的情况。

23. 当地民族古籍文献有无宗教经籍和民众文献之别，宗教经籍文献和世俗书籍在内容、形式、使用、流传方式、收藏管理等方面的不同特点是什么。

24. 宗教经籍文献的种类、使用、流传及收藏管理与毕摩职业活动的关系。

25. 宗教神职人员在仪式中念诵不同经书的唱腔。如凉山毕摩有蜂鸣腔、蝉鸣腔等几种形式。如有条件请用简谱记下毕摩念经时的 3～4 种唱腔，并对特殊的唱腔、曲调采用摄像或录音的方式加以记录和保留。

26. 宗教神职人员念经与舞蹈。念何种经书时要配合什么舞蹈。经书内容与舞蹈动作有什么关系。

27. 历史上的民族文字和民族古籍文献教学。其教学的形式，如是集体教学或个别传授，是学校教育或是家庭教育。教学的手段和方法，如：有无专门的教材和工具书（字典、词典等），有无具体的传授方法和学习方法。教学的对象，如：学习民族文字和文献有无贫富贵贱之分和男女之别，传授中学生是否向老师交纳学费，老师是否向学生赠送笔、纸和书籍。传授者是宗教神职人员还是民间的知识分子。传授和学习民族文字和文献的目的。

28. 当地少数民族学习民族文字和做神职人员的条件，是世袭还是拜师授业或推荐，学多长时间、学到什么程度才能出师，出师时有无一定的仪式活动。

29. 宗教神职人员必备的经书有哪些。这些经书使用的场合和用途，宗教神职人员在什么仪式中只凭记忆念经，而不用经书。

30. 博识众经是神职人员引以为傲的事，当地宗教神职人员有无诵经解经方面的竞赛或考试活动。如有，其形式如何，有什么作用和意义。

31. 当地目前还有多少宗教神职人员，其状况如何，年轻一辈对学习宗教知识和做宗教神职人员的态度怎样。

32. 当地哪些时期是民族文献使用和发展的兴盛时期；哪些历史人物对保护和发展民族传统文化做出过贡献。

33. 当地哪些时期是民族文字和文献使用和发展的低谷时期，哪些人对保护和发展民族传统文化做过重大贡献，又有哪些人对民族古籍文献起过破坏性的作用。

34. 外国传教士和外国学者对当地民族古籍文献的收集、研究和介绍传播，及其对民族古籍文献的破坏和盗窃，民族古籍文献大量流失。

35. 20世纪50年代以后，当地民族古籍文献收集整理翻译出版的简要历史过程。哪些人士和学者对此做出过积极的贡献。

36. 民族古籍文献对研究该地区的社会历史文化有何重大意义和重要价值。

37. 当地在民族古籍文献的收集、整理和翻译工作中存在哪些问题。对解决相关问题有什么好的意见和建议，对今后的工作有无行之有效的计划和措施。

38. 当地民族古籍文献之最，如：当地流传最广的民族古籍文献有哪些，其各自的内容是什么；当地篇幅最长、字数最多的民族古籍文献是哪一种，内容是什么；当地最有代表性、最著名的书是哪些，内容是什么；当地最大的丛书是哪一种，其内容和特点是什么。

39. 此项调查的时间、地点、范围，参与调查的人员及调查的简要过程，调查对象的情况，如年龄、性别、家世及对调查的态度等，都要做如实、完整的记录和详细说明。

## 三、中国少数民族古籍文献普查登记

中国少数民族古典文献的普查，是一种由政府号召和主导并有相关单位和民间广泛参与的大规模的古籍文献调查活动。其目的在于对中国少数民族古籍文献进行宏观的调查和了解。从理论上讲，普查就是对调查对象（包括全部单位或个人所收藏的民族古籍文献）进行毫无遗漏的普遍性调查。也就是说，从国家层面或者某一级地方政府层面，为了系统全面地了解和掌握民族文字古籍文献的实际情况，科学合理地制定整理出版规划和组织实施主要研究项目，由有关行政主管部门组织人力、物力进行大规模的普查登记，进而组织各种重大项目。所有这些举措为系统全面地了解民族文字古籍文献的文化信息提供了必要的途径和重要参数，也为以后的古籍整理和古籍文献的深入研究打下了坚实的基础。比如对某一地区的文献进行普查，原则上应该对该地区的每一本文献进行登记、著录，不得遗漏。民族古籍文献普查的困难在于普查对象涉及范围比较广，收藏的单位和个人极度分散，因此普查面临复杂情况和遇到各种问题都在所难免，需要做好应对各种复杂局面的思想准备和提高解决各种问题的能力。

具体开展民族古籍文献的普查登记，最好是分地区进行，各地区的普查有明确的地域范围，能够避免重复调查和多次登记著录的现象，可以提高调查的效率和统计的准确性。设定普查项目要简明、清晰，因为普查面较宽，若普查项目过多过细会给调查和统计增加难度。虽然普查工作难度大、问题多，但是要克服普查中的种种困难，尽可能将普查中发现情况如实记录，对相关的数据和著录事项进行认真准确的登记，将所获得的普查数据和相关资料在求真、求实的基础上予以汇总，这能够充分揭示其基本特点并为此后的民族古籍整理和古典文献学的理论探讨提供翔实的第一手材料和供科学研究的准确数据。

中国少数民族文字古籍文献的普查登记，其目的在于全面了解各民族文字古籍文献的总体情况，也就是摸清家底，以便准确掌握民族文字古籍文献的藏书分布情况和保存状况以及古籍文献数量。因此，进行普查登记并非个别专家、学者或某一单位所能独立开展的。全国性的民族文字古籍文献的普查登记，必须进行从上到下的广泛号召和全面动员，切实调动各方面的积极性，从中央到地方的行政主管部门，为了有效沟通和协作并顺利地开展全国民族文字古籍文献的普查登记，需要制定相应的科学合理的工作规划，具体规定普查登记标准和登记事项，要设计统一的普查登记表格。各级行政主管部门既要组织专业队伍从事普查登记，又要广泛动员藏书单位和藏书者积极主动地配合普查登记工作。在具体普查登记工作规程中，首先应对藏书单位或藏书者所收藏的民族文字古籍文献进行逐一登记造册，进而层层汇总上报，最后的汇总材料，应包括全国所有民族文字古籍文献的基本信息，切实为系统全面地掌握全国各地、各单位收藏以及流布在民间的所有民族古籍文献提供准确的数据和基本信息，以便系统整理研究和实行规范化管理以及信息互通、文献资源共享。

普查登记可以为各级图书馆的民族文字古籍文献加强著录、编目工作和制定古籍文献整理研究规划提供依据。对于散存在民间的民族古籍文献，能征集的通过无偿捐赠、购买、复制等手段和方法予以征集入藏。因各种原因不能征集的民族古籍文献也要进行著录、编目。特别是民族地区的民族古籍文献收藏较多的图书馆和研究单位，在已经对民族古籍文献进行过分类、编目并有专人管理的基础上，应该加强古籍文献目录的数字化，为民族古籍文献的深入调查和研究提供准确的数据和翔实的文献资料，为我国民族古籍文献的开发利用和实现古籍文献资源共享发挥示范和引领作用。中央和地方的各级图书馆和高校图书馆所收藏的民族古籍文献有的是善本和孤本，文物价值和文献价值都很高，长期作为文物珍藏，缺乏整理和流通，其重要文献价值难以显现。目前有些民族古籍文献还在寺院里作为经典供奉，像这些地方的古籍一般就很难征集到。有些长期散存于民间珍贵的民族文字古籍文献，除了经常应用的经书或工具书之外，很多具有重要文物价值和文献资料价值的古籍文献被束之高阁，不予问津，其保存条件极差。因此，这部分民族文字古籍文献因藏书条件差、保存不善而加速自然损毁在所难免。如果条件许可，有关图书馆或研究机构应该通过有效的手段对其进行征集、收藏，以免受保存条件的制约而继续损毁和亡佚。没有一定的收藏条件，还是不好保管的，甚至会造成损坏和遗失。

## 第二节　中国少数民族古籍文献的征集和收藏

征集和收藏中国少数民族古籍文献是聚集我国古籍文献的一个重要环节。在我国，很早就有公私集中收藏古籍文献的传统，不但出现了专事古籍文献收藏管理的事业，而且源源不断。近百年来古籍文献收藏事业逐步迈入现代化、科学化时代，中国少数民族古籍的征集与收藏工作也同样受到世人的关注。在过去漫长的岁月里，尽管有历代收藏者们的竭力收集、保存，但一次又一次惨遭厄运，先哲智慧凝聚而成的无数的著述绝大部分没能保存下来，这是中华民族文化遗产永远无法弥补的损失。劫后余生而保存下来的这些文化遗产，倾注了藏书人的心血，也凝聚着多少人的付出和奉献。历经沧桑而尚存的中国少数民族古籍文献，值得我们珍惜和保护。

中国少数民族古籍文献浩如烟海，已被世人所公认，但要真正弄清楚其具体内容、特点、数量等情况并非易事。古代少数民族地区没有正规的学校教育，少数民族文字及其古籍文献难以普及，只为少数人所应用。加上历代统治阶级对少数民族和少数民族地区实施歧视和压迫政策，因而少数民族传统文化及其古籍文献历遭严重破坏。20世纪50年代以前，我国长期处于战争和动乱之中，无暇顾及少数民族古籍文献的收集、整理或出版。20世纪50年代以后，党和国家对民族文化遗产予以高度重视，组织人力、物力收集、整理和出版，中国少数民族古籍整理研究工作取得了前所未有成就。然而，到了20世纪60年代中期，由于遭受错误思潮的影响，中国少数民族古籍文献被视为毒草、封建迷信的东西而倍受毁坏，有些少数民族的古籍文献则在此期间化为灰烬。通晓民族古籍文献的学者仁人受到无端的摧残，人数越来越少。1981年9月，党中央发出了（1981）37号文件："关于整理我国古籍的重要指示"。文件指出："把祖国宝贵的文化遗产继承下来，是一件十分重要的，关系到子孙后代的工作。"由于过去未能很好地重视和保护、收藏民族古籍，损失严重，必须采取有效措施抢救搜集、复制民族古籍。各省区相应成立了民族古籍工作机构，并且做了许多具体的工作。中国少数民族古籍文献的搜集、整理、出版从此进入了一个新的历史时期。现在人们愈加深刻地认识到民族传统文化的价值，认识到一个民族的发展绝对不可能割断自己的历史，民族古籍文献作为传统文化的主要载体理应受到高度重视。抢救、搜集、保护、收藏及编译、整理、出版少数民族古籍文献成了当务之急。

**一、中国少数民族古籍文献征集**

中国少数民族古籍文献的征集，是指用公告或口头号召的方式进行古籍文献的收集活动。征集的内容和范围相当广泛，包括重要古籍文献、金石铭刻和有一定价值的文书档案资料以及残件、碎片等实物资料。但我们在这里说的征集主要是指我国少数民族古籍文献的征集和收藏。征集的目的是为了使散存于民间的资料和有关部门的书籍加以汇总、分类、编目，统一保存，以便查找，给特定的人员提供有用知识和信息。

中国少数民族古籍文献的征集渠道很多，大致可以归纳为以下几个方面。

**（一）由上级主管部门调拨**

这种征集与调拨方式及途径，多数情况下，是由下而上的征调，也可以在平级单位和部门之间调拨。上级有关部门根据业务需要，有计划地调拨有关资料，以充实和提高有关图书资料的开发利用效率和为科研院所的学术研究直接提供文献资料。在不同地区或相关的平行单位之间通过上级主管部门指导进行调剂，将本单位的多余副本调拨给相关单位，从其他单位副本中调拨一些到本单位以弥补所缺之书。通过这种调拨，可以进一步提高民族古籍文献的利用和研究效率。另外，各研究单位应根据自己的任务，报请上级机关向有关兄弟单位调拨。如果不便直接调拨古籍文献原件，也可采取借用或复制等办法征调所需的文献资料。

### （二）通过机关团体和个人捐赠

由国家机关或各地方行政主管部门发出号召，面向全社会广泛征集古籍文献充实国家图书馆和地方图书馆的藏品，由相关团体或个人捐献所珍藏的民族古籍文献。捐献民族古籍文献无疑是对图书管理和藏书部门以及研究单位的信任和支持，也是对国家图书文献事业和学术研究的重大贡献。负责征集工作的单位或人员应该非常热情地接受捐献的民族古籍文献并做好相关工作。对捐献者要宣传、表扬，并给予一定的报酬和荣誉。

### （三）组织调查、搜集和发掘

对于征集少数民族文字记载的珍贵文献和口传资料，组织专业队伍进行调查、搜集和发掘是一条非常重要的渠道。我国目前散存在地方和民间的民族古籍文献非常丰富、有目的和针对性地组织考察和发掘，不仅是征集民族古籍文献的重要途径，而且还是考证、鉴定古籍文献的重要方式。

### （四）向群众收购

民族古籍文献大都收藏于当地（村寨）有一定威望的世家，如彝族的毕摩、纳西族的东巴教祭师、傣族的波摩、藏族的活佛等。由于种种原因，古书掌握在他们手中，向他们征集文献会有一定的困难。但通过耐心、细致地说服动员，讲清道理之后，也有一些民族宗教人士愿将自己手中的古籍文献捐献出来。一些人实在不愿意捐献，亦可采取收购政策，以合理的价格进行购买。总之，要采取多种措施，将民族古籍文献收集起来，由国家正规部门妥善收藏保管，这对于民族古籍文献的永久保存和有效开发利用都是非常必要的。

## 二、中国少数民族古籍文献集中收藏

浩如烟海的中国少数民族古籍文献，记录了我国各少数民族千百年发展的奋斗历程，对于研究我国各民族的社会历史和文化具有十分重要的学术价值，是一笔无法用价格估量的民族精神财富。中国少数民族古籍文献的收藏历史悠久，但情况较为复杂，有它的特殊性。从目前的情况看，民族古籍文献的收藏，有两大方面：中国少数民族古籍文献中的一部分由有关国家或机构收藏，如国内外的有关图书馆、博物馆、展览馆、科学研究机构、学校等分别收藏民族古籍文献，而中国少数民族古籍文献中的绝大部分由民族地区的宗教组织和私人收藏。

中国少数民族古籍文献，由于历史、地域、民族歧视、自然灾害以及人为的破坏等原因，除国家有关部门保存的部分古籍文献之外，其他大量的古籍文献至今仍然散存于民间，切实掌握散存在民间的古籍文献的详细情况是一件非常不容易的事情。如果只靠一些从事民族古籍文献整理研究的专家、学者，去准确统计出散存于民间的古籍文献数据，更是难上加难。想系统全面地认识了解中国少数古籍文献，只能寄希望于各级主管部门加强对民间藏书的征集和收藏保管力度。为便于了解以往中国少数民族古籍文献的集中收藏情况，根据目前学界介绍、刊布的情况和部分数据，现将诸文种民族古籍文献的收藏情况简要列举如下。

（一）藏文古籍文献集中收藏

据有关资料表明，藏文古籍文献目前尚保存完好无损的有西藏自治区的档案馆、哲蚌寺、色拉寺、萨迦寺等处收藏的古籍文献。其中以档案馆藏书最多，估计有两万多函约十万多册，其次哲蚌寺的藏书近万函；萨迦寺藏书近6000函（手抄古本居多）；青海省塔尔寺亦以藏书较多而著称，数量目录尚在整理过程中；甘南藏族自治州的拉卜楞寺的藏书也十分可观，据材料介绍，现存经卷约6万部（册），可分全集、哲学、密宗、医药、声明、历史、传记、天文历算、工巧、数学、诗学等十多类，其中全集类177种21320部（册）；哲学类15411部（册）；传记类1931部（册）；声明类249部（册）；文法诗学类561部（册）；天文历算、工巧类280部（册）；医学类497部（册）。

此外，还有四川甘孜州德格印经院、故宫博物院、北京民族文化宫、中央民族大学、北京图书馆、雍和宫、北京藏学研究中心以及藏族地区的其他印经院、寺院和全国各地的民族院校等有关单位部门都藏有不同数量的藏文古籍。此外，相当一部分藏文古籍从17世纪开始就流失到国外，藏有藏文文献的国家和地区有：英国、法国、日本、俄罗斯、捷克、匈牙利、印度、美国、德国、意大利、丹麦、奥地利、比利时、荷兰、挪威、瑞典、波兰、新加坡、加拿大、澳大利亚、尼泊尔、锡金、克什米尔、蒙古、缅甸等。

（二）蒙古文古籍文献集中收藏

蒙古文文献的传播极广，不仅在国内以手抄本形式广泛流传，而且在国外流传也相当广泛。据有关资料表明，除我国的藏书量居首位之外，蒙古国和原苏联也是蒙古文文献藏书最多的国家。前联邦德国有手抄和木刻本 672 件；丹麦哥本哈根皇家图书馆有 560 件；美国芝加哥远东图书馆有藏传佛教经卷 72 本、华盛顿国会图书馆有 81 件；法国巴黎国家图书馆有 165 件、巴黎法兰西研究院有 40 余件；英国伦敦东方和非洲研究院有 34 件、剑桥大学图书馆有 35 件；瑞典首都斯德哥尔摩民族博物馆有 126 本；芬兰赫尔辛基大学图书馆和芬兰—乌戈尔学会有 105 本；比利时首都布鲁塞尔有 23 本；挪威奥斯陆大学图书馆有 10 本；梵蒂冈教廷国国家秘密档案库藏有 13 世纪伊儿汗国外交文书 3 件[①]。在全国收藏蒙古文文献的图书馆、博物馆、机关图书室或资料室共有 60 多家。这些单位所馆藏的文献和卷宗有 1500 多件，6000 多万册。这些文献和卷宗包括从 13 世纪到中华人民共和国成立前约 700 多年的各种蒙古文版的抄本、影印本和碑文拓片等。

### （三）突厥文、回鹘文、察合台文古籍文献集中收藏

据目前已发现的古代突厥碑文铭，大多保留在原地。写本文献随各国"考古队""探险队"落入"列强"之手。其中著名的《占卜书》和《古突厥格言残篇》均收藏在伦敦大英图书馆。另外，回鹘文文献和察合台文献，除了我国收藏的一部分外，大部分都流失到国外。这些文献在国外主要收藏在德国、法国、日本、英国、美国、苏联、土耳其等国的大图书馆。

### （四）满文古籍文献集中收藏

满文文献的主要收藏地在我国的北京、沈阳、台北，其次在吉林、黑龙江、内蒙古、河北、新疆等地。在北京图书馆、首都图书馆、故宫博物院图书馆、雍和宫、北京大学图书馆、中央民族大学图书馆等单位均有收藏。北京的中国第一历史档案馆是全国满文古籍收藏量最大的单位，所收藏的清代国家机关文书档案达 160 万件（册）。其中包括阁全宗档案、宫中全宗档案、宗人府全宗档案、内务府全宗档案、军机处全宗档案以及圣训、实录、起居注、方略等。沈阳的辽宁省档案馆主要收藏清代盛京地方档案，其中包括《顺治年间档》《黑图档》及大量的旗务档。台北的故宫博物院，"中研院史语所"等单位也有收藏。由于历史的原因满文文献还散存于世界各地，在俄国、日本、德国、美国、英国等国家的图书馆、博物馆也有数量不等的收藏。

---

① 各国蒙古文文献的收藏情况是根据 1977 年的统计结果。可参阅德国人海西希所写的《哥本哈根收藏的蒙文文献》一文。

### （五）彝文古籍文献集中收藏

彝文古籍之所以从远古的时代流传到今天，与其特殊的收藏与传播方式是分不开的。彝文古籍收藏大约经历了从个人收藏到土司收藏、衙门收藏到国家收藏的复杂过程。集中收藏与研究彝文古籍是从 18 世纪开始的。1837 年，外国神甫进入我国云南彝族地区收集了彝文经典。后来外国传教士和有关学者不断地在彝族地区收集彝文古籍，将收集到的彝文古籍带回国，进行研究，并将经典原件收藏于有关图书馆。20 世纪 30 年代开始，有些学者逐步重视收集和研究彝文古籍工作。1928～1930 年间著名学者杨成志先生在川滇彝族地区搜集了 70 多部彝文古籍；1931 年著名地质学家丁文江先生在云南、四川、贵州彝区收集了十几部彝文古籍；1940～1946 年间著名语言学家马学良先生在云南武定禄劝彝区共收集了 2000 多部彝文古籍，后分藏于中央研究院历史语言研究所、国立北平图书馆和北大、清华、南开等高校图书馆。根据目前的统计数据，中国民族图书馆、中央民族大学图书馆、博物馆，社会科学院民族学人类学研究所等单位也分别收藏了彝文古籍文献；贵州毕节等地收集到 1000 余卷约 2500 多册彝文古籍；云南省各地所收藏的彝文古籍约 1 万多册（卷）；四川省凉山等地收藏的彝文古籍文献近千册（卷）。国外收藏彝文古籍的国家及相关部门有法国巴黎东方语言学校、巴黎东方博物馆、巴黎天主教外国教会、巴黎国立图书馆、巴黎民族志博物馆、安南河内法国远东学院、美国国会图书馆、日本京都大学文学部等。

### （六）傣文古籍文献集中收藏

20 世纪 50 年代前傣文尚未有印刷技术，傣文古籍均为手抄本，贝叶则为手刻本，都由私家收藏，佛教经典则以私人求福献经形式贡献给佛寺，由佛寺保存，而原始宗教文献则为村子里的波摩（兼行巫术和行医者）保存。中华人民共和国成立后，云南省及有关州、县的博物馆、图书馆、文化馆、文物室、政府机构有关研究机构，皆注意对傣文古籍的收集保存。目前，除云南省外，北京中国历史博物馆、北京图书馆、民族文化宫、中国社科院民族所、中央民族大学、天津南开大学等处皆收藏有傣文古籍，数量在千卷左右。此外，上海复旦大学、北京法源寺、青海省博物馆、西安药物研究所等处，也保存有少量贝叶经。20 世纪 80 年代以来，随着民族古籍整理工作的开展，不少傣文古籍经过整理已印刷出版，仅云南民族出版社出版的傣文古籍，就共计有 14 种 12 册。德宏州、西双版纳州也出版了不少傣文古籍，特别是近年组织整理出版了百卷傣文贝叶经，从而使傣族古籍的收集、收藏、整理研究进入了一个新的历史阶段。

### （七）纳西东巴文古籍文献集中收藏

纳西文文献产生于中国大地，但对它的学术性收藏却是首先由西方人开始的。1840年鸦片战争之后，中国一天天沦为半殖民地半封建社会，帝国主义列强开始肢解中国的山河。纳西族居住地因处在滇、川、藏三省交界处，战略地位十分重要，先后有法、英、美、意、荷、德等国的传教士、探险队、军事人员、学者等对纳西族居住区的自然情况与社会情况进行过考察，并发现了纳西文文献的存在。国内对东巴经典的收集、收藏以中华人民共和国成立后最为卓著，仅丽江市自20世纪50年代至60年代便先后收集到四千余册；中央民族学院曾派和志武、和发源、陈福全在丽江、维西、中甸三县收集到约1000册；云南省博物馆曾派朱宝田在香格里拉县白地、四川木里县俄亚收集到300余册；云南省图书馆亦于20世纪50年代派专人在丽江市收集到600余册。在"文化大革命"结束之后，国内又掀起一个收集、收藏东巴经典的热潮。20世纪80年代开始，收集、整理、研究及收藏东巴经典更是进入一个新的历史时期。目前，在国内收藏的东巴经典约14000册（卷）。

### （八）西夏文古籍文献集中收藏

西夏文献是指11～14世纪间用西夏文字书写和刻印的材料，这批材料保存至今的有10余万页，从各种角度反映了当时我国西北地区的政治、经济和文化状况，其内容之丰富、数量之大在中国各民族文献中都名列前茅。20世纪以后，这些湮没了800年之久的珍贵文献重见于世，并且导致了一门新兴学科——西夏学的诞生，终于使中华民族的这一份珍贵的文化遗产重新熠熠生辉。西夏文献从产生到消亡共经历了460余年的时间，这期间形成的大量典籍是中华民族的宝贵文化遗产，在中国文献发展史上占有极为重要的地位。国内现存的宋版书籍已如凤毛麟角，而仅俄国科学院东方学研究所圣彼得堡所收藏的西夏刻本数量即数倍于我国宋版书的总和，足以成为我国早期印刷史上一份最为丰富的实物资料。

### （九）契丹、女真文古籍文献集中收藏

契丹文献是指公元10～12世纪间用契丹文字记录的材料，这批材料保存至今的很少，而且没有什么相关的字典可供研究参考，以致现存的成篇契丹文献尚没有一篇被彻底读通，这使得契丹文字和文献的解读成了中国文化史上著名的"20世纪之谜"。现有古籍《耶律廷宁墓志》为辽代石刻，原出自辽宁省朝阳县柏树沟，契丹文、汉文合璧。《北大王墓志》为

辽代石刻，原出自内蒙古赤峰市阿鲁科尔沁旗，契丹文、汉文合璧。还有《大金皇弟都统经略郎君行记》等。

女真文文献是指公元 12～15 世纪间用女真文字记录的材料。女真文文献存世很少，所幸有《女真译语》这部明代工具书的帮助，现存文献已获得初步解读，由此而引起的深入研究也在进行中。重要文献有《女真杂志》《女真译语》《大金得胜陀颂》《奥屯良弼饯饮题名跋》《进士题名碑》《奴儿干永寺碑》等古籍文献。

### （十）印欧语系古籍文献集中收藏

19 世纪末和 20 世纪初，大批外国殖民者和探险家相继来到我国新疆地区，通过考古发掘和向民间收购等方式得到了大量珍贵的文物和文献。这些文献中有四种属于当时讲印欧语系语言的民族，统称为佉卢文献、焉耆—龟兹文献、于阗文献和粟特文献，总件数在 200 左右，其中记录了古代中亚地区的民族、政治、经济、宗教、语言诸方面的情况，具有极为重要的历史价值。不过，这些文献绝大多数都收藏在国外的图书馆和博物馆里，中国学者大都只能通过外国人的著作来了解其概貌，而无缘对原件进行直接的研究，这使得中国在这一领域的科研成果的数量远远不及外国。

## 第三节　中国少数民族口传文史资料收集整理

我国除了没有本民族文字的少数民族保留较多的口传文史资料之外，有文字的少数民族也同样保留着不少的口传文史资料。例如彝族的著名创世史诗《梅葛》和《阿细的先基》都是以口耳相传的形式流传的。又如藏族的英雄史诗《格萨尔王传》除了以文本形式传世之外，以口耳相传的形式流传得更为普遍。因此，我国各民族的口传文史资料异常丰富，不但具有重要的文献资料价值，而且有着重大的学术研究价值，亟待抢救性收集和整理研究。

### 一、收集民族口传文史资料的重要性和必要性

我国各民族的口传文史资料异常丰富，是一份宝贵的文化遗产。由于民族文史资料往往分散和零星地流传于民间，加之能够完整地讲述和演唱的人大都年事已高，又无人继承，濒危或极度濒危，需要进行抢救性收集。特别是一些没有文字的民族，他们的创世史诗文化内涵相当丰富，可以说创世史诗就是这些民族历史文化的缩影。将无文字民族的口传文史资

料作为民族古籍文献加以重视，是很有必要的。在民族古籍文献整理研究工作中由于口传文史资料涉及的范围相当广泛，囊括的内容也非常丰富，所以需要付出极大的努力，无疑是一项长期而艰巨的任务。调查表明：各民族都分别保留着大量的口传文史资料，其中不仅包括丰富多彩的民间诗文、歌谣，还包括着诸多历史传说和历史故事。将其作为民族古籍文献整理研究的对象，是完全符合我国实际情况的。从文化遗产抢救和保护的角度出发，把无文字民族的口传文史资料纳入民族古籍文献整理研究范畴是一项明智之举，这符合我国民族众多，历史上许多民族无文字，一直用口耳相传的形式记忆自己的历史、传承自己的文化的客观实际。在中国少数民族古籍文献的定义中采用比较宽泛的概念，将各种口耳相传的文史资料纳入其中。因此，中国少数民族古籍文献的整理研究不仅仅局限于民族文字著述的古籍和各种档案文书，而是囊括了汉文记载的文史资料和各民族的口传文史资料。

在漫长的社会历史发展过程中，由于社会、地域和历史条件的不同，各民族的历史进程不同，经济发展和社会文化发展也不平衡。有的民族不仅有悠久的历史，而且有着丰富的文化遗产，也有卷帙浩繁的文字古籍文献保留下来；而有的民族虽然历史悠久，但因没有文字，其历史与文化全靠口耳授受的方式代代相传。正如侗族诗歌中所说："古人讲，老人谈，一代一代往下传；树有根，水有源，好听的话儿有诗篇；汉家有文字记载，侗家无文靠口传。"20 世纪 50 年代，我国政府为了民族识别和制定民族语文政策的实际需要，组织了大规模的民族调查和语言文字情况调查，调查结果表明：通过民族识别确定的 55 个少数民族中只有蒙古族、藏族、维吾尔族、哈萨克族、柯尔克孜族、乌孜别克族、塔塔尔族、俄罗斯族、傣族、彝族、纳西族、傈僳族、拉祜族、景颇族、苗族、锡伯族、满族和朝鲜族等 19 个民族有本民族文字，其他 30 多个民族没有文字。没有文字的民族自然就没有文字记载的书籍，如果完全按照汉文"古籍"的定义，那么 30 多个少数民族就没有古籍了。事实上没有文字，不等于没有历史文化，而历史的记忆和文化的传承也不只是靠文字记载。因此，民族古籍的概念中应该包括没有文字记载的历史与文化。依据前人对古籍中的"古"字和文献中的"献"字之训释，"古"字被释作"众人之口"。由此论之，可以将古籍记载的内容理解为最初包括出自众人之口的部分。古人整理古籍文献，十分推崇"征文考献"。许多文献注疏家把"献"字释为"贤人"或"贤人言论"，由此可见，前人对汉文古籍文献的认识和理解，也并不完全排除口耳相传的文史资料。以汉文的诗歌总集《诗经》为例，有许多诗歌是从各个地方采集的民间诗词歌赋。所以将口传文史资料纳入民族古籍文献的整理研究范畴，有其合理性。我国三十多年民族古籍文献整理的实践也证明：将口传文史资料纳入民族古籍文献整理研究范畴是可行的。在此期间搜集了大量的民族口传文史资料进行整理出版，种类之多、内容之丰富为学界所称道。以《中国少数民族古籍总目提要》编纂项目为例，其中包括了数十卷无文字民族的古籍总目提要，已有多卷出版，效果都很好，充分展示了口传文史资料的文献价值。

在文字产生之前人类文明早已开始，世界上有些文明古国曾经以结绳记事的方式记录历史，如印加帝国就是以编绳的方式记录历史，许多民族则靠口耳相传的方式记忆历史。当今的社会学家把靠口耳相传的方式记忆的历史称之为传说历史或历史传说。在这传说历史或历史传说中，神话和长篇史诗最为常见。随着历史的进程与社会的进一步发展，与之相适应而产生了大量的长篇叙事诗。长篇史诗和长篇叙事诗，都是靠少数聪明人背诵下来并讲唱给别人听的，以达到流布和传播的效果。每一代讲唱人又有所充实加工，使内容越来越丰富，情节越来越曲折，逐步接近于历史题材的文学作品。所有这些都是各民族最宝贵的文化遗产，值得珍惜和重视。

由于我国的主体民族汉族，在历史上没有流传长篇史诗，所以过去国内外都一直认为中国没有史诗。一般认为《诗经·大雅》中的《生民》《公刘》《绵》《皇矣》《大明》叙述了周民族始祖后稷到武王灭商的全部历史，是周代史官和乐官利用民间口头传说或民间史诗改编而成的，其故事情节和人物都无法与我国少数民族的几大史诗相比。汉族史诗不发达，主要原因是汉民族的史官制度高度健全，对历史有系统的书面记载，史诗失去了记忆历史的作用。而少数民族则在重视文字记录的同时，亦非常注重口传的历史文化，特别是对"创世史诗"和"英雄史诗"情有独钟。于是在长时间创制使用民族文字之后，也能够比较完整地保留对本民族历史文化影响深远的史诗等口传文史资料。如藏族史诗《格萨尔王传》、蒙古族史诗《江格尔》、柯尔克孜族史诗《玛纳斯》，都是篇幅宏大、情节曲折，语言生动朴素的优秀史诗。它们完整地流传至今，成为我国最具有代表性的少数民族三大史诗。除了这三部史诗之外，各民族的许多史诗还没有得到应有的重视，由于我国对各民族史诗的收集、整理、研究工作滞后，中国的史诗没有得到国际学术界的认可。因此，过去世界文学界炫耀西方的史诗和印度史诗为最具代表性，有的人甚至断言中国没有史诗。由此可见，靠口头流传的史诗在世界文化史上有着巨大的影响力，值得我们去关注，去反思。

可见，以口耳相传的文史资料与文字记载的古籍文献都有同等重要的价值。其实文化史上的作品和传说总是以文本流传形式和口头流传形式并行存的，许多口头流传的东西可以被文字完整地记录、整理成文本流传，反之有些书面作品也可以用口头叙述的方式流传，有些古籍文献的内容则是通过讲唱来传播。例如我国封建时代的儒家"经书"就在很大程度上靠经师讲授而传播。至于那些说唱文学作品，即使有了"唱本"，也主要靠讲唱来传播。优秀的讲唱者往往要对"唱本"进行改良加工，形成新的"唱本"。讲唱是最早的文献流传形式。藏族的英雄史诗《格萨尔王传》既有文本流传，又有更多的民间艺人在传唱。而著名的彝文典籍《西南彝志》是彝族歌师从民间收集编纂而成的鸿篇巨制。

从以上论述中我们深刻认识到中国少数民族古籍文献的定义不能简单地照搬汉文古籍的定义，而是要按照我国少数民族社会历史发展规律，正确地认识到人类在没有发明文字之前，社会生活中的生产劳动、生活经验以及各种文化知识都是靠口耳相传的方式得以传承而延续。这种口耳相传的材料就是古代的史料，也就是古人研究历史和记载历史的依据。随着时间的推移，多少人间世事历经沧桑，早已时过境迁，唯有一些口耳相传的历史故事或各种传说在延续着人们的历史记忆。正因为如此，在文字出现以前各种口传形式留下的材料，必然成为后世子孙认识和考察以往历史文化的依据。当文字产生之后，人们在记录本民族历史和整理自己文化知识体系的时候，以往的口传文史资料便是最基础的材料，势必成为记录于史册的重要内容。因此，我们既要承认我国各少数民族社会历史发展进程的差异性，又要承认少数民族口传文史资料丰富多彩的客观事实。假如只是单纯地承认文字记载的民族古籍文献，把少数民族口传文史资料完全排除于民族古籍文献之外，既不符合中国历史文化是由华夏56个民族共同创造的历史事实，也不能正确反映中华民族历史文化的全貌。将口传文史资料作为民族古籍文献的重要组成部分，并予以正确对待才是符合客观实际的明智之举。要在民族古籍文献整理研究中对口传文史资料搜集予以高度重视，并尽可能扩大其搜集范围，以获得重大成就，为丰富中华民族文化宝库做出应有的贡献。

## 二、收集民族口传文史资料面临的困境

中国少数民族口传文史资料是存储在各民族文化传承人大脑里的历史文化知识，它是通过人们的记忆和口耳相传而得到世代承袭。因此，民族古籍整理及其口传文史资料的收集整理要深入民族地区进行实地调查采

录。我国56个民族中有三四十个民族没有文字记载的古籍文献，而这些民族的口传文史资料又非常丰富，但是被汉文或其他民族文字记录下来的为数极少，绝大部分至今还在以口头流传方式存活在人民群众当中，有些非常珍贵的文史资料则保存在老年人的头脑里，若不尽快搜集整理，势必因老人去世而失传。这就需要从事民族古籍整理研究的人统一认识，明确发掘各民族的古籍文献（包括口传文史资料）宝藏，是建设中国社会主义精神文明和物质文明的重要内容，也是我国各民族的重要文化资源和巨大的知识财富。对其进行抢救性收集整理要深入到民族地区，有目的、有计划地拜访那些在当地很有威望、有名气的老艺人，向他们拜师求教，对他们演述或演唱的内容及艺术以进行录音、拍照或文字记录等技术手段做系统全面的采访记录。如有条件还可以通过摄像，形成声像并茂的视频资料，这无疑是最佳的收集途径和方法。但是，为了在收集过程中得到民间老艺人及广大群众的支持和帮助，使得收集工作比较顺利地开展，要做多方面的沟通、联系。比如到民间，特别是到边疆少数民族地区收集口传文史资料，首先，在去调查之前，要对调查地的情况（包括那里的民俗、宗教、教育、经济等）有一个初步的了解，对采访的人员要事先联系好，让他们有心理准备。如果被访问者年事已高，让他们回忆遥远的事情，需要一定的时间，所以在采访之前，让老人慢慢回顾。只有这样，采访的时候才能有条有理，内容集中，在短时间内达到预期的访问效果。在实际调查和收集时要深入乡镇和农村，尽可能地与受访者或调查对象同吃同住，拉近距离，与人民群众打成一片，并视歌手和演述艺人为亲人，这对搜集整理者来说是非常重要的。由于我国历史上曾经对民族古籍和民间口传文史资料的认识有过偏颇，大批珍贵民族典籍被付诸一炬化为灰烬；许多熟悉民族古籍文献的知识分子和熟知口传文史资料的民间艺人受过迫害，所以有些民间老艺人至今还心有余悸，不轻易接受采访或公开演唱、演讲。在这样的背景下开展民族口传文史资料的收集整理，势必存在许多难以回避的问题，在具体工作中必然会碰到各种意想不到的情况。只有面对现实，积极主动地克服各种困难，争取得到当地领导和广大群众的大力支持和帮助，才能实现预期的目的。

**三、收集整理口传文史资料的基本方式和途经**

收集民族口传文史资料有多种方式，一种是用国际音标或新创制的民族文字记录、整理；另一种是直接用汉文记录。二者都是直接到民间收集，收集到的各种类型的材料都是第一手资料。除此之外，还可以到各级文化馆、艺术馆、图书馆和民间文艺研究会查询以往不同时期搜集到的未及整理的资料。这些部门所收藏的资料往往是原来长期收集的成果，现在再到民间收集，也许有些内容在民间已失传。20世纪50年代，从事民族语文工作的专家、学者曾经多次组织大规模的调查队或采风团到民族地区调查、收集，积累了大量的口传文史资料。其中有的资料已经进行过整理研究，而有的资料收集之后未进行过整理研究。以往进行过整理研究的口传文史资料，曾在各省（区）的《民间文艺》等刊物上公开发表，这些整理研究成果，可以在当今整理研究工作中发挥示范和参考、借鉴作用。而那些当年收集之后未来得及整理研究的口传文史资料，则成为现在很难收集到的珍贵资料，值得优先整理研究。

口传文史资料是我国各民族人民的巨大文化宝藏。从20世纪50年代开始，我国各民族的口传文史资料的搜集整理工作就在全国各地逐步展开，特别是各民族的史诗、叙事长诗、民歌、故事、传说等民间文学的收集整理方面的成就尤为突出。特别是1957～1959年的工作成绩比较显著，在这期间发掘了大量的珍贵资料，并在收集整理的实践中积累了很多宝贵的经验。事实证明：搜集整理口传文史资料工作的进展和成效，不是单纯地取决于技术和技能，也不是由记录方法是否科学得当所决定的，而是与对口传文史资料的观点和态度有着密切关联。整理研究民族古籍文献，收集口传文史资料，首先要以科学的理论和先进的方法做指导，站在人民利益的高度去思考问题，才能以正确的态度和观点对待流传于人民当中的各种口传文史资料。也只有这样，才能真正站在人民大众的立场上，运用科学的方法，准确地记录流传于人民之中的各种口传文史资料，并加以科学整理，乃至进行深入的学术研究。这就需要古籍文献整理研究工作者不断拓展知识领域，切实提高文学修养和古典文献学的知识素养，也要加强民族语言记录和交流能力的训练。总之，在民族口传文史资料收集和整理方面，前人积累了很多丰富的经验，值得认真总结和学习借鉴。实际上收集整理口传文史资料是中国少数民族古籍文献整理研究工作中规模宏大的系统工程，只靠少数专家、学者是不够的。在收集整理口传文史资料的实际工作中不仅要充分发挥广大民族古籍文献整理研究工作者的积极性，也需要民间传统文化守望者——艺人和经师的无私奉献精神，特别是离不开各民族干部群众的热情支持和大力帮助。

过去收集整理口传文史资料的人，各自的目的和侧重点都有所不同，归纳起来主要有三种情况。第一种，从事民族和历史文化科学研究的专业人员，为研究各民族的历史发展、社会状况、宗教信仰、风俗习惯、伦理道德、心理素质、哲学思想等研究课题出发，以田野调查的方法到少数民族地区进行调研和考察，广泛收集本专业所需要的资料。第二种，从事文艺理论和民族民间文学研究的专业人员，为了考察各民族文学与文化事象以及文艺理论而进行相关资料的搜集。其目的在于文学理论研究和继承发扬劳动人民创造的文学财富，把长期流传在劳动人民中间的口头创作的作品全部搜集起来，以便长期保存和学习研究，并加以传播和发扬光大。或者为了丰富和提高自己的文学创作，以民族文学为自己的创作提供素材，通过民间文学作品学习各民族文学语言的表现技巧和方法。第三种，从事语言文字研究的专业人员，为了考察和研究少数民族语言文字，在采录语文材料过程中便于对某一民族语言做系统描述，往往采录长篇话语材料，从中学习和研究民族语言以及对语音和词汇、语法、语义、语用等进行分析研究。以上几种情况，在相关材料的搜集和处理方面，为各民族口传文史资料的搜集整理做了大量的工作。

## 四、民间文学在口传文史资料收集整理方面的成就与经验

### （一）民间文学在口传文史资料收集整理方面的成就

我国民族民间文学工作者自 20 世纪 50 年代以来，在民族口传文史资料收集整理方面开展了一系列开创性的工作，并取得许多重大成就。在收集大量口传文史资料的基础上，整理出版了一大批优秀的民间文学作品。如在英雄史诗和创世史诗方面有藏族的《格萨尔王传》，彝族的《梅葛》《阿细的先基》，壮族的《嘹歌》《布洛陀》，柯尔克孜族的《玛纳斯》，赫哲族的《依玛堪》，蒙古族的《嘎达梅林》《红色的勇士谷诺干》，维吾尔族的《阿娜尔汗的歌声》《木马》，纳西族的《人类迁徙记》《猎歌》，苗族的《古歌》《苗王张老岩》《亚鲁王》，傈僳族的《逃婚调》；侗族的《一幅侗锦》等，不胜枚举。我国一大批优秀的民族民间文艺作品，大都是地方各级文艺工作者收集整理的。许多形式不同、风格各异的民间诗歌，像藏族的"拉伊"，蒙古族的"好力宝"，回族的"花儿"，侗族的"欢"，以及南方各省的四句头山歌等，都各有其优美的佳作。民间艺人、民间歌手的作品有高元钧的《武松传》、毛依罕的《铁牤牛》等。上述在广泛收集的基础上整理出来的民间文学作品引起广大读者的极大兴趣，也得到各族人民的真心喜爱和由衷的赞美。有些作品甚至被搬上戏剧舞台和银幕，在国内外产生了强烈反响。这是民族民间文学工作者践行文学艺术为广大人民群众服务的思想，为丰富各民族文化生活和发展社会主义文化事业做出的重大贡献。他们在口传文史资料的收集、整理方面所做的努力

和取得的重大成就都是值得称道的。

(二) 民间文学在口传文史资料收集整理方面的实践经验

老一辈民族民间文学工作者，收集民族口传文史资料的目的就是继承和发扬历代劳动人民创造的文化财富。他们主张："凡是民间文学作品一律需要记录"，提倡全面收集。有的学者提出不必"在搜集工作中事先就为自己画定一个框框"，因为历代祖先留传下来的财富，是当今任何人都无法详细计算和知全，而且又多半保存在老年人的脑子里，情况千变万化。这就决定了搜集工作，不能事先就设计出一些条条框框束缚自己的手脚，而是要深入到民间知识海洋里尽情地领略民族文化丰富多彩的绚丽画卷和美妙动听的天籁之音，这样可以得到更多的收获。在实际调查、收集过程中面对琳琅满目、多姿多彩的民族民间文化，不可能无所选择、不分轻重缓急。既要有所侧重并有计划地安排先后顺序，又要在保证质量的基础上收集更多的材料，力求整理出精品。他们在全面搜集的基础上，首先注重搜集思想境界和艺术品位都比较高的作品，尤其是优先搜集那些年逾古稀的老人传唱的作品，把民间故事讲述家、歌手和老艺人作为采访的主要对象。他们在收集各种作品和口传文史资料，除了准确记录其内容之外，还注重描写演唱者或讲述人的艺术风格和语言特点，特别是详细记录作品的流传地区和讲述者的年龄、职业、文化程度等有关情况。他们在收集各民族具有代表性的重要作品时，非常注意分别搜集各地不同演讲者的演讲材料，并整理成不同文本。在实际采访时他们采用不同的记录方法，如对形式和语言比较稳定的韵文，照原唱词进行逐字逐句的记录，对于散文则尽量记下讲述者的原话和独特的艺术风格，特别是对于较有才华的故事讲述家和比较重要的长篇口述作品，更要一字不落地记录。

过去专家学者强调对民族民间文学遗产做全面的调查搜集是有道理的。如果要想撰写出能够概括一个民族的文学发展脉络及其全貌的高水平学术著作，就必须对这个民族文学的历史与现状进行深入调查和系统全面的考察。不占有大量的资料，就不可能对这个民族的文学作品做系统的介绍，也谈不上对其文学特点进行深入探讨，也无法将这个民族的代表性作品整理得更加完美，更不可能对这个民族的文学特点予以高度概括和总结。加之我国的有些民族分布在不同的省、区，存在支系不同、语言差别大等实际情况。这些民族的民间文学在产生和流传方面，既有因民族、地区、支系的原因而出现巨大差别，又有不少作品在不同地区和不同方言之间出现相互流传，相互影响的局面。民族口头文学还因时代的变迁或因演讲人的不同而变化多端。那么，如果不做全面调查，不加以比较研究，就看不清这些民族文学的全貌。由于从事民族文学工作的人非常注重到民间进行深入的调查研究，这也是他们能够在口传文史资料的收集方面收获颇丰的一个重要原因。他们的搜集整理工作区别于其他科学家，也有别于作家和诗人，不是为了取得科学资料，也不是为了获得创作的源泉。他们的主要任务就是把劳动人民的口头创作，作为艺术珍品，按照原样把它挖掘出来，并力求符合原来的面貌，用文字完整地记录下来。于是力求忠实原作就成为搜集和整理的根本原则，而真实准确地记录则是这项工作的基础。民族民间文学工作者所遵循的基本原则和他们的收集整理经验值得民族古籍文献工作者学习借鉴。

### 五、民族古籍整理与民间文学整理的差别

在对口传文史资料的搜集整理方面，民族古籍文献工作者与民间文学工作者既有共同之处，也有各自的工作特点。民间口头流传的史诗和历史传说、历史故事等文史资料，是民间文学工作者收集整理的主要对象，也是民族古籍文献工作者收集整理的重点内容。他们的不同之处，在于整理的目的和重点以及手段和方法。民间文学和民族古籍整理在收集整理口传文史资料方面不同于一般社会调查，不是为了研究、解决某一社会问题而去弄明白某些情况，或者获取某些准确的数据；也不像某些专门的科学调查，为了本学科研究的要求而获取某些急需材料；也不同于作家体验生活、为创作积累素材而记录某些特殊感触生发的感想和某些新颖的见闻。民间文学的调查与收集整理的重心是把民间口头文学艺术，作为文学艺术作品，按照原样记录整理出来。这样的文学艺术作品，存在于劳动人民的生活之中，以口耳授受的方式流传，其艺术语言和局部内容始终处于变化状态，不像书面文学作品那样固定。因此，在民间口头文学作品的记录、翻译、整理方面存在着很多困难和问题。其中，主要的问题是对口头材料是否忠实记录，怎样才能做到忠于原作？对原作的思想、情节、结构、语言等是否可以修改？这些问题一直困扰着民族民间文学工作者。在以往整理出版的民间文学作品，特别是被公认的优秀作品是民间文学工作者精心收集、认真整理的成果，这些成果是在忠实于原作的前提下形成文通字顺的文本，无须对作品语言文字和重要人物、事件、术语做精细、准确的考释和注解，也不要求记录时必须用国际音标或拼音文字记录民族语。而古籍整理研究工作者在口传文史资料的收集整理方面，特别强调记录整理的真实性和客观性，必须提出本专业在收集整理方面的原则和技能、技术要求，不能简单地照搬民间文学的搜集整理方法。当然，各专业之间在对同

一研究客体的记录描写时，一些具体方式方法有相同或相似之处，是无可挑剔的，但是在对记录材料的整理编辑和具体分析研究的方法上，应当有所区别，并彰显各自的专业特点。民族古籍文献工作者在口传文史资料的收集整理方面，必须突出自己的专业特点，否则就失去了民族古籍文献整理研究的意义。因此，民族古籍文献工作者在收集整理口传文史资料方面要遵循忠实于原作的原则，必须准确记录口传文史资料的每一个音节或字词；特别是在记录少数民族母语口传文史资料时，必须用国际音标或拼音文字记录；在整理时必须对字词句进行严格的翻译，并对重要名词、术语和疑难字词做详备的注解和准确的考释。由此可见，二者的主要差别在于民族民间文学强调忠实原作和整理文本的完整性，而民族古籍文献整理，不仅强调忠实于原作，还要求整理文本的科学性，在注音、译意的基础上，特别强调对重要名词、术语注解、考释的准确与完备。

民族古籍文献整理研究工作者，在口传文史资料的整理研究方面，首先，要对搜集到的口传文史资料进行科学整理，按照编目著录条例的要求，统一著录，编成一个一个款目，最后编成无文字类民族古籍文献目录，即口传文史资料目录，汇总在民族古籍的"集"部，使"全国少数民族古籍联合目录"成为一部完整的目录巨著，系统地揭示我国卷帙浩繁、内容丰富多彩的中国少数民族古籍文献。其次，在抢救、保护的实际工作中，不仅要关注古籍文献载体，更要高度重视少数民族古籍文献内容的丰富性与形式的多样性，以及各类古籍文献的重要文化价值。再者，要把神话、史诗、叙事长诗等对考察少数民族历史文化具有重大文史资料价值和丰富人民文化生活方面也具有应用价值的古籍文献作为优先抢救、保护和整理研究的主要对象。

总的说来，民族古籍文献调查、搜集和收藏是当前和今后民族古籍文献整理研究工作的一项重要任务，应当给予极大的关注并付诸实施，为整个民族古籍文献的整理研究和古代文献资料的可持续性开发利用打下良好的基础。

# 第五章　中国少数民族古籍文献整理研究史

中国少数民族古代文字不但种类颇多，而且各具特色；各文种的古籍文献所记载的内容更是丰富多彩，涉及广泛的学科领域。由于各民族创制使用文字的时代不同，其古籍文献也形成于不同的历史时期。不论使用文字时间的长与短，还是古籍文献的多或少，都对促进本民族文化的发展，推动各民族之间的文化交流，丰富整个中华民族的文化起到了非常重要的作用。因此，中国各少数民族的古籍文献不仅是本民族的宝贵文化遗产，也是整个中华民族乃至世界文化宝库的重要组成部分。这份珍贵的文化遗产，以其类型的多样性和内容的丰富性以及浓郁的民族特色为世界所瞩目，有着重要的文献资料价值和巨大的科学研究价值。

对中国少数民族古文字及其古籍文献的研究有着悠久的历史。广义的民族文字及其文献的研究，就是以民族文字及其古籍文献为研究对象的学术活动，所有对古籍文献进行解读、整理、分类、收藏及传播等活动都属于古文字及其古籍文献的研究范畴。广义的民族文字及其古籍文献的研究，不仅包括汉族知识分子和国外学者的研究工作及其学术研究成果，也包含了各民族知识分子所做的工作。狭义的民族文字及其古籍文献的研究则仅指开始于近代的、由国内外知识分子和学者对民族古文字及其古籍文献所做的符合现代学术规范的、系统化的科学研究。事实上，在狭义的民族古文字及典籍文献研究开始之前，我国古代各民族知识分子已经做了大量的基础研究工作。伴随着少数民族古文字的创制和古籍文献的产生，由本民族知识分子和上层人士对它们进行的研究工作就已经同时在进行。他们对民族文字的创制、使用、传承和民族古籍文献的发展起到非常关键的作用。正因为有他们的坚守和努力奋斗，在经历各种逆境和劫难之后，仍然有如此珍贵的民族古籍文献得以保存至今。

尚存的民族古文字和古籍文献早就引起了我国古代汉族历史学家、文字学家和金石学家的注意。他们把自己所接触到的一些民族古文字的情况进行了介绍，记录了一些有关的文献或语言资料。虽然他们对少数民族文字及其古籍文献重视程度不够，更谈不上深入研究，但为今天的研究工作也提供了一些必要的线索和有价值的资料。清末民初，由于研究者的重视、新材料的发现和研究方法的日趋成熟，对少数民族古籍的整理研究逐渐开始体系化、学科化。这一时期，随着殖民主义在全球的扩张，西方的一些传教士、探险家、外交家及学者出于种种目的，率先注意到我国的少数民族文化。他们着手发掘、搜集考古新发现的文物和民族古文字古籍文献，并将其盗运回各自的国家，使中国的大量珍贵文物和民族古籍文献流失到国外。这从文物和古籍文献所有国的角度而言，大量文物和古籍文献被掠夺而流失，可谓是我国文化史上的重大灾难。但从世界性人类文化学术研究的视角而论，这些流失在国外的民族文字古籍文献，一方面引起了国际学术界对其进行学术研究的兴趣，另一方面激发了我国学者的爱国情怀和文化遗产保护意识，极大地转变了以往对少数民族文字古籍文献不够重视的旧观念，使他们积极投入到民族文字古籍文献的研究之中。于是国内外都掀起了整理研究中国少数民族古籍文献的热潮。西方学者以其独特的视角、强烈的资料意识和较为系统、规范的科学研究方法介入研究，而我国学者则以深厚的考据功力为基础，借鉴西方的研究方法，迅速跟进，不少学者取得了显著的成绩。

抗日战争时期，为避战乱，包括北大、清华、南开、中央研究院历史语言研究所等单位在内的一批高等院校和高级科研机构迁至四川、云南等地，一大批专家学者亦随之南下。许多从事人文社会科学研究的专家学者到西南地区，如鱼得水。他们借鉴国外人类学和语言学理论和方法以及田野工作经验，对当地少数民族进行深入的调查研究，不仅获得了大量新颖的研究素材，也取得了丰硕的研究成果。

20 世纪 40 年代末以来，我国少数民族语言文字研究工作受到空前重视。从 20 世纪 50 年代初开始，随着党的民族政策的确立和贯彻，我国政府行政主管部门和研究机构以抗战时期西南民族调查经验为基础，组织了大规模、系统化的少数民族语言文字普查和文艺采风等。这些工作积累了丰富的研究资料，并取得了许多重大理论研究成果，也探索和总结出民族语言文字研究的科学方法，极大地促进了民族古籍文献整理研究事业的发展。但令人惋惜的是，迅猛发展的步伐在 20 世纪 60 年代中期被打乱，甚至处于停滞状态。直到 20 世纪 70 年代末，随着民族语文和民族文化遗产保护与古籍整理政策的贯彻落实，民族古籍文献整理研究工作才得到各级政府的高度重视，这项学术研究工作才打开了新局面。民族古籍文献整理研究工作者审时度势，将整理研究工作推向前进：一方面，积极继承和弘扬传统文献学理论方法，开拓新资源，获取新材料；另一方面，充分借助网络、计算机等信息化工具，尝试新手段，使民族古籍文献整理研究的广度和深度都有了重大突破。本章将我国民族古籍文献整理研究史分为古代、近现代、当代三节，予以论述。

## 第一节　古代中国少数民族古籍文献整理与研究

我国古代，少数民族古籍文献研究的主体包括本民族研究者以及以汉族为主的其他民族研究者。特别是本民族研究者，不仅是研究者，更是本民族文字的创制者、使用者，也是古籍文献的作者、编者和读者，实践应用是他们研究本民族文字和古籍文献的最大动力。他们对本民族文字及其古籍文献所做的工作大致可以分为三类，即：文字的创制和改革；文字、文献的传承；文献的生产和传播，古籍文献的搜集、收藏与整理研究。

### 一、各民族文字的创制、改革与发展

关于少数民族古文字创制的最初情形和早期文字改革情况，多数是以民间传说形式流传下来的，因为与宗教信仰联系密切，往往被归结为"天赐""神授"，实际如何，后世并不清楚。尤其是其中的自源文字，更是如此。创制或改革情况据有史料记载的少数民族古文字，一般是依托已有的某种成熟文字，进行借用、改造或仿制。这类文字有藏文、傣文、契丹文、女真文、西夏文、八思巴文、满文、察合台文等。不管是传说还是历史记录，各民族先民创制和改革文字，一般都有比较明确的目的，也有一定的创制和改革的规则。由此可见，先民们已经对文字的作用、文字和语言的关系都有某种程度的理解。

例如，关于彝文及其书籍由来的传说之一："……图纳出世后，小时没文字，长大不识字，长到十五岁，善良的图纳，朝思又暮想：活在人世间，要是无文字，祖宗不认识，道理更不知，书籍和文字，究竟在人间？还是在天上？我要去寻找……天上六神主，把五卷理书，赠给了图纳。图纳善良人，接过五卷书，磕头又作揖，再把六神谢，拜谢后起立，脚板不落地，顺着一阵风，回到人世间。……"[①]彝族先民意识到"活在人世间，要是无文字，祖宗不认识，道理更不知"，有了文字，后人才能认识祖先，

---

① 《宋史》卷四八五，《夏国传上》。

知晓道理。传说反映出彝族先民已经初步认识到文字能够辅助和扩大语言的交际功能,而历史和文明正是由于借助了文字才得以代代相传。这一传说本身也是由于记录在滇南彝文文献《尼苏夺节》中而为后人所知的。

再如西夏文的创制,更是目的性极强,充分说明了创制者已经意识到文字是信息的载体,在文化的传播和传承上具有重大意义。《宋史·夏国传上》卷19记载的西夏文创制情况为:"元昊自制蕃书,命野利仁荣演绎之,成十二卷。字形体方整,类八分,而画颇重复。教国人纪事用蕃书,而译《孝经》《尔雅》《四言杂字》为蕃语。"而元昊创制西夏文的动机则是:"臣偶以狂斐,制小蕃文字,改大汉衣冠",实际上就是把文字创制当作一种政治手段,以此来标榜自己与中原宋王朝在文化方面的差异。

从民族文字的改革中也能看出少数民族知识分子对本民族的文字研究和认识。藏文自7世纪创制起至今,已有1000多年的使用和发展历史,先后经历过三次厘定。其中影响颇大、史籍记载也较为详细的是第二次厘定。这次厘定时间为公元9世纪初,是以噶瓦·白则、觉若·路易坚参、尚·益西岱等三大译师为首,带领一批译经师进行的。藏文史书《贤者喜宴》中记载,这次厘定废弃了藏文中难懂不便读的古词形式,代之的是易懂便读的新词形式,并将双唇鼻音字母的下加字腭化音字母、再后加字的强化音字母、单根基字垫音等取消,以减少音节中累赘的字母。这些改革,使得藏文更加简明,更能适应时代发展、语言表达的需要,最终为现代藏文拼写法奠定了坚实的基础。

再如满文的改革。1599年,清太祖努尔哈赤命大臣额尔德尼和噶盖创制满文,几乎完全借用现成的蒙古字母来拼写满语语音,甚至沿袭了其中一些缺点。清太宗皇太极意识到了这些问题,于是在1632年命令达海对满文进行改革。改进后的满文被称为"新满文"或"有圈点满文",改进前的满文则对应地被称为"老满文"或"无圈点满文",以示区别。新满文用在字母旁加圈或点的方法把老满文不能区分的音区分开,又新设计了一些字母来记录满语甚至外民族语言的语音等。这一系列的改进使得新满文具备了成熟文字的特性,形成了包括6个元音字母、24个辅音字母及10个专用以拼写外民族语音的字母的一套字母体系,基本做到"一字一音",而且书写规范,字形也与蒙古文有了显著区别。如果没有深入的研究,就无法对这种以借用他种文字为基础创制的民族文字进行改革,使之更好地适用于记录本民族语言,巧妙设计体现了古代满族知识分子对文字和语言之间关系的较深刻的认识。

## 二、各民族文字及其古籍文献的传承

我国各少数民族文字及古籍文献的传承有一些独具的特点，这些特点，是古代各民族知识分子为适应本民族自然和社会各方面条件，在文字和文献传承的过程中，发展起来的。由于特定历史时期的局限性，民族文字和文献早期的传承者往往是本民族的上层人士，包括喇嘛、毕摩、东巴等宗教活动从事者或是君主、头人、官员等统治者，文字和文献的作用往往也因此被人为过高抬升，甚或被神秘化，传承也因而常被限定在某些特定的小圈子里，显得分外与众不同。例如彝文及其文献的传承，就有独特的毕摩师徒相授方式。毕摩是彝族对祭师的称呼，在彝族传统社会中，是非常受人尊重的。毕摩一般是父业子承，职务世袭祖传，文献也随之代代相传。只有在毕摩人手不足、毕摩家族又后继乏人的情况下，才通过严格的推举，从非毕摩家族的子弟中选取品行端正、仪表堂堂者来充当毕摩学徒。毕摩授徒，往往只能在做法事过程中，或利用夜间及白日劳作间隙，因而学徒从师学艺相当艰辛，没有三年五载不能出师。学徒白天要为老师劳作，承担耕种、畜牧、樵采、炊餐等劳动，夜间才能在象征家庭，作为诸神灵、祖灵居住来往之处、人神沟通之地的火塘边随师学艺。比火塘边教学更具庄重、严肃意义的是祭场教学。老祭师在做法事道场时，也把弟子带上，一边作法，一边现场教授知识，并不因为教学而耽误工作的进行。徒弟则一边为老祭师效劳，一边留心学习，获取实践经验。毕摩授徒方式简单而严格，一般是先带领弟子逐句诵读，督促弟子熟记经文，再教认彝文。然后，在祭场现场教授做法事的程序及方法，最后指导弟子主持祭祀，直至弟子完全掌握技艺，方可出师。要求弟子狠下苦功，绝不能增删修改经文节句，也绝不能遗漏内容、残缺步骤、颠倒顺序或敷衍应付。古时的普通彝族民众，罕有通晓文字者。因此，在当时彝族社会中，除了毕摩之外，能诵读彝文文献，懂得天文地理、本民族及本家历史的人也备受推崇。彝族青年即使不当祭师，为了安身立命、出人头地，也愿意自发地向包括毕摩在内的老一辈知识分子学习。贵族阶层及上层人士的子弟则更享有被保送去学习彝、汉文化的权利，以维护统治集团的利益和统治地位。

## 三、各民族古籍文献的创作、辑录、翻译与编纂

少数民族文献产生的基本方式亦为创作、编辑、翻译。自创文献所表达的内容一般是本民族自有的文化内容。许多民族对本民族语言文字的使

用、自创文献的写作均有颇为深入的研究，这些研究成果一般保存在语言文字类民族古籍文献中，尤其是集中于这类文献中用于语文教学的古籍中。例如，傣文著作《萨普善提》(《音韵诠释》)、《嘎拉扎珊》(《至尊声韵疏稿》)是阐释傣文声韵结构和字母分类的早期文献，内容比较深奥，对于研究傣族语音史和文字史有重要的价值。再如托忒蒙古文文献《字母汇编》，成书于1649年，作者为托忒蒙古文的创制人咱雅班第达那·木海扎木苏。此书以两首诗为序，以七首诗为结束语，书中介绍了梵文字母、藏文字母及它们的转写规则以及胡都木蒙古文和托忒蒙古文字母。作者在研究这几种文字和本民族语言等方面造诣颇高，通过此书可以知道托忒蒙古文的创制原因，了解它的字母及正字法、正音法和对别种文字的转写规则等许多关键性问题。

在文艺理论方面最具代表性的少数民族古籍之一，是举奢哲所撰的《彝族诗文论》。此书为目前所知最早的一部古代彝族文艺理论专著，书中涉及当时彝族所有的创作体裁，内容主要包括诗歌及故事的写法，历史、经书的写法，还包括医药和工艺制作方面知识记录的方法。并指出一些很有益的写作原则，例如史书的写作必须强调真实性，而文学创作方面则在真实的基础之上还"可以有假想，夸饰也不妨"。此书对后世影响巨大，彝族此后的文人学者叙述历史文化、谈论经典学问、品评诗歌时，常把此书作为经典来引证。时至今日，此书的许多理论依然值得我们借鉴。与此书作者同时代的另一位彝族文艺理论家阿买妮，据其氏族家谱推测，他们生活的年代应在公元元年前后。阿买妮所著的《彝族诗律论》，是彝文典籍《把苏》(《训书》)中的重要篇章，也是有关彝族诗学理论的代表性论著。阿买妮所论述的核心为彝族的诗韵，她指出彝族诗韵共有韵目"四百七"、韵部"43"，并以彝文"天、地、日、月、星"等四十三个字的字音代表韵部，每部各举两篇诗歌为例，加以说明。书中彝语诗歌韵律描述明晰，因而对后世彝族诗歌创作和流传影响非常深远。

翻译文献所表达的内容则主要是外来文化的内容。一些民族对翻译很有研究，创造了系列行之有效的翻译方法。其中十分引人注目的是公元9世纪上半叶，赤松德赞统治时期对藏译佛经的翻译方法进行的探索与研究。大约在此之前两个世纪的公元7世纪，即松赞干布执政时期，佛教已经传入藏地，据说佛经的翻译也随之进行。经过几代藏王的大力提倡和扶持，到赤松德赞时，佛教经典译著已蔚为大观。但遗憾的是，译本优劣不一，名词、术语也各不相同，不便于阅读、传播。有鉴于此，赤松德赞十分重视佛经翻译方法的改进和提高译经水平。他首先解决人力和人才问题：一方面，在已有翻译人员中精选译师和大班智达，加强译经人员的培训；另一方面，从印度等地请进一批高水平的班智达，配合翻译。赤松德赞将优秀的译经师组成高层次的译场，并亲临坐镇。在这类高级译场中，翻译工作不惜工本，进行得非常审慎。由一人在堂前逐句宣读梵文原典，同时有三位译师分别执笔译出藏文初稿，再比对三种初稿，集其长处，写为定稿，抄写发行。为确保翻译质量，赤松德赞亲自组织领导，做了三件大事：厘定藏族文字、统一翻译标准、编纂译经目录。这次厘定文字是藏文三次厘定中记录较详细的一次。统一翻译标准后，出自噶、觉、尚等著名译师之手的藏译佛经不仅在当时成为译经的典范，其用词及行文特点也对后世影响极大。当时所编的《丹噶目录》是了解前期译经状况的重要依据，后来这部目录之书被收录在《藏文大藏经》中。

从少数民族数量众多的翻译文献中还可以看出，少数民族对外来文化具有浓厚的兴趣，往往持有宽容接受、谦虚学习的态度。以满文文献来看，在其翻译文献中，译自汉文典籍的占绝大多数，也有一些其他文字的文献。满文翻译文献内容包括政治、经济、历史、文学、宗教、军事、天文、地理、农业、制造等各个方面，涉及范围相当广泛，除了经世致用的实用型书籍，还有大量诗词、戏曲、小说等文娱性质的书籍。根据本民族的需要，满族译者在翻译时，早期（老满文创制后的后金时期）侧重实用性，所译书籍大都为《四书》《五经》《金史》《元史》；后期（尤其是入关前后）为满足文化需求及尽快了解中原、熟悉汉文化，译书种类极为丰富，尤以文学类译书最为突出。通过书籍的翻译和阅读，实现了民族间的文化交流和学习借鉴。

编辑而成的民族古文献，其内容则来自本民族和其他民族文化的情况皆有。以本民族文化为主要内容的文献不少，如西夏文类书《圣立义海》，此书共15卷，为西夏人自行撰述，体例与汉文《艺文类聚》略似，现存版本为西夏乾祐十三年（1182），由刻字司所刻印。再如，回鹘式蒙古文古籍《十善福白史册》，成书于至顺元年（1330），为元朝政治制度和法律、规定的汇编。此书详细记述了元朝行政机构和宗教机构的设置、职能，各种礼仪、祭祀活动规程，以及包括上至君主，下及黎民的社会各阶层人员的道德规范和行为准则。它是14世纪重要的历史、法规文献。为后人研究元朝政治法规及古代蒙古族哲学思想、道德观念提供了重要依据。以其他民族文化为主要内容，而由本民族编者编辑的书籍很少，属于这类书的有西夏人曹道安据汉文史料所集译的西夏文《新集慈孝传》《德行集》等。以其他民族文化为主要内容的少数民族古文献一般是直接翻译其他民族已编辑好的书籍，例如西夏文译本《类林》，满文译本《大藏经》《诗经》等。还有一些书籍在编著的过程中兼采不同民族文化的内容。比如回族学者刘智（约 1660～1730）编写的《天方至圣实录》，即以波斯文《忒尔准墨》为底本，参考其他资料编写而成。此书是穆罕默德的传记，共 20 卷，内容大致可分为三部分。第一部分为自"人祖"阿丹到穆罕默德的历史及穆罕默德年谱；第二部分是主要部分，叙述了先知穆罕默德的一生；第三部分为附录部分，其中的卷 19《天方圣国风土考证略》，汇集了中国历代书籍中有关阿拉伯的记载，卷 20 则汇集了明代以来关于伊斯兰教的一些碑文、序文等资料。

文献编辑汇聚往往还与文献收集、整理密切相关。规模恢宏的藏文《大藏经》可以说是最为典型的一个例子。这套佛教典籍从开始收集、整理、编纂到最终的制版、印刷，历经百年之久。元朝武宗海山当政时（1308～1311），颇为信重大师尊巴降央、欧巴洛赛益西等人，委托尊巴降央汇编经藏、律藏的藏译文《甘珠尔》及论藏的藏译文《丹珠尔》。欧巴洛赛益西、索南沃赛、江惹强秋绷等三人，全面收集抄本并编纂出西藏的第一套《甘珠尔》《丹珠尔》全集。当时苦于条件所限，未能印刷出版，仅有抄本。元末明初，大师布敦·仁钦珠（1290～1364）再次搜集整理《甘珠尔》和《丹珠尔》，增添了许多新目，并存放于夏鲁寺。此举促成了三藏的搜集风气，影响到泽塘、贡嘎、丹萨梯等地。明永乐十二年（1414），宗喀巴的得意弟子释迦也失代师应诏入京，被永乐帝封为大慈法王，深受青睐。永乐下令在南京以铜制版，印刷了数套《甘珠尔》《丹珠尔》，并将此藏文《大藏经》分别封赏给萨迦巴、噶玛巴、宗喀巴等大师。封赐给宗喀巴的一套由释迦也失代领，至今完好保存于色拉寺内。此版藏文《大藏经》为第一个印刷本，影响巨大，有力地推动了西藏的文化发展。

## 四、各民族古籍的制作和收藏

少数民族在古籍文献的制作和收藏方面因地制宜，有着适合本民族古籍文献的实际而行之有效的方法，在长期的古籍文献制作和收藏的实践中，形成各具特色的古籍制作、收藏、应用的具体方式、方法。正因为有如此行之有效的制作收藏方法，才成功地为子孙后代留存下大量的民族古籍文献。例如：彝族古籍的制作方法多为手抄，也有刻版印制的，与各民族古籍基本一致，但在收藏方式上有其特别之处。彝族把彝文古籍视为上苍恩赐的神物，非常珍重，其收藏古籍文献有着一整套独特的技巧，对古籍的保护效果显著。比较普遍的方式是采用专门的袋子收藏，装书的袋子除了皮质书袋之外，还有麻布袋或毛毡袋等。彝文古籍文献除了用书袋装好之外，还要以专用木箱收藏。为防潮湿和虫蛀，平时彝文典籍一般放置在能被火烟熏到的地方，避免受潮或虫蛀。收藏彝文古籍文献比较讲究者，先用斑竹的笋壳把古籍包扎起来，外用皮纸密封，再涂抹鸡蛋清用火烘干，然后收藏于火塘上方能被火烟熏到之处。取用经书时，每次都要焚香致礼、献酒祭奠。

　　少数民族古籍文献除了民间分散制作、收藏的方式之外，还有大量制作、收集且制度化管理的优良模式。如四川省甘孜藏族自治州的德格印经院。德格印经院，其全称为德格吉祥聚慧经院，被誉为"德格印经宗教宝库"，始建于1729年，距今已有270多年历史。藏有二百余部经典的木质书版，共20余万片，刻字约2.5亿。除书版之外，还藏有《大藏经》《宗喀巴全集》《汉地宗教源流》《四部医典》《诗例》《恶雍》（藏族乐谱）、《古茹体扎》（绘画专著）等大量各类古籍。在1949年前，德格印经院的传统管理方法即已相当成熟，一直严格遵循由创始人却吉·登巴泽仁和八邦寺活佛司徒·曲吉久勒所制定的《印经院管理规则》。该规则规定印经院的管理机构由院长、管家和秘书三人组成。他们的产生，由更庆寺堪布推荐本寺中藏文水平高、道德品质好并有一定组织能力和管理能力的喇嘛作为候选人，再提交管家会议研究决定，最后由德格土司任命。每届任期三年，经营管理有方者，则可连任。院长负责全院的行政事务和对外经营，包括任免组长、吸收和辞退工匠等权力。管家负责财务收支、验收印刷成品、供应印刷工具及原料、掌管仓库、支付工匠报酬等。秘书主管记账、制定全年收支预算、订立合同和处理来往信函等工作。德格印经院对于印版等设备和技术工匠的管理十分严格。各种印版雕刻完毕，必须经院长验收合格后，才能分类存放于库内的藏版架上。平时印版出入库房均要履行登记手续，存取时均须轻拿轻放。每年印刷时间，一般是从藏历3月15日开始，至9月20日止。为合理使用印版，尽量减小磨损，印刷文献的数量有一定限制，例如《甘珠尔》只能印25套，《丹珠尔》只能印20套，其余经典、文献的印量控制在十余套左右。每年印刷结束时，一定要将印版清洗干净，涂上酥油才准入库。全体人员都必须爱护印版等各种设备，如发生故意损坏者，由院长或土司予以制裁。同时还制定了印经院的防火、防潮、防虫等方面的规章制度。①

---

① 参看：http://www.degeparkhang.org/。

由于信息交流不便、对少数民族文化不够重视等原因，早期汉族知识分子一直对少数民族语言和文字缺乏认识，一直到宋代，才在著作中对少数民族古籍文献有零星提及，还远远谈不上研究。例如，《说郛》卷三八引了宋人王易重编《燕北录》上所抄录的几个契丹字，临摹的字形严重失真，可见临摹者并不懂契丹文。再如，汉字式的方块壮字，当时被称为"土俗字"，也是在宋人庄绰的《鸡肋编》、范成大的《桂海虞衡志》、周去非的《岭外代答》等作品中略被提及。这种少数民族语文不受重视的情况一直到元代才稍有改观。元朝政府兼用蒙古文、汉文、西夏文及藏文，甚至在一些诏书中也是如此。在这一点上，明清两代也受到影响，产生了一大批被统称为"华夷译语"的"杂字"体翻译手册。这批文献不仅包括我国的蒙、藏、维、彝等少数民族语言文字，还涉及诸如波斯、缅甸，乃至英、法、德、意等国的一些语言文字。此外，明人陶宗仪所著《书史会要》卷九，附带介绍了前代的几种少数民族文字，并摹写了少量文字样本。虽然内容不多，作者也未能掌握一手资料，但却是今天唯一能够见到的一篇对少数民族文字的综合介绍。明朝时直接抄录或引用民族文献原文的情况虽然依旧不多，但汉族知识分子已经越来越认识到少数民族文献的意义，把民族文献译为汉文并编入汉文文史书籍的情况也并不罕见了。例如，在《明一统志》《蜀中广记》《天下郡国利病书》等汉文书籍中都采录了从彝文典籍翻译而来的资料，《永乐大典》里收录了汉译名作《元朝秘史》，原稿为回鹘蒙古文的《蒙古秘史》。

## 第二节　近现代中国少数民族古籍收藏与整理研究

近现代对汉文古籍文献和各民族古籍文献的研究热潮，掀起于19世纪中期以后。这一研究热潮是在帝国主义列强对我国进行侵略，尤其是进行文化侵略以及文物掠夺的背景下产生的。当时，形形色色、数量空前的各类"洋人"蜂拥而至，他们以各种名目进入中国，打着探险家、旅行家、外交家、传教士的幌子，对我国少数民族聚居区，特别是西北地区的文物、文献进行肆无忌惮的掠夺，而民族古籍文献是他们最为垂涎的核心部分，因为民族古籍文献的搜集和研究是他们殖民主义总战略中文化侵略的重要组成部分。他们根据各民族古籍文献的记载可以了解中国的社会历史以及天文地理、风土人情，尤其是政治、经济、军事等各个方面。但这并非西方搜集和研究中国民族古籍文献的唯一动机。在他们当中也不乏真正的学者和一些宗教人士及民间文化交流的友好使者。于是除了文化侵略这一主要目的之外，还有一些出于学术研究、民间交往等方面的目的。

事实上，国外对我国民族古籍文献的研究远早于19世纪。欧洲人对于汉语文的关注大约始于明朝末年。以利玛窦和金尼阁对汉语的研究为开端，自17世纪下半叶始，欧洲人研究汉语文的著作层出不穷。其时，虽然国外学者对文字的理解远不及国人，但他们把汉字和其他文字一视同仁，撇开了中国传统的义理和说教，直接对符号本身进行研究，迎来了现代意义上的文字学的曙光。欧洲人开始瞩目我国少数民族，尤其是边疆民族语文的时间也并不比注意到汉语文晚。早在17世纪20年代到18世纪40年代的百余年里，就曾有多批欧洲天主教教士或穿越喜马拉雅山，或自我国内地来到藏区，进行长期的传教活动。借传教往来之便，搜集并带走了一批历史、宗教、民俗方面的藏文资料。类似情况一直持续到19世纪初。到了19世纪前半叶，与殖民主义活动肆虐的背景相适应，我国藏族古籍文献和其他民族古籍文献一样，流失的速度则急剧加快。

国与国之间、民族之间的文化相互交流、文献互通有无，在正常情况下，本来不应是一件坏事。中国由于是文明古国，是古代文化辐射的中心，古文献很早就开始通过宗教传播、政府间交流和民间贸易等正常交往的方式流传国外。期间虽也不乏巧取豪夺之事，但毕竟与在清末民初的情况不同。从19世纪初直至20世纪中叶，在积贫积弱、战乱频繁的中国，精神文化财富和物质财产一样，处于被疯狂掠夺和人为毁坏的境地。尤其是1842年《中英南京条约》、1860年《中俄北京条约》等一系列不平等条约签订之后，随着殖民势力大举入侵，中国各民族文献更是遭受了一场长时间的浩劫。

我国当时与国际社会脱节，从朝廷到民间，远未建立起文物所有国的国家主权意识。外国考察家、探险家于是得以长驱直入，所到之处上下官员一般都给以协助，不仅给予行动、发掘、考察的自由，还为他们提供交通运输、物资补给及劳工等多方面的帮助。在获取文物宝藏的强烈欲望驱动下，探险考察者们往往不惧环境恶劣，全力以赴获取并外运文物、文献，致使我国各种珍贵文物、文献大量流失，造成了我国学术史上难以弥补的损失。英、法、俄、德等国获取我国文物难以计数，近邻日本甚至出动军队，更是有组织、有计划地疯狂攫取。西方学者在接触到这些丰富的第一手研究资料之后，开始关注中国的各民族古籍文献，并在资料和现代学术研究方法的支撑下，迅速开始研究并取得进展。这大大刺激了中国学者的民族大义和学术志趣，从而极大地促使中国学者立即奋力投身到祖国文化宝藏的保护和研究之中，因对本国文化的热爱和娴熟，很快就打开了研究局面。为更好地梳理这段研究史，我们不妨以各民族资料原始的发掘区域为基础，对这一时期民族古籍文献的发现及研究情况进行分类考察，将这一时期流失海外的中国少数民族古籍文献大致可以分为五大类：一是西北地区的民族古籍文献，包括吐鲁番古籍文献、敦煌古籍文献、黑水城古籍文献；二是西南地区的民族古籍文献，包括藏族古籍文献、彝族古籍文献、傣族古籍文献、纳西族古籍文献等；三是东北及北方地区的民族古籍文献，包括蒙古族古籍文献和满族古籍文献；四是内地的古籍文献，包括政府档案、新发现甲骨文文献、公私藏书及文物等记载少数民族历史文化的汉文古籍文献；五是东南及南方地区的民族古籍文献，包括太平天国档案、台湾地方政府档案等汉文文献及一些当地少数民族古籍文献。在此，我们主要以少数民族文字古籍文献为考察重点，对汉文记载民族古籍文献不予具体述。

## 一、外国人对西北地区民族古籍文献的掠夺性搜集与收藏

近代对我国西北地区古籍文献进行掠夺性收集的有俄国、英国、法国、日本、德国等国。俄国借与我国接壤的地理条件之便，最早动手。1811年俄国人普丁谢夫进入中国新疆收集资料，拉开了西方疯狂收集西北地区民族古文献活动的大幕。在从19世纪90年代至20世纪30年代的30多年中，西方人对西北地区文化遗址的滥考乱挖达到极致，不仅盗运走了大量文物、文献，还彻底破坏了文化遗址的文化生态，使得文物、文献遭受损坏，文物、文献之间以及它们与出土地之间的联系被人为割裂，许多宝贵的历史信息从此被破坏、湮没，学术研究因此更加困难重重。这种损害在我国其他地区也同样大量地发生着，而以我国西北地区文物和古籍文献受害为最剧。

### （一）外国人对敦煌文献的掠夺性收集

敦煌莫高窟藏经洞（第17窟）所出的文献是敦煌文献的主要组成部分。1900年，道士王圆禄在敦煌莫高窟发现了封闭数百年的藏经洞。人们后来从中获得了汉文、藏文、梵文、龟兹文、于阗文、粟特文、突厥文、回鹘文等多种文字古籍文献及绘画、刺绣等文物，总计为5万余件。这批古籍文献产生的时间约为公元4世纪到公元14世纪，内容涉及社会生活的各个方面，以宗教典籍文献为主，另有不少世俗文献，包括官府文书和民间往来文书等。1905年，俄国人库什金第一个从王道士处骗取了两驮各种文字的写本和绘画，另一俄国人奥勃鲁切夫也骗得了一批文书。1907年，

斯坦因则在蒋师爷的帮助下入室挑选，盗走了24箱经卷和文书及5箱绘画和神幡等文物。1908年，精通汉学的法国学者伯希和又得王道士帮助而入洞，选走了全部精华，外运至巴黎。回国前，他曾在北京修裱展出，经中国学者上书清政府，部分文献被封存。后来日本大谷光瑞探险队又掠走900余卷，俄国人鄂登堡则盗走600余卷。1923年美国人华尔纳来华时，文献取无可取，于是剥走了面积达300多平方米的壁画。据不完全统计，敦煌藏经洞的文献总共约50000件，流失海外的大约为40000件。除收藏于中国国家图书馆的之外，流失海外的被分藏于十几个国家的30多个图书馆或博物馆。其中大宗收藏者主要有英国国家图书馆、印度国家博物馆、俄罗斯院东方研究所圣彼得堡分所和艾尔米塔博物馆、法国国家图书馆和吉美亚洲博物馆、日本龙谷大学等。

### （二）外国人对新疆吐鲁番等地古籍文献的掠夺性搜集

1897年，俄国人克列门慈率领探察队到达吐鲁番，对高昌古城和百余个佛窟进行了探察，搜集、盗运了一批壁画、铭刻和古籍文献。1909年，以俄国人鄂登堡为首的考察队进入吐鲁番，再次搜寻了高昌古城和近百个洞窟遗址，盗走大批文书、钱币、绘画、佛像和雕刻。1914年，鄂登堡又进入新疆，盗走柏孜克里克石窟的大量壁画，以及阿斯塔那古墓内的文物，数量最巨，共运走100多箱。俄国人所收集的这些吐鲁番文书现收藏于俄罗斯东方学研究所。1902年，德国人格伦韦德尔等在大资本家西蒙和克虏伯的资助下，来到吐鲁番，盗走了文书文物46箱。1904年，以勒柯克为首的探察队又对佛窟、佛塔和其他遗址进行了历时9个月的搜索，发现了大量的古文书、经卷、钱币、石刻等，并剥取壁画，共盗走文物、文献200箱。1905年至1907年春，格伦韦德尔与勒柯克合伙组成的第三次探察队，又到吐鲁番，共盗去文书文物204箱。1913年，勒柯克带队第四次来华，他们在吐鲁番、库车等地，分三批共掠走文书文物397箱。德人所获文书文物有一部分在第二次世界大战期间毁于战火，剩余部分现藏于德国国家图书馆、德国印度艺术博物馆。日本大谷光瑞考察队于1902、1908、1910年先后三次到新疆。大谷光瑞本人仅参加了第一次考察队，这次考察重点为库车以北的克孜尔和以西的库木土拉两处大型石窟群。第二次主要在吐鲁番的柏孜克里克石窟群及高昌、土峪沟、楼兰一带，盗取壁画、塑像、文书等。1910年开始的第三次考察长达四年，经过和阗、敦煌等地，并对吐鲁番的古墓重点进行了盗掘，席卷了大批出土文物文献。大谷光瑞考察队所获文献即后来的"大谷文书"，除了被零散卖掉的一些之外，主要部分现分藏于日本龙谷大学、我国旅顺博物馆和韩国汉城博物馆。众所周知的英国人斯坦因，他的几次考察前后历时19年。1900年来到新疆的和阗、尼雅，盗去一些公元1～3世纪的文书文物，其中有8封用粟特语写成的书信，是迄今发现最早的字纸，还有一些简牍和羊皮文书。1906年，他第二次到新疆，在尼雅发现了一个古代官邸遗址，其中有文书架和排列整齐的木简、账簿等文书，还在玉门关附近的驿站遗址挖出了300多片木简。1913年，斯坦因第三次来华，又到敦煌、黑水城、济木萨古城盗掘。1914年11月，转到吐鲁番，这一次他共盗得182箱文书、碑碣、墓志、壁画、雕塑等。1915年2月，他雇用了50匹骆驼，派人押运至印度。1930年，他第四次来华时，在我国文化界的抗议下，国民政府将他驱逐出境。斯坦因所获文书、经卷、文物绝大部分收藏于英国国家博物馆及印度国家博物馆。吐鲁番文献包括汉文、藏文、梵文、龟兹文、于阗文、粟特文、突厥文、回鹘文、佉卢文等多种文字文献。

### （三）外国人对西夏文古籍文献的野蛮发掘与肆意掠夺

西夏文创制于公元1036年，是少数几种明确知道创制时间和创制基本情况的民族文字之一。这一时期发现的西夏文物和文献主要出自黑水城遗址、甘肃宁武、敦煌莫高窟等处。黑水城遗址位于我国内蒙古自治区额济纳旗，是发现西夏文献最多的一处遗址。此处所出文献总量大约有十万页，其中西夏文占90%以上，汉文等其他文献数量较少。文献内容以佛教文献为主，世俗文献比例较小。1908至1909年，俄国人科兹洛夫率领的探险队在黑水城遗址发掘出大批西夏文古籍文献和其他文物，并将其全部运往圣彼得堡，古籍文献主要收藏于俄罗斯科学院东方学研究所圣彼得堡分所，其他文物则收藏于冬宫博物馆。1914年斯坦因也在黑水城遗址大肆发掘，所获文物文献藏于英国国家博物馆和国家图书馆。日本大谷探险队在吐鲁番等地所获的西夏文献现藏于日本天理图书馆。此外，斯文赫定所获的西夏文献则藏于瑞典斯德哥尔摩民族博物馆。1919年，灵武县出现了一批西夏文献和文物，发现者余鼎铭等人或转卖或赠送或私藏，使其流散到各地。当时发现的绝大部分西夏文献均流失于海外。

## 二、外国人对西南地区民族古籍文献的掠夺性搜集与收藏

我国西南地区的民族古籍文献非常丰富，包括藏文古籍文献、彝文古籍文献、傣文古籍文献、白文古籍文献及纳西东巴文古籍文献。

### （一）对藏文古籍文献的掠夺性收集

在西南各民族古籍文献中，藏文古籍文献具有历史悠久、体系完备、

数量巨大、种类丰富等突出的特点。于是成为最早被西方人注意到的民族古籍文献，早在17世纪20年代，他们就开始了对藏文古籍文献的搜集和外运。19世纪20年代，英国驻尼泊尔代办何德逊从拉萨运走全套藏文《大藏经》并赠予东印度公司；19世纪30年代，乔玛受东印度公司雇用，带走全套藏文《大藏经》及关于历史、宗教、民俗等方面的一批藏文资料；在1879～1883年，印度人达斯两次潜入我国藏族地区，盗走一批珍贵的藏文写本和刊本；1900年，俄国人策比可夫从拉萨带走了大批藏文文献。因为历史和宗教等多方面因素，我国境内的藏文文献的使用和收藏并不止于藏族聚居地区，而是分布较广，因而在这一时期，从敦煌、新疆、北京等地也有藏文文献大量流失到海外。

(二) 对彝文古籍文献的掠夺性搜集

从19世纪60年代开始，彝文古籍文献成为西方国家掠夺的对象。1867年，法国人杜达尔·特拉格来、安邺德、拉波特、儒贝尔、托雷尔等相继从越南进入云南。其中以特拉格来所到之处最多，他从元江河谷到大理，再转凉山会理，又到昭通、大关，再去宜宾，沿途搜集了彝族地区的人文、自然、语言、文字等方面的资料，其中就有彝文古籍文献。1890年法国亲王奥尔良深入彝区，曾到过四川凉山和云南思茅、蒙自一带，搜集了一大批彝文手稿，运送给巴黎东方语言学会图书馆。法国人沙尔雅，也曾到云南武定、禄劝一带复制彝文碑刻，并从汉人手中搜集各种彝文碑文和彝文典籍。法国人保禄维亚尔在云南石林一带彝区传教期间，也收集了不少彝文古籍文献。

### 三、国外对东北地区民族古籍文献的收藏

我国东北地区的民族古籍文献包括契丹文、女真文、蒙文、满文等多种文字古籍文献。

(一) 对古代民族古籍文献收藏

契丹文和女真文作为古代民族文字曾长久被湮没在历史长河中，成为失传的古文字。后人可以看到的这两种文字的资料都很稀少，大部分是一些碑铭文献，契丹文的发现始于位于内蒙古赤峰市巴林右旗，当时辽庆陵被盗掘之后，闻风而至的比利时传教士凯尔获得辽兴宗及仁懿皇后哀册。

(二) 国外对蒙古族古籍文献的收藏

蒙古族曾经用过几种不同的文字。最早是13世纪初以回鹘字母为基础创制的回鹘蒙古文，后来的1269年则由八思巴以藏文字母为基础创制了八

思巴蒙古文，1648年则有卫拉特部那木海扎木苏改进了回鹘式蒙古文而创制的托忒蒙古文，其间的1589年，还有喀喇沁部阿尤喜创制的翻译佛经时用于转写藏文及梵文的阿利伽利字母。自13世纪初至今，蒙古文献一直处在不断发展的过程中，文物和文献资料蕴藏丰富，除我国的收藏量为世界之首以外，蒙古国、俄国也藏有大量蒙文古籍文献，德国、丹麦、美国、法国、瑞典、芬兰、英国等国也有一些蒙古文典籍文献藏品。其中的《甘珠尔》《丹珠尔》等宗教文献被许多国家收藏。史书《蒙古秘史》和史诗《格斯尔》《江格尔》等文学典籍以及法律文献《卫拉特法典》等，都为世人所瞩目。《卫拉特法典》早在18、19世纪就引起了国外学者的关注。1778年，德国人巴拉勒斯整理出版了《蒙古族历史资料》，其中全文收录了该法典的译文。1880年，俄国人戈尔斯·通斯基也翻译出版了俄文译本。

（三）国外对满文古籍文献的收藏

满文曾作为清代的官方文字之一，使用范围很广。因此，满文古籍文献数量相当巨大，其内容更是丰富多彩，早已引起外国人的格外关注。在满文典籍和文献资料中被外国人最为关注的当属其中的档案文献。英、美、日等国，先后从我国掠走了满文档案。这些流失在国外的满文古籍文献，主要藏于英国公共档案馆、美国国家档案馆、日本东洋文库等。各国博物馆和图书馆也有大量收藏。

## 四、国内外对各民族古籍文献的发现与研究

（一）国内外对敦煌吐鲁番文献的发现与研究

由于地域相近，当地各民族之间交流密切，学界往往都把敦煌文献和吐鲁番文献联系起来考察，合称为"敦煌吐鲁番文献"。因为这些资料发现的时间密集，而且总量巨大，很快引起了学界的关注，国内外许多学者都做过研究，并有许多成果问世。例如：德国米勒、冯加班的4卷《回鹘文献研究》，勒柯克的3卷《高昌出土突厥语摩尼教文献研究》，班格、冯加班的6册《突厥语吐鲁番文献》；俄国拉德洛夫刊布的回鹘文佛经《十方平安经》《观世音菩萨》《金光明经》《回鹘语文献集》，马洛夫的《古代突厥文献》；土耳其的拉赫马《突厥语吐鲁番文献》（第七卷）等。国内学者也对回鹘文献做了一些研究，例如张维的《陇右金石录》介绍过《大元肃州路也可达鲁花赤世袭碑》《有元重修文殊寺碑》等，但将其上回鹘文皆误为蒙古文。向达则在十年后于《西征小记》文中对前者做了翔实记述。再如敦煌所出的藏文文献，与敦煌吐鲁番的其他种类民族文献比较

而言，并不算少，而与藏文文献的总体对比来看，又只是一个小小的组成部分，于是研究者往往将它们与其他藏文文献结合起来，作为一个有机整体进行研究。但出于收藏的要求，对敦煌藏文文献，多有单独的目录。例如，藏学家布桑为英国国家博物馆所藏敦煌藏文文献编纂了《印度事务部图书馆藏敦煌藏文写本目录》；拉露则为法国国家图书馆编纂了《巴黎图书馆藏敦煌藏文写本目录》。敦煌所出的这些藏文文献还有一个区别于其他地区的特点，就是其中往往有少量卷子会由两种或三种语言写成，在藏文卷中包含有汉文或于阗文、回鹘文等片段，包含汉文的卷子数量最多。这种情况应该是受到当地多民族杂居的社会状况的影响。至于存世量稀少、解读难度较大的佉卢文献、焉耆—龟兹文献、于阗文献和粟特文献，这一时期的研究工作只是艰难起步而已，研究成果并不多，且亦多停留在资料刊布或转写及个别文本的简单翻译阶段。例如，波义耳（A. M. Boyer）、拉普森（E. J. Rapson）、塞纳特（E. Senart）等合作，在 *Kharosithi Inscriptions, Discovered by Sir Aurel Stein in Chinese Turkestan* 一书中转写刊布了斯坦因在新疆所获的佉卢文献，拔罗（T. Burrow）则在此书出版十年后，出于语言学研究的需要，简单英译了文献的一些部分；焉耆—龟兹文献收藏于德国的部分由西格（E. Sieg）、西格林（W. Siegling）在 *Tocharische Sparachreste A* 和 *Tocharische Sparachreste A* 两书中整理刊布，法国的藏品则由勒维（S. Lévi）在 *Fragments de Medicine et de Magie Texte* 书中整理刊布；于阗文献则有贝利（H. W. Bailey）所著的 *Khotanese Texts* 和 *Dictionary of Khotan Saka*；粟特文方面则可见本维尼斯特（Emile Benveniste）、西蒙斯·威廉斯（N. Sims Williams）、亨宁（W. B. Henning）等人的一些研究文章。

### （二）国内外对藏文古籍文献的发现与研究

国外对藏文文献的研究除了对收集品进行整理编目之外，还有编著字典等工具书和翻译解读具体文献及对文献进行综合研究等方面的工作。例如，乔玛（AlexanderCsoma de Koros）早在1834年即已编著了《藏英字典》《藏文文法》；图齐（Giuseppe Tucci）则用意大利文、英文、法文等多种文字撰写了《拉萨与藏传佛教》《梵天佛地》《1933年西藏西部科研考察日志》《西藏的宗教》《西藏考古》等十几部著作，另有相关论文近百篇。

### （三）国内外对彝文古籍文献的收藏和研究

19世纪末，外国学者开始在彝区搜集到一批彝文典籍之后，随即对彝文古籍文献进行介绍和研究，并有一些论著先后问世。如《华西的倮字》（1882）、《倮倮及其韪书》（1882）、《云南倮倮文研究》（1899）、《倮语研究论文集》（1899）等。还出现了一些在彝族文化研究方面颇有建树的学者，如法国人亨利·科尔迪埃于1909年在他所主持的《随报》上发表了他的研究论文《倮倮的现时形态问题》，文中不仅综述了当时国外学者对彝族文化的学术研究情况及其研究成果，而且还具体论述了彝文在历史上的使用。美国学者哈里·伏兰克在他的著作《华南漫游记》中比较客观地介绍了彝族的情况。文中称彝文为"诺苏文"，并说："这种文字单音节，有五音，无字母，是表意字而不是表音字，比汉文更简单，很有点像史前的象形文字。"保禄维亚尔在云南路南彝区生活了30年，他专心学习彝族语文，能说一口流利的撒尼彝语，对彝族的社会历史与语言文字进行过调查研究，特别是在彝文典籍的整理研究方面做了很多开创性的工作，在当时影响很大。他把彝文原著翻译为法文之后，以彝文和法文对照形式公开出版。如《宇宙源流》一书中收录了《大地起源》《洪水泛滥》等彝文经典。他著有《倮倮的历史·宗教·习俗·语言文字》《云南彝族文字研究》《彝语语法》《法倮字典》等书。他的论著引起了许多学者的重视，为当时的彝族文化研究提供了大量的实地调查资料和文献依据。法国文学院根据他的学术成就，授予他文学博士学位。20世纪初，国内学界掀起研究西南地区民族古籍文献的热潮。如杨成志、丁文江等学者对彝族地区进行了深入调查，并对彝文古籍文献进行了搜集整理和研究。特别是抗日战争时期，随着高校和科研机构向西南地区的迁移，大批国内学者在西南地区积极开展彝文古籍文献的调查研究工作。例如：马学良在此期间，深入彝区为国家大量收集了大批彝文古籍文献，并对一些重要彝文古籍文献进行整理研究，取得了丰硕的学术成果。

（四）国内外对纳西东巴文古籍文献的收藏与研究

国际上对纳西文献的关注始于1867年。这一年，在云南传教的法国传教士德斯古丁斯将一本东巴经《高勒趣招魂》寄往巴黎，这本书仅有11页，却成为西方收藏的第一本纳西文献。此后的1880年至1890年，旅行家阿里埃斯·亨利也到纳西族地区收集东巴经，并于1898年将之整理结集出版。1904年至1922年，英国植物学家乔治·福莱斯也在做植物考察工作之余，收集东巴经。此后，还有美国人约瑟夫·洛克及昆亭·罗斯福等人对纳西文献也进行了收集。洛克的部分收集品后来被德国国家图书馆购买、收藏。20世纪初，国内的纳西族学者方国瑜受刘半农委托，收集纳西文古籍文献。陶云逵、芮逸夫、闻宥、吴泽霖、傅懋勣等一批学者考察了纳西族地区，并大力介绍纳西文化，画家李霖灿等人则有计划地学习东巴文，收集东巴经典。

(五) 国内外对女真文和契丹文古籍文献的收藏与研究

金代的"郎君行记碑"为金人沿用契丹字而造，该碑记的发现与研究，纠正了学界此前将此碑误为女真大字，并因而将金代"进士题名碑"误推作女真小字的谬见。综合看来，这一时期发现的契丹文资料有兴宗及仁懿皇后、道宗及宣懿皇后哀册等，中外的主要研究著作及拓片照片均收录于金毓黻所编六卷本《辽陵石刻集录》中。女真文资料较之契丹文资料稍丰，有《女真译语》《大金得胜陀颂》《进士题名碑》《奴儿干永宁寺碑》《奥屯良弼诗碑》《庆源碑》等，研究者则有威廉·格鲁（W. Grube）、渡边董太郎、田村实造等国外学者和罗福成、王静如等中国学者。

(六) 国内外对蒙古文和满文古籍文献的收藏与研究

总的说来，在外国人大肆掠夺性搜集我国各民族古籍文献之际，国内的专家学者也开始关注各民族文字的古籍文献。如：罗振玉父子和王静如等国内学者开始研究西夏文献。其中，伊凤阁发现并研究了西夏文和汉文对照的字典《番汉合时掌中珠》，使得人们有可能凭借这一突破性的重要发现来解读西夏文献，为其后开展西夏文古籍文献的整理研究奠定了很好的基础。又如石钟健收集白文古碑、铜像铭文及拓本等，来研究白文的结构；岑家梧对水书进行了调查统计；云南大学则刊印了张镜秋、李拂一等译注的老傣文文献。随着国内外学者的调查研究的深入，各种民族文字的大量古籍文献被发现。通过对新材料学术价值的敏锐判断，中外学者更加关注各民族古籍文献资料。将研究兴趣和精力转向对民族古籍文献的搜集和初步处理，主要工作包括确定文献基本性质，并进行大致的分类和简要介绍，只有少量的古籍文献获得解读。不妨把这一时期的民族古籍文献研究称之为"以资料为导向"的研究阶段。在此阶段除了文字研究、文献解读之外，还涉及一些语言学方面的研究，但综合运用各种文字资料以解决诸如哲学、历史学等其他学科的问题的情况还比较罕见。

随着调查研究工作的深入，在民族古籍文献的搜集、整理、收藏的基础上，在具体文献的解读方面，开始有一些突破，比较完整、特征明显、有代表性的一小部分文献逐步获得解读。在这个阶段文献解读主要有两种途径：对于当时还在使用中的文字古籍文献，由该民族通晓此种文字的知识分子解说古文献含义，学者则在了解文献的基本意思之后，以规范的现代学术研究方法进行翻译，并以校勘、考证、注释等传统知识处理解读中的问题。不少学者在这个过程中甚至很快学会了民族语言和文字，可以独立阅读、分析、处理相关文献。例如，研究彝族语文的马学良，研究纳西文献的李霖灿等。对于那些人们称之为"死文字"的已经不再使用的古文字，具体文献的解读则遵循另一途径，即：借助现在还在使用的"活语言"和文字来理解这些曾被历史湮没的文字信息，借助与此类古籍文献相关语言的亲属语言加以认识，或者借鉴与此类古文字同源或同类型文字的例证，训释这类古文字古籍文献的内涵。例如，人们对印欧语系语言的理解就是吐火罗语的坚实研究基础，而对粟特文献的解读，亦要借助与之相关而此前人们已经较为了解了的文字。此外，还可以借助现在尚能够阅读的文字的译本或原本，与这类古文字文献的原本或译本进行对比，从而解读这些翻译文献，并借助对这些翻译文献的理解，来理解这些文字和相关语言，解决这些古文字文献中的自创文献的问题。现代还在使用的语言和文字就成了学者们在研究途中跋山涉水的桥梁和拐杖。例如：汉文古籍文献或汉文与其他文字的对照的古籍文献在这类古文献的解读中起了至关重要的作用。比如我们可以根据汉文本的《金光明经》来解读其西夏文译本或回鹘文译本。而对于藏于法国国家图书馆的一些由两种或三种文字写成的藏文写本，我们也不妨参考它们的藏文、汉文内容来解读中间的于阗文、回鹘文片段。由此论之，这一时期的研究工作及其成果，在理论和方法以及具体实践方面为后来的民族古籍文献的翻译整理和理论研究打下了坚实的基础，并创造了良好的条件。

## 第三节　当代民族古籍文献的整理与研究

20世纪50年代以来的民族古籍整理和研究工作，可以大致分为四个阶段：一是1949年至1966年，为民族古籍整理和研究工作的快速兴起时期；二是1966年至1978年，为民族古籍整理和研究工作的停滞时期；三是1979年到1990年，为民族古籍整理和研究工作的恢复和崛起时期；四是20世纪90年代以来，特别是进入21世纪以后，为民族古籍整理和研究工作的稳步发展时期。

### 一、民族古籍文献整理研究工作的快速兴起时期

1949年至1966年为各少数民族古籍文献整理研究工作的快速兴起时期，在这个时期民族语文工作领域认真贯彻执行党的民族平等政策，使民

族语言文字事业欣欣向荣。这一时期少数民族文字古籍文献也受到平等对待，逐渐开始被人们认可和重视。从20世纪50年代开始我国政府十分重视民族工作。为了解少数民族生活状况和民风民情，中央派出若干个访问团赴民族地区访问。当年中央各访问团陆续访问了西南的云南、四川、贵州，西北的新疆、甘肃、宁夏、青海，北方的内蒙古及东北的黑龙江等少数民族聚居的地区。访问内容涉及政治、经济、文化、教育、卫生等各个方面，参与工作的不仅有政府工作人员，还包括一大批学者，其中不乏民族研究方面的高水平专家。虽然调查内容与民族古籍文献相关的并不多，但已经成为一个良好的开端。为表达感激和爱戴之情，一些少数民族把本民族视为珍宝的古籍交给中央访问团，赠送给国家。这部分古籍后来被收藏于中央民族大学和北京民族文化宫。继中央访问团之后，国家又组织了少数民族语言文字调查队，分头深入少数民族地区，调查各民族语言文字，少数民族古籍文献的情况也被包括在调查的范围之内。调查队征集了一些少数民族古籍文献，这些原始资料后来被保存于中国社会科学院民族学与人类学研究所和中央民族大学。学术界逐步把民族古籍文献作为民族语言文字研究的重要内容对待，于是这个时期民族古籍文献研究逐渐向独立的学科方向发展，民族古籍整理工作得到迅速推进。一是出现了民族古籍研究的专门机构，例如贵州毕节地区的"毕节地区彝文翻译组"。该翻译组在这个时期编译了《西南彝志》《六祖纪略》《水西全传》《德布史略》《德施史略》《洪水泛滥史》《寻医找药》等25部彝族典籍，共计约80万字。二是各少数民族古籍的整理成果大量涌现。如蒙古族的《江格尔传》《四部医典》、藏族的《格萨尔》、维吾尔族的《帕尔哈德与西琳》、壮族的《暸歌》、苗族的《苗族民间文艺资料》、侗族的《侗族大歌》、布依族的《布依族文艺资料》、纳西族的《创世纪》、柯尔克孜族的《玛纳斯》等。三是在民族古籍文献的整理抢救之外，民族文献资料的大量收集，还促使学术界出现了利用少数民族文献资料进行研究，以及将少数民族文献与汉文资料结合映证以进行学术研究的新风气。例如，云南民族大学历史系编写了《云南史料目录解题》《元代云南行省傣族史料编年》《二十四史中有关民族史资料汇编》《中国少数民族古代史》《中国少数民族近代史》《彝族史》《傣族史》《白族史》《中国历代疆域图西南考释》《历代在云南的汉族移民》《明代云南土司》《傣族在历史上的地理分布》等论著。

## 二、民族古籍文献整理研究工作的停滞时期

1966年至1978年,为民族古籍整理和研究工作的停滞时期。令人遗憾的是,正当民族古籍文献整理研究工作日益走上正轨、局面欣欣向荣之时,由于当时对传统文化和古籍文献的认识方面出现偏颇,极大地影响了民族古籍文献研究事业的进程。许多重要的民族古籍文献与其他文化遗产一道,被列入"破四旧"之列加以横扫。再者少数民族古籍文献中的有些内容确实涉及宗教信仰,有的甚至包含迷信思想,这使其难免成为被否定、破坏的重点目标。这一时期对民族古籍文献研究工作的损害主要可以归纳为以下几个方面。

一是全盘否定民族古籍文献及其研究工作。把民族古籍文献定性为"四旧""封建糟粕",对民族古籍文献进行大量收缴和销毁,造成民族古籍文献数量锐减。将民族古籍文献研究工作视为反动行为,十多年的民族古籍文献研究成果彻底被推翻。

二是对民族古籍文献研究者进行迫害和打击。不仅对研究者的论著进行批判,还对研究者本人进行人身攻击。许多学者专家的著作被禁毁,本人也被剥夺研究工作的权利,被扣上"反动学术权威""封建主义代言人"等帽子,被送到农村进行劳动改造,甚至被关押起来,使得他们被迫中断学术研究,浪费了宝贵年华,给民族古籍文献研究学科造成了难以弥补的巨大损失。

三是对少数民族的民间祭师、知识分子等古籍使用和保存者进行迫害、打击。这些民间人士因为曾经从事过宗教活动或懂得民族古籍知识而被视为封建迷信的传播者,被打成"牛鬼蛇神",惨遭批斗、游行。迫害之深重,甚至殃及家人亲朋。一些民间祭师及老知识分子撒手人寰,幸存者也视民族古籍文献知识的传承为畏途,不敢再做民族古籍文献的保护、整理、收藏工作,也不愿再协助学者专家进行学术研究。

## 三、民族古籍文献整理研究工作的恢复与崛起时期

1978年到1990年,我国在文化建设和学术研究方面开创了新的局面,民族古籍文献的整理研究工作在这一大好形势下,被真正提上了议事日程。1981年中发第37号文件《中共中央关于整理我国古籍的指示》,对古籍整理工作做了全面部署,首先肯定了古籍文献的文化传承价值,把古籍工作提高到继承文化遗产、关系子孙后代的高度。强调不仅要以传统方法来整理古籍,还要实现古文今译、古为今用,尤其要在青少年中进行民族

古籍文化知识的普及，要培养一批古籍整理的专业人才，对古籍文献进行保护抢救，对流失海外的民族珍贵古籍则要促成它们的回归等。少数民族古籍文献作为中华民族古籍文献的重要组成部分的地位得到进一步确立。国家民委向国务院呈递了《国家民委关于抢救、整理少数民族古籍的请示》，国务院对此做了批示。1984年国办发第30号文件《国务院办公厅转发国家民委关于抢救、整理少数民族古籍的请示的通知》，明确指出：少数民族古籍是祖国宝贵文化遗产的组成部分，抢救、整理少数民族古籍是一项十分重要的工作。各地、各有关部门要加强对这项工作的领导，并在人、财、物方面给予支持，为从事这项工作的专门人员创造必要的工作和生活条件。要注意培养这方面的人才，把抢救、整理工作做好。国家民委随即出台了一系列相关政策。党和政府对这项工作的关心支持，使得民族古籍文献整理研究工作迅速开展起来。

1982年初，李一氓任组长的国务院古籍整理出版规划小组恢复工作，制订了1982～1990年古籍出版的九年规划。相应的古籍工作机构也在各地陆续建立。1983年教育部召开高等院校古籍整理研究规划会议。1983年，全国高等院校古籍整理研究委员会成立，由周林任主任，中央民族大学学者张公瑾作为民族院校专家参加了委员会的工作。委员会的任务是组织全国高等院校系统地对古籍进行整理研究。1984年，在国家民委设立了负责少数民族古籍工作的专门机构，全国少数民族古籍整理出版规划领导小组由国家民委副主任任英兼任组长，领导小组下设办公室，负责民族古籍工作日常运作。这一机构的设立，为民族古籍工作在全国的开展提供了组织保证。由此，中国少数民族古籍文献整理研究工作进一步走向正规。

为适应各民族古籍文献整理资源合理安排的需要，在政府相关机构的带动下，经国家民委批准，成立了"藏文古籍协作会""蒙古文古籍协作会""彝文古籍协作会""壮文古籍协作会""朝文古籍协作会""满文古籍协作会""回族古籍协作会"等全国性学术团体。这些协作会虽然非实体，没有专职人员、办公地点及专项经费，但在中国少数民族古籍文献整理工作中起了积极作用。促使民族古籍文献整理所需资源的合理配置，许多全国性的民族古籍学术研讨会都依托它们来举办，许多重大项目都由它们来分工合作。各地政府相关机构也出资出力，为各个协会的出版、会议等方面提供经费保障，各协会因而多年来保持着旺盛的生命力，切实推动了民族古籍工作的发展。

民族古文字及文献的研究组织中，必须提到的一个团体是"中国民族古文字研究会"。该学会成立于1980年，标志着各民族文字研究有了一个协作交流的共同的学术平台。该学会在它成立至今的30多年的历史中，不仅在民族文字的研究方面而且在民族古籍文献的整理研究方面均做出了巨大贡献。学会会员既有普通研究者，也不乏各领域的高水平的专家，编写和撰写了大量学术著作和论文，培养了一批新的研究人员。而且，在民族古文字、古籍文献和民族文化知识的传播普及方面也做了大量工作。

总之，在这个阶段，少数民族古籍文献的价值得到高度重视，政府出台了一系列政策方针，由上而下，建立了一整套相关机构，搭起了古籍整理工作的大框架，使中国少数民族古籍文献整理研究工作得到全面恢复和初步发展。可以用当时提出的"三救"方针，即"救书、救人、救学科"概括这个时期的中心工作和首要任务。由于民族古籍文献整理研究的根基是民族古籍文献资料，没有它们，研究工作就无从进行，而这些宝贵资料历经磨难，已经大量损毁佚失，因此，"救书"被放在首位。主要的人力物力被放在这方面，第一次全国少数民族古籍整理出版规划会议后，民族古籍文献的征集工作即在全国范围内展开。各民族古籍工作相关的政府部门、科研机构、学术团体、博物馆、图书馆、档案馆乃至学者个人和业余爱好者都积极行动起来参加"救书"。大量的民族古籍和文献、文物资料从民间征集上来。例如，四川省民委和文化局仅1982年3月就从甘孜藏族自治州征集藏文典籍12600包，唐卡2000多幅，鎏金铜佛像近700尊。与此同时，"救人"和"救学科"的工作也在紧锣密鼓地进行。一方面，积极为在政治运动中遭到迫害后被迫离开教学科研岗位的专家学者和民族民间知识分子落实政策、恢复工作，并提供必要的工作和生活条件；另一方面，在高校和科研机构建立相关学科部门，大力培养民族古籍文献整理研究的高级专门人才。学科建设在人才培养和科研工作逐渐深入的过程中得到不断发展、完善，例如：中央民族学院（现中央民族大学）于1982年开办彝文文献专业，1986年又开办面向全国招生的综合性的民族古籍班。随后，一些民族院校也陆续开设了民族古籍专业。一些新的民族古籍研究机构正式成立，一些原有的科研机构也增设了民族古籍研究方面的分支部门，例如：丽江地区成立了以研究东巴古籍为主的丽江东巴文化研究所（现丽江东巴文化研究院），云南红河州民族研究所下增设了古籍研究室。民族古籍文献专业从民族语文、民族文学及民族历史等相关专业中分离出来，成为一门独立的学科。

**四、民族古籍文献整理研究工作的稳步发展时期**

1990年以来，民族古籍整理研究工作在之前十余年的恢复基础上，进入了稳步发展时期。这一时期,首先是对民族古籍文献整理的目标有了更清晰的认识。整理民族古籍文献,不仅是一项为学术研究提供翔实文献资料的工作,一项研究各民族历史和文化的工作,更是一项培养爱国主义、增强民族自信心和凝聚力,有利于国家建设和民族团结的重要工作。其次是在保护和整理研究方法上进行了有意义的探索。为解决各地民族古籍整理工作各自为政,发展不均衡,协作不充分的问题,在第二次全国少数民族古籍工作会议上,做出了编纂《全国少数民族古籍目录》的决定。经过多次讨论草拟了《全国少数民族古籍目录》编写方案,后改为《中国少数民族古籍总目提要》。1997年,在海南举行了编写纲要论证会,对方案进行了修改完善。报经国家民委批准后,进入实施阶段。编纂工作至今仍在进行中,已有《纳西族卷》《白族卷》《哈尼族卷》《羌族卷》《东乡族卷》《裕固族卷》《保安族卷》《土族卷》《撒拉族卷》《回族卷》《锡伯族卷》《柯尔克孜族卷》等已正式出版发行。在实施过程中,举办过《中国少数民族古籍总目提要》编纂培训班,壮大了民族古籍文献研究队伍。在编纂的实践中,逐步厘清了民族古籍的定义、分类原则,基本摸清各地民族古籍的保存与流传情况。

20多年来,除了由政府全面提供人力、物力、财力保障的全国范围的大型研究项目以外,各地在开展各种学术研究活动和实施各个重大项目,尚能灵活运用各种方法获取必要的资源。例如,为解决项目经费的困难,丽江东巴文化研究院采用财政担保、银行贷款的方式筹集经费,出版了《纳西东巴古籍译注全集》,开运用计划经济与市场经济手段相结合,运作大型民族古籍出版项目之先河。在这一时期,我国民族古籍文献整理研究工作有了长足进展并取得了丰硕的成果。据不完全统计,已整理的民族古籍书目达11万种,出版整理成果3000余种。其中许多是价值很高,影响颇大的书籍。既有具体古籍整理译注成果,其中有以一部古籍的整理成果独立出版的,也有集几十部或上百部古籍整理成果进行系列出版的。例如:《彝文〈劝善经〉译注》《爨文丛刻》(增订)、《江格尔》《格萨尔王传》《正教真诠》《布洛陀诗经译注》等;又有工具书和理论研究书籍,例如:《古壮字字典》《梵藏大词典》《彝族经籍文化辞典》《彝文字集》等和《彝文古籍整理研究》《云南少数民族古籍文献调查与研究》等;还有大量的古籍目录或古籍文献资料整理汇编的成果,例如:《布达拉宫典籍目录》《彝文古籍目录》《全国满文图书联合目录》《黑龙江少数民族历史档案汇编》《历代土家文人诗选》《中国傣族史料辑要》《蒙古文献丛书》;还有口传文史资料的收集整理,例如:裕固族《神奇的皮袋》、瑶族

《盘古歌》、土家族《梯玛歌》、苗族《古老话》、达斡尔族《传统民歌》、仡佬族《哭嫁歌》、侗族《侗鼓》、傈僳族《丧葬歌》、锡伯族《萨满神歌》、哈尼族《哈尼阿培聪坡坡》等。除对各民族古籍文献进行研究之外，对全面的情况也做了研究，例如，《中国少数民族古文字图录》《民族古文献概览》《中国少数民族文字古籍整理研究》《中国少数民族古籍集解》等。人才培养和学科建设方面也有长足发展。主要体现在，一是民族古籍专业的开设和细化。例如：出现了"藏文文献专业""满文文献专业"等。二是开始对民族古籍高层次人才进行培养，例如，中央民族大学取得了中国古典文献学硕士、博士研究生的学位授予权，设立了南方民族古籍整理研究、北方民族古籍整理研究、古籍整理与传统文化研究、古籍整理信息化研究等研究方向，培养从事各民族古籍文献研究的高级专业人才。

特别是进入21世纪以后，随着我国改革开放力度的进一步加大，政治、经济、文化各方面发展速度随之加快。民族古籍整理研究工作也进入一个飞速发展的新时期。在这一时期，一是党和政府对古籍整理研究工作继续重视，并针对新形势下古籍保护面临的新问题，对古籍保护工作做了全面部署。2007年，国办发第6号文件《国务院办公厅关于进一步加强古籍保护工作的意见》强调了古籍是中华民族重要文明成果和人类文明的瑰宝，对促进文化传承、联结民族情感、弘扬民族精神、维护国家统一及社会稳定具有重要作用，保护工作具有高度的重要性，是建设社会主义先进文化，贯彻落实科学发展观和构建社会主义和谐社会的客观要求。指出了目前面临的"底数不清""古籍老化、破损严重""修复手段落后""人才匮乏""珍贵古籍海外流失严重"等突出问题。要求贯彻"保护为主、抢救第一、合理利用、加强管理"的方针，完成如下主要任务和基本目标："十一五"期间，大力实施"中华古籍保护计划"和"十一五"国家古籍整理重点图书出版规划，全面、科学、规范地开展保护工作。对全国公共图书馆、博物馆和教育、宗教、民族、文物等系统的古籍收藏和保护状况进行全面普查，建立《国家珍贵古籍名录》；完成一批古籍书库的标准化建设，命名"全国古籍重点保护单位"；加强古籍修复工作，培养一批具有较高水平的古籍保护专业人员。通过努力，逐步形成完善的古籍保护工作体系。

为贯彻落实这个文件，国家民委和文化部针对少数民族古籍保护工作联合发文《国家民委、文化部关于进一步加强少数民族古籍保护工作的实施意见》，强调了做好少数民族古籍工作的重要意义，并指出了"少数民族古籍工作面临的保存条件差、修复手段落后、人才匮乏"等问题。指出了近期少数民族古籍工作的重点："继续做好少数民族古籍的抢救、普查、登记、整理、翻译工作；高质量地完成《中国少数民族古籍总目提要》的编纂、出版任务；建立少数民族古籍保护与资料信息中心；建立少数民族古籍文献人才培养与科学研究基地；加快少数民族民间口传文献传承人的抢救工作；加强少数民族古籍保护工作，建立完善的保护制度。"并对具体实施需要注意的"健全工作机制、保障经费投入、加强人才队伍建设、加大民族古籍市场监管力度、加强工作宣传力度"等方面做了有针对性的指导。落到实处就是做好"国家珍贵古籍名录"的少数民族古籍部分的评选工作。确立了适合少数民族古籍具体情况的评选标准，使得保护工作得以顺利实施。少数民族古籍文献研究工作的迅速跟进，使学界掀起了翻译、整理、研究珍贵名录收录的古籍文献的热潮。中央民族大学在第三期"211工程"中，把这项工作列为重点项目之一，组织校内有关文种专家学者分头进行整理研究。

　　随着经济、科技的发展，国家综合国力的提高，我国民族古籍整理研究水平也整体有了提高。一是民族古籍整理除了零星的单行本之外，还出现了大量大型丛书。例如，纳西族的百卷《纳西东巴经全译集》、彝族的百卷《彝族毕摩经籍译集》、傣族的百卷《中国贝叶经全集》以及西夏文献的《中国藏黑水城文献》《俄藏黑水城文献》等。二是研究方法趋向规范化和国际接轨。许多文种文献的研究已居世界领先水平，深得各国专家的认可。三是利用现代技术研究民族古文字及其古籍文献。尤其是利用现代信息技术和网络信息传播手段来进行研究工作和推广研究成果，更是自1990年以来的一大亮点。例如，藏文、蒙文、维文等民族文字实现了计算机编辑录入。一些收藏机构将民族古籍文献原件拍成照片，做成数据库，并在网络上公开展示。例如，中国国家图书馆的IDP"敦煌吐鲁番文献"项目中，将馆藏部分古文献，包括西夏文献等少数民族古籍文献集合成数据库，实现了网络查询和传播。一些政府机构和研究机构则将民族古文字和古籍文献研究成果做成网页，进行宣传和知识普及。民族古籍文献研究者和民族文化爱好者可以借助互联网获取所需的相关信息和研究资料。随着电子信息与科学技术的普及应用，进一步加强了民族古籍文献研究工作的信息化建设，通过网络的互联互通，实现了民族古籍文献信息资源的共享。从而推动了我国少数民族古籍文献整理研究工作的全面发展，使之出现日渐繁荣的可喜局面。

# 第六章　中国少数民族古籍文献整理

对中国少数民族古籍文献进行整理，不仅是继承弘扬各民族优秀传统文化和丰富中华文化宝库的重要任务，也是为现代精神文明和物质文明建设服务的迫切需要。为了让更多的现代人读懂古代各民族文字的书籍，并更好地为各学科领域的研究提供翔实的文献资料。要实现各民族文化资源共享和加强各民族之间的文化交流，就必须采取不同的形式和方法，对民族古籍文献进行科学的整理。为此，民族古籍整理工作者，根据我国民族古籍的实际，借鉴和参考其他学科的理论和方法，对我国少数民族古籍进行科学整理，并在专业工作实践中，逐步形成自己的整理形式与方法。将其归纳起来，主要有：古籍的裱糊、装修、影印、标点、校勘、翻译、注释、汇编以及编目、分类等。本章重点对民族古籍的编目及著录、译注底本的选择与校勘、翻译和注释，予以分节论述。

## 第一节　中国少数民族古籍的编目著录

对古籍的编目著录是对整个民族古籍文献进行系统整理研究和深入开发利用的古代文献资料的基础工作。

### 一、中国少数民族古籍编目的意义

编目是整个民族古籍整理系统工程中最重要的基础工作。通过编目，古籍整理工作者能够系统全面地了解民族古籍文献的数量、种类和大致内容，并为进一步整理民族古籍提供线索和依据。民族古籍收藏单位通过编目，一方面正确地揭示、反映、宣传自己所藏有的民族古籍，使读者迅速、准确地检索，以得到所需要的资料，让蕴藏在民族古籍中的丰富而有价值的资料得到充分的利用，为现代精神文明和物质文明建设服务；另一方面，做好民族古籍的藏书保护工作，使各民族宝贵的文化遗产得以安全、完整的保存，使其不受损失和毁坏，而有利于长期使用。民族古籍馆藏部门及有关单位的编目工作做好了，对民族古籍进行标点、校勘、翻译、注释、辑佚、汇编等整理工作将会提供良好的选书条件。因此，编目工作在整个民族古籍整理工作中有着重要意义。

民族古籍卷帙浩繁，广大读者从各自的需要出发，会对古籍的阅读和利用提出各式各样的要求，如果靠自己到书山文海之中去翻检所需要的古籍文献，那是十分困难的，甚至是不可能的。这就必须用编目的手段解决问题，通过民族古籍馆藏单位编制目录、并提供的目录服务，可以使读者不见原书就能按图索骥，迅速地查找到自己所需要的民族古籍，节省大量的时间。与此同时，还可以通过古籍目录的帮助，搜集到与自己研究课题相关的文献资料，对各学科领域的研究都带来极大的好处。所以民族古籍目录既是揭示民族古籍内容的重要形式，又是宣传民族古籍的学术价值和指导阅读民族古籍的有力工具。因此，搞好民族古籍馆藏及编目工作，充分发掘古代的民族文化典籍，做到古为今用，是民族古籍馆藏单位和民族古籍整理工作者的一项重要任务。

## 二、古籍著录与目录组织

参考和借鉴我国传统的编目著录方法，结合民族古籍的实际情况和编目工作实践，按照由著录法和目录组织法所组成的完整的编目法，可以将民族古籍的编目著录工作分为两个基本步骤：

第一步，古籍著录。按照一定的方法记录一部古籍，就是将这部古籍的内容和形式及其特征，按照一定的方式和方法记录下来。以便古籍管理人员和研究人员及读者通过记录内容了解和确认这部古籍。使著录内容在目录中起到揭示古籍、宣传古籍的作用。在著录时供著录者遵循的方法称之为著录法（条例），按照著录法所编辑而成的每一条记录（写在卡片上）叫作一条款目。通常把这项编目基础工作，谓之著录款目或编写卡片。民族古籍的形式特征，如：书名、著者、版本以及篇幅多少等，在一定程度上也能帮助读者确认和选择利用。民族古籍在著作、出版以及抄写、印刷等方面的情况较为复杂。有的民族古籍除了正式书名之外，还有别名、简名，在同一部书里题名不一；有的书前后异名；有的书书名不完整，或没有书名，不能反映书的内容特征；有的民族古籍，其著者情况、著作方式也与普通图书题法不同，版本事项更是纷纭复杂，需要详细阅读。此外，在认真准确地揭示古籍内容、确实反映古籍形式特征的同时，对著录的语言文字也必须做出规定。即：语言必须简明扼要，通顺易懂，文字应当使用正体楷书，注音字母转写或音标使用要准确。古籍著录的格式也应当整齐划一，人工书写卡片时，书写民族文字要工整、清楚，使人容易辨认。古籍著录是一项细致、复杂，科学性很强的工作。因为古籍著录的质量直接关系到其目录的质量，所以应当引起编目工作者的高度重视。

第二步，目录组织。按照一定的组织形式，将编写好的古籍款目组织起来，使之形成一套有逻辑性的体系。这项具体编目工作称之为排卡片或目录组织。在组织目录时所遵循的方法称之为目录组织法。从整个编目著录的过程来看，目录是由款目组成的，而款目又是通过著录产生的。因此，目录质量的好坏，除了取决于组织方法是否科学、合理以外，很大程度上要取决于古籍著录的质量。在著录民族古籍时，其著录的事项必须能够准确地反映古籍文献的内容价值和主要形式特征，只有这样，才能使读者和古籍管理人员通过目录中的著录内容，了解这部古籍的主要内容及其评价。古籍经著录之后，需要将所著录的款目（卡片）按照一定的体系组织排列为一个整体。

组织目录要根据民族古籍编目的任务和特殊性，既要参考普通图书馆目录编排时，通常设书名、著者、分类、专题等四种目录系列的做法，更要借鉴我国古籍目录组织中，一般采用分类目录、书名目录、著者目录三种或根据馆藏特点和读者需要，另组织专题目录的先例。以往古籍目录形式，主要有两种：一为书本式目录，一为卡片式目录。

书本式目录是我国传统的编目形式，这种形式的优点在于占地小，携带方便，读者不到图书馆就可以通过目录书查找到自己需要借阅的图书；也有利于开展馆际互借，促进古籍文献的流通使用。但是，书本式目录也有他的缺陷。如：从编制到印刷成书需要的时间较长，不断增添的新书也不能及时地反映到目录中去，只有通过编新目录书，或者补编的方式才能与读者见面。加之书本式目录如果发现有错漏，也不能及时改正，只能等待重新编目时方可解决。

卡片式目录是现代图书馆普遍采用的目录形式。卡片式目录以每张卡片为一个独立单位，编排比较灵活、方便。若增添藏书，可以随时在目录系列中增添新款目，发现著录错误或排列错误，也可以随时修改和抽换，都不会影响目录的整体。但是，卡片式目录也有缺点，不仅占地面积大，而且不能携带，只能局限在馆内使用。

以上两种目录形式，各有优点和不足。如果二者配合使用，可以相互补充。以卡片为草稿，编好卡片式目录后，又将卡片上的内容过录到书本上，形成书本式目录，就可以流传得更广泛。如中国善本书总目就是采用书本式目录，先由各省、地区图书馆用卡片编制草目，然后将卡片送交总编小组，分为经、史、子、集、丛五大部类，汇总后正式出版书本式目录。国家图书馆古籍馆民族语文组的彝文古籍编目，就是采用卡片目录和书本目录、机读目录并用的编目形式。

总的说来，民族古籍编目工作的理论和方法与普通书籍，特别是汉文古籍的编目原则，基本上是一致的。

### 三、古籍著录的意义与著录事项

著录的意义在于正确描述每一部民族古籍的形式特征和基本内容，以便古籍管理者和读者具体确认和了解每一部民族古籍。对于著录哪些事项，才能充分揭示一部民族古籍的问题，我国传统的古籍著录经验为我们提供了重要的参考依据。如清人孙从添在《藏书纪要》一书中对古人编著目录的事项做了较好的总结："藏书四库编目最难，非明于典籍者，不能为之。大凡收藏家，编书目有四，则不致错乱、颠倒、遗漏、草率。检阅清楚，门类分晰，有条有理，乃为善于编目者……编大总目录，分经、史、子、集，照古今收藏家书目行款，或照经籍考、连江陈氏书目，具为最好。可谓条分缕析、精严者矣。前后有序跋。每一种书分一类。写某书若干卷、某朝人作。该写著者、编者、述者、录者、注者、解者、集者、纂者各写清，不可混书。是宋版、元版、明刻、宋元钞、旧钞、明人钞本、新钞本，一一记清。校过者写某人校本。下几本、几册、有套、无套……"民族古籍编目工作的理论和方法及其基本原则与普通书籍，特别是民族古籍的编目原则与汉文古籍的编目原则，基本上是一致的。其具体的著录事项与汉文古籍的著录事项亦大体相同，可以概括为以下各项。

#### （一）题名与责任者项

题名是一书的代表，是认识一部书的起点，读者凭借书名查阅图书，所以揭示民族古籍的第一步，就是正确记录书名。著录古籍时，书名项除了书名之外，古籍的卷数、回数也包括在内。卷数、回数能反映一部书的内容以及此书与其他书的区别。它是书名项不可缺少的组成部分。

责任者是题名相对应的著作人及参加著作人的有关事项，包括著者的时代、姓名和著作方式。标出著作人的时代，可以反映这部书的时代性，还可以区别不同时代的同姓名著者。所以著录民族古籍时，应把作者的生活时代搞清楚。然而目前民族古籍有的既无著者署名，也无著作年代及时间的落款，考证起来极为困难。因此在著录民族古籍时在填写记录著者项时要十分慎重，既要大胆考释，又要严格把关。著作方式是指著者对这部书的写作所负的具体责任。汉文古籍的著作方式比较复杂和特殊，一部古籍往往有多种著作方式。如撰、注、辑、校、修、钉、增、续等。这些著作方式直接反映着书的内容的性质，所以著者项内要包括著作方式。有时一个著作者对一部书兼有两种或两种以上的著作方式，有时一部著作有两人以上著者或副著者。如注释、集校等。

（二）版本项

是描述古籍的版本类型和版本附加说明。古籍版本类型一般有稿本、写本、抄本、刻本、活字本、钤印本、石印本、珂罗版印本等。版本附加说明包括版次、彩色套印、活字制字材料等。如：刻本，套印。许多古籍由于版本不同而产生内容上的差异，从而影响到书的价值。所以著录版本项的目的就在于正确描述所著录书的特征以便区别本书与其他版本，并使读者能通过这项记载识别清楚版本。

（三）出版发行项

是古籍出版发行有关的信息。记载一部书的出版情况。关于一部书籍各个出版事项是该书区别于他书的重要特征。出版发行项包括的内容是出版者名称、所在地区及地址及其有关的出版年代信息。出版者和发行者名称是包括官府出版机构、书坊、书斋等，是将这部书整理雕版付印公布于社会的，以及个人写书所题的个人姓名等；出版者、发行者地址是出版者详细通信使用的地址；出版时间是指刻版、写书等的准确时间，若古籍既有刻板时间，又有修版时间都要著录。

（四）稽核项（载体形态项）

是记录一部书外形方面的特征。即古籍文献的现存数量及单位。如：册数、页数（轴、卷）、函数；古籍中有关插图或其他载体信息；古籍文献载体的外形尺寸；古籍文献的附加资料或附属资料等附件。如：装订形式、附图等更为详细的内容。

（五）丛编项

是被著录古籍所属丛书及其该丛书多层次之间的隶属关系。它包括被著录古籍所属丛书的题名、并列题名，以及其他丛编题名信息。如：副题名、种数、总卷数、编数、集数、辑数等。被著录古籍所属丛书的责任者。

（六）附注项

对著录项目做进一步陈述说明，它涉及古籍文献内容和物理形态各个方面的附注。如本书内所附的附录材料，关于书名、著者以及版本等项的补充。书内如有别人的题签，名人手笔识语，藏书家的藏章印记，善本书刻印流传经过，以及关于本书的特别说明，如：有没有修补、残缺不全等都是这一事项应著录的内容。必要时，在这一项内还须列出全书细目。丛书目录需在附注项内列出子目书名，卷数和著者。

（七）提要项

也称作解题。提要项是向读者提供所著古籍的内容概要和评介知识，由编目工作者根据书的内容，并参考有关文献资料编制的，它需要概括地介绍本书大意，著者生平事迹，著作经过，以及版刻流传情况。

除以上事项外，为了读者检索和内部管理工作的方便，每条款目还需要做索书号，它是文种号、分类号、书号组成的。这些登录项目，称之为图书馆业务注记。

为了保证著录的质量，编目人员对著录的各个环节和注意事项都要有比较清楚的了解，并遵照一定的程序，有步骤、有条理地进行著录。尽量在编目工作开始之前，从目录整体出发，对各事项做出明文规定，以免使所编目录前后分歧，彼此互异。首先应制订一份编目条例（规则），包括著录和组织目录两部分，使编目人员有所依循的标准；其次，应定出款目，各个著录事项和款目上字体的写法；又次，根据本馆的性质、任务、藏书特点，规定应编制目录的种类，因而确定一书应编写的款目数量。

有了上述几项明确的规定，就可着手进行编目工作了。在具体著录一部书时，还须注意，不要拿到一本书后，即忙于动手去做。因为有些古籍因多年积压，未经清理，或经搬动、倒库等造成了一部书散乱的现象。有些大部头的书，因没有函套，很容易被分散放置，而不在一处。有的书在入藏时就是一部残本等。因此，拿到书后，必须仔细检查，先把它理顺。是否为一部完整的书，还是原来入藏的就是一部残本。通过清理，使之尽量整齐以后，再进行著录。如果入藏时，强调凑全，可保持其原状，予以著录。这就是拼部的工作，此项工作很重要，不应忽视。然后，还须通过目录进行查重，了解该书是某一种、某一书的不同版本、或是已经入藏的复本。无论哪种情况，入藏时都应进行著录。对每一部书的内容大意、形式特征做认真分析，并按照条例，对每一事项，都要经过详细考查、审慎著录。写出款目的草片后，最好有专人进行审校，检查著录是否完善、确切、有无错、漏；字体书写是否清晰、工整，格式是否符合规定等。经过详细校对后，方可正式编制款目，这才算完成了一部书的著录工作。

将各个著录事项反映到一张具体的款目上，形成下列格式：

卡片格式（一）段落式

| 索书号 | 题名项（书名，卷数）<br>著者项（著者时代、姓名、著作方式）<br>出版发行项（出版地、出版者、出版时间）<br>稽核项（册数、函数、图、页面尺寸、价格）<br>附注项<br>提要项 |
| --- | --- |

卡片格式（二）段落符号式

| 索书号 | 题名项（书名，卷数）/著者项（著者时代、姓名、著作方式）．－版本项（稿本、写本、抄本、刻本等）．－出版发行项（出版地、出版者、出版时）<br>稽核项与丛编项（册数或卷数∷图；尺寸＋附件．－丛编名/丛编责任者）<br>附注项<br>提要项 |
| --- | --- |

例如一部汉文古籍按以上两种格式著录如下：

卡片格式（一）

| 索书号 | 荀子　二十卷<br>（战国）荀况撰，（唐）杨倞注<br>清光绪十年（1884）遵义黎氏翻刻宋淳熙八年（1181）台州刻本<br>四册一函<br>本书是古逸丛书零本 |
| --- | --- |

卡片格式（二）

| 索书号 | 荀子·二十卷/（战国）荀况撰；（唐）杨倞注，刻本，清光绪十年（1884）遵义黎氏翻刻宋淳熙八年（1181）台州刻本<br>四册一函<br>本书是古逸丛书零本 |
| --- | --- |

民族古籍文献的编目既要参考汉文古籍的著录格式，也要根据不同文种和不同文献载体种类的实际，采用符合民族古籍文献自身特点的著录格

式。以彝文古籍卡片式目录和书本式目录为例。

卡片格式（一）

| 111<br>历史<br>444—1 | ꀀꀁꀂꀃ<br>（清）久者抄写<br>云南省禄劝县皎西乡很踏卡村，清乾隆三十四年（1769）牛年8月抄<br>34页；20cm×27cm，线装<br>避血光经<br>本书从左往右行序，无句读，本书题名残，题名根据447号同名书校对后拟订。 |
|---|---|

卡片格式（二）

| 111<br>历史<br>444—1 | ꀀꀁꀂꀃ<br>（清）久者抄写.-抄本.-云南省禄劝县皎西乡很踏卡村，清乾隆三十四年（1769）牛年8月<br>34页；20cm×27cm.-线装<br>避血光经<br>本书从左往右行序，无句读，首尾残；本书题名残，题名根据447号同名书校对后拟订。 |
|---|---|

书本式目录的一条款目

444—1

ꀀꀁꀂꀃ

避血光经/（清）久者抄写.-抄本.-云南省禄劝县皎西乡很踏卡村，清乾隆三十四年（1769）牛年8月.-34页；20cm×27cm.-线装.-本书从左往右行序，无句读，首尾残；本书题名残，题名根据447号同名书校对后拟订。

## 四、古籍著录的要求

在著录古籍的要求方面，汉文古籍工作者根据古代书籍的实际，已归纳总结出一系列的条款，为我们著录民族古籍提供了借鉴和参考的依据。

**（一）书名项的著录要求**

1. 依据正文卷端第一行所题书名著录。

2. 一书有多卷，各卷都题有不同的书名，如有总书名，著录时应以封面或书名页等处所题总书名为书名。若无总书名或查不出总书名，可以各卷端所题顺次写出。

3. 一书有异名或前后名称不同。著录时，以卷端所题书名为依据照录，可在附录页内说明本书之名。

4. 书名前带有钦定、御纂、新刊、绣像、增广等某些冠词，照原书所题照录，不应省略。为了组织目录的需要，可以将冠词用括弧括起来，排列目录时，可以不计算在内。也可不将冠词括起，排目时计算在内，同时多做一张款目，省略冠词排列。

5. 书名前带有"皇朝""国朝"等冠词，一般是照原书所题著录。有时为查阅方便，在"皇朝""国朝"后面加著具体的朝代名。用括弧括起。

6. 一书卷端只题篇名，不题书名，即"小题在上，大题在下"。著录时以卷端下方题书名为准，而不应以卷端题篇名为书名。

7. 原书上找不到书名，各家目录也查不到，可由编目人员审其内容，参考其他书籍自拟书名。凡自拟书名，必须在附注项内注明。

在书名项的著录内容中，除了书名之外，还应当包括卷数。卷数是检查一书全、缺，版本异同的重要根据之一。

（二）卷数的著录要求

一般情况下，在书名之后，直接根据本书所题卷数照录。不分卷的书，可以著录"不分卷"或"一卷"，也可以不著录卷数。其具体著录要求如下。

1. 一般的原则是，在书名之后，直接据本书所题卷数照录。不分卷的书，可以著录"不分卷"或"一卷"，也可不著录卷数。

2. 一书内有卷首。卷末、补遗附录等独立成卷，不与正文统一计算时，如其内容著者、版本均与本书相同，著录时，在书名正文卷数之后，依次著录不要加起来计总数。如书内所附其他材料或著作。其版本同而非同一著者或同著者而版本不同时，著录时，只著录书名正文卷数，其他材料应在附注项内分别按书名、卷数、著者依次注明。

3. 一书中目录的卷数，不计在正文之内，单独成卷。著录时，将目录的卷数写在正文卷数之后。

4. 书内一卷之中，又分子卷，如：上、中、下或上、下卷，著录时，可作为一卷计算，不再分别著出子卷卷数，子卷情况可在附注项内说明。

5. 古籍章回小说，书名后应著录回数，既有回数又有卷数时，应同时并录。

6. 残卷的书，可将种数、回数、卷数按实存数计算著录，在数字前加一"存"字。在附注项内注明本书实际应有的卷数、种数、回数以及残存数字。也可在书名项内著录应有的实际数字，在附注项内说明本书现残存的卷数。

7. 一部书分成各集，题有总书名及总卷数，著录时，以总书名及总卷数著录后，必要时，可在附注项内分别将子目书名、卷数著出。

8. 一部书分成各集，而不具有总书名和总卷数，著录时依次分别著出书名和卷数。

（三）著者项的著录要求

首先，要著录著者的时代。即：书的著者是哪个朝代的人，在著者姓名之前写出。只写明朝代，不用再写具体那个朝代的帝王时代。如（明）赵南星撰、（清）沈元沧编，不用写明万历、清康熙等。对于跨时代的著者，要做具体分析，考证后确定时代。一般可以卒年为依据，定著者时代。如黄宗羲生于明末卒于清初，著录时可定清。有时则需要根据作者的生平事迹及其著述活动的代表时期来定所属朝代。如冯梦龙生于明万历年间死于清顺治间，各家著录均定为明。对于一个著者采用何种标准确定朝代，编目工作者从一开始就应确定下来，避免发生同一著者而时代不统一的现象，造成目录的混乱。如果著者是现代人（辛亥革命后），可不著录时代。

其次，要著录著者姓名。在古书中著者的署名比较复杂，著录时应当勤于考察并做耐心细致的分析，确定著者后应写正式名字，不用写字、号、别名、室、斋名。如果书内只题字号、别名而其真实姓名确实考查不出，著录时也可依原书所题著录。但需在前面冠一"题"字。具体著录要求如下。

1. 凡书中题著者姓名前冠有籍贯、官衔、职务、封爵以及字号。别名等，著录时应一概排除，只写著者姓名。

2. 以政府机关（衙署）名撰辑的书籍，著录时应以机关（衙署）为著者。

3. 伪书著者或著者佚名的书，一般可不著录著者，也可照传统的题法著录，前冠"旧题"二字。

4. 注解类古书一般都是著者与副著者连题。先秦、古籍有些不属于某个人的著作，而且各家的原著又已派生出一系列传记、注疏等。这类古籍著录时，可以直接著录注解人。

5. 历代帝王的著作或有帝王参与著作活动的书，著录著者时，应写其本名，并加录其庙号。凡做决定后，应遵循始终。

6. 僧人的著作，著录著者姓名时，应写其法号并在时代后边加一（释）字。

7. 二人合著的书，著者姓名应并录，三人以上合著的书，只著第一人姓名，并在其后加一等字，不必将所有的著者都列出。

8. 外国人著的书，著者姓名前应将其国别著出，并加一括弧。

9. 合刻多人著作，如书名反映著者姓氏时，在著者姓名项内应将姓名完全著录。

10. 一部书的著者情况判断不清，或书内不题著者，需要查阅有关工具书帮助参考拟定著者，并在附注项内说明本书由编目人员据某书所题拟定。如通过参考书仍不能确定著者时，可在著者项内写"原书不题撰人"。

**（四）著作方式的著录要求**

通过著作方式，可以了解一部书的内容、性质，也可以说明著者对这部书所实际负有的责任。古籍中著作方式的标识比较复杂，有传、说、解、诂、述、学、义疏、注疏、集解、批点等。一些名词概念也与现代图书的习惯题法不尽相同，著录时应该注意有一个统一的规定，如对古籍不称著而称撰。

古籍中经常使用的主要几种著作方式：

撰（著）：作者就一个问题全面、系统地阐述自己的意见。

编：将多种著作加以编排组织另成一书。

辑：集录散见的书或文章汇成一书。

注：对另一部书的内容、文字等进行解释。

修：政府机关主持编纂书籍的人，一般常题修。

纂：一般对奉公编、著的书，负实际责任者常题纂。

敕编：奉封建帝王命令所编著的书，一般常题为敕编、敕纂、敕撰。

著录著作方式各种名称的依据是原书所题，一书有原著、有编、修、注等多种方式的均应一一照录。有的古籍书名本身带有著作方式，这在分析书名项时已提到了。这种书在著录著作方式时应注意与书名所题相互呼应，不要发生矛盾，使读者辨识不清，影响了对书籍的研究与利用。例如：《春秋公羊经传解诂》一书是汉代何休做的注，也就是书名所题的解诂。这是书的主要内容。著录著者时，可以直接著（汉）何休撰（或解诂）。

**（五）版本类别的著录要求**

一书是雕版印刷，活字排印，或是翻刻、重刻、石印、影印J体、摹拓本等情况，均需注明清楚，下面分别说明。

（1）凡是雕版印刷的古籍，其版本类别项内可直接著录为刻本或刊本。这是古籍通常的印刷方法。

（2）活字本：著录时应写明是哪一种活字。如果是木活字本，可简著为活字本。

（3）摹拓本：凡是摹拓的金石、碑碣，以及印谱都可为拓本。印谱如为钤印，应著录为钤印本，又可具体著录为朱色拓本（朱拓本）。如果能确定摹拓的年代，应著录清楚。

（4）影印本：影印书可直接著录为影印本，但应尽可能著明原书版本，即影印时所依据的底本。

（5）钞（抄）本书均著录为钞本。可根据纸张行格颜色具体著录为朱丝栏抄本或乌丝栏抄本。抄本书也应尽量著明其所依据的版本。

书的重刻本、递修本（递刻本）、增刻本、翻刻本（影刻本）均应分别著录清楚。

**（六）出版发行项的著录要求**

1. 出版年的著录要求

古籍的出版年就是刊刻的年份。著录出版年时，应以刊刻的时间为出版年。

（1）一部书在若干年后，仅增刻了序或附录，而在正文方面没有增删改易，著录时仍以原刻年份为出版年，在附注项内注明有某某年补刻序、跋或附录。

（2）原书以干支记载年、月，著录时不用干支而应一律换算成公元纪年。外国的刻本著录原书刻印的年、月之后，应注明我国的年代，并且在年代之后再注明公元纪年。

（3）刻书时间跨越两个朝代年号时，在年号的下边加一个"间"字，仅在一朝内而又不知具体年份时，可不用"间"字以避免混淆。出版年在二年以上者，著录起讫年；年份较多，相距较远者，可只著录朝代年号。

（4）书内没有题出版年，确切的出版年代又无从查考，应就可能识别的范围定出版年的最下限。

（5）书内没有题出版年，只有序、跋文的年代，参照刻风、字体、纸张等条件确认刻书时间与序年大体一致时，可以序年做出版年，但在著录出版时间时，应写明某某年（序），并在附注项内注明。古籍出版年代的著录，在版本项中占有重要的地位，刻印的时代早、晚，直接关系到这部书的版本优劣，同一书内容的异同，因而又直接关系到该书的学术价值。因此，著录古籍的出版年，一定要仔细考查、辨别。特别要注意不能机械地依序断年。

（6）古籍如经重刻，应以重刻年为出版年。但须尽量著录其原刻年份。如果查考不清原刻年，可只著录重刻年。

2. 出版地和出版者的著录要求

（1）出版地是指刻书所在的地点，出版者是指将书籍整理付刻公布于社会的人，亦即一书的刊刻者。刊刻者包括机关团体、书店和个人。书中如有出版地的记载，应著录于出版者之前。如果出版地不详者，可以省略不著，只著出版者。

（2）凡个人刻印的书，应著录出版者的籍贯、姓名或斋、堂、室名。由机关或书店刻印的书，应注明其机关名称。

（3）书中没有记载刊刻者、修补者或重印者姓名，而题有藏版人时，可以藏版人为刊刻者著录。

## 第二节　民族古籍译注底本的选择与校勘

### 一、译注底本的选择

民族古籍文献在历史上几经厄运，破损、焚毁和散佚都极为严重，能有一部分免难幸存，实为不易。因此，当今尚存的每一本民族文字古籍或每一页民族古文字书写的文稿，乃至每一件铸刻民族古文字的器物都显得十分珍贵，应当很好地收藏和妥善保存。可是对这些文化遗产进行整理时，不能一概而论，也不能见书就整理出版，见文便翻译注释，总得有个轻重缓急或优劣差异的问题。为了按计划、有步骤地整理民族古籍文献，首先要解决如何正确选择译注底本的问题。根据民族古籍文献的实际情况和整理条件，可把以下几点作为优先选择译注底本的主要依据。

其一，要选择具有重要学术价值和实际应用价值的民族古籍文献做译注底本。民族古籍文献中有许多不但具有学术研究价值，而且在现实生活中具有实际应用价值的著作。

1. 记载古代科学技术和民族工艺的典籍

彝族的《十月太阳历》《医药病理书》《冶铜织锦工艺》《裁剪书》，藏族的《四部医典》（即：根本医典、论说医典、秘诀医典、后续医典）

等；纳西族的《崇仁潘迪找药》《药经》《长寿药经》等；蒙古族的《石刻天文图》《蒙药正典》等。

2. 记载社会历史的典籍

蒙古族的《卫拉特法典》《蒙古秘史》，彝族的《西南彝志》《帝王世纪》《家族谱牒》《彝族源流》《益博六祖史》，藏族的《巴协》《红史》《青史》《西藏王统记》等。

3. 民族古代文学及文学理论的典籍

察合台文的《福乐智慧》《先祖阔尔库特书》《莱丽和蔓季侬》等；彝族的《阿诗玛》《雅乐诗赋》（云南称"侬侬"、贵州称"弄恩"、四川称"勒俄"）和《彝族诗文论》《彝族诗律论》等；藏族的《仓央嘉措情歌》《猴鸟的故事》。

上述这类民族古籍文献的发掘、整理工作刻不容缓。因为这类典籍中的著述内容在研究各民族的科技史、社会历史以及文学艺术等方面具有很高的学术价值。除此之外，对有些典籍的著述内容加以科学整理，可以直接为民族地区的两个文明建设服务。

其二，优先选择能够反映各民族古籍文献特点的论著作为译注底本。各民族古籍文献传承历史悠久，随各民族方言分化而产生古籍文献流变的情况甚多。有许多古籍内容和文献风格带有强烈的地域特色。

例如上万种彝文古籍文献中，在用字方面，不同地区之间有明显的差异。东部方言典籍用字数量较多，具体应用很严格，表意成分保持得完整。该地区古籍文献中也有通假代用或错别字，文字水平高的人看后，可一目了然地辨认出用字是否准确。《爨文丛刻》（增订本）的许多注释都是用以校注通假字和错别字的。北部方言区的彝文典籍用字情况与东部方言典籍相比，通假代用字的比重很大，实际用字明显地趋于表音化。

又如字体书法也形成明显的地域风格，北部方言的圆体字，在滇东北大都改为扁方形；在东南部方言的典籍中多改为三角形；在贵州彝文典籍中则改为扁圆出头。

再如典籍内容的地区差异也很大，以记述六祖分支史事为例：东部方言典籍对第五、第六两支（即：德布、德施，简称"布默"）的情况记载较详，对其他各支记载比较简略；北部方言典籍对第三、第四两支（即：古侯、曲涅，简称"涅侯"）的情况记载较多，对其他各支的情况记载极少。

由此可见，彝文典籍的地域差异既成事实，其地区特点不容忽视。不论是依据彝文典籍中书写的文字形体和结构来研究古彝文的文字类型，还是利用典籍中载录的文史资料考察彝族社会历史及传统文化，都离不开参考各地典籍中的有关资料。近年许多地区都译注出版了一批颇有学术价值的彝文典籍，为彝族典籍文化的深入研究创造了良好的条件。在彝族文化的整体研究中，各地流传的彝文典籍都具有同等重要的价值。遗憾的是有些历史上彝族文化比较发达、尚存彝文典籍甚多的地区译注出版彝文典籍的工作进度缓慢。如云南的昭通地区、曲靖地区、东川区，贵州的六盘水市已刊布或正式出版的彝文典籍资料极少。当我们系统介绍彝文典籍概况时，在这些地区的情况了解甚少，无以谈及。以此论之，优先选择具有地域代表性的彝文典籍作为译注底本是十分必要的。其他民族古籍文献亦然。

其三，在相同或相近的版本中优先选择年代久远、书写工整、全书完好的民族典籍作为译注底本。民族古籍文献的数量多达几十万种，其中抄写的年代或先或后，书写质量的优劣也不尽相同。就是书名和内容相同或相近的书，也会有优劣之分或抄写年代之别。为此，我们要在内容相同或相近的情况下，优先选择抄写年代久远、全书完好、书写工整的本子作为译注底本。因为像这样选择出来的本子错误较少，有利于解读和翻译、注释，也有利于读者真正认识了解原著的本来面目。

其四，从同书异抄的不同版本中优先选择文字脱、讹、衍、误较少的民族古籍文献做译注底本。民族古籍文献中，抄本居多，而抄本不可能像雕版印书那样整齐划一。就是一部书的不同抄本，由于各种原因，形成各自的特点，也是难免的，它们之间同样存在优劣之别。如：有的抄本书写工整，而有的抄本书写凌乱；有的抄本直接按原稿抄写，错误较少，而有的多次辗转传抄，不断讹误、增衍、脱漏，乃至难以贯通解读。因此，从同书异本中选择较好的抄本作为译注底本也是极为重要的。

## 二、译注底本的校勘

要对某一部民族古籍文献进行整理和翻译注释，首先要选定一本书作为整理、译注的底本。确定底本之后，需要对古籍原文进行逐字逐句的严格校勘。那么，对民族古籍文献整理和翻译注释底本进行校勘的意义何在？其校勘有哪些基本方法呢？从以下两个方面加以概括和论述。

### （一）校勘的重要意义

任何一种古籍文献，经过反复传抄和版刻，难免会有文字上的纰缪、词语的脱落、句子的增衍和缺漏等错误。所有这些，都需要通过校勘来解决存在的问题。一般说来，古籍文献每传抄或版刻一次，旧的错误改正了，又有新的错误发生，有时则原来的错误还未克服，又增加了新的错误。使错误的东西以讹传讹，反复多次后，使原著与重复多次的抄本之间变得面目皆非。正因为如此，汉文古籍校勘家常言："鲁鱼亥豕"之讹众矣。又有谚云："书三写，鱼成鲁，虚成虎。"汉文古籍既为如此，各民族古籍文献也不例外。各民族的大多数古籍文献是千百年来，经过许多人的无数次辗转传抄而流传下来的。抄书者文字水平不一，每转抄一次，不免有一些错漏；又由于各地民语方音的差异，抄录者往往按其方音运用了他们自己习用的同音假借字和异体字，使这些书在转抄后，不同程度地改变了原著的本来面目。因此，我们在翻译民族古籍文献之前，必须认真校勘，纠正错落词句，然后进行翻译。若不是校勘工作领先，错落就得不到纠正，即使翻译了，也不能完全揭示民族文字原著的真谛，甚至会助长以讹传讹，使古奥的文献变为无法认识的天书。在民族古籍文献中，文字讹误、脱落现象随处可见，特别是一些抄本更为突出。即使传抄次数不多，就是与原著较为接近的抄本也难免有讹误。譬如马学良先生早在20世纪40年代译注彝文《作斋供牲经》的过程中，在几个本子相互对校时发现了许多讹误的地方，如经文中有[$dzao^{11}la^{55}$]一语，一本作[$nthao^{55}la^{55}$]；另一本作[$ntshao^{33}la^{55}$]。译者通过校对后取[$dzao^{11}la^{55}$]一语。按[$dzao^{11}la^{55}$]为"供祖台"其意允当。而[$nthao^{55}la^{55}$]意为"挥手"，不合彝语语法，因彝语动词位于宾语之后，"挥手"彝语当作[$la^{55}nth\ ao^{55}$]故此处断非"挥手"可知。[$ntshao^{33}la^{55}$]则不成解，固知[$nthao^{55}la^{55}$]、[$ntshao^{33}la^{55}$]乃[$dzao^{11}la^{55}$]字之磨灭致误，其后学辗转传抄，以讹传讹致不能解。20世纪80年代增订《爨文丛刻》也发现了很多讹误的地方。譬如，仅有五十九行五言句的《地生经》就有近十处错落。由此可见，如果不通过校勘，诸如此类经文实难解读，所以，我们要在选好底本的同时，还要广采副本和现存较早的石刻铭文中具有规范性的字词等作为对校资料，进行严格的比勘校正之后才可进行翻译和注释。

（二）校勘的主要方式与方法

遵循古籍文献的基本校勘原则及其形式与方法，并结合民族古籍文献的具体情况，其校勘形式与方法，可以概括为以下几种。

1. 对校

以同一部古籍的各种版本进行对照，看其是否一致，若有不同，又难以断定正误，则继续用其他方法加以校勘。

2. 本校

以本书中的前后文互证。前后文词句本当一致，但前后对照发现有差异，其中有的句子若不成解，则可相互校正。

3. 他校

以其他古籍版本校对本文。在民族古籍文献的校勘中，他校至关重要。因为民族古籍文献大都记述古代社会现象与历史事迹，又多为抄本，加之历经劫难，大都成为孤本、残本，故有些错落既无法对校，也不能本校。再者，古今社会形态与风习礼仪等方面的差异很大，据理推断，很难切合实际。所以，许多问题都要运用他校方法解决。

4. 理校

据理推断文献内容与字词之正误。理校之法应慎重运用，若不严谨，容易造成主观臆断。校勘者只有在具有广博知识的基础上通过缜密的思考并做出合乎情理的推断，方能接近原文。在其他校勘方法无能为力的情况下，理校便成为确定正误、删衍补缺的重要手段。

总之，民族古籍文献的整理译注，只有按照上述方法加以比勘校对，确定其正误，校正了讹字、脱文、衍文、倒文之后，才能进行翻译。

## 第三节　中国少数民族古籍翻译与注释

民族古籍文献的翻译方法和其他各种语文资料的翻译方法既有共同之处，也有一定的特殊性。翻译是古往今来人际关系与语言沟通、文化思想交流的一项重要方式。翻译的形式很多，有口语翻译、笔译；有外语、汉语和少数民族语等互相翻译。在众多形式的翻译中，由于各种翻译的性质、对象、目的不尽相同，于是在翻译方法上也有所不同，翻译的技巧也不一样。因此，对民族古籍文献的翻译原则与译注者应具备的知识水平、文化修养、专业技能等方面也有特殊的规定和要求。本节主要论述用现代汉语文翻译民族古籍文献的方法，并着重讲解翻译的原则与体例及译文的注释。

### 一、翻译注释工作的意义

卷帙浩繁、内容丰富多彩的各民族古籍文献，只有通过翻译才能介绍给世人，并实现文化资源共享。因此，民族古籍文献的翻译工作不仅是研究中国各民族社会历史和弘扬各民族优秀传统文化的需要，更是让世界了解中国各民族的灿烂文化和中国文化走向世界的需要。特别是民族文字古籍文献的翻译，是发掘和利用民族古代文献档案资料，研究各民族社会历史和传统文化的一项必不可少的基础工作。其翻译质量直接影响学术研究，若把错译误释的文献资料作为论据，就会失去科学性，也就不可能得出符合客观实际的正确结论。民族古籍文献的翻译作为重要的文化工作，关系到民族文化的继承发扬，应当以科学的态度对待这一问题，不可掉以轻心。过去民族古籍文献译注工作长期处于分散状态，对翻译体例、翻译原则、翻译方法等没有统一规范。现在的情况与过去相比，已发生了根本性变化，专业队伍的扩大、翻译机构的设置、翻译条件的改善，使这项工作呈现出崭新的面貌。当民族古籍整理和翻译工作形成一定规模之后，应当加强理论研究和对方法论的探讨，才能将此项工作向前推进。由于民族古籍文献卷帙浩繁，从中挑选出一部一部的专著或一套一套的丛书进行翻译出版，不仅需要系统的理论原则做指导，而且要有一套严密的工作程序和先进的科学方法供翻译工作者遵循，这样才能提高民族古籍文献的翻译质量。从目前民族古籍文献整理研究工作的实际出发，最现实的问题，就是用汉语把民族古籍文献的著述内容翻译出来，并加以必要的注释说明，整理成科学译注本，予以出版。民族文字与汉语合璧的科学译注本，可为中外学者提供重要的民族历史文献资料，不但有利于各民族社会历史与传统文化的研究，而且有利于丰富中华民族的文化宝库。由此可见，用汉语译注民族古籍文献是一项十分重要的文化建设工作，应当引起高度重视。

## 二、翻译民族古籍应当遵循的原则

用现代汉语翻译民族古籍文献方面，虽然，前人已经摸索出一些切实可行的途径，并有很多成功的经验和有效的方法可供我们学习和借鉴。但是，现在整理研究的目的和规模与过去相比，已发生了很大变化，无论翻译条件，还是出版方式，都不尽相同。因此，简单地套用和照搬前人的东西，是远远不够的，必须在遵循前人的翻译原则与科学方法的基础上，进行大胆的探索，并提出更高的要求。在充分利用现有条件，针对工作中的实际情况，不断更新方法，提高翻译水准，才能确保古籍文献的翻译质量。借鉴前人的翻译经验和方法，结合民族古籍文献的翻译工作的实际，确定一些基本原则，让大家共同遵循，对提高翻译质量是有益的。用一定的标准，鉴别翻译工作的得失和衡量译文质量的高低是非常必要的。

我国翻译界对翻译理论及其基本原则做过探讨，如严复（1853～1921）提出了"信、达、雅"的翻译原则。严氏所说的"信"就是指译文要忠实原文；"达"则是指译文要通顺；"雅"是要求译文具有文采。"信、达、雅"的翻译原则向来得到我国翻译工作者的推崇，在翻译界产生了深远的影响。"信、达、雅"作为中国传统翻译工作的基本原则,值得民族古籍文献的翻译工作认真遵循。今人在翻译工作中强调的"真实性、鲜明性、艺术性",与"信、达、雅"的含义也是一致的。其中"信"即"真实性",是最根本的条件。翻译品的内容若不真实,不仅不能确切地揭示民族文字古籍文献原文的含义,反而会给人以模糊的印象,甚至得出错误的理解。所以,对民族古籍文献的翻译,真实性是必须保证的。只有在保证真实性的基础上,才能进一步讲求鲜明性与艺术性。欲想让翻译作品达到译文通顺、语义清晰、形象鲜明、情节生动、内容真实准确的目的,就要认真遵循译注工作的"三性"兼顾原则,切实保证译注作品的"信、达、雅"。在遵循上述基本原则的基础上,可根据民族古籍文献翻译工作的实际情况,提出以下具体原则。

### (一) 保持古籍文献形式的完整性与内容的真实性

无论是翻译一部专著,还是翻译一套丛书,都要从头至尾全部翻译,只有这样,才能让读者了解到原著的全貌。切忌从个人的好恶出发,对那些自己认为不重要或不感兴趣,甚至认为是糟粕的东西,进行任意删改或加工。因为现在自己认为不太重要的部分,也许其中蕴含着具有重要价值的内容;有些现在看来是糟粕的部分,随着研究的深入,可能会在里面发现深层文化的内涵。假若我们凭借个人喜好,对所译的原著强作删改,很可能是一件费力不讨好的工作,甚至会弄巧成拙,做了篡改古籍文献的蠢事。比如民族古籍中有许多反映原始社会婚姻形态的内容,有些现象在今天看来是不可思议的,像兄妹婚,用现代文明婚姻的眼光审视,无疑是一种乱伦行为。然而,这种血亲婚制在人类社会发展史上曾经确实存在过。如果我们把类似的东西任意删掉,这样的译注品,至少对研究古代婚姻形态方面失去了参考价值,岂不是件憾事。有些史籍中夹杂着荒诞的神话成分,我们为了强调历史,而随意地剔除神话内容,其结果是把神话掩盖下的史实也一同抛弃。由此观之,任意删改古籍文献有害而无益。所以保持古籍文献的完整性是非常必要的。

在要求古籍文献完整性的同时,我们还要注重其真实性。真实性要靠准确无误的翻译。如果翻译不准确,必然会影响古籍文献的利用价值。如贵州有一部以《卢娄巧》作为书名的彝文典籍,在丁文江先生主编的《爨文丛刻》(1936年由商务印书馆出版)中被译为《权神经》。于是通篇都以"权神"作为主题来理解,使译注品与原著大不相符。马学良、罗国义二位先生在增订此书时,根据原著内容,将书名改译为《祭龙经》,与原义基本吻合,紧紧地抓住了"祭龙"这一主题,按照原著内容,把彝族祭祀龙神的情况和缘由如实地翻译出来，让读者真正领略到彝族远古部落的龙图腾崇拜。如果对彝语"卢娄巧"一语做严格的训释："卢"的本义为"龙"，可引申为"权"或"权势"；"娄"的本义为祭祀；"巧"的原义为"形象"或"印迹"，可引申为"基础"或"典故"。根据书名词义并结合经文内容，该经典名称译为《祭龙典故》似乎更确切。由此可见，对经典中的一个关键词语译注得准确与否，会直接影响对通篇乃至整部专著文意的正确认识和理解。在民族文字古籍中类似彝文古籍这样牵一发而动全身的重点语词为数不少，必须慎重地对待，切忌轻率行事。因为，民族文字古籍中古语文言甚多，与现代口语有很大差异，若不引经据典和进行深入细致的考证，就难以准确解读。因此，在真正弄清文义的基础上，对每个字词都要审慎地进行翻译，必须做到字斟句酌，确保译注品的准确性。将上述两个方面概括起来，就是说，译注民族古籍要避免删改原文，确保专著或文稿的准确性。从而，做到完整无缺地再现古籍文献面貌，准确无误地反映古籍文献的内容实质。

（二）反复阅读，认真推敲，深析文义

对选定的译注底本，要反复阅读，深析文义，从宏观上对原著有了比较全面的认识了解之后，再从微观方面做逐字、逐句地翻译和注释。

民族古籍文献的写作时代，距今少则数百年，多则上千年，所记述的史事和各种文化事象与当今的现实生活和我们的见闻相比，必然有较大的差异；加上古人抄写时用字混乱，书中出现很多异体别字，不可能一目了然。因此，只有对原著进行反复阅读，反复研析、深刻领会，并对其有了比较系统全面的认识之后，对文义的理解才会趋于正确。著名彝文典籍《西南彝志》的翻译情况充分表明了熟读原著、贯通领会文义的重要性。如该书卷九《德施的叙述》一章中记载了古夷人德施的母亲妥雅尼套的故事，说她是一位身材高大、武艺非凡的妇女。又说她在怀着儿子德施时，骑马去打猎，在山上捉到一个獐子，就把獐子撕成几块，放在嘴里嚼。虎豹和其他野兽看见之后，都被吓得遍山奔跑。这是一段夸张的描写。由于"獐"在彝语中读作［lo$^{33}$］"咯"，与古彝语牛的称谓［lo$^{33}$］"咯"同音。于是第一稿中把上述所载内容译为"妥雅尼套身怀着德施，一顿吃了一条牛"。经过两次修订，细读原著才将前述原意订正过来。在民族古籍文献翻译和修订过程中类似通过反复阅读原著后，发现原来译文有误的情况很多。由此可见，译注民族古籍文献，必须熟读原著，深悉文义。

（三）尽量反映原文的语言特点

用汉语或其他任何外国语言翻译我国各民族文字的古籍文献，都很难充分地将原文中的语言特点表现出来。而这些语言特点又是各民族古籍文献中最生动、最细腻、最精彩、最富有民族特色、最耐人寻味之处。就以彝文典籍中表示阉割牲畜睾丸的语词而言,除了各种牲畜以不同的专用词表示之外,各种专用词内部还有曲折变化,如果用汉言对译这类专用词,就很难保持其语言特色。如果不了解这类专用词的语言特点,就很难译注出彝文古籍的原义。若找不到恰当的语词进行等值对译而使用近义词牵强译出,虽然能够对文义有所揭示,但是谈不上精确翻译,更谈不上保持原作的艺术风格和语言特点。因此,我们在彝文典籍译注中,为尽量反映原文的语言特点,除了选用较恰当的语词对译之外,还要充分利用其他手段加以阐述。

### (四)译文的语词要符合原文的时代背景及其文化特征

在彝文典籍的具体译注过程中,要充分考虑其时代背景。特别是译注那些因时代变迁而发生转义或赋予多义的语词,要尽可能选择与之时代相应、文化特征类似的语词对译,并加以必要的注释或说明。例如:在彝文典籍中出现频率极高的"慈氂"一词,作为职官称谓,较古的语义为"君"和"臣"的合称;封建王朝在彝区实行土官制度之后,该词被用来称呼土司;改土归流以后,把它用来称呼朝廷命官。从表面看来,"慈氂"是一个多义词,有着"君臣""土司""官吏""长官"诸义。从词源学的角度考察,前述不同的义项,各自都深深地打上了不同时代的烙印。假若对译不当,不仅违背原义,而且会闹出笑话。在许多彝文典籍中有"慈凡式"(君施政),"氂阔岂"(臣判案)之语。假若把它译成"土施政,司判案",那么,使人看了极不和谐,必然影响原义的表达效果。同理,如果把明代武定凤氏土司的彝语称谓"罗婺慈氂"译为"罗婺官吏"或"罗婺君臣"都是不妥当的。将彝族对汉族官员的称谓"商慈氂"一语译为"汉君臣"或"汉土司"也是不对的。以此观之,对依时代不同而转义的语词要充分认识其时代背景,否则不可能准确译注。与此同时,要切忌使用与彝族文化体系特征差异很大的文化语词对译彝文典籍中的名词术语。例如:彝语"窝弥"(吾地)一语,译成"天堂"或"地狱"都为之不妥。因为古彝语"窝弥"的原义为"故乡",作为宗教术语,含有历代祖先亡灵归宿的圣地之义。"天堂"或"地狱"则是天主教等西方宗教用语,二者分别指鬼神世界里两个截然不同的去处:一为幸福无比的乐园;一为痛苦难当的深渊。若盲目地加以对译,势必曲解经义。又如"呗氂"一语,不能不加注释或说明,就简单地译为"牧师""教士""喇嘛"等。因为各种宗教的文化体系不同,其具体用语的文化内涵有着很大的差异,其神职人员的职能也各不相同。所以，不假思索地加以对译，必然使人误解。

### （五）翻译要"实事求是"，切忌牵强附会

在彝文典籍的译注中，对暂时不理解或不十分明白的句子或语词，不应该牵强地翻译和随意地注释。但是，对目前尚未能翻译或不准备翻译的地方要交代清楚。在古籍中遇到个别难以解读的字、词、句和一时难认识理解的学术用语，都是在所难免的。若碰到这类字、词或学术用语，应当在译文注释里加以说明。如果是两种文字对译合璧的文稿，可在所录原文下标记符号以存疑。无论采用何种方式，总要把实际情况表示出来。让读者知道，哪些问题已弄清楚，哪些问题尚有疑问，哪些还没有弄懂。把现在的一些疑难问题留待以后深究，把自己未弄明白的地方，让后人去解决，或者让读者去探讨、钻研，都是很正常的现象。正如孔夫子所言："知之为知之，不知为不知，是知也。"因为这是科学的态度，是值得提倡的。反之，不懂装懂，勉强翻译或随意注释，盲目地追求自圆其说，表面上让人看了似乎天衣无缝、滴水不漏，像完备无缺的译注品，其实未必如此，也许文中的很多有价值的东西没有被揭示出来，或者有些问题被曲解。因此，切忌对自己不理解和暂时不明白的地方勉强地翻译和注释。若执迷不悟，一味地沉迷于"自圆其说"之道，将自己错译、误释的译注作品违心地推出去，让别人盲目地征引，将会以讹传讹，造成不良的后果。由此可见，不从实际出发，只以"自圆其说"的方法去实现完美无缺的愿望，并以此显示自己译注水平的高超，不但不能够把彝文典籍的文化内涵与学术价值准确地揭示出来，反而会给古籍文献再蒙上一层阴影。与此相反，严格地遵循实事求是的原则，有了疑难问题，毫不掩饰，让人真正了解古籍文献的深奥，也懂得译注工作的难度，这不但不会影响译注者的威信，而且更能令人信服。

### （六）使用语词音译法要注意适度

在翻译过程中，根据需要对部分语词用音译方式加以译释，是无可非议的，但是要掌握适度，切忌任意使用音译法。众所周知，以往翻译家们对于人名、地名、山水名以及一些珍稀特产的物品名称和某些特殊文化语词，通常使用音译法并加以必要的注释说明，亦能将一种语言和文字材料转化成为另一种语言和文字材料，达到两种语言之间沟通信息、交流感情之目的。然而，由于译者不同，将同一名、共一事在文字译述材料中表现为面目皆非者不为少见。就其原因有三：一来两种语言之间存在语音差

别；二则使用的译音字缺乏认真选择；三乃合成词和词组中音译词与译义词兼用不当。在彝文典籍中的［$lu^{11}$］与汉文"城"基本等义，但是有些译者不直接译为"城"而译音为"鲁""洛""娄"等，实际上这类彝汉两种语言中的常用词，在等义的情况下不宜音译，直接意译的效果比音译好得多。又如［$bf^{11}$］与汉文"山"等义，但许多译者常译音为"伯""本""波"等。在《彝文文献译丛》第三辑《指路经》中有"票赛伯后面"之句，若用来做例句，单独抽取出来，人们就会把前两字理解成人名，把第三字释作称谓"伯伯"是很自然的。但文中的原义并非如此，事实上"票赛"二字为山名，"伯"在这里是"山"的译音词。若译成"票赛山"，就会使人一目了然，在注释中讲明"票赛山"的地理位置，其译注效果就更好。再如彝文典籍中［$pe^{33}mao^{55}$］"呗耄"一语，由于它是彝族特定宗教文化背景中产生的职名，没有完全等义的汉文语词可以等值对译，采用音译法是符合翻译原则和惯例的，但被今人音译得五花八门，让局外人看得眼花缭乱，也是值得深思的。这就是如何选择比较贴切和恰当的字作为译音词的用字问题。从典籍中的记载来看，［$pe^{33}mao^{55}$］"呗耄"是所有从事宗教礼仪的主持与诵经作法的人之统称，［$pe^{11}mo^{2}$］"毕摩"则是"大法师"或"掌坛师"的专称，二者是有区别的。但今人将二者混为一谈，以"毕摩"一词代替"呗耄"之称谓，特别是"呗耄"一词，被译成"伯玛""毕姆""贝玛""觋爸""朵西""西波""巫师"等，极不统一。鉴于此，今后在典籍的译释中，译者之间应相互参考，尽可能求同，不应各自为战，任意使用译音字，为读者设置种种障碍。对彝文典籍中出现频率较高的名词术语、重要历史人物的名字、关键的古地名等的译写应逐步走向规范统一的道路。由此可见，音译法的使用要掌握适度，不能任意滥用，否则影响翻译质量。

### （七）严谨审慎，不能急于求成匆忙定稿

民族古籍文献的译稿，需要反复多次地修改。对每一个字词或语句都要认真推敲、仔细揣摩，一定要做到字斟句酌，绝不可以草率了事。对翻译过程中感到生疏和棘手的问题，应该实实在在地下点功夫，通过查阅和学习有关资料之后，再来检阅先前的译稿，也许会发现不足和错误之处。对原来的疑难问题感到茅塞顿开，获得新的启发，再加以修改，会使译文和注释臻于准确和完善。

## 三、民族古籍翻译工作者应具备的条件

民族古籍文献翻译工作中除了遵循翻译的基本原则之外，还应当要求

译注者具备一定的基础理论知识和专业技能。可将其归纳为以下几个方面。

### (一) 具有广博的知识

民族古籍文献内容包罗万象，涉及广泛的学科领域，如果译注者知识面不广，就难以系统、全面地译述古文献所包容的各科内容。因此，翻译工作者只有具备多方面的知识，才能胜任所担负的工作。然而，一个人的知识范围毕竟是有限的，不能强求翻译者掌握所有的知识之后，再去翻译注释民族古籍文献。那么，如何解决翻译工作需要懂得多种专业知识的问题呢？我们认为，最现实、最有效的途径就是专业翻译工作者与其他有关学科的专业人员合作攻关。比如，翻译民族古文字医药典籍，专业翻译者应与医药方面的专业人员合作，或者遇到问题及时请教医药学专家，并请他们审阅文稿。又如，民族古文字哲学典籍，可以跟从事哲学研究的同志合作或向有关专家请教。总之，积极主动地借助各学科的优势弥补自己各方面知识的不足，是一种极为明智的选择。若不做多学科知识的配合，只靠专业翻译工作者的基本知识，是搞不出高质量的民族古籍译注作品的。鉴于此，我们既要扩大视野，拓宽知识面，又要积极主动地与各学科专业进行密切合作。

### (二) 精通民汉双语和历史文化

用现代汉语准确地译注民族古籍文献，需要用适当的汉语字、词对译古代民族语词，用简练的学术语言表述民族古籍文献中的学术名词，并对一些生疏和古奥的疑难语词进行正确地注释和解说。因此，要求译注者对民汉两种语言文字有娴熟的运用能力，并且对民汉两种语言的文化背景要有深刻的认识和了解。因为目前民族古籍整理研究工作中的首要任务就是应用汉语译注民族古文字典籍，此项译注工作，一方面要求译注者精通民族古文字和古代民族语言，并能够对文献内容做深刻的领会；另一方面，要求具备较高的汉语文表述能力。与此同时，翻译工作者还要对有关民和汉两种民族的风俗习惯、历史沿革、文化传统、宗教信仰等方面进行广泛深入的调查研究，才能在翻译中对译如流、注释准确、解说得当。

### (三) 加强学习，不断更新知识

时代在前进，各种科学技术飞速发展，为了适应社会发展的需要，要求译注者在具有扎实的基础理论知识和专业技能的基础上，加强学习，不断更新知识。我们现在正处在各种科学技术飞速发展，许多边缘学科正在蓬勃兴起，一些跨学科、跨专业的综合研究网络正在形成的信息时代，在这样的时代里，任何闭关自守的学科及其专业都是没有出路的。因此，民族古籍整理专业人员要学习和掌握与民族古籍文献翻译注释工作有关的语言学、文字学、训诂学、文献学、民间文学、哲学、历史、宗教等社会科学知识，切实加强自身的理论修养，真正提高专业技能和业务水平。特别是要解放思想，更新观念，跟上时代的步伐。只有不断地接受新知识，才能适应新形势。随着电子科学技术的普及应用，缩微技术、复印技术、电脑打字及文字处理等新科技将成为民族古籍文献整理研究工作的重要手段。在新形势下，要求古籍译注工作者，既要有较好的专业基础知识，又要开拓进取，不断地更新知识、改进方法，这样才能提高工作效率。

## 四、民族古籍文献的翻译步骤

民族古籍文献翻译步骤及基本程序，根据前人的翻译实践经验可以归纳为以下几个方面。

### （一）翻译前的准备

总的说来，无论是将一个民族的古代语言文字翻译为现代语言文字，还是把现代的一种民族语言文字翻译成另一种语言文字，或者把民族古籍文献翻译成现代汉语、外国语，都属于语言文字翻译的范畴。而我国目前的民族古籍文献翻译，主要是把民族古籍文献翻译为现代汉语。它与前两种翻译形式相比，是有特殊性的。因为将一个民族的古代语言文字翻译为现代语言文字，只在纵向上存在古今语言文字和历史文化背景的差异；把现代的一种民族语言文字翻译成另一种语言文字，则只在横向上有语言特点和文化差别。而把民族古籍文献翻译成现代汉语，既有纵向差异，又有横向差别。因此，从表面来看，语言文字翻译，只要掌握了两种语言就可以口译或笔译了。所以，人们往往把翻译看得很简单。其实，文本翻译不仅仅是日常用语对话翻译那么简单。即便是口语翻译，也涉及专业术语、学术名词、内涵丰富的文化语词，没有专业知识或文化水平过低，也翻译不了更何况跨时代、跨民族的文化古籍的翻译呢。以往的民族古籍文献翻译工作实践，一再证明：把一个民族的古籍文献翻译成另一个民族的现代语言文字，确实是一件艰苦细致的文化工作。翻译工作者不仅需要熟练地掌握两种语言文字的表述能力和两种语言文字的相互对译技巧，而且要具备两种民族的历史文化知识。特别是各民族的语言文字都有古今差异的现象，古籍文献中的一些词汇和术语，在现代民族语言中已经不复存在，或者很少有人知晓。古代也有地域差别，各地的生活环境和社会历史背景不一样，他们在特定的环境和生活条件下形成的生活方式和信仰习俗也有所不同，对另一种环境中生活的人（特别是今人）是很难理解的。民族古籍文献中存在有通假代用字、异体字和不规则的字，甚至还有残缺、错误，这些现象给翻译带来了不少的困难。在翻译中遇到的疑难问题又没有字典、词典可供查阅，只有通过艰苦的研究才能破译种种难题。所以，民族古籍文献的翻译过程，是一个艰苦细致的研究过程。但不了解此行业的人往往忽略了翻译时的研究过程，将其理解成一般的翻译。民族古文献翻译比一般的翻译难，从某种角度来讲，翻译一篇民族古籍文献比写一篇学术论文或写一部专著都难。论文或专著的写作一般只谈自己的看法和认识，对于不成熟的看法或没有认识到的可以避而不谈。而民族古籍文献的翻译是字对字、句对句的翻译，每一个字都无法避开，更不能因为不懂其中的句子而将其丢开，或因译不出某一段落而让其"开天窗"。翻译一部文献，不是一朝一夕、一年半载就能完成的。所以，翻译之前，要花大量的时间来做准备工作。过去的翻译出版史上曾有用10多个春秋才编译出版出一部书的例子，如《西南彝志》《彝族源流》等。《彝族源流》从着手编译到现在已10多个年头，现已出版了多卷，但至今还没有全部完成，还须花若干年才能译完并出齐全套书。由此可见，民族古籍文献编译不仅辛苦，而且成果周期长，对此，在编译前要有充分的准备。

（二）原文释读与断句

在翻译之前，对译注底本的原文，除了进行严格的校勘之外，还需要进行通读和断句标点，切忌未经通读和断句标点就匆忙动手翻译。通读古籍原文，就是对全文逐字逐句地进行解读。因为民族古籍文献除了因本身内容深奥而难以识读之外，还有相当一部分用字混乱，加之多数民族古籍和汉文古籍一样，文中极少断句。所以，解读民族古籍文献，必须掌握句读知识和正确使用标点符号而前人摸索和总结出来的句读方法，可以帮助我们更好地释读古籍文献。

1. 句读的重要性与句读的含义

读古书必须辨明句读。要辨明句读，必须逐字逐句、毫不含糊地弄清楚文章的含义。只有句读清楚了，才能说得上正确使用标点符号，从而使别人也清楚。句读是读书之人天天都会遇到的，看起来很平常，似乎很容易，但实际上是很难的一件事，因为它涉及许多具体的知识。读书如此，专门从事古文献的校点工作就更加难上加难，稍有不慎，就会铸成不应有的错误。有时句读不当会使文义不能贯通，甚至面目皆非。做到读书而不"破句"（不该断而被断开）是很不容易的。但因未掌握最基本的句读知识而发生"常识性"的错误,以至破句连篇也是很不应该的。所以,切忌忽视句读在文献工作中的重要性。若想避免句读方面的常识性错误,唯一的办法就是多查工具书,多向行家请教,最忌讳自以为是、妄加断句,必须格外慎重。古人读书,第一件事便是句读。如《礼记·学记》曰:"比年入学,中年考校。视离经辩志。"郑玄注云:"离经,断句绝也。"孔颖达疏:"学者初入学二年,乡送大夫于年终之时考视其业。离经,谓离析经理,使宏句断绝也。"而清黄以周说:"古高经有二法,一曰句断,一曰句绝。句断,今谓之句逗,古亦谓之句投(原注:见《文选·长笛赋》,赋云:'察度于句投'。注:'《说文》训逗为止。投与逗古字通,音豆,句之所止出。')。断下逗投皆音近字。包断者,其辞于此中断而意不绝。句绝,则辞意俱绝也。郑注离训为断绝,兼两法言。"元黄公绍《韵会举要》云:"凡经书成交语绝处,谓之句。语未绝而点分之,以便诵吟,谓之读。今秘书省校书式,凡句绝则点于字之旁,读分则点于字之中间。"可见古人把句读区分得很清楚。我们在继承传统的句读方法的基础上,正确使用现代标点符号,对各民族古籍文献进行断句和标点,可以极大地提高民族古籍的整理水平和翻译质量。

2. 句读符号与标点

句读符号的创造很早,古汉文中早期常见的有两种句读符号,一为"、",一为"V"。如《说文解字》五篇上、部云:"、,有所绝止而识之也。"此为今常用之近点。《说文解字》十二篇V部云:"V,钩识也,从反V,诺#。"《玉篇》引《说文》:"居月切。"绝,指绝句,犹今言断句。断与绝,其义相同。段玉裁(《说文解字注》)解释说:"此非甲乙字,乃正V字也。今人读书有所钩勒,即此。"在古彝文中常以"O"或"△"做断句符号。今见古彝文书面语,绝大多数为五言句。有些古书被前人断句标点。但是以五言句为主的篇章,也有夹杂七言、九言、三言或长短句的情况,加之大多数古籍文献没有断句标点。因此,若稍不注意,就会把五言以外的句子按五言句来读,造成误解。许多文种的古籍中,也有类似的情况。所以在释读与断句工作中,应当注意以往的句读符号。若不明句读,发生误解是很自然的。

标点二字为今人所习用,但在古汉文中起源也较早,如《宋史·何基传》(卷438):"凡所读无不加标点,义显意明,有不待论说而自见者。"古人早已认识标点对读书的益处无疑是很大的。"点"指句读;"标"即将书中的重要语句或特殊内容用不同符号记录下来,以便记忆或显目。元人读书,有时也使用标点。钱泰吉《曝书杂记》中卷,记毛晋藏元人标点本

《五经》，有魏叔子为之作记，其大略曰："《书籍传纂注》有至顶壬申（三年，1332年）二有关寿民云：《尚书》标点，云云，……又云：近见元人临鲁斋标点四书，在泰兴季振宜家，款例与《五经》同。"此所谓标点有朱抹、朱点、墨抹、墨点、紫抹、黄点，或四五色笔点抹诸区别。总之，古人所谓的标点，和我们今天正确使用标点符号的含义和做法不尽相同，但句读、识别名物两点却是相同的。由此可见，民族古籍整理研究和翻译工作者，不但要学会正确使用现代标点符号，而且应当懂得古典文献学中"标点"一词的含义。

3. 句读与断句的常见错误

我国古典文献学家通过不断总结前人解读古籍的实际经验，并根据前人著述中的各种误读错断的事例，把句读与断句的常见错误归纳为以下十五种。

（1）当读而失读。指当断句而未断句。

（2）不当读而误读。指不该断句而断句。

（3）当用上读而误用下。指该与上句相连的字，断为与下句相连。

（4）当用下读而误瞩上。指该与下句相连的字，断为与上句相连。

（5）原文不误因误读而误改。

（6）原文不衍因误读而误删。

（7）原文不脱因误读而误补。

（8）原文不倒因误读而误乙。指将不颠倒的字词，误读成颠倒。

（9）因字脱而误读。指句中有落字而误读。

（10）因文省而误读。

（11）因不识古字而误读。

（12）因不识古韵而误读。

（13）因字误而误读。

（14）因字衍而误读。

（15）数读皆可通。

克服上述句读错误的发生，就要多查阅工具书和有关书籍，如字词脱、衍、讹而产生的句读错误，经认真校勘之后，可以改正。不识古字或古韵而误读音，若很好地去查阅有关古文字和音韵学著作，就可避免误读。解读汉文著述的古籍需要注意克服前面这些句读和断句错误，识读以少数民族文字著述的古籍也莫能例外。

（三）注音和转写

为了给语言学研究提供古代书面语材料，让本民族的现代人认识了解古代书面语，以及便于各民族相互学习语言等，整理出版民族文字古籍文献和发表介绍珍贵民族古文字文献的文章，人们常用拉丁字母进行转写和用国际音标注音，有的对民族古文字逐字转写和注音，有的按章节集中转写或注音。下文所述的翻译体例中，第一至第四种均有注音项目。

### （四）字词对译

字词对译是古籍文献译注工作中最关键的一步，也是古文献译注工作者的一项基本功。因为字词对译，既要把握两种语言字词之间的词义等值和近似，又要考虑字词在句子中的实际意义，特别是多义词的翻译更为突出。古人名、古地名和一些特殊的用语需要音译时，也要慎重选择音译用字，既要考虑两种语言字词的语音相同或相近，又要照顾到以往翻译作品中的用字习惯。总的说来，古文献译注过程中的字词对译是决定译文质量的关键，也是最复杂、最细致的文字工作。

### （五）译文修改

译文修改是保证译注作品的重要环节之一。在翻译过程中难免有用词不当和笔误等情况，需要进行修改。在修改过程中，除了修改错误的词句之外，还有一个修辞的问题。因为译注作品不仅要翻译准确，还要在准确的基础上，力求文笔流畅。有些文学作品的翻译，还要体现出作品的文学韵味。由此可见，修改对于翻译作品来说是必不可少的一道重要工序。

## 五、民族古籍翻译体例

选好民族古籍文献的译注底本之后，要根据典籍本身的实际内容和学术价值，以及整理研究工作的需要和出版印刷条件等情况，选择合适的翻译体例。在民族古籍翻译体例方面，前人做过许多探索和实践，并总结出许多适合于不同条件和应用范围的体例，最为常见的有以下几种。

### （一）四行对照

这种体例为人们广泛采用，被称之为科学译注法。四行对照法在彝文古籍的翻译中应用比较广泛，早在 20 世纪 30 年代，我国著名地质学家丁文江先生在彝区搜集到若干部彝文经典之后，加以整理编辑，拟名为《爨文丛刻》，为翻译此书，他为彝族经师罗文笔先生设计了一套方案，即：第一行抄写彝文；第二行用注音字母注音；第三行用汉文逐字对照直译；第四行按汉文词序整句译义。今人将第二行注音符号改用国际音标，并对疑难字词和语句进行注释，形成一种比较固定完善的翻译体例。其优点在于，让读者同时在一个版面上看到民族古籍所使用的古文字及其形音义，能够系统地认识了解古籍内容。四行对照亦能对翻译者起到督促作用，一方面可以约束译者忠实原文，另一方面即使有错误，读者也可及时发现。此外，还可以为语言学提供语法和语音等方面的实际材料。目前除《爨文丛刻》之外，《劝善经》《阿诗玛》等一大批彝文古籍整理译注本就是采用这一翻译体例，进行印刷出版的。

（二）四行对照加章节意译

在四行对照译注的基础上增加章节意译。由于四行对照译注版本对译注手段而言是科学的，但对语言学以外的学科利用文献资料，有其不便之处。四行对照受字字对译的限制，在文化特征、语言特点不完全等同的情况下字句对译，必然产生互译不对等的情况。所以，在四行对照基础上集中章节意译，通过修辞、加字等补救手段，定有效用。此种译注体例为《爨文丛刻》增订本所采用。

（三）三行对照

即抄录原著彝文为第一行；逐字以国际音标注音为第二行；用汉字逐句意译为第三行，并对重点词语加注。《物始纪略》应用了此种体例。

（四）三行对照加章节意译

即在三行对照译注的基础上，增加章节意译。如《彝文金石图录》第一辑中的碑铭译注就采用了这种体例。

（五）用汉文翻译并附录原文

先以译文和注释的汉文排版，再抄录原著中的彝文附在后面。《云南少数民族古籍译丛》中的彝文专辑都应用了此种译注体例。

（六）单一汉文翻译

直接用汉文译注彝文古籍。如公开出版的《喀吉思》《西南彝志》选和内部刊物《彝文译丛》等皆用了此种体例。

除了上述翻译体例之外，为了方便其他学科充分利用各民族古籍文献中的有关文献资料，应开创一些新的翻译体例。比如可以开创用现代汉语文译述古代少数民族典籍文献的体例。早在明代彝族学者就用古彝文译述汉文经典《太上感应篇》为彝文《劝善经》，既然可以用彝文译述汉文古籍，汉文也同样可以用来译述彝文古籍。在译注中可以借鉴注疏、笺证、训诂、注释等手段，对原文进行确切翻译并随文注释讲解，使之通俗易懂。这样，也可为各学科的专题研究，提供清晰明了的文献资料。

无论是应用前人开创的翻译体例，还是新创体例，都要根据现有的翻译工作和出版条件，从实际出发。既不能死搬硬套前人的体例，又要切忌盲目地标新立异。

## 六、民族古籍的汇编

### （一）把不同地区的古籍汇编为一书

在彝文古籍的汇编方面，早在19世纪30年代从丁文江先生和罗文笔先生就将从贵州大方一带收集到的彝文古籍和云南、四川收到的彝文古籍，译编为一部书，并取名为《爨文丛刻》，该书由商务印书馆于1937年出版后，深受学术界的极大关注。到20世纪80年代马学良先生组织云南、贵州、四川的彝族学者对《爨文丛刻》做了增订。增订本的材料仍来自不同的地方。古籍汇编，可以让读者和古籍资料应用的人，在一本书里能了解到各方言区彝文古籍的特点和风格。

### （二）把同一类型的古籍汇编为一书

如中央民族学院彝文文献编译室把滇、川、黔、桂四省区18个点的《指路经》汇编翻译为一书，题名为《彝文〈指路经〉译集》；云南省民族古籍办把省内各地有代表性的《洪水泛滥》分别进行翻译整理后，汇编为一书。这样汇编的古籍，能对一个文种的古籍文献进行纵向和横向的比较研究提供资料，通过汇编的古籍文献内容，可以了解此种类型文献的基本面貌，因而具有较高的学术价值和收藏价值。又如彝文古籍译注本《普兹楠兹》和《普帕迷》是编译者把流传于云南路南撒尼彝区的部分宗教经籍和几部叙事诗分别汇编而成的书。前者以当地的重要宗教经籍《普兹南兹》为主，再收祭祖、招魂、驱邪等方面的经籍为一书；后者则是将流传于该地区的三部文学名著汇集为一本。这种汇编形式的古籍整理本，可以集中提供某一地区的某一类型的古籍文献材料。

### （三）把一部古籍中的部分章节选编为一书

在民族古籍文献之中，不乏长篇巨著。要完整地翻译出版这些长篇巨著，不仅需要巨大的人力和物力，整理出版的周期也相当长。再者，多数巨著的著述内容涉及诸多学科，体系繁杂。因此，可以根据某一方面或某些专业学术研究的需要，从中抽取相关章节编译为一部书，或者为了尽快使学术界认识了解这些巨著所蕴含的重要文化价值，可以从中精选出部分章节编译成册。

## 七、民族古籍译文注释

古人用文字记载古代文化知识，在记录思想语言和社会活动中，由于所使用的工具较简单，而记载方式却很繁难，自然应用的字数不可能很多，甚至不能尽情达意。我们今天研究几千年前留存下来的文献资料，必然会遇到许多困难。比如原始自创文字民族古籍文献，其时代越早的文献，文字也愈简少，一字多用，很少有虚词，几乎字字实用，加之原先的文字形体和音读及其含义都产生流变，与现代语文形成极大差异，使今人不易理解，甚至不知所云，如同天书。后人想要从古文献里了解古代的社会历史和思想文化，需要专门的文献学家通过引经据典、分析考察、比较研究之后，应用注释的方式，将古代语文译成现代语文，并对重点词句和名词术语做详尽的注释解说，方可通达古今。文献学家的这种工作十分重要，它对后人继承优秀的传统文化有着不可磨灭的功绩。人们将它称为"训诂"，又把训诂专著分别称之为"传""注""笺"等名目。前人在整理古代文献时，不仅将古代语文译成当时通用的语文，而且对古文中的字、词、句做注释解说，通过这种工作写出的书，称为"传注""传""注"，除此之外还有众多的名目，如"说""训""故""解""笺""章句"等。替古书做注解是一项很艰难的工作，一方面要明于训诂通例，解释得很清楚；另一方面又必须学问渊博，能够探本穷源。正如《李义山诗注》序中说："诠释之学，较古昔作者为尤难。语必溯源，一也；事必数典，二也；学必贯三才而穷七略，三也。"由此可见，古人已深深地体会到注解古代文献之难。许多有影响的注释书，广征博引，考订用核，但录实证，绝少空言，有些记载足以补本书之缺；有些解释，更足以补本书之误。由此可见，注解古书是文献整理研究最基础的工作，也是承传优秀的民族文化的一种伟大实践。特别是将一种古文献翻译成另一种民族语文，其注释工作更为重要。前人在应用汉语文译注民族古籍文献的实践中，对注释工作的重要性有了深刻的认识，并总结出一些注释的基本方法，可从以下两个方面加以概述。

（一）民族古籍译文注释的重要性

准确无误的译文也只能反映原文的基本内容与实质，不可能将原文中的每一个细节都滴水不漏地翻译出来。因为两种语言各有特点，字字对译、句句对译很难对等。所以，不能对等的细微差别可以通过注释方式加以补充说明。就是对等翻译的人名、地名及有关专业术语，也只有加强注释，才能使读者深刻地领会古籍文献的文化内涵。所以，有价值的古籍文献译注不仅要严格按照科学方法加以翻译，而且需要有科学、详备的注解。在研究古籍和应用古籍文献资料的过程中，有时注解的重要性并不亚于古籍文献本身。由此可见，科学而详备的注解在民族古籍文献研究中有着特殊的重要意义。

　　民族古籍文献汉译本，如果不进行详备的注解。那么，一些具有民族特色而鲜为人知的东西，对于只懂汉语文的人来说，可能难以明白其含义。有些东西在本民族看来习以为常，可是其他民族看了格外生疏。因此，只是把古籍文献中的事物和概念，照本宣科地译出来，也许会使读者不太清楚，甚至完全不懂。如果提供让人读不懂、看不明白的翻译作品，又怎能认识了解古籍文献的实际价值呢？所以，对译文加以必要的注解和说明，才能让读者对古籍文献的内容及其学术价值更加清楚明白。有关学科的研究者为了更好地利用民族古籍中的文献资料，并对其中的某些内容与其他文献资料进行联系、比较、印证，也同样要利用注解，广征博引，加以说明。已往整理出版后影响较大的民族古籍译注本，除了古籍内容价值较高之外，与其准确的翻译和科学而详备的注解是分不开的。由此可见，应用汉语文译注民族古籍文献，不仅要强调翻译质量，而且要重视注解的效果。

### （二）民族古籍译文注释的主要方法和种类

　　总结前人译注民族古籍文献的成功经验和严格遵循古籍译注原则，可把民族古籍文献的注解归纳为以下几种。

　　1. 解释性注释

　　对民族古籍文献中的各种专用名词和具有民族特色的语句进行词义与语义进行解释。这种注解体例运用较多。无论释词、析义，都要求准确、简洁，切忌拖泥带水，过分冗长。

　　2. 校勘性注释

　　简称校注，即把校勘情况以及校正勘误的地方以注解的形式加以表示和说明。校注对于用字较混乱的民族古籍文献，使用频率也是极高的。

　　3. 研究性注释

　　是对民族古籍文献中的某些内容要点与特殊语词，经译者专门探讨深究后，认为有必要介绍给读者而加的注解。如马学良先生所译注的古彝文《作斋供牲经》和《作祭献药供牲经》中就有许多研究性注解，如对"演"和"鸡卦"等语词的注解长达600余字。

　　总的说来，已往民族古籍译注者所应用的注解形式与方法，可谓丰富多彩。上述几种体例仅能反映其基本概貌，涵盖不了所有的注解形式与方法。因此，在具体译注中，应根据所译注古籍的学术价值和研究者对古籍文献资料的具体需要，灵活应用注解体例。

# 第七章 中国少数民族古籍文献学术研究

　　中国少数民族古籍文献的整理研究不是孤立的，它与其他学科的研究紧密地联系在一起，只有充分认识它与相关学科之间的各种关系，才能真正认识领会民族古籍的实际学术价值和理论研究意义。因此，中国少数民族古籍文献作为研究客体，其内涵和外延都与诸多学科产生着相互依存、互为佐证、共同发展的连带关系。于是在学术研究中需要积极借鉴相关学科的先进理论和方法，并充分吸收各学科的养分充实自己，壮大自己。对民族古籍的学术研究首先面临着如何为其他学科提供翔实可靠的文献资料的问题，这就需要充分认识了解民族古籍文献与相关学科的关系。因为其他学科的学术研究，虽然需要多方面的材料，但是文献资料是其他材料所代替不了的。例如研究历史，口头传说资料、各种文物、考古资料都可以做研究材料。但是口头传说变异性很大，文物则需要大量的分析材料予以证实之后才能作为物证，只有文献资料具有稳定性和系统性，有些史实在文献中已做了准确的记载，无须其他旁证。由此可见，古籍文献资料无疑是历史研究最重要的材料之一，故前人将文献学视为广义的史学方法。研究历史既如此，研究古代文学、古代哲学、古代宗教等亦不例外。也就是说，古籍文献研究不仅要为其他学科研究提供文献资料，同时也可以通过其他学科领域，并借鉴相关的理论和方法对古籍文献本体问题进行专题研究，不仅可以为其他学科提供专业性很强的文献资料，也可以通过民族古籍文献的分科研究，有效地促进古籍文献本体研究。因此，从不同的学科角度，分别对民族古籍文献著述内容进行探讨，既是更好地为各学科提供翔实资料的需求，也是深入民族古籍文献本体研究的需要。本章拟从不同学科角度，对中国少数民族古籍文献进行专题研究，也就是按民族古籍文献内容的学科属性予以分类研究和论述。

## 第一节　历史、地理和科技著述的学术研究

### 一、民族文字史书与文献的史料价值和史学意义

我国各民族共同组成了中华人民共和国，它们在历史上分别创造过诸多光辉灿烂的物质文明和精神文明成果，都有自己悠久而辉煌的历史。以往历史学家多以汉文文献为依据研究各民族的历史，也取得了一定的研究成果。然而，汉文文献难免对少数民族很多重要史实记载不准确，或失载。因此，记录自己历史以及与周围其他民族关系的民族古文字文献，就显得十分重要。有些民族文字古籍文献可印证汉文史料或填补汉文记载的缺漏，纠正汉文史籍的记载失误。其中价值较高的著作有：涉及彝族及其周围民族历史的彝族古文献《西南彝志》；藏文历史学著作《吐蕃历史文书》；西夏文法典《天盛旧改新定律令》；蒙古文古籍文献《蒙古秘史》等。《蒙古秘史》以生动的文学语言和编年史体裁记述了蒙古族的起源和成吉思汗统一蒙古各部、建立蒙古汗国的英雄事迹，以及窝阔台继汗位以后的蒙古族社会、政治、经济、军事方面的重要历史事件。《蒙古秘史》作为蒙古族第一部历史文献和文学巨著，开辟了蒙古族编年史和蒙古族文学的先河，给历史著作和历史小说以极大的影响。《蒙古秘史》与《黄金史》《蒙古源流》被称之为蒙古族的三大历史著作，为研究蒙古族13、14世纪社会、历史、语言、文学、法典、民俗、军事等都提供了宝贵的资料。又如察合台文史书《拉西德史》记录了中古新疆史；《安宁史》记录了近代新疆历史；满文文献《满文老档》记载了满族早期历史等。少数民族文字的文书简牍，对研究民族社会、经济有巨大价值。佉卢字文献尚存的有包括敕谕、信札、契卷、账簿在内的700多件文书。于阗文也有敕令、行记、账目、函件、奏报等多种世俗文件。回鹘文也有公文、契约等文书存世。敦煌汉代烽火台所出粟特文书简和穆格山出土的粟特文书，都有较高的史料价值。敦煌石室所出近万件藏文手卷和敦煌、新疆南部婼羌、米兰古堡出土的300多件简牍、文书等，极大地丰富了研究藏族史的资料。西夏的审案记录、禀帖、买卖和借贷文契等也有益于西夏史的研究。用老满文书写的阿济格木牌反映了满族军队进入北京前的战争情况。有些宗教文献也能提供历史研究资料，如彝文和纳西东巴文的《送魂经》就生动地描绘了有关民族在历史上的迁徙路线。因此，认真发掘、整理和研究民

古文字文献中有关历史方面的资料是正确描述我国民族史、边疆史、地方史以及中外关系史，进一步提高我国史学研究水平的一个很重要的方面。

民族史学是对民族的历史进行研究并揭示其历史发展的一般规律性的学科。严格地说，所有的历史都是民族史，而在过去，由于科学技术及交流条件的限制，历史学科的民族性更加突出。我们所说的民族史偏重于少数民族的历史。我国各民族的古籍文献记录了许多古代民族的活动情况。而在汉朝以后，就开始了粗略的民族史研究，司马迁的《史记》及班固的《汉书》都记载了关于汉朝周边的匈奴、羌、西域各族和西南夷的历史、地理、经济生活以及和汉朝的关系。之后的中国历代史书，都有大量的关于民族的记载，还有一些关于边疆民族地区的专著，并有对这些民族的历史、起落、发展、变化进行探讨的章节，虽然这些都是为封建王朝的统治服务的。在近现代的中国，也有零星的民族史和民族关系史的论著出现，但取得最大成就的是在中华人民共和国成立后，随着对民族调查和研究的深入，自然伴随着对少数民族历史的研究。许多高等院校都设立了民族史的课程，一些史学家、民族学家都发表了对民族史的研究文章。《中国少数民族简史丛书》对各少数民族的历史做了简单的概述。20世纪80年代以后，民族史研究进入了新的高潮，许多高校设立了民族研究机构，增设了民族史的硕士点和博士点，大量的民族史论著纷纷出版，如《中国北方民族关系史》《中国西南民族史》《楚国民族述略》《中国民族史》等都产生了相当大的影响。目前，对于民族史的研究都是用汉文古籍进行研究的，基本上将汉文文献中关于民族的记录都进行过研究，也取得了瞩目的成就。对中国历代的少数民族的发展历史、政治、经济、文化及其同汉族的交流都做了详细的叙述，并提出了一些民族史观，对民族发展的不同阶段做了评价。

在以往研究中对少数民族文字及其文献记录一直存在偏见，所以少数民族的文字古籍没有受到足够的重视。由于历史上的封建史学家以汉文古籍文献作为正统史实文献，对少数民族的历史记录采取歧视态度，以民族称谓的译写为例：如夷、蛮、野、戎、奴、僮等，明显地带有鄙视和侮辱的成分。我国现在的民族史学家在采用科学的、客观的态度对待历史流传下来的史书的同时，也开始将目光转向了少数民族自己的文字记录，即少数民族文字古籍和用汉文记载的少数民族历史文化。这使得民族史的研究拓宽了视野，许多民族史工作者也开始深入少数民族地区进行调查研究，搜集民族古籍，并利用多种民族学科的成果对民族史进行研究，认识到了民族古籍的重要性，回答了许多汉文史书不能解决的问题。一些史实问题，只要翻一下民族古籍，就能得到答案，这是因为少数民族的历史是自己创造的，自己所记载的史实最可信。因此，研究少数民族历史没有理由摒弃本民族对自己历史的系统记录而只从汉文古籍中摘取对民族的零星记录。由此可见，民族古籍整理工作对民族史学家是相当重要的，他们应该尽可能地深入少数民族地区，搜集少数民族用不同的方式记录下来的历史。这样才是完整的、系统的、科学的民族史工作态度。民族古籍整理工作对于民族史来说，和民族考古学、民俗学、民族学等具有同样的重要性。民族工作者要用现代各学科的成就和现代科学手段进行民族史研究工作，在工作实践和理论研究中形成正确的民族历史观，排除狭隘的观念。民族古籍整理与研究成果无疑对民族史研究起着重大作用，民族古籍整理研究也将是民族史研究工作的重要内容。而处在不同发展阶段上的中国少数民族将是一部活生生的民族发展史，直接进行少数民族的社会调查，获得第一手资料，并用这些鲜活的资料与民族文字古籍文献和汉文古籍记载的文献进行比较研究，将有力地促进民族史研究。历史研究必须借助史料，新史料的发现是研究历史发展的基础。因此，各民族古籍文献在中国历史梳理和研究中具有重要的史料价值。历史上每次新史料的发现都推动着历史学科的发展。因此，民族古籍文献的整理研究无疑是发掘史料和整理史料的重要工作，在推动史学研究方面有着重大意义。

**二、有关地理及生态方面的民族文献的学术研究价值**

我国各民族文字古籍记载的地理学资料是研究少数民族地区地理和生态环境不可多得的资料，也是研究历史地理学和中国边疆地理变迁的重要材料。通过这些古籍我们可以了解少数民族地区历史上曾经发生的火山爆发、地震灾害、洪水泛滥等自然变化对地理环境的改变，或窥见这些地区早期的地理环境比较恶劣，自然变化大的地区他们的生产、生活与地理环境相当有关联。为了适应环境，他们对自然地理及其规律都有一定的研究和认识。同时，他们要生存，就得利用地理环境所提供的自然资源。他们对保护和利用自然资源的活动也进行得相当早。这些古籍文献的记载，可以使我们进行复原历史上的自然地理景观和认识这些地区的地理演变及其规律，并对研究中国历史上的疆域版图等都有参考价值，如彝文古籍《指路经》中涉及大量的古地名和彝族先人的迁徙路线。若将各地《指路经》中的古地名汇集起来，多达上万条，涵盖了西南地区大部分地域。特别是《指路经》中对沿途的山川、江河、湖泊的形态和相关景物做了生动描写，为对古代西南地区地理概貌的考证和认识，提供了翔实的文献依据。又如

《金沙江流域城池记》记载了数十道渡口与众多城镇的名称和有关事件。《彝汉城名记》则记录了彝族地区众多古代城镇的彝汉双语名称，不仅描写了所记城镇的地理方位和某些特点，还记录了这些城镇的主管者和居住的彝族各氏族。由此可见，加强民族文字古籍文献的整理研究，对于考察各民族祖先的历史活动足迹和祖国疆域都具有重要意义。

我国少数民族居住地区疆域宽广，地理、气候十分复杂，矿产资源和各种物产都非常丰富。因而各民族地区，不仅有各自的地域特点，而且有着各自的民族风格。生产力越低下，对自然生态环境的依赖性也就越大，我国各少数民族与汉族相比，生产力相对滞后，故对自己长期生产和生活的地理环境的关心更为强烈，甚至达到与自然生态环境融为一体的境地。因此，各族人民以极大的热情描绘和讴歌哺育自己的雪山、森林、草原、山脉、河流，并用丰富多彩的民间文学把自己的民族和这些地理环境紧密地联系起来，以自己语言文字记载的这些地理学资料，无疑是研究各少数民族地理学的珍贵文献资料，也是研究历史地理学和中国边疆地理变迁的重要文献依据。从这些古籍文献记载中，我们可以了解少数民族地区历史上火山喷发、地震、洪水泛滥等自然变化。由于这些地区早期的地理环境比较恶劣，人们为了适应环境，必须对自然地理及其变化规律进行研究和认识，于是我们可以从中窥见和领悟到他们对地理环境和自然规律的探索精神和充分利用地理环境所提供的自然资源的经验和知识。特别是在人与自然的和谐方面，各民族先民都做过有益的探索，值得我们认真总结。对于保护和利用自然资源的活动，各民族都留下了许多业绩和宝贵经验。所有这些，在其古籍中都有记载，对我们认识了解历史上的自然地理景观和这些地区的地理演变及其规律，并研究中国历史上的疆域版图等，都有重要价值。人文地理学中的民族地理学在我国相当薄弱，这也是和我国多民族国家的现实不相适应的，因为它是制定一个国家地区的民族政策，以及研究分析这些地区的人地关系、经济发展潜力、发展规划的科学依据，所以我们要大力加强民族地理学的研究。而对其历史地理的研究要从民族古文献中获取资料，并利用中国民族史等民族学科来进行研究，指出民族地理的一般变化发展的规律，从而填补我国民族地理学的空白。

### 三、生产生活经验实录与科技文献学术研究

中国少数民族在自然界长期的生存及其生产劳动中，积累了丰富的自然科学知识和人类如何适应自然环境条件的经验。其间既有生产经验的总结，又有科学技术的成果，是各族人民认识自然、适应环境、战胜灾害、

争取自由的记录，是各族人民思想智慧和生产劳动经验的结晶。这些被记载于各民族文献古籍之中的丰富内容，已成为中华民族文化遗产的重要组成部分。因此，我们要加强民族古籍文献的整理研究，充分揭示和弘扬各民族传统文化之精华，使其得于发扬光大。少数民族古籍中有大量的科学技术的内容，如天文历法、农牧业生产技术、金属冶炼技术、建筑、医学、绘画、工艺等，充分体现出科学技术的发展水平，从中闪烁着少数民族的智慧之光。因此，中国少数民族古籍文献的研究成果，必将为我国少数民族自然科学史以及应用科学发展史的研究，提供翔实的文献资料。而自然科学以及应用科学的先进理论和科学方法，可以指导有关自然科学和应用科学及其工业生产工艺技术、农牧业生产劳动技能、医药保健知识等记载内容的整理与研究，为我国的现代化建设服务。

少数民族的天文知识和历算方法是中国天文学的重要组成部分，对我国天文学的发展做出了特殊的贡献。尚存的民族古籍载录了丰富的天文学资料，包含系统的天文历法知识，其中不乏重要的天文学史料。我国各少数民族为了生产的需要，很早就进行天文预测，留下了许多天文记录。少数民族观测和记录天文的原因，除了农业生产的需要外，还有宗教的原因，他们把自己的生活同天文现象联系在一起，这在有文字的少数民族当中更突出。如：藏族历法始制于7世纪中叶，到9世纪初期已通用六十年周历纪年，以五行阴阳与十二生肖相排列，年分四季，季有三月，月分大小建。又如：彝族的《西南彝志》和《宇宙人文论》系统地记载了古代彝族人民的天文历法。彝族先民对太阳、月亮、星星的变化进行观测，对日蚀、月蚀有自己别具一格的见解和富有哲理的解释，其间不乏朴素唯物主义的认识论。其文献保留甚多。傣族文献古籍中，天文历算方面占了大量篇幅。傣族将汉族的干支纪时法与中南半岛通行的小历纪元纪时法融为一体，形成了别具一格的傣族天文历法。与傣族人民的地理位置、气候特点、生活习惯和宗教信仰联系在一起的主要有《苏定》《苏力牙》《西担》《历法星卜要略》《纳哈答勒》等书，系统地记录了日、月、行星运行规律和一些日蚀、月蚀情况，以及年、月、日的计算方法和天文学思想。其中对日、月、行星的运行及日蚀、月蚀都有相当准确的计算。傣文天文历法的分野思想、干支用法及计算数据，对确定中原文化和印度文化在不同时期对傣族的影响以及相互交流，提供了较为确切的证据。此外，焉耆—龟兹文中有雨月、耕作月的历法内容，粟特文、回鹘文、西夏文、东巴文、尔苏沙巴文、水书等文献中也有关于历法的记载。用各民族文字著述的天文学古籍文献，在研究少数民族的天文学、宇宙观、认识论等方面具有很高的学术价值。其中有明确的历史年代记录，依据这些珍贵的民族古文献资料可以考察少数民族古代历史进程和社会生活面貌，也可以通过天文历算记录，确定民族古籍中所记载的重要天文事件所发生的年代和民族古文献的产生时代。

对于古代民族来说，只有通过全体成员对大自然进行生产劳动的斗争，才能生存繁衍下去，因此农牧业生产是我国少数民族生活的主要内容，他们的宗教信仰、文化艺术、风俗习惯和农牧业生产密切相关，因而也是民族古籍所关注的重要内容。他们不仅记载现实的农业、畜牧业生产的情况，还对农牧业生产的改进和人们的生产关系进行研究，并用各种民间文学构置其理想的农牧业生活。如彝族的《西南彝志》记载了农耕、畜牧、狩猎的许多情况，另有《五谷经》《播种经》《牲畜史》《养羊经》等彝文论著；傣文文献古籍中保存了大量水稻栽培、水利溉灌的历史资料。其他民族的文献古籍都有反映本民族农牧业生产和土地关系的大量资料。没有文字的民族口传文史资料也很多，他们的生产记录、生活经验和农牧业丰收增长的情景，以民间文学的形式流传于后世。我们在民族古籍整理工作中必须对各少数民族的农牧业生产的现状和历史有一定的研究，才能胜任民族古籍的整理工作。只有这样，才能在民族古籍文献的整理过程中，用先进的理论和科学的方法，准确地诠释民族古籍文献的记载内容及其文化内涵。

我国少数民族的传统医药具有悠久的历史和浓郁的民族特点，同时又往往和中原地区的"汉医学"有十分密切的关系。尚存各民族古籍中都有大量的医药学文献。如焉耆—龟兹文文献中有医术残卷。于阗文、回鹘文也有医学文献。藏族的医药学有1000多年的历史，留下了不少医药学著作。彝族的医学也相当发达，《西南彝志》记录了原始的人体解剖学和医药学的理论。傣文药典种类较多，所记药物多为当地植物、动物、矿物，表现了民族的地方特点。维吾尔族等民族古籍文献也有许多医药学的文献，记载了突厥各族长期积累的治疗和药物资料，如察合台文《突厥医典》记载了突厥诸族关于内科、外科、神经、骨科、皮肤、五官等多项疾病及治疗药物。由此可见，努力发掘和整理我国民族古文字文献中的医学著作，是我国医学研究的一项课题，也是中西医结合的一个重要方面。中医界的一些有识之士已经提出，中医的出路在于充分发掘少数民族的传统医药，加强民族医药学古籍文献的整理研究，其成果不但具有很高的学术价值，而且有重要的应用价值。

在中国少数民族古典文献中拥有丰富的医药典籍。如：藏文中关于藏族传统医学的记载，有始纂于8世纪的《医方四续》（现译为《四部医典》）以及《晶珠本草》《月王药诊》《人体发育八阶段》《藏药配制妙方》等。其间包含着藏族独特的生理学、病理学、诊断学、药物学。藏医在固有的基础上，业已发展为内容丰富、有理论、有实践的比较完整体系。西夏文文献中有关于内科、外科、针灸、兽医的医书和药方。彝文的医药学文献也很多，著述内容极为丰富，涉及范围也很广泛，其中既有系统的基础医学理论，又有丰富的药物和病理知识以及治疗经验，还有颇具特色的食疗法及药膳烹调方法等，形成一系列辨证施治、对症下药的医案和药方。目前已发掘整理出版的古彝文医药典籍就有数十部，其中号称哀牢山明珠的彝文医药书，比汉文药典《本草纲目》的成书年代还早。各民族古文字典籍中包含着大量的医学文献，都具有很高的学术研究价值和应用价值及开发前景，亟待加强整理研究。以我国目前的实际情况而论，努力发掘和整理民族古典医药文献，不仅是古籍整理工作中的一项重要内容，也是我国医学研究中急需的一项课题。由此可见，各民族古代医药典籍的整理研究和民族传统医药的发掘，是当今中西医结合的一个重要方面，中医学界的有识之士已明确提出，今后中医的发展有待于各民族传统医药的充分发掘与提高。由此可见，中国少数民族古典文献学与应用科学中的医药学有着密切的关系。一方面，中国少数民族古典文献学在医药文献方面的研究成果将极大地丰富我国医药学的研究内容，特别是对中医以及中西医结合治疗方面的理论研究和实践提供颇有价值的文献资料，从而极大地丰富中医理论和扩大中药开发利用的领域。另一方面，现代医学理论和中医的传统理论，亦可以指导古典文献学对民族古典医药文献进行科学整理与系统的理论研究。

　　民族古籍文献对于研究少数民族的历史文化，可以提供许多罕为人知的珍贵资料。如：傣文军事著作中列有阵图，并有按照各种不同的形势布阵和修建战壕的说明，是战争实践的总结，是研究军事史的重要资料。西夏文、彝文有关于地理方舆的著作。藏文、彝文、傣文都有关于数学算法的记载。藏文、西夏文有关于地震的记录。傣文有关于水利管理的文献。彝文有畜牧农耕的描述。西夏文、彝文有关于冶炼、酿造的记载和关于工艺、技术的解释。焉耆—龟兹文、于阗文、藏文、东巴文有关于婚姻习俗的资料。不少文种都有占卜和禁忌方面的记录。此外，很多少数民族文字文献都表现出精湛的书法艺术，有些文献古籍图文并茂，绘画艺术极高。总的说来，民族古典文献是研究中国各民族社会历史和传统文化的丰富宝藏，与各学科之间存在着密切关系，可以为研究少数民族的各个学科提供所需要的文献资料。而民族古典文献学,它作为从事民族古典文献本体研究的一门独立学科,把民族古典文献作为自己的研究对象,需要借鉴其他学科的理论和方法,对民族古典文献进行科学研究。与此同时,可以将自己的研究成果,为其他学科提供参考依据。特别是在与其他学科结合过程中可以产生一些边缘学科,如民族古典文献学与民族历史学结合,能够产生民族历史文献学;与民族古典文学结合,能产生民族文学文献学等。由此可见,民族古典文献学与各学科之间存在着十分密切的关系,应当引起高度重视。

总之,各少数民族在长期和自然界做斗争的过程中,积累了丰富的自然科学知识。这些知识是各族人民进行生产、征服自然的记录,是各族人民劳动智慧的结晶。这些自然科学被大量记载在他们的古籍当中,成为中华民族文化遗产的重要组成部分。我们要揭示和弘扬这些宝贵的民族文化遗产,使其精华能够发扬光大,作为文明的内容载入世界文明的史册。

## 第二节 语言文学典籍和民俗文献学术研究

### 一、语言文字论著的应用功能和学术研究价值

我国民族古文字所记录的语言十分广泛,存世的民族文字古籍中保留着丰富的古代民族语言资料,这对研究语言的系属、进行历史比较是十分重要的。有些使用民族古文字的民族已逐渐被同化,也就是说这样的民族连使用的语言已经消亡,然而他们使用过的语言却由民族文字文献保存了下来,这些珍贵的资料无疑对语言学的研究具有特殊的学术价值,这也是西夏文、契丹字等备受语言学家重视的主要原因。特别值得提出的是不少文种编有语言文字学专著和字典辞书,这表明该民族对语言、文字的认识和研究已经达到相当高的水平。藏族的声明类文献很多,如"释诂""训字""诠目疏别"等著述是纠正或扫除语言中所犯毛病,以使语言规范化的科学。藏文典籍中还有阐述梵文本质、结构、组合变化规律及藏文虚词、动词等规律的科学。又如:藏文典籍中的文字学、文法学专著有《藏文字姓组织法》《藏文文法三十颂》等,对藏文文字学研究具有重要参考价值。彝文文献中有诸多《彝文字汇》《彝文字典》等工具书,无疑是研究古彝文的重要资料。回鹘文文献中有辞书《高昌译语入门》。傣文古籍中有巴利语与傣语的对照词典和《萨菩阐提》(嘎拉扎散)等讲解字母发

音、拼写规则及韵律的著作。明代编的《女真译语》是按单词分类为序、用汉字给女真字注音并释义的字典，对女真字的解读有重大作用。西夏文文献中有以声母为序的字书《音同》，有依韵排列的韵书《文海》和西夏文—汉文双解的词语集《番汉合时掌中珠》等多种辞书。这些辞书对西夏语本身的研究和汉藏语系诸语言的研究都具有重要意义。契丹小字中有大量的汉语借词，这种用拼音文字记录的汉语词对于构拟中古汉语语音有重要意义。用八思巴字给汉字注音的范本《蒙古字韵》对研究元代汉语十分重要，因为用拼音文字记录当时汉语的文献资料是不多见的。总的说来，民族古典文献的著述内容就是古代各民族的书面语言，因此，古籍文献与古代民族语言之间水乳交融，存在着千丝万缕的联系。一方面语言学的理论和方法可以指导民族古籍文献的研究，而古籍文献的整理研究成果又可以极大地丰富语言学的研究内容和书面语资料。我国民族古文字所记录的语言十分广泛，汉藏语系藏缅语族中的藏语、彝语、纳西语、西夏语、白语和尔苏沙巴语，壮侗语族中的壮语、傣语、水语；阿尔泰语系突厥语族中的突厥语、维吾尔语，蒙古语族中的契丹语、蒙古语，满—通古斯语族中的女真语、满语；甚至还有印欧语系中的印度西北俗语、焉耆—龟兹语、于阗塞克语、粟特语等均有古文字和古文献传世。这些民族的古文字文献中保留了丰富的古代民族语言资料，对研究语言的系属、进行历史比较是十分重要的。有些使用民族古文字的民族，虽然已逐渐被同化，也就是说这样的民族连同他们使用的语言都已经消亡，但是，他们使用过的语言文字却由他们的古典文献保存至今，这些被保留下来的珍贵资料，无疑对语言学的研究具有特殊的学术价值。有些民族古代语言与现代语言之间差别很大，在民间口头已经消失的古代不同时期产生和使用的语词，在古典文献中得到很好的保留。古典文献中所保存的这些不同时代的语词无疑是研究一种民族语言演变规律和发展历史的重要依据。由此可见，中国少数民族古典文献学的深入研究以及古典文献语言资料的进一步发掘，不仅可以为语言学的研究提供丰富的资料，亦能促进语言学研究的深入。

  民族古文字典籍文献在文字学研究方面有着极为重要的价值。我国民族古文字不仅有多种来源，包括了各种不同的类型，而且互相交错影响，形成了我国民族古文字源远流长、群芳争艳的局面。有些文字的发展变化可能有助于我们探讨文字发展的一般规律，如有的专家认为女真字从金朝到明朝逐渐由表意向表音方向发展，就值得我们重视和研究。又如表意的契丹大字创造以后，又制作出契丹小字这样的拼音文字，这可能反映出一种倾向，即：用表意文字——用一个字表示一个音节并具有一个词意的文字，来记录单词往往是多音节并用黏着词尾表示语法关系的阿尔泰语系的语言是有困难的，需要改成音素文字。这对于研究文字类型和语言类型的关系是很有意义的。少数民族古文字及有关文字学文献，早已引起文字学家和金石学家的注意。他们在历史、书史和金石著录中介绍了民族古文字的情况，记录了关于民族古文字创制、使用的经过，搜集了一些有关的文献资料，他们的劳动成果为以后的研究工作提供了重要的线索和有价值的资料。

民族古籍文献的整理研究对象就是以民族古文字著述的文字材料，因而民族古籍文献整理研究工作与文字学的关系密不可分。文字学的许多理论和方法可以指导我们解读古典文献中的古文字，古文字的释读资料又可以极大地丰富文字学研究内容。我国文字学领域的科学研究有着悠久的历史，也取得了丰硕的成果，许多研究成果对民族古籍文献的整理、研究具有重要的参考和借鉴的价值。因此，文字学研究的深入，有利于促进民族古典文献学的发展。反之，民族古籍文献学的整理、研究成果，也同样会对文字学的研究产生重要影响。

少数民族古文字及有关文字学文献，早已引起文字学家和金石学家的注意。他们在历史、书史和金石著录中介绍了民族古文字的情况，记录了关于民族古文字创制、使用的经过，搜集了一些有关的文献资料，为以后的研究工作提供了重要的线索和有价值的资料。特别是不少文种编有语言文字学专著和字典辞书，可见这些民族对语言、文字的认识和研究已经达到相当高的水平。如民族古文献中的《藏文字姓组织法》《藏文文法三十颂》《彝文字汇》《彝文字典》《巴利语与傣语对照词典》和西夏文《音同》《文海》等辞书，以及《蒙古字韵》《萨菩阐提》等讲解字母发音、拼写规则及韵律的著作，对我国民族语言文字的研究，甚至对古代汉语的研究都具有重要的文献价值。

## 二、文学作品的应用功能与文艺理论著作学术研究价值

中国民族古文字文献中的文学作品丰富多彩、绚丽多姿，是我国文学园地中的奇花异草。焉耆—龟兹文《弥勒会见记》剧本是我国最古老的翻译剧作，其诗歌以《箴言诗集》《摩尼赞美诗》颇负盛名。维吾尔族有很多优秀的文学作品，长五万多行的《四代赞诗》，语言十分生动、形象。西夏文的诗歌、谚语集有多种，如《月月乐诗》《新结锦合辞》等。彝文文学方面的名篇巨著有《妈妈的女儿》《阿诗玛》等长篇叙事诗，情节感人，语言生动，脍炙人口。白文的《词记山花·咏苍洱境》碑铭，是一种

有民族风格的特殊诗体。东巴经中保存有很多情节动人、形象鲜明的文学作品，如创世史诗《崇邦统》、爱情史诗《鲁般鲁饶》和战争史诗《东埃术埃》等。知名的傣文长篇叙事诗有上百部，许多作品不仅是有价值的文学遗产，还能为研究西南民族提供有价值的历史资料。方块壮字记录了很多为人们喜闻乐见的壮歌。回鹘文的民歌短小精悍，感情真挚，常用比兴和想象的手法，具有突厥文学的传统色彩。于阗文、粟特文也保存有一些文学作品。不难看出，民族古文字文献中的文学作品，不仅是我国文学研究方面具有特色的重要材料，还丰富了我国当代的文化生活。如彝文叙事诗《阿诗玛》、傣文文学作品《召树屯》等改编成电影后，已家喻户晓。

　　少数民族古籍文献整理研究与民间文学有着密切的关系。少数民族古籍文献整理研究不仅需要探索文献典籍的整理研究方法和系统地描述民族古典文献的特征，又要通过古文献的著述内容考察和诠释古代各种名物以及典章制度，还要鉴赏和评述古典文献中转录的民间文学艺术。而民间文学的研究成果既可以丰富古籍文献学术理论研究的内容，亦可以为古籍整理研究中的具体考证和诠释提供重要的参考依据。古籍文献整理研究工作的深入，可以给民间文学的研究提供其他任何资料都不能替代的文献根据。由此可见，少数民族古籍文献整理研究与民间文学的关系密不可分。民族古籍文献是民间文学的重要研究对象之一，通过对典籍中记录的民间文学作品与口头流传的民间文学作品之间的比较研究，可以探索一部作品的流变情况，以及究明其原形与变体之间的关系。而这种比较研究的结果，不仅对民间文学作品的分析与鉴赏和文学史的研究都很重要，而且对民族古典文献学也同样重要。

　　不难看出，民族古文字文献中的文学作品，不仅是我国文学研究方面具有特色的重要材料，还丰富了我国当代的文化生活，在发展我国文艺事业、丰富各民族的文化生活方面发挥了积极的作用。民族古籍文献中汇集了丰富多彩的民间文学作品，这些颇有价值的文学遗产，除了具有文学方面的学术研究和应用价值之外，还能为研究各民族的社会历史和传统文化提供有价值的文史资料。

　　在民族文字古籍文献中，除了丰富多彩的文学作品之外，不乏文论和有关文学创作与诗词歌赋写作方法的文艺理论著述。以彝文古籍文献为例，当今尚存的彝文古籍中有著名彝族经学家和文艺理论以及诗学奠基人益博举奢哲的《彝族诗文论》和著名女诗人、文艺理论家恒颖阿麦妮的《彝语诗律论》，以及后世彝文文学理论家布麦阿钮的《论彝诗体例》和布都布局的《纸笔和写作》等一系列文论和文艺理论著作。这些文艺理论著作在彝族文学艺术的发展方面曾经起到巨大的推动作用，在当今学界研究彝族文学史和文艺理论方面也具有很高的学术价值。比如阿买妮的《彝语诗律论》对彝文诗歌韵律方面做了系统的论述："四十三韵音，都是开头韵，开头韵要准，后韵则要明。写诗的时候，头尾紧相连，头中尾相扣。有的隔行押，有的隔行扣；有的句句押，有的句句扣；有的分段押，有的分段扣；有的声谐声，有的韵押韵；有的字扣字，有的字对字。有的声在头，有的声在中，有的声在尾，头韵尾诀连、诀尾相连扣……"阿买妮以上所概括的基本规则，在各体诗歌中得到灵活的运用。她在结尾处做了明确结论："诗有各种体，诗体就如此，各自不相同；有的是扣句，有的是押韵，有的是谐声，有的上下联。"布麦阿钮在《论彝诗体例》中论述道："三段诗当中，头中尾对正。中和内必对，句句要分明。三段诗当中，上有上的扣；中有中的押，尾有尾的扣。段中各有押，段内各有分；类别各分明，三段各有对，三段各有韵，三段各有扣。"这与阿买妮讲的彝族诗歌中头中尾紧扣用韵法如出一辙，可见彝族诗歌创作是遵循着本民族用韵的客观规律。彝族诗学用大量篇幅论述和总结诗歌韵律规则，是因为诗歌语言，比起散文语言，具有更突出、更鲜明的节奏感。因为诗歌节奏韵律的抑扬顿挫，是由诗的内容所决定的。诗歌的节奏美、音律美，能大大地增强艺术感染力。彝族的诗学理论家们不但重视这个问题，而且对其进行深刻的探讨和系统全面的论述。如布麦阿钮十分精辟地指出：若要诗意深，"深由句中出，美在韵上生"，"写诗句宜紧，句紧诗意深，深在于行中，美在于句上"。这些诗学理论在彝文诗词歌赋的创作方面发挥了重要的指导作用。这些朴素、正确和辩证的文学观，实质上已将诗歌的内容美与形式美统一起来了。如此精深的文学理论和美学观点值得深刻探讨，对促进我国民族文学理论的新发展具有重大意义。由此可见，民族古籍文献中的文论和文艺创作理论著作具有重大的学术研究价值。

## 三、民族礼仪习俗记载内容的民俗学研究价值

我国少数民族古籍文献中保留着丰富的民俗学资料，是研究各民族民俗礼仪的重要文字依据。民俗学是一门以人类社会中不同地区、不同民族，在生产生活中长期形成和稳固传承的一切风俗习惯和各种禁忌、信仰等传统文化为研究对象的学科。我国虽然在远古时就有"民俗""民风"或者"风俗"之说，在诸多文献典籍中也记载着丰富的民俗内容，但是，一直没有形成一门独立的学科。直到20世纪初，"民俗学"这一学术名

称，才从日本传到中国。在中华人民共和国成立前的几十年里，民俗学研究在全国各地知识分子中普遍开展，并逐渐形成一门独立的学科。不仅翻译出版了外国民俗学著作，而且国内也有大量的民俗史著作问世，也开展了民俗调查，在理论和方法上积极引进民族学的本土化的探索方面，都为中国民俗学的发展奠定了坚实的基础。中华人民共和国成立以后，我国民俗学的调查研究范围全面扩展到各少数民族地区，并与民族识别、民族语言文化调查研究等项工作同时进行。特别是20世纪80年代以后，我国民俗学的研究，不论是在理论研究上，还是在实践方面都取得了很大的成就。

我国各民族在历史上形成并长期延续的各种民俗及其诸多内容，特别是一些已失传的民俗，在民族古籍文献中有着不同程度的记载，这无疑是古籍文献整理研究工作和民俗学共同的整理研究对象。民俗作为一种具有系统性和广泛性的社会文化现象，既包括丰富的思想内容，又囊括了复杂多样的行为方式和多姿多彩的动作体态。当它约定俗成之后，就会成为有规律的运行机制，约束着人们的行为和意识。于是民俗文化与人们的社会物质生产水平相适应，和自然条件有着密切的关系，并具有鲜明的时代特征和地域风格。它随生活内容和方式的变化而变化，能够适应变化的民俗将长期延续，不能适应社会生活的民俗则逐渐退出社会历史舞台。由此可见，民俗的产生、发展和消失都有着深厚的社会基础，必然有着经济和政治方面的各种原因。正因为如此，民俗在传承过程中，不可避免地带有不同时代的历史印记。而把民俗作为一种历史现象来考察，它的具体内容和表现形式，大体上可概括为心理的、行为的和语言的三个方面。心理的民俗，以信仰为核心，包括各种禁忌在内的反映在心理上的习俗，它更多地表现为心理活动和信念上的传承，如宗教信仰等。行为的民俗，是心理民俗的外在表现，是由人们的心理而产生的宗教活动、生死礼仪，以及岁时、节日的活动。语言的民俗，如各民族传统文化中的民间文学，它以言语为手段表现出来，并表明其民族的宗教信仰、思想、愿望和要求而代代相传。民族古典文献则广泛记录各民族社会历史和各种典章制度，以及包括民俗在内的各种文化事象。当一种民俗形成之后，将对其他文化现象发生重大影响。如：各民族的服饰、居住、饮食等习俗一经确定，就会产生大量的社会需求，势必影响社会生产和科学技术的发展。反之，物质生产的发展，同样也会推动民俗的发展。我国各民族的民俗，具有民族性、原始性、实用性、地区性、融合性、变革性等特点，这是各民族长期共同繁衍，并经过千百年发展的缘故。在现实生活中，各民族丰富多彩的民俗，有的正在延续和流传，有的则消失已久。然而，在民族古文献中记载着许多各民族的古代民俗和现代民俗的典故，可以为民俗学家考证各种民俗文化现象提供翔实的文献依据。民俗学家的研究成果和现实生活中存在的各种民俗，同样可以用来解释民族古籍文献之中的疑难字词，或古代名物制度。

由于各民族古籍文献的著述内容，广泛涉及各自的社会风俗，因而研究一个民族的民俗和它的历史、起源、形成、发展，都可以利用民族古文献来进行研究。民族古典文献所记载的宗教活动、生产习俗、生活习俗、文化活动、组织制度等，都是民俗学进行研究的丰富内容。民俗学的研究方法和途径中，除了对行为的或语言的风俗进行实地调查外，对民俗的产生或某一民俗的演变过程的考察，都需要以有关古典文献的记载内容作为参考依据。事实上民俗学者在研究工作中，往往从民俗学的角度，进行民族古典文献的整理研究。而民族文献古籍的研究整理结果，无疑会给民俗学带来帮助。从一定意义上说，民族文献古籍的载体种类及其著作方式、文献书籍的版本和装帧形式都包含着民俗学研究的内容。我国许多民俗学家在研究少数民族的风俗时，都把民族文献古籍作为一个重要内容。而研究民族文献古籍的专家，也特别重视对各族民俗的调查研究。著名语言学家马学良先生在研究彝族文献古籍时，十分注重以民俗资料注释彝文经典中的字词和重要术语。由此可见，加强民族文献古籍的搜集、研究、整理工作，把大量的民族古典文献整理出来，这不仅是民族古典文献工作者的当务之急，也是民俗学研究的迫切需要。所以进行民俗学研究的学者，也应该积极支持和从事民族文献古籍的整理工作。要撰写少数民族风俗史、风俗志等方面的论著，就得从民族文献古籍中寻找资料和答案。由于我国各民族大杂居的情况，他们的风俗习惯是互相影响的，相互之间也有一些内在的必然联系。现代科学的发展要求学科之间互相联系、互相渗透以寻求其内在的联系。民俗古籍的大量存在是两门学科联系的基本点，古籍整理研究的成就，将给民俗学提供大量可用的资料，极大地丰富民俗学研究内容，从而有力地推动民俗学的发展。

从上面的论述中我们可以看到，民族古籍文献整理研究工作和民俗学都是研究民族文化的重要学科，在研究对象、范围、目的、任务和方法上都有许多共同点。民俗学以揭示各种民俗事象的传承文化为主，而古籍文献学则以疏通古今和异地方言乃至不同语言之间的文义，以及诠释文献记载的文化内容为主。我国民俗学的研究范围，除了各族人民在劳动生产中的生产、劳作习俗；日常生活中的衣、食、住、行，及其社会交往的生活习俗；语言、婚姻、丧葬、礼仪和节日的习俗；文学、艺术和体育活动方面的文化习俗等方面之外，还涉及社会组织制度和宗教信仰，以及迷信活动等诸多方面。我国的民族古典文献学以用各民族文字记录自己社会历史和传统文化的典籍、文书、铭文、档案等古典文献为研究对象，把古典文献的史学价值、文学价值、民族学价值、人类学价值、语言文字学价值等呈现出来，以供人们研究不同的学科时参考、利用。与此同时，也把发掘整理和保存各民族的文化遗产为其重要目的，有利于更好地了解各族人民的生活及其智慧，以及各自所创造和传承的文化对于中国乃至世界文化的贡献。民族古籍文献的研究成果将对各民族学科乃至相关学科，如人类学、社会学、美学、心理学、宗教学、历史学、文艺学等提供重要的文献依据。

## 第三节　出土文献和金石铭刻与宗教经籍和哲学论著的学术研究

### 一、出土文献和金石铭刻的考古资料价值

在考古学方面，铸刻中国民族古文字的文物、文献，丰富了中国考古学资料，在金石铭刻方面尤为突出。著名的藏文与汉文合璧的《唐蕃会盟碑》、西夏文与汉文合璧的《凉州感通塔碑》和刻有梵、藏、汉、回鹘、西夏、八思巴六种文字的居庸关刻石都是全国重点保护文物。先后被发现并为国内外学术界所瞩目的突厥文厥特勤碑、毗伽可汗碑、暾欲谷碑等碑文，涉及突厥与粟特、唐朝、沙陀、黠嘎斯、突骑施、葛罗禄、九姓乌护、党项、奚、契丹等多方面的关系。西藏各地所唐以来的碑刻，提供了很多的有价值的史料。14世纪的回鹘式蒙古文《云南王藏经碑》记载了元代蒙古族统治集团内部斗争的重要史实。契丹字辽兴宗、仁懿皇后、辽道宗、宣懿皇后四哀册和许王墓志、萧仲恭墓志、萧孝忠墓志、耶律延宁墓志等是研究契丹族人物的宝贵资料。女真字《大金得胜陀颂》等碑文，记录了不少重要史实。特别是《奴儿干永宁寺碑》因为有明朝在黑龙江入海口北岸建都司衙门的史料，成为此地久属中国的铁证。《西夏黑水建桥碑》是迄今所知宋代唯一的两方古藏文碑刻。贵州大方县的成化钟（1485）、云南禄劝的《镌字崖》（1533）、贵州大方县的《千岁衢碑》（1546）是最早的有确切年代可考的珍贵彝文文物。此外，各种文字的钱币、印章、铜镜、牌符更是琳琅满目，不胜枚举。书写和铸刻民族文字的

各种文物不仅丰富了我国的文物宝库，而且在考古发掘工作中，它们往往是确定出土文物的民族属性和具体时代的重要依据，这一点受到考古工作者，特别是边疆民族考古工作者越来越多的重视。

少数民族古典文献与考古学有着十分密切的关系。考古学的发现和研究成果，可以用来印证古典文献记载内容的真实性。反之，古典文献中记载的内容，也可以为文物考古提供依据和线索。民族古籍文献在考古学方面的价值，是不可低估的。

我国考古活动的历史比较悠久。早在春秋时期，孔子就开始周游列国考证夏、商的文物和典章制度了。到了汉代，司马迁又亲自去各地考察古代遗址和遗物。以后，在我国历代文人中逐步形成了搜集和研究古文物的风气。到了北宋开始出现"金石学"，主要是研究各种青铜礼器，以及金文和石刻。如吕大临的《考古图》一书中不仅记录了许多图画、铭文等古文物，而且对这些文物加以考证和说明，可谓当时的金石学专著。此外，宋朝还有官方的考古文物汇编《宣和博古图》。清末，罗振玉和王国维在考据学的基础上又推动了考古学的发展。他们利用三大新发现（安阳商代甲骨文、楼兰汉晋简牍、敦煌的藏经）做了大量的研究工作。特别是五四运动以后，我国的考古学有了新的发展。1922年北京大学设立了考古研究室，开展了两项重要的考古工作，即：北京猿人遗址发掘和安阳殷墟发掘，并涌现出大批的考古学家。中华人民共和国成立以后，我国的考古学进入了黄金时代，在中央和地方都建立了不少的历史博物馆和地方文物管理机构，并颁布了许多保护文物的政策和法令。1952年，北大开始设立考古专业，之后，许多高等院校都设立了考古专业和研究所，又于1979年成立了中国考古学会。新形势下，在我国考古工作的实践中充分利用先进的技术手段，对古人类遗址和墓葬，以及历代文物进行了一系列的发掘与考证，并取得了举世瞩目的成就。在学术研究方面也有长足的进步，在报刊杂志上发表了许多理论水平很高的考古学术论文和颇有价值的考古发掘报告，陆续出版了一系列的考古学著作。我国在长期的考古实际工作和理论研究中，继承和发扬本国考古和金石学的传统，并积极吸收和借鉴国外考古学的先进理论和科学方法，形成了自己的学科体系。随着我国考古事业的发展，民族地区的考古工作有了长足的进步，并逐步形成以民族地区和古代民族文化遗址和文物为发掘、整理、研究对象的民族考古专业及学科体系，它主要是对边疆地区的文物古迹进行系统的考古发掘工作。其发掘和研究成果，对中国民族史和边疆民族地区古代社会及传统文化的研究提供了其他学科资料所无法替代的重要文物见证和历史资料。

我国东西南北各民族地区都进行了许多考古发掘工作。首先，是在长城以北地区对年代最早的红山文化遗址进行考古发掘，其主要文化特征是定居农业兼有畜牧渔猎，红山文化的创造者可能是我国北方民族的先民。此后，在西南地区对春秋、战国时期的巴、蜀、滇等古代文化遗址和文物的考古发掘。从四川百花潭土坑墓、新都战国木棺墓等各地古墓中，出土了许多船棺墓葬和古铜兵器等重要文物，可以反映古代的丧葬习俗和金属冶炼与兵器铸造技术水平。在云南江川李家山和晋宁石寨山的陵墓发掘过程中，出土的大量青铜器表明，当时的西南各民族已经进入了奴隶社会。北方民族地区考古中，在内蒙古杭锦旗桃红巴拉发掘的2000多年前匈奴族的早期墓葬，出土了大批匈奴早期的铜器和丝织品。在内蒙古杭锦旗阿鲁紫登沙窝中的两座战国后期的匈奴贵族古墓，还出土了大量的金器，从中反映了我国北方民族当时的生活和各民族交流的一些情况。西北民族地区的考古中，发现诸多秦汉时期的古墓，新疆昭苏的乌孙国墓葬中，出土的铁器、陶器表明了乌孙已进入阶级社会。乌鲁木齐附近的古墓中发掘了大批战国到东汉时期的文物。新疆民丰的尼雅河下游发掘了精绝国的故址。新疆的罗布泊尔附近，发掘了许多楼兰墓葬。在西北地区发掘了许多汉朝活动的遗迹。这些都是研究我国西北少数民族活动的重要资料。东南民族地区的考古，发现闽越王统治时的一些文物，秦汉时期这些文物逐渐和中原一致，留下了秦汉统治的痕迹。秦汉时期"西南夷"的遗址遍及云、贵、川三省各地。在贵州西北的赫章、威宁发掘了一批夜郎小型墓，对我们研究夜郎文化提供了线索。川西、滇西北的石棺墓，四川安宁河流域的大石墓，反映了这一地区古代民族的墓葬习俗。在云南各地都发现了古滇国的遗址和遗物。其中极为重要的是晋宁石寨山的滇贵族墓地，出土了4000多件文物，属于东周至东汉时期。从古滇国的都城遗址和出土的青铜器分布范围，我们看到古滇国早期奴隶制社会的生活面貌和以滇池为中心，东北到曲靖、西至禄丰、南至元江的广阔疆域，以及独特的"滇文化"。与此同时，还可以发现汉王朝在这里活动的痕迹和中原文化对西南地区的影响。

三国两晋南北朝以来，一方面，我国各民族之间的往来与交流更加密切，中原文化对各民族地区的影响也越来越深，各地各民族建立的地方政权也越来越多。于是在边远民族地区留下这个时期的诸多文化遗址，其间包含着丰富多彩的文化内涵。东北地区主要有高句丽族的文化遗址和各种文物，从考古发掘情况看，明显地受到中原文化的影响。鲜卑也是这个时期的重要民族，在北方留下了许多活动的遗迹，如辽宁北栗西南房身村3

～4世纪的慕容鲜卑的石板墓群、内蒙古呼和浩特市美岱村的两座北魏初期墓葬,其殉葬品反映了民族大融合。这些考古发现与这个时期鲜卑势力遍及河南、山西和我国北方的史实及有关文献记录相吻合。西北地区的新疆吐鲁番阿斯塔那—哈拉和卓发掘了大批晋至唐时期的古墓,出土的木器、陶器和丝织品中留下了中原与西部少数民族地区经济文化交流的印记。还有高昌古城的遗迹的发现,对古文献中有关历史上高昌政权的记载也是一种补充。

　　隋唐时期,随着国力的强盛,对边远地区的少数民族的统治和影响加强。主要涉及的是东北地区渤海国的考古发现,西北的汉文文书,西部的吐蕃考古和西南的南诏的考古。东北渤海国的都城上京,据考古研究是仿照中原的长安城精心布局的。渤海国的遗迹和遗物也被大量发现,还发现了一些佛教遗址,墓葬主要是贞惠公主墓和贞孝公主墓及一对贵族夫妇的合葬墓,这些墓葬的遗物使我们看到唐朝在渤海的影响是相当大的。西北地区的墓葬保存了大量的汉文文书材料,这个时期的西域地区由唐朝直接统治,文书内容是研究唐代政治、经济、军事、文化的珍贵资料,主要是官府文书,私人文书,经籍等,还有一些少数民族的古文字资料。西藏地区也保存了许多唐代遗物。南诏和唐、吐蕃关系密切,出土了相应的文物。重要的还有剑川的石钟山石窟和大理三塔,反映了古代南诏人民的智慧。

　　考古学的成就,给中国民族史的研究提供了重要的史料。现在的民族考古学已发展到对各少数民族主要分布地区的各民族考古研究。由于我国许多少数民族居住地比较稳定,有利于考古工作的进行。在对少数民族文字古籍和文献资料的研究中,也有考古学的工作成分。因为民族文字古籍和各种载体的文献资料,既是民族史的重要史料,又是民族文化遗产的重要文物。而考古学正是根据实物史料研究民族历史和文化,为民族史和民族文化的研究提供论据和实物材料。民族古典文献学则是将民族古文字记载的文献古籍整理出来,为研究少数民族社会历史和传统文化提供翔实的文献资料。从这一点上看,两门学科在整个民族学科的整体研究中有着同等重要的地位和作用。二者之间,民族考古结果可以印证民族文献古籍史料的真实与否。有些关于各少数民族古代社会生活、经济活动、农业生产、科学技术、宗教信仰、建筑工艺等方面的古文献资料,因事过境迁,以现在的见闻和价值观念很难判断其是否真实,若有考古学的资料为之佐证,其真相将可大白于天下。如对于汉语文古籍和藏文文献记载的藏族的历史,及其和唐的各种关系,我们可以通过现在保存下来的石碑来进行研究。拉萨大昭寺前面的唐蕃会盟碑记述了文成公主和金城公主入藏与吐蕃建立的姻亲关系和历代的会盟的史实，及这次会盟的经过，并有汉藏文对照。而对于藏文献记载的藏族人民的生活，考古文物是最好的证明。除了考古实物直接给民族的历史提供实物见证之外，考古学的工作本身也能发掘一些文献资料。

民族古籍文献中的金石文献是和考古学紧密联系在一起的。因为金石古典文献，除其内容具有文献价值之外，其载体本身还具有重要的文物价值。它们往往被废弃野外或埋藏在地下，对其发现和发掘通常是考古学所进行的工作。虽然这方面的工作才刚刚开始，但会有很大的前途。以金石为载体的民族古典文献和其他载体古典文献一样重要，因此，我国民族古籍整理研究工作者对所有搜集到的民族金文、石刻等进行了细致的研究工作，并取得了丰硕的成果。事实证明：考古发现可以印证古文献的记载内容，或者弥补文献史料的不足；反过来，文献记载内容也可以为考古发掘工作提供某些重要线索和必要的信息。

从上面看到我国民族考古学对民族古籍文献有相当重要的意义。许多重要的考古发现可以为古籍文献记载内容的正确与否提供物证，有利于民族古籍文献学术研究的深入。它们的互相论证可以推动民族学和民族史的发展。特别是中国许多少数民族没有自己的文字，他们丰富多彩的文化很难流传下来，只有从考古发掘中我们可以得知，例如，秦汉时期的云南少数民族曾创造了辉煌的青铜文化，但不论汉文古籍还是民族古籍都没有过记载。大量的考古实物表明民族古典文献学必须和民族考古学紧密联系在一起。新的中国民族史，将以民族古典文献学、考古资料、汉文古籍为其研究和发展的新材料。仅是依靠零星的汉文古籍的记载，是根本不可能反映中国各民族的全貌的。

民族古籍文献中的出土文献和民族考古有着紧密的联系，没有有力的考古证据，民族古籍文献的某些记载内容因时过境迁而难以识别和准确理解，对其真实性也就难以推断，也就不足以作为研究民族发展史的可靠资料。考古发掘的民族文字出土文献、金石铭刻都是民族古籍文献的重要组成部分，其整理研究工作在整个民族古籍文献整理研究工作中的重点。民族考古学的基本方法，可以应用于民族古籍文献的整理研究。金石文献和一些稀少罕见的文献载体则具有文物价值，属于考古学的重点考古对象。对于金石铭刻的考古很早就开始了，主要是考释金石铭刻的内容及其时代和判断其载体的文物价值和史料价值。这一点和民族古籍文献整理研究是相同的，至少研究对象是一致的。虽然，民族古籍文献的整理研究属于文献学的范畴，出土文物的考古属于历史学科的范畴，但是考古学科在出土文献和金石铭刻的考古发掘的实际工作对民族古籍文献的整理研究有着直接和间接的影响，尽管如此它还是不能代替古典文献学。如同民族古典文献学虽然可以为历史学科的研究提供翔实的文献资料，但它属于语言文学学科，而考古学和民族考古学是利用实物史料直接研究历史，因而成为历史学科独立性很强的部门。但是民族考古学利用实物资料研究民族历史是离不开中国民族史和民族古典文献学所提供的文献史料的。它们在研究历史学时是相辅相成、互相推动和各自的发展的。现代科学的发展需要各学科之间相互紧密的联系，对历史学科的研究也是如此，它不仅依靠考古学与文献学所提供的新材料，而且要不断地和现实结合在一起，才能有蓬勃向上的生命力。任何一门学科一旦孤立就会走向死亡，就会被社会发展所抛弃，所以现代世界不断地产生新的边缘学科。第二次世界大战后产生的民族考古学就是要以考古学的观点来研究现存的民族和社会，它担负着复原史前史、研究民族史、解释各个历史时期的文物和遗迹的任务，是考古学的新兴学科。民族古典文献学的重要任务是搜集、研究和整理中国各少数民族文化典籍和文献档案资料。两门学科的交叉点在民族文化的研究上，它们必将为繁荣我国民族文化及学术研究做出各自的贡献。

**二、宗教经籍的丰富内容及其学术研究价值**

我国不仅是一个多民族的国家，也是一个多种宗教流传的国家，民族问题和宗教问题有千丝万缕的联系，民族古文字的创制和使用与宗教的传播也有着密切的关系。中国民族古文字资料，多数与宗教有关，其中不仅有原始宗教、佛教、道教、景教、摩尼教、伊斯兰教等多种宗教的重要经典，而且有记载宗教源流、兴衰、译经、传教等研究宗教史的宝贵资料。保存至今的东巴文经典有1000多种，20000多册。彝文各种经典如《作斋经》《作祭经》《供牲经》《百解经》等也数量可观。方块壮字也曾记录了巫经。藏文翻译佛经较早，所译经典也最多，藏文大藏经始纂于8世纪，至14世纪编出《甘珠尔》和《丹珠尔》。用西夏文翻译的30多卷佛经，成为《西夏文大藏经》。傣文藏经卷帙浩繁，大多刻写在贝叶上。白文有《仁王护国般若波罗密多经》的旁注和经文后面的疏记。用粟特文、回鹘文书写的经典有佛教、摩尼教、景教、伊斯兰教四类，如传世的回鹘文《金光明最胜王经》和《三藏法师传》受到专家们的重视。蒙古文的《甘珠尔》《丹珠尔》和满文大藏经也是佛教的重要典籍。这些宗教文献是研究我国少数民族宗教的重要资料。有些文献有助于研究宗教之间的关系，如彝文古书中反映古夷人的原始宗教与道教关系密切，值得进一步探讨与研究。此外，有些民族文字文献记录了当时的宗教活动，如8世纪的古藏文碑记载了吐蕃王室立誓推广佛教的决心；敦煌莫高窟中西夏文、藏文、回鹘文题记，记录了当时修窟寺、造佛像、绘画、朝拜等具体活动，这些对研究民族宗教史有一定价值。由此可见，民族古典文献中的大量宗教经籍，既是文献学整理研究的主要对象，同样也是宗教学研究各民族宗教的文献根据。因此，文献学的整理研究成果可以为宗教学研究提供重要线索和依据，而宗教学的理论和方法亦可以用于指导宗教经典的整理与研究。

### 三、哲学论著的学术研究价值

我国民族古籍文献中有大量的关于宇宙观和认识论方面的著述。如《宇宙人文论》《宇宙源流》《西南彝志》《彝族宗教史》《吾查迈查》《彝族发展史》《聂苏夺节》《教育经典》《劝善经》等彝文典籍中，比较系统地讲述了彝族对世界的认识。彝族先民提出了清、浊二气形成天、地、人的宇宙起源说和人类起源说，以及事物运动变化的思想。此外，还提出了"雪生万物""人从水中来""猿猴变人"等诸多进化论的哲学观点。这些哲学观点和理论学说中，包括彝族先民的认识论和独到的见解。纳西族东巴文经典《创世纪》中，论述了人类早期对客观事物的朴素认识和虚幻的神灵观念，对研究人类认识发展史很有价值。傣文典籍《嘎雅桑哈雅》对各种事物和社会现象进行解释，而《论傣族诗歌》则以朴素唯物主义对社会和文学进行理解和论述。这两本书集中地反映了傣族先民对各种自然现象和社会现象的认识，是研究傣族思想发展史很有价值的资料。《福乐智慧》是一部长达八十二章、共一万多行的长诗。先后以回鹘文本和察合台文本传世，其中大部分是劝谕性的哲理诗。

总的说来，少数民族古典文献中有关哲学方面的资料很多，值得进一步发掘和深入研究。此外，有些文字的构成，直接反映出本民族对事物的特殊认识，如纳西族东巴文象形字中的有些字直接反映了纳西族对天地万物的认识，而西夏文表意字当中的一些合体字的结构形式则体现出西夏人的宗教信仰佛教思想。

## 第四节 古籍文献的文化价值与民族学意义

民族古籍文献是民族文化的核心和精髓，是民族学和人类学研究民族文化的主要文献依据之一。在一定意义上讲，古籍学是民族学与语言学、文字学之间的边缘学科，它与民族学有着直接的联系。民族学是人类学的重要学科，事实上我国民族学的含义与文化人类学的含义基本上是一致的。目前世界各国对于民族学的定义有着不同的看法，但都以历史上的氏族、部落和现代民族共同体作为自己的研究对象，研究的核心就是世界各民族的文化，而我国的民族学则重点研究各少数民族的文化。民族古籍文献所记载的各民族社会历史和传统文化是民族学的重要研究内容。民族学的理论和方法对于民族古籍文献的整理研究有着重要的参考和借鉴价值，而民族古籍文献的整理研究成果也可以极大地丰富民族学的研究资料，并有力地促进和推动民族学研究的深入。

民族学的研究范围包括：各民族的起源、形成的历史和规律，民族的分布、迁徙、融合、同化等情况，以及处在不同社会发展阶段的民族或族体的相互关系。同时将各民族的经济结构、政治制度、社会生活、家庭婚姻、风俗习惯、宗教信仰、语言文字、文学艺术、道德规范、思想意识视为民族学整体研究的内容，而各民族古籍文献正好系统全面地记载了这些内容。

随着我国民族学研究的深入和学科建设的发展，笼统地把所有民族的研究都归于民族学，已不能满足民族学发展的需要。于是民族民间文学、少数民族宗教学、民族考古学等边缘学科应运而生。从各个侧面研究民族和民族文化，大大丰富了民族学的内涵。加强各少数民族古籍的整理研究，把浩如烟海的民族古籍文献整理出版，并对民族古籍的文献资料价值和学术研究价值进行科学的论证和评价，真正做到弃其糟粕、取其精华，能为民族学各学科的深入研究提供翔实可靠的文献资料。几十年的民族学理论研究和实践证明：整理研究民族古籍文献将对民族学的各方面有补充作用。各民族古籍文献的开发利用，极大地丰富了民族史、民俗学、民族文学、民族考古学、民族宗教学、民族语言学、民族古文字学等方面的内容。公开发表和正式出版民族古籍文献的整理研究成果，将直接展示和彰显各民族的历史、语言、文学、艺术、宗教、哲学、天文、历算、地理、医药、生产和科学技术等各方面特有文化。因此，加强民族文字古籍文献整理研究，将有利于民族文化的交流和发展。我国少数民族古籍的研究受到日本、印度、欧美、苏联等国家的重视，他们建立了专门的研究所、学会及各种学习机构，广泛涉及藏学、蒙古学、满学、突厥学和敦煌学等，并注重民族古籍文献的搜集和研究，而且一些古籍的研究已超过了我国，如日本学术界有一句话，"敦煌在中国，敦煌学在日本"，这说明了我国少数民族古籍工作远远落后的现实,这是不能适应今天民族学发展的需要。我国许多民族学家都意识到民族古籍的重要性,他们纷纷提出建议,发表文章呼吁学术界行动起来,进行古籍整理工作。贾春光、吴肃民和关照宏编的《民族古籍研究》收录了我国学者关于民族古籍整理方面的一些文章,书中汇集了民族古籍整理的概况、方法和成就及其存在的问题,这也说明了创立这样一门学科的重要性、迫切性。它需要民族学家进一步去努力将这些民族文化遗产进行整理。

首先,它们都是民族研究联系的两门重要的学科,民族学从笼统地研究各民族的各方面的内容转向对民族整体的、系统的关于民族理论的研究。而具体的已由民族史、民俗学、宗教学、民族文学、民族语言文字学、民族考古学等学科去完成。它将从民族的整体上,全面、系统的联系方面,给这些学科理论上的指导,并随着这些学科的发展而丰富和充实其理论。这些学科将少数民族的历史、风俗、古籍、宗教、艺术、文学、语言文字、考古等特殊性作为独立的学科进行不同视角的研究。以便从各种文化事象及其发展规律中透视民族文化的本质。从古籍中发掘少数民族的文化遗产作为自己的目的。从这一方面来看,它比笼统的民族学更有针对性。它的研究成果将被民族学及各种民族学科所利用,是民族学发展的又一里程碑。而民族古籍学和其他民族学科的发展及成就,也是民族学的成就,它能更好地利用这些成果,在民族理论上进行归纳、总结、定义,同时又给各门民族学科和民族研究的理论提供正确的指导思想和方法论。

其次,从范围和对象上来说,民族学的范围包括了所有与民族有关的内容,民族古籍文献所记载的内容都包含在内,但整理研究民族古籍文献不仅需要民族学的知识,也需要文献学及语言学、文字学的知识。只有在多门学科的理论方法的指导下,民族古籍文献的整理研究工作才能针对中国境内的所有少数民族的各种古籍文献开展科学、合理的抢救与保护。以民族古籍文献的搜集、整理为目的,其工作属于文献学的范畴。而民族学是要以揭示各民族文化的本质及其发展规律以及各民族文化之间的联系为己任,与民族古籍文献的整理研究工作不可避免地产生许多联系。在民族古籍文献的整理研究工作迅速发展,并形民族古典文献学的过程中,民族学的发展是产生民族古典文献学的基础。而民族古典文献学的成就必将会助推民族学的深化与发展。

最后,民族古典文献学的方法论同样可以向民族学借鉴。在民族学的研究方法中:第一,最主要的是实地调查;第二,就是对各民族的历史资料进行分析和比较研究。而民族古典文献学搜集古籍和文献资料,同样需要实地调查，即使对现成的民族文字古籍进行整理，也要深入民族地区做进一步考证。我国民族学在长期研究中积累的经验和工作方法，都值得民族古典文献学的参考和借鉴。由于以前各民族学科之间的界限不十分明确，许多工作都是很笼统的，事实上民族学者也曾经做了许多民族文献古籍的搜集和整理工作。从这个意义上说，两个学科都在做着同样的工作，各自的方法无疑会有共同之处。这两门学科的特殊关系，使它们能够在研究中互相借鉴，并推动双方的发展。更重要的是，只有具备了民族学知识，才能更好地进行民族古籍文献的整理与研究。

# 第八章 中国少数民族古籍文献分类

　　民族古籍种类繁多，内容丰富多彩，涉及广泛的学科领域。目前国内外许多文化部门和学术研究单位，收藏着一大批民族古籍，为了全面介绍、分类整理、系统研究以及便于管理和资料利用，有必要对其进行学科分类。要全面认识了解民族古籍和探讨其学科分类方法，就要对民族古籍的学科属性以及各民族的传统分类法和近代学者的分类法进行考察和总结。只有这样，才能对民族古籍的实际类别和学科分类法做进一步的探讨和论述，并构建起符合民族古籍实际的分类体系的基本框架，以便在民族古籍编目分类管理实践中进一步补充和完善。

　　书籍的分类以及列目和归类是加强书籍的管理使用，帮助读者认识了解书籍内容实质的基本途径。因此，无论藏书家还是读书者，历来都很重视分门别类的工作。我国学术史上，汉文古籍曾经出现过各种各样的分类法，但考察其分类的出发点，主要有两个方面：一为藏书家对古籍的分类，二为读书者对古籍的分类。二者的分类目的也不尽一致，前者重在便于分别放置与查寻古籍，而后者则偏重于揭示古籍的内容。民族古籍的分类，也同样存在藏书家的分类和读书者的分类的问题。各民族古籍的传统分类法，主要是由各民族的古籍制作和使用者所创立的。因此，他们的分类方法犹如藏书家的分类。而近代学者的分类法，主要是由各民族文字古籍的研究者所探索和确立的，所以，近似于读书者的分类法。这两种分类法各有优点，也少不了各自的缺点和不足。读书者的分类与藏书家的分类不能吻合的症结在于，古代图书的学科特点不鲜明和综合性图书较多，加上零星收藏，卷册数量都不多。由于各种因素，读者可阅览的书籍也很有限，更没有人将古籍的分类法作为专题来研究。随着书籍的发展，公共图书馆的出现扩大了读者接触图书的范围，特别是图书自身的学科特点日益显著，专著增多，综合性书籍减少，于是藏书分类与读书分类渐趋统一，这是当今图书分类的基础。尽管如此，我国各大图书馆的分类法仍存在若干差别，各自形成不同的分类法体系，如国家图书馆的分类法简称为"中图法"，中国科学院图书馆的分类法简称"科图法"。由此可见，当今民族古籍的学科分类问题也有待于进一步探索。要使学科分类理论原则和具体方法，从汉文图书分类的实践应用领域借鉴到民族古籍的学科分类之中，需要进行认真分析和摸索。首先，要掌握民族古籍的馆藏现状；其次，要了解民族古籍的著述特点；再者，必须兼顾馆藏管理与研究工作中的文献资料的检索和利用。我们在民族古籍的分类过程中，既不能简单地套用汉文古籍的四部分类法，也不能照搬任何一家图书馆的现代图书分类法，更不能完全因循民族古籍传统分类法或历代学者的分类法，只能从民族古籍的实际出发，在分类实践中，逐步探索出符合民族古籍整理研究工作和适应民族古籍馆藏流通条件的分类方法。因此，只有根据民族古籍的实际情况，继承传统分类法的合理成分，并积极参考和借鉴现代图书分类法中符合民族古籍实际的理论原则和具体方法，创立自己独立的分类法体系。为此，本章将对民族古籍的传统分类法以及现代民族古籍分类的基本原则和分类列目的依据、类别的分辨与归类等方面加以论述。

为了对中国少数民族古籍做全面介绍、分类整理与系统研究，以及便于管理和资料利用，必须进行学科分类。目前国内外许多文化部门和学术研究单位收藏的民族古籍种类繁多，内容丰富多彩，涉及广泛的学科领域。对其进行学科分类，以及列目和归类之前，首先要编制古籍目录。在编目过程中，分类工作又显得极为重要。如果没有详细分类著录的古籍文献目录资料，就不能迅速、准确地认识和了解古籍文献的学科属性。在古籍的具体整理研究过程中，无论是对民族古籍的著述内容做全面的认识，还是对其进行准确的学科分类，都必须对它的学科属性，以及各民族的传统分类法、近代学者的分类法进行系统的考察和全面的总结。只有这样，才能根据民族古籍的实际，探索出科学合理的学科分类法，并构建起符合民族古籍实际的学科分类法体系的基本框架，以便在民族古籍的分类管理、资料应用、信息交流等具体实践中，进一步予以补充和完善。为此，本章将对民族古典文献分类的历史与现状、分类编目及著录的重要性、分类列目及归类的原则及学科分类的基本条目等，加以论述。

## 第一节 中国少数民族古籍文献分类举例

我国民族古籍的分类，虽然有着悠久的历史，但是，由于各个民族在文字创造和使用的先后、文献数量的多寡、应用范围的大小等各个方面的情况都不尽相同，所以历史上形成的各民族文献分类方法极不统一，真可谓各有千秋。例如，藏文古籍的分类，以佛教经典为主，而彝文古籍和纳西东巴文古籍的分类，则以本民族的传统宗教经籍为主。由此可见，各民族文献古籍的分类法，都有自己的显著特点。为了便于认识了解民族古文献分类的历史与现状，现将几种民族古文献的传统分类与近现代专家学者的分类情况列举于后。

## 一、藏文古籍文献分类

历史上藏族学者十分注重对古文献的分类，并逐步形成了自己的传统分类法。藏族的古文献大都汇集在"藏文大藏经"中。前人在将"藏文大藏经"总分为《甘珠尔》和《丹珠尔》两大部类的基础上，又按照藏文经籍的内容，创立了"十明"分类法，即在大部类下分为10种，称之为"十明学"。其具体分类如下。

（1）声明，"释诂、训字，诠目疏别"。即纠正或扫除语言中所犯错误，使语言规范化的科学，如阐述梵文本质、结构、组合变化规律及藏文虚词、动词等规律的科学。

（2）工巧明，"技术机关，阴阳历数"。即关于营造和弓马等技艺的科学。

（3）医方明，"禁咒闲邪，药石针艾"。即医药学，论述所治疾病、能治药物、医治手段、施治医生的科学。

（4）因明，"考定正邪，研核真伪"。俗称佛教逻辑，藏传因明包括佛教认识论和逻辑论两部分。

（5）内明，"究畅五乘因果妙理"。即藏传佛教，包括显宗和密宗两大部分。

（以上五类，称之为"大五明"；以下五类，称之为"小五明"。）

（6）修辞学，是对印度修辞学体系的译传、阐发和再创造的产物，已发展为藏族自己的东西。

（7）辞藻学，论证事物之命名、名字之运用、同义之异名等道理的科学。

（8）韵律学，亦称声律学，论述诗句组合规律和梵文偈句轻重音组合规律的科学。

（9）戏剧学，藏族戏曲、音乐、舞蹈等类综合性科学。

（10）星象学，推算星宿运动、天气季节的科学，包括时轮历和时宪历两个系统。[①]近现代整理研究藏族古典文献的许多专家学者对藏文古籍的分类方法进行不断的探索，并从不同的角度，对藏族的古籍文献进行了多种分类。

（一）按照古籍文献产生的历史时期及载体种类和版本异同分类

若按文献形成的历史顺序划分，藏文古籍文献可以划分为两大类，即第一大类为吐蕃时期的藏文古籍文献；第二大类则是 11 世纪以后，历代藏族学者著录和翻译的大量藏文典籍。

第一类，即吐蕃时期的古藏文文献。这个时期的藏文文献的特点主要表现在文献的载体种类上，故从载体角度将其分为三个小类。

（1）金石铭刻（藏语为 rdo－ring－dang－dril－buvi－gtsigs；shog－dril－yig－rigs），其内容包括会盟、纪功、述德、祭祀、颁赏、封诰等。

（2）石室的藏文手卷（藏语为 Shog－dril－yig－rigs），这批古藏文文献大部分于 1906～1907 年被英国人斯坦因和法国人伯希和窃运国外，目前分别藏于伦敦大英博物馆和巴黎法国国家图书馆，约有五千卷以上，所幸在国内还散落相当一部分，流传于民间，目前尚待收集整理。

（3）竹木简牍和甲骨卜辞（藏语为 khram 或 byang－bu），敦煌和新疆南部喏羌米兰古堡出土。

第二大类，即 11 世纪以后的古籍文献。这部分藏文文献，是历代藏族学者著录和翻译的藏文古籍文献，也是现存藏文文献的主体部分，其中最重要者，大都收录在藏文大藏经中。而藏文大藏经则经过反复抄刻和版印，形成了众多的版本。于是，其文献特点集中反映在版本方面。故从版本角度划分为以下三小类。

（1）手抄本。

（2）石刻本。

（3）木刻本。

在三种版本中，木刻本的数量最多，木刻本以北京的隆福寺版为最早版本，其次是日喀则的那塘版，再次是里塘版，最晚的是甘南卓尼的禅定版。隆福木刻版是明代永乐年间刻制的，其他版都是清代刻制的。此外，北京有清代乾隆、嘉庆年刻制的嵩祝寺版和故宫万佛楼版。这些文献大都保存在各地的印经院里。从西藏阿里到四川康区、青海、内蒙古及蒙古等地，凡有寺庙的地方几乎都有规模不等的印经院。据不完全统计，西藏境内的印经院大大小小不下二三百处之多。甘青川康和内蒙古等地不下一百

---

[①] 详见张公瑾等编著：《民族古文献概览》，民族出版社，1997 年，第 22～23 页。

几十处。此外，手抄本和石刻本的藏文典籍虽然不如木刻本那样丰富，但传为珍本的也不少，如江孜贝科却德寺所收藏的金粉手抄本《甘珠尔》和《丹珠尔》就是公认的珍本。寺规明文规定这两部"圣书"不得随意搬动，更不能搬出寺门。据了解昌都地区和藏北的丁青地区还有过石刻印经的历史，但石刻版藏文文献比较少见。

### （二）按照古典文献的著述内容分类

在《民族古文献概览》一书中，作者按学科内容将藏文古典文献分为八个大类，并列举重要文献进行介绍。

#### 1. 目录古籍文献

在藏文创制与使用过程中，历来都很重视典籍的编目工作，自吐蕃时期以来，先后有许多书目文献问世，主要有：《丹噶目录》《旁塘目录》《钦浦目录》《布敦目录》《大藏经》（有多种版本：永乐版、万历版、里塘版（丽江—里版）、卓尼版、那塘版、德格版、北京版、库仑版、拉萨版、拉嘉版）。其中《丹噶目录》《旁塘目录》《钦浦目录》世称吐蕃时期的三大目录。可惜前二者仅有《丹噶目录》保存在藏文《丹珠尔》经杂部内。据日本芳村修基氏研究，此目录集成于842年（甲辰）。所收经论约六七百种，共分为37个门类。而《布敦目录》则收录于《布敦佛教史》（即《善逝教法史》）中。内容分为显教、密教两大门，每门又各分二类，即经和论。类下又分种，如把显经分为4种（律本事、毗奈耶、杂阿含经、律上分），把密经分为4种（事续部、行续部、瑜伽续部、大瑜伽续部），其中显教论典590种、密教论典1747种，合计2337种。每种论典都以著者、译者为序，标明卷数、内容提要和研究要点，查阅十分方便。此目录作者布敦（1290～1322）精通五明，修学兼优，著述宏富，为藏传佛教界一代大师和著名史学家。所编目录科学翔实有据。此目录问世后，曾声振当时并影响后世，亦为当今中外学坛所称道。

《藏文大藏经》作为藏传佛教经典总汇，在汇编过程中贯穿着分门别类的工作，并形成一定的分类法体系。《藏文大藏经》首先被分为《甘珠尔》《丹珠尔》两大部。

（1）《甘珠尔》。"甘珠尔"为佛语（藏文）译典总集，即藏译之佛教经藏、律藏（均为释迦牟尼亲说）。由贡噶多吉编订，编成于14世纪后半叶，有多种版本。据德格版统计，共收佛语藏文译典1108种。包括译成藏文的显宗经律和未译成藏文的梵音密宗经律，内容分为七类，即戒律、般若（慧度）、华严、大宝积经、经集、涅筹、续部（密乘，佛教密法及其经典）。

(2)《丹珠尔》。"丹珠尔"意谓论证佛语（藏文）译典总集，即藏译之佛教论藏。由布敦·仁钦珠编订。编成于14世纪后半叶。有多种版本，据德格版统计，共收论典3461种。内容包括经律的阐明和注密教仪轨和五明杂著等。分四大类，即赞颂类（颂资粮集）、咒释类（续部论典、密宗论典）、经释类、目录类。其中经释类又分以下小类：中观、经疏、瑜伽、小乘、本生、杂撰、因明、声明、医明、巧世论，以及西藏撰述和补遗等。

2. 语言学古籍文献

藏文古籍中语言文献极为丰富，如翻译辞书中的《翻译名义大籍》和藏汉对照的《瑜伽师地论·菩萨地》是吐蕃时期为适应翻译需要而辑存的两种著名的佛教词语对照手册，发现于敦煌藏文文献中。又如声明学文献，声明学本是梵文语言学的称谓，后来藏族学者习惯把藏文文法也纳入声明学体系。最著名的梵文声明学文献原著《声律学·宝生论》（古印度论师兴迪著，是一部详述梵语元音、辅音轻重配合规律的书），除了有藏文译本和藏文转写本之外，还有藏人的注释本。以吐蕃王朝赤松德赞时藏族学者杰奇珠所著《声明八部本释》为最早和最著名。再如文法专著，最著名的有图弥三菩札的"藏文文法八部"。据说，梵文有八部书（梵文八部，又称《声明八部》，是阐述梵文本质、结构及语音组合变化规律的八部书），这八部书分别为：造作品，复合品，转变品，指引品，用品，类别品，方面品，事物品。图弥为了与之相应，著有八部。然而除《虚词三十颂》（简称《三十颂》）和《音韵性入法》（简称《性入法》）二部外，其余六部皆毁于朗达玛灭法运动。12世纪以来，对图弥三菩扎所著《虚词三十颂》《音韵性入法》二书，不断地进行注疏，各个时期都有重要研究成果刊布于世。其中最著名的旧释本有18种，新释本有32种，有关正字法的名著有30部。

3. 文学古籍文献

藏族学者曾将藏族文学划分为"tshigs bead"诗歌、"tshig lhllgs"散文、"bead lhugs spel ma"诗文合体。这种分法固然有简洁方便的优点，然而不足的是它不能专指文学，更不能确指文学中的体裁类别。而不断发展着的藏族文学实际上各种体裁均已大备，有诗歌、故事、传记、史诗、小说、戏曲等。从这一实际出发，依照文学自身的形式进行分类比较有利，不仅有利于与汉文学理论接轨，有利于与世界文学理论接轨，更有利于藏族文学自身的发展。

## 4. 历史古籍文献

藏族在没有文字的远古时期，如同其他无文字的民族一样靠口耳相传的方式记述自己的历史，到7世纪有了文字以后，便着手整理历史传说，使之凝固成史。早在吐蕃时期藏族就已经有了成文的历史著作；13世纪当元朝完成全国统一大业后，藏族地区出现了研究历史的热潮，历史著作纷纷问世，从而大大丰富了藏族历史文献的宝库。

## 5. 佛学古籍文献

藏传佛教文献典籍，分为显教与密教两大部类。显教部又分经、律、论三藏。经藏方面，大乘经典完备，小乘缺四阿含。律藏为一切有部，经释兼备，尤有内地之所无（如德光大师之注疏等）。论藏方面，小乘以俱舍为最盛，六足、婆娑缺无；大乘则有广百论、中论、入中论等，而尤以宏传入中论为最盛。唯识方面，则以安慧之释为主。其他论典亦较内地完备，尤其因明论典之完备更非内地所可及。密教部有经有论，皆较显教为多，故有人误以为藏传佛教全是密教。然而，在研究教理方面，显教远胜于密教。

## 6. 因明古籍文献

藏区因明文献较之汉地要丰富得多。唐玄奘所译三部因明经典在汉地空前绝后，而在西藏则不然，9世纪以来的几个世纪内，藏人不但把陈那除《因明正理门论》以外的所有因明著作（《集量论》《集量论释》《观所缘缘论》《观所缘缘论释》《观三时》《因轮抉择》）与法称的因明七论（《以释量论》《定量论》《正理滴论》《因滴论》《观相属论》《成他相续论》《净正理论》）都译成了藏文，而且还翻译了多家为这些著作所做的大量注疏。据统计，因明著作译成藏文者近80种（除十余种亡佚者外，今实存68种），最著名的译师有25人。翻译之外，藏人在传授研习的同时，还撰写了大量的因明论著和印度因明论著的注疏，其中除一部分见于刻版者外，大多是以手抄本传世的，至今还发现有仅在尼泊尔、缅甸等地流传的藏文手抄本。因此可以说，藏文的因明文献是多得难以统计的。藏族为丰富祖国的因明文献宝库做出了卓越贡献。

## 7. 医学古籍文献

藏族医学，医史悠久，医理深造，医德高古，医药丰富，是我国藏族人民在风雪高原上长期与疾病做斗争的经验总结，是我国医药学宝库中的瑰宝。藏医学文献形成于吐蕃时期，先为零星，后集大成。零星的医学文献散落在民间的已难明下落，值得庆幸的是在敦煌藏文文献中有大量发现，显得十分珍贵。藏文医学文献集大成者则是鼎名于世的《四部医典》。这些文献所涉及的内容极为丰富。

8. 历算古籍文献

藏历因自藏族社会实践，源自他族历算知识体系，终成一门独立学科。其历史悠久，文献十分丰富，仅北京图书馆与民族图书馆合编的《藏文历算典籍经眼录》所收就有433种。这些文献与青藏高原各族人民的生产生活有着极密切的关系，依照这些文献所说原理，藏人年复一年地制定着多达数十万册的年历，而年历直接指导着人们（不单中国人，还包括尼泊尔、不丹等地的人们）的劳作行止。因此深受人们的普遍欢迎。藏文历算行文习用一种偶颂口诀体式，加之多有辞藻杂于行间，使得晦涩难解，自学不易。

藏族历算包括四大类：那孜（黑算，又称窘孜—五行算，7世纪从汉地引入）；噶孜（白算或星算，11世纪从印度引进的时轮历，到14世纪得到藏族学者广泛承认）；央恰（韵占，以梵文元音字母配合为序计算历数和进行占卜，随白算引自印度，为佛教创始前遗术）；贾孜（汉算，汉历，18世纪从汉地引进的时宪历）。四者相互影响、相互渗透，不断发展成为极具民族特色的历算学。其中时轮历（即噶孜）和时宪历（即贾孜）是现行藏历的两个主要部分。[①]

## 二、彝文古籍文献分类

历史上，彝族从宗教与世俗的角度，或者说从古典文献的应用范围，将彝文文献从总体上划分为"民众文献"和"毕摩文献"两大类。如四川凉山彝区把流传于当地的彝文文献分为"卓卓特依"（民众书籍）和"毕摩特依"（毕摩经典）两大类；贵州赫章一带则把彝文典籍文献分为"卜苏"和"特苏"；路南撒尼彝区将当地彝文文献分为"毕摩司"（毕摩文献）和"佐稿司"（民众文献）；滇南彝区则把当地彝文文献分为"正经"和"小书"。实际上彝族把彝文典籍文献分为宗教经典和世俗书籍两大类。宗教经典由呗耄掌管使用，其他人不予问津。此类经典文献带有许多神秘色彩，其收藏和使用都要举行一定的宗教仪式，并有不少禁忌。宗教经典主要在祭祖大典、祭奠亡灵、驱魔送鬼、占卜吉凶、诅咒盟誓等仪式和巫术等宗教活动场合中应用。世俗书籍大都还是由呗耄（祭师）掌握，可是应用场合比较松散，除了呗耄之外，其他人员也可以诵读和传

---

① 详见张公瑾等编著：《民族古文献概览》，民族出版社，1997年，第22～23页。

阅。目前发现的世俗书籍中，诗歌和传说占很大比重。特别是水西地区，彝族知识阶层中出现呗耄与耄史分离的现象。呗耄主宗教祭祀活动，从事各种祭仪和阴阳占卜等；耄史则主文史，从事各种庆典宴会的司仪与宣诵，对彝族社会历史进行赞颂。《西南彝志》就是耄史从事文史工作的见证。《西南彝志》《宇宙源流》《侬依苏》等就是世俗书籍中较典型的代表。总的说来，除了宗教经典之外，其余均可归入世俗书籍之列。然而，这种划分是极为粗泛的，不足以揭示彝文典籍的实际学科属性和文化内涵。

  彝族传统文化的传人——呗耄在自己著书立说和典籍使用的过程中，为了显示经典类别，以便检索，将彝文典籍分为作斋经、作祭经、诅咒经、占卜经、献祭经等若干类别。彝族民间对世俗的书籍也做了必要的分类，如"依依苏""教育书"等诸多类别都是他们在实际应用中加以划分的。清代彝族学者概括了彝文典籍的分类传统，曾对彝文典籍的类别做了划分。如道光《大定府志》卷四十九《水西安氏本末》附录《土目安国泰所译夷书九则》中说："书籍曰命理，言性理者也；有曰苴载，记世系事迹者也；曰补书，巫祝书也；曰弄恩，雅颂也；曰怯杰，讽歌也；又有堪舆禄命书。"由此可见，早在清代彝族学者就开始注重总结传统分类法，并对彝文典籍做分类介绍。

  一个多世纪以来，国内外学者广泛涉足于民族典籍与文化研究领域。专家学者们在研究各民族古籍文献过程中，十分重视对古籍文献进行分门别类，他们根据各自所掌握的文献资料进行不同程度、不同形式的分类。现列举有关专家学者的部分民族古籍分类情况于后。

  19世纪中叶开始，西方国家的一些人士进入彝区收集和研究彝文典籍，并着手分门别类的工作。如：法国传教士保罗·维亚尔在路南（今石林）等地的彝区传教达三十年，搜集了大量的彝文典籍，发表或出版过许多有关彝文及其经典的专著和学术文章。他在1898年上海出版的《罗罗》一书中，把彝文典籍分为六大类：

1. 创造说

   a. 世界的开始；b. 人类的由来。

2. 人类的三体合一；反抗神圣的三体合一

3. 世界的大旱时代

4. 世界的洪水时代

5. 世界的黑暗时代

6. 人类的救援

又如：1906年，法国军人多龙少将率领的考察团，足迹遍布川、滇、黔三省彝族地区。他们对彝族的历史、社会现状、语言文字使用情况等方面进行了比较深入的调查，搜集到大量的彝文典籍。他们根据所掌握的典籍材料，将彝文典籍分为六大类：

1. 家族系谱

2. 洪水传说

3. 人类分布传说

4. 计算术

5. 飞禽走兽述录（自然科学）

6. 山河纪录（地理）

20世纪20年代末，我国专家学者也开始注重彝文典籍的学术研究价值，他们在征集彝文典籍、研究彝族文化的过程中也很强调对典籍的分门别类。如我国著名民族学家杨成志教授当年赴西南地区调查民族情况时，搜集到一批彝文典籍，并做了分门别类的研究和介绍。他在1931年发表的《云南罗罗族的巫师及其经典》一文中，把130部彝文典籍分为十六类，并在每一类下列有所属书名：

1. 献祭类

《请圣开坛经》《平时祭把经》《祭天地经》《安圣牌经》《回熟经》《请诸天神圣经》《上供尊经》《当天上供经》《送回神圣经》《领生课文》《献神经》《请神开始经》《献祭经》。

2. 祈祷类

《祷福祈寿经》《祝福收场经》《祈祷平安经》《保福经》《祈吉经》《祷吉经》《祷六畜平安经》《祝告神圣经》《祈清净经》《洁身经》。

3. 酬愿类

《酬愿经》《还天愿经》《祭天还愿经》《消灾祈吉还愿经》。

4. 做斋类

《献斋经》《金山大斋经》《大斋请圣开坛经》《做斋开坛经》《大需请圣经》《做斋祈告经》。

5. 禳祓类

《驱麻疯魔经》《驱魔鬼经》《草人替魔经》《草人替病经》《镇宅经》

《退祸秽经》《禳袯经》《扫净经》《荡秽经》《禳畜温经咒》《消灾奠上经》《祭瘟疫经》《送退疯狂病经》《退送打扫经》《退送祸秽经》《消灾免难经》《退送祸秽五鬼经》《拔除经》。

6. 自然物经咒类

《黑眼黄头咒》《吃人哈木咒》《黄黑圆女子咒》《茂沙白虎咒》《铜中并儿咒》《柴头柴翼纪马咒》《三支飞咒》《白狗抵赖咒》《肥猪的尾咒》《猪尤雌龙咒》《粗皮粗钢咒》《吃人树及角咒》《树上黑猴咒》。

7. 咒术技法类

《退咒经》《播弄冤家经》《驱逐野兽经》《狗上屋顶退送经咒》《止风神咒》《祭山谷回声经咒》《治病咒》《解罪孽经咒》。

8. 婚姻和生产类

《迎亲设帐祷吉经》《迎亲祈吉经》《迎亲家祭经》《得子还愿经》。

9. 丧葬及祭祖类

《丧事超度经》《超度亡灵经》《丧事开路经》《丧礼成服经》《招魂经》《超度经》《祭灵经》《祀祖经》《祭祖宗经》《请三代祖宗经》。

10. 农业类

《五谷经》《田公地母经》《祭三皇经》《五谷会开坛扫净经》《祭田公地母五谷太子经》《祈五谷丰登经》《祭虫经》《祭捉虫经》《祷农事丰登经》。

11. 火神类

《谢火经》《祭火经》《禳灾谢火经》《制火经》。

12. 雷神类

《雷神经》《请雷神经》《三十六天大帝经》。

13. 龙王类

《迎香清水经》《祭龙经》《祈雨经》《安龙奠土经》。

14. 李老君类

《请太上老君经》《太上清净消灾经》《酬谢祖师老君经》。

15. 占卜类

《十二生肖经》《阴阳推算课书》《诸灾秘要》。

16. 历史与传说类

《历史传说》《毕摩世系谱》。

我国著名语言学家马学良教授曾于20世纪40年代深入滇东北彝区研

习古彝文，调查研究彝族传统文化。在此期间他搜集到的彝文典籍数量较多，内容也很丰富。他在1947年发表的《彝族的巫师"呗耄"和"天书"》一文中，根据所收集的2000余册彝文经典，把彝文典籍分为九大类，并在各大类下做了二次复分或附加文字说明：

1. 祭经

（1）作斋经。

（2）作祭经。

（3）百解经。

（4）除污秽经。

2. 占卜经

（1）膀卜经。

（2）鸡骨卜经。

（3）签卜经。

（4）占梦经。

3. 律历

记节令、星辰、岁月、冲克等。

4. 谱碟

各支系之宗谱及其发源地。

5. 诗文

古人之诗歌及理论作品，如女诗人普筹荷格之抗婚歌。

6. 伦理

记日常应守之条律及待人接物之态度。

7. 历史

记历代祖先的丰功伟绩及各种建树。

8. 神话

如洪水神话。

9. 译著

如彝文所译之《太上感应篇》。

1981年中央民族学院彝族历史文献编译室主任果吉宁哈先生召集四川、云南、贵州的知名彝文经师，与有关藏书单位合作，共同为北京图书馆、民族文化宫、中央民族大学所藏的659部彝文典籍分类编目。将其分为11大类并注明各类典籍的数量：

1. 历史书，56 部。

2. 哲学书，28 部。

3. 文学书，35 部。

4. 历算书，43 部。

5. 作斋经，81 部。

6. 作祭经，211 部。

7. 指路经，19 部。

8. 占卜书，22 部。

9. 百解经，70 部。

10. 福禄书，17 部。

11. 其他书籍，7 部。

20 世纪 80 年代以来，随着彝族典籍文化研究工作的深入，许多学者对彝族古典文献分类问题做了多视角、全方位的考察论证，使分类列目与归类更为系统化。如朱崇先和巴莫阿依对彝文文献的分类方法做了全面的考察论证，认为彝文文献的种类繁杂，内容丰富多彩，要系统地揭示其文化内涵，为彝文典籍的馆藏与文献资料的充分利用提供有利条件，就必须从不同的角度，对彝文典籍做各种形式的分门别类。于是提出了，从版本角度分类、从地域特点分类、从书目所能反映的学科特点分类等分类法。特别对学科分类做了详细的列类立目。朱崇先和巴莫阿依在《彝文文献分类初探》一文中，首先，按照彝文文献的版本特征，将其分为写本和木刻本两类；又按年代，将其划分为明代文献和清代文献；再从地区特点，将彝文文献划分为凉山、滇南、滇中、滇东北、滇东南、滇东、水西、水东、乌撒、广西十个地区类型。最后根据彝文书目材料，按书目所能反映的学科特点，进行详细的分类列目，并在各大类下做二次分类，克服了以往不同类别层次混杂于同一平面的缺陷。先把彝文典籍文献，划分为宗教、历史、天文律历、军事战争、文学艺术、医药病理、地理、伦理道德教育、农牧生产、工艺技术、哲学、字书、译著共 13 大类，并在部分大类下做了复分，如把宗教大类分为作斋经、祭奠亡灵经、祭祖祀神经、消灾除秽经、驱魔送鬼经、诅咒盟誓经、指路经、招魂经、祈祷祝福经、占卜经、宗教仪式神座图录共 11 个小类。又如历史类下，划分了历史专著、谱牒世系、传记等类别。这一学科分类法体系，经国家图书馆馆藏彝文典籍的具体分类编目工作验证，不仅具有理论意义，而且有着实际应用价值，是目前比较系统完善的分类法体系。[①]

阿哲课仆先生根据红河州境内流传的彝文典籍情况，也做过分类介绍。他在《红河彝文古籍及其研究价值》一文中提出按支系分类的方法。文中首先把红河州境内的彝文典籍分为五种类型：

1. 尼苏彝书

尼苏彝书指尼苏支系的文献，流传于石屏、建水、红河、元阳、金平、绿春、个旧等地彝区。

2. 阿哲彝书

阿哲彝书指阿哲支系的文献，流传于弥勒县的五山、巡检、棚普、虹溪开远市的乐白达等。

3. 撒尼彝书

撒尼彝书指撒尼支系的文献，流传于泸西的白水、午间铺和弥勒县的西三等地。

4. 仆喇彝书

仆喇彝书指仆喇支系的文献，流传于红河县的达萨、木龙，蒙自县的芷村、西伯勒和开远市的古德、马者哨一带。

5. 阿细和阿乌彝书

阿细和阿乌彝书指弥勒阿细先民写在西三彝区山石崖、石洞（石壁）上的彝文和东山阿乌先民写在牛角上的彝文。

阿哲倮仆先生还根据红河州彝文典籍的著述内容做了如下学科分类：

1. 历史类

2. 谱碟类

3. 天文类

4. 哲学类

5. 伦理类

6. 医药类

7. 文学类

8. 神话类

---

[①] 朱崇先、巴莫阿依：《论彝文文献分类》，《彝文文献研究》，中央民族学院出版社，1992年。

9. 文字类

10. 占卜类

11. 谚语类

12. 碑刻类

13. 摩崖类

14. 译本类

15. 通告

（按：阿哲俀仆先生所列的上述 15 类中，除碑刻、摩崖、通告、译本，分别属于载体分类和文体分类之外，其他 10 类属于学科分类的范畴。）

21 世纪中国国家图书馆杨怀珍副研究馆员重新确定分类框架，按内容的学科属性和其他特征将彝文古籍分为 23 个基本大类：

1. 哲学

2. 政治法律

3. 军事

4. 经济

5. 教育

6. 语言、文字

7. 文学

8. 艺术

9. 历史地理

10. 天文学

11. 医药

12. 农业科学

13. 工业技术

14. 氏族祭祖经

15. 殡葬经

16. 供牲经

17. 指路经

18. 献药经

19. 献祭经

20. 祈祷祝颂经

21. 预测书

22. 占卜书

23. 百解经

从国家图书馆藏彝文古籍分类框架，为便于了解这一分类法体系和彝文古籍的种类和文献价值，将部分古籍书目分别予以归类如下：

1. 哲学类

如《劝善经》等。

2. 政治法律类

如《扶政书》等。

3. 军事类

如《阿哲乌撒战争记》等。

4. 经济类

如《田赋账簿》《禄劝彝文记账册》等。

5. 教育类

如《彝汉教典》《彝汉四十九位导师语录》等。

6. 语言、文字类

如《彝文字集》等。

7. 文学类

如《普曲豁歌事略》《见闻抒情赋》《雅乐诗赋》《民间神话故事》《实勺祭猴典故》《民间故事》等。

8. 艺术类

如《吹打的来历》等。

9. 历史地理类

如《阿教氏族史》《呗耄世系》《叙祖谱》《裴妥梅妮》《尼糯氏族史》《德勒教洪传》《德氏六祖史》《罗婆姻亲史》《六祖经纬史》《七十圣贤传略》《益博六祖史》《高奢氏族叙谱》《君王世袭》等。

10. 天文学类

如《观二十八宿星象》《测出现南斗星日》等。

293

11. 医药类

（此类书在民间流传或被有关单位收藏，本馆暂缺。）

12. 农业科学类

（此类书在民间流传或被有关单位收藏，本馆暂缺。）

13. 工业技术类

如《铸造纺织书》等。

14. 氏族祭祖经类

如《供奉祖灵经》《呗耄进入青棚经》《请祖灵筒经》《祭祖妣神座插枝名录》《祭嫘奶神供牲赞牲经》《清扫宗祠岩洞经》《封闭宗祠岩洞经》《氏族祭祖供牲赞牲经》《宗支祭祖祝颂经》《氏族祭祖超度祝颂经》《氏族祭祖祭格努神经》《开启嫘奶神堂门径》《神座插枝名录》《接宗连谱经》《祭白弩神经》《祭白弩神赶送祖灵经》《祭祖妣赶送祖灵聚集经》《祭白弩神献牲列位经》《祭白弩神开启嫘奶神门径》《白弩神祭坛神座列位经》《宗支祭棚清查祖灵经》《超度亡灵颂祖经》《迎旧祖灵筒经》《迎新祖灵筒经》《开祠堂门经》《供奉氏族祖灵经》《宗支祭祖经》《祭奠至尊善神经》《至尊善神列位经》《祭生育神经》《汲圣水经》《迎圣水经》《祭奠威荣神经》《贡神祭坛神座列位经》《祭格努神经》《格努神祭坛神座列位经》《叙神座名称》《神座插枝图录》《呗器主祭供牲礼数》《额呗主祭供牲礼数》《锅补主祭供牲礼数》等。

15. 殡葬经类

如《联祖灵牌经》《放下尸体经》《晾尸经》《送灵开路经》《奔丧经》《祭奠亡灵经》《祭奠亡灵礼仪经》《给亡者接气经》《悼亡拭泪经》《开冥路经》《焚祭场经》《沿途贿赂鬼神经》《砍出殡树经》《劝哭经》等。

16. 供牲经类

如《祭祖献牲经》《供奉祖灵献牲经》《祭祖妣供牲经》《祭祖妣献牲礼仪经》《解田地祸祟献牲经》《颂牲经》《受礼颂牲经》《开冥路供牲经》《赞颂祭牲经》《献牲经》《御活害鬼供牲经》《除祟献牲经》《氏族祭祖供牲经》《氏族祭祖供牲祝福经》《巡视宗祠供牲经》《祭福禄神供牲经》《解口舌祸祟供牲经》《献药供牲经》《祭奠亡灵供牲经》《火炬驱邪献牲经》《酬谢供牲经》《解役牛罪供牲经》《赞颂益博献牲经》《祭奠威荣神献牲经》《祈成功吉庆献牲经》《封宗祠岩洞除霉邪供牲经》等。

17. 指路经类

如《指路经》等。

18. 献药经类

如《献药经》《献药礼仪经》《喂药经》《配药经》《颂药经》等。

19. 献祭经类

如《家堂祭祖经》《祭奠田地护神经》《继承土地经》《祭土地神经》《祭鬼经》《祭火神经》《请天地神经》《祭奠财神经》《祭福禄神经》《祭祖妣献饮食经》《祭村社神祈保佑经》《酬谢经》《献酒茶经》《献祭经》《祭龙经》《祭龙祈雨经》《献水经》《招魂经》《供奉威荣神经》等。

20. 祈祷祝颂经类

如《祈祷吉利经》《氏族祭祖祝福经》《祝颂财神经》《歌颂嫘奶神经》《祝颂嫘奶神经》《向火神祈祷吉利经》《超度祝颂经》《赞颂经》《赞颂益博经》《祝福献酒经》《祝福经》《祈祷年吉月利经》《祈求成功圆满经》《祈吉祝福经》《祈成功吉庆经》等。

21. 预测书类

如《预测书》《择举行百解日》《查看下死诏日》《患病日预测》《疾病占卜书》《预测疾病吉凶书》《测克女灾星所在方位》《算命书》《查看投生书》《查出现死难灾星邪污日》《测算阳公忌日》等。

22. 占卜书类

如《祭亡父亡母猪膀卜卦经》《祭祖献牲占验猪膀卦经》《献牲占验猪膀卦经》《猪膀卜卦经》《解签书》《搜寻魔鬼猪膀卜卦经》《祭六祖猪膀卜卦经》《招福禄献牲占验猪膀卦经》《算命宫方位书》《御鬼抽牛膀卜卦经》《搜寻魔鬼抽牛膀卜卦经》《抽牛膀卜卦经》《鸡股骨卜卦经》《祈祷鸡股显现吉卦经》等。

23. 百解经类

如《百解经》《为祖妣驱鬼经》《防御蜂鼠入祖筒筑巢经》《祭祖妣献羊解症结经》《消除田地污秽经》《禳解田地罪过驱鬼经》《御刀兵武鬼经》《禳解死尸邪污经》《驱风邪经》《禳解祸害鬼经》《驱邪经》《避鬼经》《御鬼经》《祭大鬼经》《猪膀卜卦避灾御祸经》《禳解母猪食崽冤孽经》《解淫乱冤愆经》《祭格努神解淫乱冤愆经》《除污秽经》《氏族宗祠御鬼经》《消除盟誓冤孽经》《禳解鬼魅风邪经》《镇压邪恶怪龙经》《驱逐白虎精经咒》《抛替罪偶经》《袯除诸污秽经》《袯除五谷污秽经》《袯除家宅污秽经》《缚回声鬼经》《禳解回声鬼经》《禳解雷火邪经》《解纠纷冤愆经》《送鬼经》《驱鬼经》《寻魔驱鬼经》《捉鬼驱鬼经》《避利器凶光经》《禳解凶手邪污经》《禳解命宫灾难经》《火炬驱邪经》《禳解毁坏

凶邪经》《解蜂入宅经》《超度祖灵御鬼经》《反咒经》《回咒经》《御鬼镇丑遮羞经》《禳解蛇入宅经》《禳解灾祸经》《御死难灾星经》《镇凶经》《抵御鬼怪经》《抵御四方诸不吉经》《禳解罪过经》《禳解咒怨经》《家祭御鬼经》《解役牛罪经》《禳解土地邪气经》《祛死难灾星邪污经》《挖死难灾星经》《镇死神经》《御洪水摔崖森林迷路经》《禳解污秽经》《禳解精怪经》《赎命经》《祭生育神驱鬼经》《解脱纠缠经》《驱祟经》《清净神座转场经》《阻隔瘟疫经》《防御鼠入祖灵筒经》等。

总之，彝文典籍文体种类较多，内容涉及彝族社会历史和传统文化，以及宗教民俗等各个方面，是研究彝族社会历史和中国古代文化极为难得的珍贵文史资料，既需要加强保护，更需要进行开发利用。因此，凡是收藏彝文典籍的单位，都有必要对其进行科学准确的分类。

### 三、纳西族东巴古籍文献分类

纳西族东巴古典文献，以东巴教经典为主。东巴在使用经书的过程中，逐步形成自己的传统分类法，他们根据经典在宗教活动及其各种仪式上的用途，进行分类列目。据东巴大师和即贵先生介绍，可将东巴经典分为四大类：第一类叫"尼虚俄虚奔"，译成汉语为"祭神灵仪式及其经典"，其下分祭天、祭村寨神、祭家神、祭祖、祭快乐神、祭胜利神、求寿、祭谷神、祭畜神、求子嗣、求雨、祭署、祭猎神、祭三多等多种仪式及其经典。第二类叫"古虚阔虚奔"，译成汉语为"镇鬼禳灾仪式及其经典"，其下分大祭风、小祭风、禳煞星、禳反常鬼、除秽、送瘟君、招魂、抵灾、祭土皇退口舌是非、除绝后鬼、禳祸鬼、禳倒霉鬼等仪式及其经典。第三类叫"失本务本奔"，译成汉语叫"祭奠亡魂仪式及其经典"，其下分开丧、超度等仪式及经典。其中，超度仪式又分超度将官、超度长寿者、超度什罗、超度什罗夫人、超度牧人、超度木匠、超度铁匠、超度难产者、超度贤人、超度夫妇亡灵、超度暴死者等仪式及其经典。第四类为占卜经书，它一般独立于各种仪式而存在。[①]

在《纳西族象形文字谱》中，方国瑜先生将其所掌握的东巴经典的书目划分为16大类。

1. 祭天经类

祭天除秽、祭天献牲·叙人类迁徙、祭天放牲经、祭天献饭祝福经等8种。

---

① 详见张公瑾等编著：《民族古文献概览》，民族出版社，1997年，第138页。

2. 解秽经类

祭男女神除秽经、迎神烧天香经、开场点鬼经、虔祝经、除秽经·人类迁徙记、开导秽鬼经、神箭来历经、"丁巴什罗"传略、"崇则丽恩"传略、"高勒趣"传略、举火行香经、三牲行香经、净水壶来历·洗污秽经、迎"佐体"神经、送"冷车"鬼经等19种。

3. 祭龙经类

送阁神经、杀"猛厄"鬼经、山神龙王来历经、点龙王药经、祭"尼布老多"经、"卜赤瓦卢"传略、"梅生都底"传略、鹏龙战经、建龙塔经、送山神龙王经、送龙王面偶经等19种。

4. 祭风经类

开场点鬼经、请四头神经、召亡魂经、迎五方神经、迎九头神经、解脱年灾经、放牲经、送神兵经、祭风结尾经等56种。

5. 替生（消灾）经类

消灾开场经、擒仇经、人类迁徙经、消男灾经、消女灾经、压年灾经、擒敌囚敌压敌经、消灾结尾经等39种。

6. 求寿经类

搭毡房经、祭二十八星宿经、求寿竖幡经、天神经、"海英宝达"树下求长寿经、采福寿枝经、求寿神将药品经、求寿送幡经、求寿福送神经等55种。

7. 赶瘟症经类

赶瘟除秽经、赶瘟擒敌经、瘟魔来历经、赶瘟解结经、驱瘟魔经、拒瘟抵灾经、解瘟真经等19种。

8. 解死厄经类

解死厄"高勒趣"招父魂经、解龙王纠缠经、解厄除死经、解脱苦海就乐园经、关却五方死门经等13种。

9. 祭释理（东巴祖师）经类

"释理"身体由来经、"释理"出处来历经、火狱鬼来历经、"毒"鬼由来经、宰牛献牲经、找"释理"鬼经、"释理"除秽经、人类生存道经等40种。

10. 燃灯经类

燃灯迎神经、灯照神阙经、燃邓光照十八狱经、信徒（弟子）献灯经、"释理"接引经、送神将归位经等11种。

11. 祭老母女神经

"老母"身体由来经、"老母"求偶经、招"老母"魂经、祭"老母"烧天香经、解"老母"生前纠缠经等 30 种。

12. 开路（开丧）经类

杀"猛厄"鬼经、盖棺订钉经、唱挽歌经、铠甲由来经、超荐官目经、官娘超荐经、持法杖经等 29 种。

13. 荐死经类

搭白毡房经、"纳萨"寨前叙古今经、迎神主木偶经、偶前献饭经、迎九先师赞经、舅设祭坛经、荐死杀牛祭经、荐死祭祖经等 26 种。

14. 祭帅崩类

招帅魂、祭帅破狱鬼经、祭帅擒敌经、祭帅献牲经、帅之出处由来经、祭帅功德颂、祭帅"尤麻"神攻破敌垒等。

15. 零杂（派生）经

原籍经（部落神）、祭风雨经、得子祭天经、抵灾（冰雹）经、祈福消灾（祭风）经、岁暮退口舌经、解决劝消灾经等。

16. "左拉"卜经

推算"精畏"五行经、推算"巴格"卜课经、推算九宫经、推算凶星经、推算年灾病厄经等。

其后又有几位专家根据纳西族东巴古典文献的实际内容，从不同的角度，以多种方法对纳西文文献进行分类。

李霖灿将美国国会图书馆所藏东巴经典分为祭龙王经、祭风经、超度经、替身经、延寿经、退口舌是非经、占卜经、音字经、若喀经等 9 大类。

和钟华、杨世光主编的《纳西族文学史》则将东巴经典分为祭天经、祭龙王经、延寿经、解秽经、祭家神经、祭村寨神经、祭五谷六畜神经、祭山神经、祭祖先经、求嗣经、祭猎神经、放替身经、解禳灾难经、祭水怪猛妖经、开丧经、祭死者经、祭风经、祭短鬼经、退口舌是非经、驱瘟神经、占卜经、道场规程经、零杂经等 24 类。①

和志武先生则使用十分法，将东巴经典分为祭山神龙王经、除秽经、祭风经、消灾经、开丧经、超荐经、祖师什罗超荐经、大退口舌是非经、求寿经、零杂经。其中，前四类又各分大、小两类，超荐经下分 10 小类，

---

① 详见方国瑜编撰、和志武参订：《纳西象形文字谱》，云南人民出版社，1981 年，第 597～645 页。

零杂经下分 30 小类。其实，东巴教祭师自己也有对东巴经典的分类。

可见，李霖灿的九分法是按仪式与文字双重标准做的分类；和钟华、杨世光的二十四分法兼顾到了仪式及经书本身的存在形式，且比较全面周到；和志武的十分法也比较全面，最突出的特点是大类下分小类，但零杂经类所占比例过大，对超荐类的划分也值得商榷；和即贵所介绍的东巴祭师自己的分类体例完备，对象明确，仪式与经典分类的统一性强，因而最具实用性与科学性，只需稍加整理补充，它就可作为权威性分类。

白庚胜先生认为："考虑到纳西文文献虽以东巴经典为主，但尚有哥巴文经典、阮可文经典、玛丽玛莎文文献，而且纳西文文献虽以宗教经典为主要内容，但尚有一些书信、账本、契约等内容。"于是他提出："总体性分类体系，其基本原则是按文字、内容、对象、仪式（形式）等层层下分，做到统而有之，兼而顾之，有纲有目，有分有合。"根据拟定的分类原则，白先生对纳西族古典文献做了如下多层次的分类。

在文字层次上，纳西文文献可分成东巴文文献、哥巴文文献、阮可（若喀）文文献、日喜文文献、玛丽玛莎文文献 5 大类。其中，按内容划分，东巴文文献、哥巴文文献、阮可文文献均属宗教类，玛丽玛莎文文献及一小部分东巴文文献属世俗类。

按对象进一步细分，宗教类可分成祭神、镇鬼、慰灵、占卜规程 5 类，世俗类可分成书信、契约、账本 3 类。所谓"神"，既指狭义的神灵，也指自然神、战神、祖神、生产神、生活神、生育神；所谓"鬼"，既指精怪，也指妖魔、鬼蜮、恶神、怨魂；所谓"灵"，指死者之亡；所谓"规程"，也就是诸如"画谱""舞谱"等"冬模"（规范，或典范谱典）；所谓占卜，分事占、梦占、图占、物占、动物占、植物占、天象占等多种。如果对以上类别再做细分的话，神灵类又可分迎神、送神等仪式及其文献，这里的神灵指董神与塞神、萨英畏登神、恒丁窝盘神、英古阿格神、盘孜萨美神、五方神等；自然神类又可分祭祀天神、地神、山神、火神、署神、星神、风神；战神类可分为祭祀胜利神、尤麻神、三多神；祖神类分为在春祭、夏祭、冬祭中所祭祀的人类始祖神、民族始祖神、氏始祖神；生产神类有祭祀畜神、谷神、猎神等；生活神类可分为家神、村寨神、快乐神、灶神、门神等；生育神类可分为祭祀求寿、威灵等仪式中被祭祀的华神。与之相对应，就镇鬼而言，精怪类分为杀猛恩、除秽等；妖魔类可分为退口舌是非、禳灾、禳反常鬼、禳绝后鬼、禳倒霉鬼、禳瘟君、禳难产鬼等；鬼蜮类如放替生等；神类如抵灾等；怨魂类如大祭风等。慰灵类可细分为开丧、超度等，其中，超度又可细分为一般性超度、超度丁巴什罗、超度拉姆、超度武将、超度贤人、超度木匠、超度铁匠、超度男长寿者、超度女长寿者、超度美女、超度盲人、超度牧人、超度麻疯病死者、超度夫妇同亡者等；开丧分开路、洗马等。以上这些类别都有与之相对应的经典，经典之数量从一部至数部、十数部，甚至数十部不等。至于世俗类文献，大约包括书信、契约、账本、民歌等种类。①

## 四、傣文古籍文献的分类

专家学者按照现存傣文古典文献的实际情况，把它划分为以下 13 类。

### 1. 史书类

这是傣文文献中最有史料价值的部分，计有编年史土司世系、历史事件专著等。其中比较重要的有傣仂文的《西双版纳历代编年史》（《沥史》，傣语为《囊丝本勐》）和傣哪文的《勐果占壁历史》《勐卯古代诸王史》及《籙川土司历史编年》等，此外还有《车里宣慰世系》《叭真以来 44 代召片领世系》《双江土司 18 代世系》《刀氏土司家谱》《同治元年至光绪二十三年史事》等。

### 2. 政治类

包括政府文牍、节日祝文、宣誓文、委任状等，如西双版纳的《宣慰使为征派招待天朝官员费用的指令》《开门节、关门节宣慰复各勐土司的祝词》《对缅王饮誓水文》以及德宏"做摆"或"做扒冥"（皆宗教集会）时的赞颂文等，还有各种委任状。委任状行文虽短，却能对各个时期的政治制度提供许多重要情况。

### 3. 法律类

用老傣文保存下来的封建法规，是傣族农奴制社会行为和道德的法律规范。傣文法规最早的要数《芒莱法典》，这是一部 13～14 世纪的作品。傣族其他各种法规品种繁多，主要有等级法规、民刑法规、地方公约、罚款和赎罪的规定等。此外，各勐有勐规、寨有寨规、佛寺有寺规、宗教有教规，当召勐（土司）的还有关于召勐的规定等。这些法规使我们从中比较容易地看清楚农奴制度下阶级关系的实质。

### 4. 军事类

傣族的军事著作很少，西双版纳傣文有一部《布阵术》，傣语叫《挡

---
① 详见张公瑾等编著：《民族古文献概览》，民族出版社，1997 年，第 137～140 页。

达普》。此书说明如何按照各种不同的形势布阵和修建战壕，书后并附有阵图 20 幅，十分珍贵。

5. 文化教育类

有关于语言文字、数学及学习佛教经典的入门读物，如德宏傣文的《字母故事 K 和 X》；在教育领域内，则有较多的道德说教类的作品，如《土司对百姓的训条》《祖父对孙子的教导》《教训儿子处事的道理》《教训妇女做媳妇的礼节》等。这些著作中所宣扬的道德观念，曲折地反映了不同时期人与人之间的各种关系。

6. 语言文字类

语文教学类的著作也可归入此类，其中比较高深的著作有《萨普善提》和《嘎拉扎珊》，前者可译为《音韵诠释》，后者可译作《至尊声韵疏稿》。这两部著作都是阐释傣文声韵结构和字母分类的早期文献，对研究傣族语音史和文字史有重要的价值。

7. 文学类

这一部分数量很大，其中仅长篇叙事诗就有 500 部，极为壮观。此外，民间流传着不少散文体的民间故事传说、童话寓言的抄本。西双版纳还有一部《论傣族的诗歌》，是极为重要的文学理论著作。

8. 艺术类

有佛画集等。

9. 宗教类

包括小乘佛教经典和原始宗教资料两部分，在傣文古籍中数量最大。小乘佛教经典据称有 84000 部，分经、律、论三藏，其中经藏 21000 部，律藏 21000 部，论藏 42000 部。此外，还有不少藏外经典。原始宗教资料包括祭文、祷词及占卜禳灾书，如景洪祭勐神书《囊丝舍不先宰》《祭水神祷词》及《占卜与命图》等。

10. 天文历法类

天文学被傣族人民认为是一种最高深的学问。傣族的天文历法发展很早，后来，傣族将汉族的干支纪时法和中南半岛通行的小历纪元纪时法融为一体，形成了别具一格的傣族天文历法。它将天宫分为十二宫和二十七宿，将年长度定为 365.25875 日，以泼水节为送旧迎新的日子，并使用一种纪元积日数（即傣历建元以来的累计日数）来计算日、月、行星的运行位置和安排年、月、日。这种天文历法反映傣族地区的地理位置、农时特点和人们的生活习惯，又与星占学结合在一起，与人民的日常生活和思想信仰都有密切的联系。傣族天文学文献至今仍保存甚多，其重要者有《苏定》《苏里亚》《西坦》《历法星卜要略》《纳哈达勒》等书，对日、月、行星的运行及日食、月食等都能进行相当准确的计算。此外，在傣族民间还保存有大量的傣文年历书，这种年历书多者积100年为一册，少者数十年一册，也有一年一张的单年历，这些年历书保存着各个时期傣历的面貌，是研究傣历发展史的珍贵资料。

11. 医药类

傣族的医药是一种珍贵的医学遗产。在民间流传的医学书籍种类很多，这些书的书名一般都叫作"档拉雅"，意即《药典》，但内容繁简不同，侧重面也各有特点。所用药剂多以当地较为常见的植物根、茎、叶为主，部分矿物（如硼砂）和动物的胆、骨、血、角等也可入药。傣族民间医药中所使用的这些药物，能治疗当地常发的多种疾病，如疟疾、痢疾、吐血、抽风及各种炎症。

12. 农田水利类

傣族很早就掌握了水稻栽培技术，同时也相应地发展了水利灌溉事业。有关这方面的傣文文献主要分两类，一类是关于土地制度的，一类是关于水利管理的。前者如《宣慰田、头人田及收租清册》《耿马九勐十三圈的头田登记册》和各勐土司私庄田的各种收租清册，以及各村社占有土地的登记册等，较清楚地反映出领主土地所有制的性质。有一份1883年曼蒙和曼昂两个村社签订的田界契约，反映了领主土地所有制下村社对土地的占有权和使用权。

中华人民共和国成立前，在傣族地区，特别是西双版纳一带，在领主阶级大土地所有制下，同时保存着农民村社集体占有土地、各农户定期平分耕种的制度。这种村社组织及其土地制度是与有严整的沟恤灌溉系统的耕作制紧密联系着的，因此，在傣文文献中保存着大量有关水利灌溉和用水分配的历史资料。如15世纪的景洪的水利分配卜书，其中反映了当时的土地关系及灌溉情况，对了解景洪一带历史上水利事业的发展情况很有帮助。1778年西双版纳宣慰司颁布的《议事庭长修水利令》，对领主阶级经营水利事业的目的、水利管理的制度、分配用水的原则及各村社、各农户应尽的义务等，都做了规定，对我们了解水利灌溉在社会政治和经济生活中的意义和作用，有重要的价值。属于这方面的文献还有《景洪坝的宣慰田及官田》《景洪地界水沟清册》《景洪田亩数及水利分配》《从贺勐到景澜水利分配及保管手册》等。西双版纳在中华人民共和国成立前所保存的土地制度及其水利灌溉的原则，历史上在各个傣族地区都实行过，而且在许多地区延续了六七百年。恩格斯曾经指出，正是水利灌溉和定居农业促进了专制王权的建立，因此傣文文献中有关农田水利方面的材料，是研究傣族农民村社和农奴制度的重要史料。

13. 碑文类

现存傣文碑文不多，较著名的有《西双版纳大励笼傣文碑》等。①

### 五、壮族古籍文献分类

在《民族古文献概览》一书中，作者根据壮族古典文献的著述内容，从载体和学科属性角度，将其分为以下类别。

1. 碑碣

主要有住宅碑、山寨碑、界碑、路碑、乡规民约碑、城池碑、桥碑、岩洞碑、江河碑、墓碑、功德碑、例规碑、革除陋规碑、蠲免碑等。这些碑碣使用的文字有汉文、古壮字、汉文加古字三种，属古壮字古籍文献的是后两种。半汉文半古壮字碑文是壮族地区一大特色，其行文不是一边汉字，另一边译文，而是夹杂使用。例如，万承土司（今广西大新县境）辖境有不少碑文，半汉半壮，其中一块蠲免减免碑，前面行文用汉文，村寨名称大多是古壮字，如"那田関村总数银六两四钱二分九厘，永免银五钱五厘正""多山有村总数银十二两一钱一分正，永免银二两九分正""咋伪村总银五两七钱三分九厘，永免银八钱五分二厘""淰淋村总数银两四钱五分六厘，永免银三钱一厘"……有的碑文则全部是古壮字，如桂西发现的一块悼念因受封建婚姻迫害致死的情侣的墓碑，碑文为壮歌体，用古壮字刻就，对研究壮族社会情况有一定的价值。

2. 乡规民约及讼牒

壮族各地有不少《传扬歌》，专门传播做人的道理，被称为壮人的"道德经"，其中明代的一部最为著名的《传扬歌》被当作习惯法使用，各地还配以乡规民约，力图用德安定社会，教育后代。倘遇民间刑事民事大案，《传扬歌》、乡规民约都无法了结时，便需写讼牒呈报官府开堂断案。《传扬歌》是用古壮字创作的；乡规民约则有汉文、古壮字两种；讼牒在宋约以古壮字为主，明清时代懂汉文的人多了，有的也用汉文书写。

3. 信函

壮族古代信函和中原的信札完全不同，它是一种信歌，确切地说是一

---

① 详见张公瑾等编著：《民族古文献概览》，民族出版社，1997年，第275～278页。

种容量较大的信体长诗。这种信歌可以写在特制的扁担上，称为担歌，也有的写在扇面上，百十首相连。但更多的是写在纱纸上，订成歌本，托人送到远方朋友、亲属、亲戚、情人的手上。有名的《特华之歌》便是代表，信中诉说了兄妹的悲惨遭遇，读来令人潸然泪下。

4. 谱牒

壮族乡间过去有很多谱牒，多是族谱而不是家谱。这种族谱用纱纸装订成册，后面留大半本空白。这种用古壮字或半壮半汉文书写的谱牒，若仅是记录历代祖先考妣之名讳也就没有多少价值了，但它不仅有历代家族的庚续，还追述本家族的起源及最早的聚族之地，第一个祖先的名字、业绩，本家族迁徙路线，每一代的重要活动及事件，特别是有业绩的，总会大书特书，因此，这种谱牒实际是一个家族的历史，因而具有较高的研究价值，对研究壮族社会家族的变迁、社会的情状、重要的人物及事件，都有参考价值。

5. 民歌

古壮字大量用于民歌的创作和记录，唐代之所以出现歌仙刘三姐，与此有关。后世壮人中形成一条不成文的规定，即无论谁创作了一本壮歌，都要抄一本放在刘三姐庙宇的供桌上。民间的说法是，只有供歌本，歌场上才能稳操胜券。由散歌到歌本，有赖于古壮字，有了它，才能精雕细刻，才能集腋成裘，使散歌向歌本发展。唐宋时代，大约是以散歌为主。明清时代，民间积累了大量经验，才出现了成套的歌，又叫组歌。典型的有桂西各县的排歌，其特点是一部排歌由若干组歌有机结合而成，既相联系又相对独立。每组又由若干首构成，每首句数不限。壮族的这种民歌本，民间比比皆是，从内容到艺术形式，都有重要价值，是古壮字古籍中的主要部分。

6. 长诗

明清时代，古壮字长诗得到了充分的发展，除了早期的史诗进一步得到了充实加工以外，出现了大量的哲理诗、历史长诗、叙事诗，据初步统计多达1000部以上。目前整理翻译出版的仅几十部。

史诗由于产生较早，失传甚多，目前仍流传的创世史诗代表作是《布洛陀》《布伯》《郎正造太阳》《猴野射太阳》《特康》等。壮族英雄史诗很少，目前具有代表性的作品仅是《莫一大王》，这反映了壮族社会的相对稳定性。

历史歌是壮族文学的特产，这类歌的特点是对历史、历史事件、历史人物做概括性评述。代表作主要有《龙胜壮族历史传说歌》《情趣歌》《从光绪到民国》《自明朝至民国史歌》《中法战争史歌》《长毛破城歌》《粤军作乱歌》等。20 世纪 30 年代还产生了《东兰革命史歌》《红八军歌》等反映土地革命的历史长诗。

叙事长诗是长诗的主体，篇章宏富，在古壮字古籍中独占鳌头，价值很高。其中反映爱情悲剧和爱情生活的主要有来自本民族题材的《蛇郎》《马骨胡之歌》《甫牙》《毛红玉音》《幽骚》《石朋与王莲》等，汉族题材的有《董永与七仙女》《梁山伯与祝英台》等；反映壮汉青年曲折婚恋的如《李旦与凤姣》；反映家庭生活和家庭悲剧的主要有《达稳之歌》《达备之歌》《迷苏和勒苏》《如昌舜儿》《欺妻重妾歌》《朱买臣》等；反映战争题材的主要有《嘹歌·贼歌》等；反映阶级矛盾的主要有《布卓》《文龙与肖尼》。此外，还有反映文化生活的《歌唱刘三姐》。

7. 壮剧剧本

壮族有师公戏、德靖木偶剧、马隘壮剧、田林壮剧、隆林壮剧、富宁壮剧和广南壮剧等 7 种地方剧种，其剧本以古壮字创作，题材一半为本民族生活，半数来自汉族古典名著、汉族剧目、古籍及民间传说故事。据初步统计剧目过千，多数剧本犹存。

剧本中反映神话传说的主要有《盘古》《布伯》《雷王》《岑逊王》《莫一大王》《八仙图》《张四姐下凡》等；歌颂民族英雄的主要有《甘王》《侬智高》《乔老苗》《杨文广》等；反映政治斗争的主要有《百鸟衣》《梅良玉》《三国演义》（7 台连台戏）、《水浒传》（连台戏）、《封神演义》（连台戏）、《大闹金刚山》《卜荷戏司》《包公卖布》等；反映爱情生活的主要有《达七》《达八》《达三》《秀英》《文龙与肖尼》《李旦与凤姣》《山伯访友》《田娘》等；反映家庭生活和家庭悲剧的主要有《任氏逐夫》《迷苏与勒苏》《董永》《达架》《女儿媒》《猛姜女》《孔雀东南飞》《六月飞霜》《八姑》《秦香莲》等；反映民族文化生活的主要有《蒙伦》《刘三妹》等。此外，还有反映农业生产的《冯远》等。

8. 说唱本

壮族的说唱艺术、剧目及唱本甚多，内容和唱本名称有相当一部分与壮剧相同。主要有《二度梅》《吴忠的故事》《毛红玉音》《四季歌》《如国春蚕》《卜必乜必》《人圆月也圆》《一大王》《鲁班》《布伯》等。唱本有勒脚歌体、排歌体、七言四句民歌体、散文体等格式，七言五言均有。

9. 经书

宗教经书在古壮字古籍中占有相当大的比重，其思想性比较复杂。道教的经典主要有《太平经》《灵宝经》《三皇经》《阴符经》《太上感应经》等。道场的开斋、请圣、召亡灵、冥路、行孝、初霄、消灾、末夜等诸科及其他驱鬼酬神法事，也有一些较短的经文。经书一般以古壮字书写，散文体，中间杂有壮歌，以壮语吟诵。佛教经典主要有《金刚经》《地藏经》《无量经》及解关、安祖、做斋、赶鬼等法事的短经文，全部按壮人观念重编，与原文差异甚大，念壮音。

巫教经典最多，因为都是韵文体，故统称为经诗。壮族题材的经诗主要有《唱三元》《唱四帅》《唱九官》《唱天王》《唱龙王》《唱上界》《唱社王》《土地公》《唱夜宿仙婆》《唱莫一》《唱莫二》《布洛陀》《布伯》《雷王》《德生造世》《特康射太阳》《白马三娘》《冯四将军》《甘王》《东林》《分家泪》《十月怀胎歌》《祖源歌》《秧姑》《七姑》《八姑》《唱秀英》《天上月圆人也圆》，等等。以汉族文学为题材的经诗主要有《鲁班》《董永》《猛姜女》《仁十四孝》《唐僧西天取经》《唱关公》《何文秀》《高文举》《吕蒙正》《赶子牧羊》《六月飞霜》等。部分经诗实为民间文学作品，有一定的思想性，在保存民间文学方面，功不可没。

10. 医药

壮医萌芽比较早，到土司时代，官方开设有医学署，明代多达40多处。民间与官方结合，使壮医留下了许多珍贵的文献资料。首先是壮族地区的多发症、常见病，壮医都有壮语名称，并以古壮字记录，20世纪80年代出版的《广西少数民族常见病便方》，便得益于这些资料。壮药多达二千多种，常用的有六百多种，均有壮语名称；诊法疗法甚多，民间著名药方多达数百，皆以壮语名之、古壮字记之。其医书编成壮歌，在民间传唱。

从以上10个方面可以看出，壮族的民族文字古籍有鲜明的特色，即从总量上看，韵文远多于散文，韵文的艺术水平也高于散文。有不少古籍本应以散文体出现，但它却采取了韵文形式，足见歌海的深刻影响。因此，不能用通常的古籍以散文为主来套壮族古籍，也不要因壮族古文字古籍多以韵文形式出现而其将简单归入文学作品。如《控告土官歌》本是一篇讼牒，是民众呈送官府控告土官的呈文，但形式却是壮歌，它应当归入法律及相关活动的文献一类。[①]

---

[①] 详见张公瑾等编著：《民族古文献概览》，民族出版社，1997年，第228～233页。

### 六、回鹘文古籍文献分类

回鹘文文献主要见于新疆的吐鲁番和甘肃的敦煌及河西走廊地区。吐鲁番和敦煌曾是我国西北历史上的佛教圣地，因此在这些地区发现有大量的佛教文献。回鹘文佛教文献大致经历了 3 个发展阶段：早期的佛经大多译自当地的焉耆—龟兹语，如《弥勒会见记》系译自古代；中期的佛经，而且是现存回鹘文佛教文献的绝大部分，都译自汉文，如《金光明最胜王经》《佛说天地八阳神咒经》《玄奘传》；后期的佛教文献多为自己创作或改写的作品。保留至今的回鹘文文献，内容十分广泛，几乎包罗万象。有关专家根据回鹘文文献的著述内容，将其分为以下五大类，并在宗教类下列了 4 个小类。

1. 历史类

在回鹘文文献中，至今尚未发现专门的历史著作，只有一些碑铭文献属于这一类，如《大元肃州路也可达鲁花赤州袭碑》等。

2. 经济类

现存的回鹘文经济类文献主要是契约文书，约有二百多件，分藏于世界各地，其中主要有《高昌馆来文》《阿体隶（善斌）给买主写的临时字据》《阿体给买主写的正式字据》《摩尼教寺院文书》等。

3. 语言文字类

在回鹘文文献中，专门的语言文字作品极少，属于语言文字类的回鹘文文献《高昌馆杂字》则是迄今发现的最重要的文献。

4. 文学类

在回鹘文文献中，除了占有相当大比例的宗教典外，居于第二位的就要算文学作品了。回鹘文文学作品的种很多，有民歌集、诗歌集、传说、故事、剧本等。这其中既有翻译的作品，也有创作的作品。如《弥勒会见记》《乌古斯可汗的传说》《佛教诗歌集》《常啼和法上的故事》《观音经相应譬喻谭》等。

5. 宗教类

现存的回鹘文文献大多属于这一类，其中又以佛教经典文献居多。历史上回鹘人曾信仰过摩尼教、佛教、景教、伊斯兰教等宗教，并用回鹘文翻译和创作了一大批宗教经典。

回鹘文宗教经典文献按其内容又可分为佛教文献、摩尼教文献、景教文献和伊斯兰教文献 4 个小类。

（1）佛教文献

从目前发现的回鹘文佛教文献来看，既有大佛典，也有小乘佛经和密宗文献，大藏经中的经、论两部分的主要著作大都被译成了回鹘文。在翻译过程中，译者常常加进些词句或段落，更有再创作之作，从而丰富了这些佛教著作。它成为我们今天研究回鹘佛教的重要材料。回鹘文佛教文献主要有《金光明最胜王经》《大唐大慈恩寺三藏法师传》《阳神咒经》《俱舍论实义疏》《阿毗达磨俱舍论》等。

（2）摩尼教文献

回鹘人早在漠北游牧时期就已接受了摩尼教。西迁以后，摩尼教仍与佛教、景教并存于回鹘，并留有一些回鹘文摩尼教文献。这些文献为了解摩尼教教义和回鹘信仰该教情况提供了极为重要的材料。

回鹘文摩尼教文献较为重要者有摩尼教根本教义书《二宗经》、语言古老质朴的《摩尼教忏悔词》，以及各种摩尼教赞美诗等。其中《摩尼教忏悔词》包括15项具体忏悔的内容，是了解回鹘摩尼教徒宗教生活的一份很重要的原始材料。

（3）景教文献

回鹘人在宋末元初曾信奉过景教，且极盛于初。保留至今的回鹘文景教文献很少，其中主要有《福音书》（三扶教僧朝拜伯利恒的故事）、《圣乔治殉难记》等。另外，《伊索寓言》也曾被译为回鹘文，这与回鹘人信仰景教也有关系。

（4）伊斯兰教文献

10世纪下半叶，即新疆历史上著名的喀喇汗王朝时期，伊斯兰教开始传入新疆。随着伊斯兰教的传入，出现了一批以伊斯兰教为内容的回鹘文文献，其中主要有《帖木耳世系》《升天记》《圣徒传》《心之烛》《幸福书》等。这些文献对于研究伊斯兰教史及其在新疆的最初传播无疑是有重要价值的。

除了上述类别之外，现存回鹘文文献中还有一些医药学方面的材料。如：土耳其学者阿拉提曾刊布了两卷本回鹘文医学文献（Zur Heilkunde der Uiguren，Ⅰ-Ⅱ，1930，1932）[①]。

## 七、突厥文献分类

按地区标志可分为7群碑铭：（1）北蒙古碑铭（即一般说的鄂尔浑碑

---

① 详见张公瑾等编著：《民族古文献概览》，民族出版社，1997年，第373～375页。

铭），除吡伽可汗、阙特勤、暾欲谷、翁金、阙利啜、色楞格墓、哈喇巴喇哈逊、苏吉等著名的碑铭之外，还有辉特—塔米尔河流域的10块碑铭、伊赫—阿斯赫特的两块碑铭、肯特碑铭以及在杭爱山和沙漠地带发现的小碑铭；（2）叶尼塞河流域碑铭（分图佤和米努辛斯克两个小群，已发现70余种）；（3）勒拿—贝加尔地区碑铭群（已在摩崖上发现37处铭文，另有若干铭文刻在小日用品上）；（4）阿尔泰地区碑铭（数量不多）；（5）新疆碑铭（包括吐鲁番古建筑墙壁上的4处铭文和在米兰、敦煌发现的几种重要文献）；（6）中亚碑铭群（包括七河流域和费尔干纳地区发现的铭文）；（7）东欧碑铭（包括顿涅茨河、多瑙河流域发现的铭文）。

按照历史—政治（民族）也可以分为与地区分类相适应的7类：（1）东突厥汗国碑铭（8世纪）；（2）黠戛斯汗国碑铭（7～12世纪）；（3）骨利干部落联盟碑铭（8～10世纪）；（4）西突厥汗国碑铭（8世纪之前）；（5）蒙古地回鹘汗国碑铭（8世纪下半叶至9世纪初）；（6）新疆回鹘汗国碑铭（9～10世纪）；（7）裴奇内阁（佩切捏克）部落联盟碑铭（具体年代待考）。

按体裁类别可分为6类：（1）历史传记文献（为突厥、回鹘和黠戛斯贵族身后或在世时立功碑，由他们的至亲或本人撰写）；（2）墓志铭性质的抒情诗体，属于这类体裁的有叶尼塞河流域和七河流域的墓碑；（3）刻在岩崖、石头和建筑物上的纪念题词；（4）宣扬魔法和宗教的文献；（5）敦煌和吐鲁番发现的法律文书；（6）日用品上的标记。[①]

总之，各民族的传统分类法虽然没有严密的系统性，但在当时的条件下能够根据典籍的实际用途，进行分门别类，也是难能可贵的，应该予以肯定。他们通过粗泛的概括，进行集中归纳，揭示了典籍的用途和基本内容，其间不无科学因素和合理的成分，值得我们参考和借鉴。特别是历代学者在探讨各民族传统文化中，为了加深对各民族古典文献著述内容的认识和了解，以便系统全面地揭示其文化内涵，从不同的范围和角度对彝族古典文献进行分门别类，并在分类法的探索与实际分类方面都取得了许多可喜的成果。他们在民族古籍文献的学科分类方面所寻求到的一些重要途径和摸索出来的诸多有效方法，需要我们认真总结，并用于指导分类工作。

---

[①] S. G. 克利亚什托尔内著、李佩娟译：《古代突厥鲁尼文碑铭——中亚细亚史原始文献》，黑龙江教育出版社，1991年，第54～57页。

## 第二节　中国少数民族古籍分类的意义和原则

在中国少数民族古籍文献的分类中，既要参考历史上的分类传统，也要借鉴现代图书分类法，更要从目前民族古籍文献的实际和整理研究工作的需要出发。在分类法的具体编制中，既要充分认识中国少数民族古籍文献分类的意义，又要遵循一定的原则。

### 一、中国少数民族古籍学科分类的意义

古籍分类是整个民族古籍文献编目、整理、研究系统工程中，最重要的基础工作。古籍经过分类后，就可以显示出每一种书的内容性质和它们之间的关系，性质相同的聚集在一起，性质相近的就联系在一起，性质不同的就予以分开，整理得有条有理，使它成系统，一类古籍就是一组在某种性质上彼此相同的古籍。通过民族古籍文献分类编目，不仅可以帮助民族古文献整理、研究工作者，系统全面地认识了解民族古籍文献的数量、种类和大致内容，也有利于对民族古籍文献做进一步整理、研究，并为之提供重要的线索和依据。民族古籍文献收藏单位，可以通过分类编目，正确地揭示、反映、宣传自己所藏的民族古籍文献，使读者迅速、准确地检索，得到所需要的资料，让蕴藏在民族古籍文献中的珍贵的资料，得到充分的利用，使文献馆藏、整理工作，切实为我国的现代精神文明和物质文明建设服务。与此同时，有利于做好民族古籍文献的典藏与保护工作，使各民族宝贵的文化遗产得以安全、完好地保存，使之不受损失和毁坏，得以长期使用。民族古籍文献馆藏部门及有关单位的分类编目工作做好了，将为民族古籍文献进行标点、校勘、翻译、注释、辑佚、汇编等各项整理工作提供良好的条件。面对卷帙浩繁的民族古籍文献，广大读者从各自的需要出发，会对这些古籍的阅读和利用，提出各式各样的要求，如果靠自己到书山文海之中，去翻检所需要的古籍文献，那是十分困难的，甚至是不可能的。这就必须用分类编目的手段解决问题，通过古籍馆藏单位编制和提供分类目录，可以使读者不见原书就能按图索骥，迅速地查找到自己所需要的古籍，节省大量的时间。与此同时，还可以通过古籍分类目录的帮助，搜集到与自己研究课题学科属性相关的文献资料，对各学科领域的研究都带来极大的好处。所以，民族古籍文献的分类目录既是揭示民族古籍文献内容的重要形式，又是宣传民族古籍文献的学术价值和指导阅读民

族古籍文献的有力工具。因此，搞好民族古籍文献馆藏及分类编目工作，充分发掘各民族古代文化典籍和文献资料，做到古为今用，是民族古籍文献馆藏单位和古籍整理研究工作者的一项重要任务。

我国各民族都有着悠久的文明历史，形成了各自系统完整的传统文化。在诸多文化遗产中，用民族文字著论的文化典籍和各种文献资料尤为珍贵，亟待整理研究和开发利用。民族古文献作为各民族传统文化的重要载体，以浩繁的卷帙和广博宏富的著述内容，系统全面地载录了各种文明成果和诸多文化事象。为了继承和发扬优秀的各民族传统文化，使古代文献资料为现代精神文明和物质文明建设服务，国家民族事务委员会认真贯彻执行中共中央（81）37号文件指示精神，于1981年建立了全国民族古籍整理出版规划领导小组，全面组织领导民族古籍文献的整理研究与出版工作。紧接着有关省、市、自治区以及地、县和有关大专院校相继成立民族古籍整理机构。民族古籍文献被纳入国家的古籍整理研究工作规划，得到各级党政部门的高度重视。30余年间，全国民族古籍整理研究单位，从民间收集了大量的民族古籍文献进行翻译和整理研究，并取得了许多举世瞩目的成就。然而，在民族古籍原著和文献原件的收藏与保护、管理、流通等方面，情况十分复杂，存在不少问题。全国藏有民族古籍文献的单位和个人众多，有的收藏部门的藏书和文献藏品成百上千，散存在民间的文献、古籍也不在少数，据有关部门初步估计，我国现有民族古籍文献的数量多达50万种左右。目前编制民族古籍文献目录，未形成统一的编目原则和著录方法，也没有确立出一套系统完整的分类体系，供收藏单位和管理人员参考借鉴。因此，探讨民族古籍文献的分类法，对于加强民族古籍文献的编目工作是非常必要的。特别值得指出的是民族古籍文献中的有些古书以几种书合订成册，也没有书名页和目录提供检索，检索某种书需从头到尾翻阅查寻。可是，大多数民族古籍文献，因年代久远而破损严重，经不起读者翻来覆去地查阅。所以，收藏民族古籍文献的单位都应该分类编制民族古籍文献目录，为利用民族古籍文献资源的专家、学者提供快捷服务，也有利于古籍文献馆藏单位更好地保护民族古籍文献。因此，民族古籍文献的分类编目工作势在必行，刻不容缓。

民族古籍文献分类目录是揭示、识别和检索本单位所藏的民族古籍文献的工具。它通过分类的款目准确地将民族古籍文献内容的学科属性和形式，及其特征描述下来，向读者提供民族古籍的分类目录服务，帮助他们了解馆藏单位所收藏的民族古籍文献的内容。也就是说，民族古籍文献的分类目录根据读者的需要，从一定的编制目的出发，围绕某一问题，向他们宣传民族古籍文献相关信息，如通过款目的著录内容和结构形式，向读者提供鉴别、确认古籍的依据；通过款目的集中呈现，从题名、责任者、分类等方面，向读者提供选择和索取民族古籍文献的途径。概言之，一套完善的民族古籍文献目录，可以反映本单位所藏古籍文献的特征和范围，它无疑是揭示本单位典藏情况、宣传藏品内容及其学术价值、指导读者查阅的工具。因此，任何一个民族古籍文献收藏单位，都需要在一定的理论原则指导下，参照科学合理的基本方法，编制自己所收藏的民族古籍文献的分类目录。只有这样，才能做好当前民族古籍文献最基本的保存和利用工作，并为以后民族古籍文献的流通和实现文化资源共享打好基础。

民族古籍文献分类目录是根据馆藏部门的任务和读者的需要，按照一定的科学方法组织而成。在社会生活中，它能满足使用者多方面的需要；在整个典籍检索体系中，它发挥着基础作用；在民族古籍文献馆藏单位的工作中，它是各项业务活动不可缺少的重要工具。因为古籍文献的分类目录是开发知识门户的钥匙，它占有必要的材料，能帮助读者了解、掌握文献财富，并在此基础上根据个人的需要进行选择古籍文献的工具和方法，对民族文化研究工作极为重要。民族古籍文献分类目录是检索与查阅古代文献资料的基础工具，民族文化研究工作者可以通过它直接查找和阅读民族古籍文献的原文，以便充分捕捉鲜为人知的古代文化信息和体味古风古韵，并直接从古籍中鉴别出哪些材料最有用处。科研工作者最为关注的问题是在文献档案和文化典籍的海洋中，寻找与自己研究学科关系最为密切和最有用的材料，而不被遗漏，这就有赖于使用完善的分类目录工具。

民族古籍文献的分类目录，是藏书单位必不可少的检索工具，也是读者快捷、高效地开发文献资源的重要手段和充分利用典籍文献资料的有效途径。它能向读者反映本单位所收藏的民族文化典籍和各种文献档案资料，在内容和形式上具有什么特征，包括典籍内容属于什么门类、什么主题，典籍题名、书写方式，一册里合订了几种书，责任者、版本、年代、页数、页面尺寸、残缺情况、材料、装帧、墨色、版框、边栏、界行、书口等情况。从而在一定程度上指导读者了解和选择所需的文献。

在开展藏书单位的各项业务活动方面，民族古籍文献分类目录具有按质、按量保证完成工作任务的重要作用。如采访工作根据民族古籍文献分类目录，可以掌握各类典籍的收藏情况，确定采购重点，补充缺漏的典籍；又如分类编目过程中，可以保证典籍的分类前后一致，减少管理的混乱；再如读者服务工作能靠民族古籍文献目录解答读者咨询问题，提高服务质量。与此同时，典藏工作者，可以借助民族古籍文献目录，掌握藏书情况，并能准确、快捷地提供服务。由此可见，民族古籍文献分类目录无论对读者还是藏书单位，都是不可缺少的重要工具。

**二、中国少数民族古籍学科分类的基本原则**

随着文献资料的增多和书籍的发展，公共图书馆和文献资料馆藏、服务部门的出现扩大了读者接触各种文献资料和图书的范围，特别是文献资料和图书自身的学科特点日益显著，专著增多，综合性书籍减少，学科特点显著的专门文献逐渐自成体系，加之文献资料应用者和图书的读者，在现代生产生活中的专业分工越来越精细，于是藏书分类与读书分类渐趋统一，这是当今文献资料和图书分类的基础。我们在现有条件下进行民族古籍文献学科分类法的探讨和分类实践，首先，要掌握民族古籍文献的馆藏现状；其次，要了解民族古籍文献的著述特点；再者，必须兼顾馆藏中的古籍文献管理保护与学术研究工作中文献资料应用的实际需要。在古籍文献分类的历史上，有过各种各样的分类法。因此，我们现在对民族古籍文献的分类问题进行探讨，并建立符合民族古籍文献的实际，又能为今后民族古籍文献的充分利用和科学研究提供准确、快捷的服务的分类法体系，既不能简单地套用汉文古籍的四部分类法，也不能照搬任何一家图书馆的现代图书分类法，更不能完全因循民族文字古籍文献的传统分类法。我们应当在继承各民族的传统分类法和借鉴现代图书分类法的基础上，结合民族古籍的实际，认真总结历代专家学者的分类经验，充分参考他们的分类方法，创立一套既符合各民族古籍特点，又方便管理和使用的民族古籍文献分类法。

## 第三节　中国少数民族古籍文献学科分类

根据中国少数民族古籍文献的实际情况，结合目前我国民族古籍文献整理研究工作的需要，建立一套科学合理的学科分类法是非常必要的。为此要对民族古籍文献分类法进行探讨，尝试建立分类法的基本框架，供民族古籍文献管理应用工作之参考，并在具体实践中不断加以完善。

**一、中国少数民族古籍文献学科分类的意义**

民族古籍文献的学科分类是根据民族古籍文献的实际著述内容，按其学科属性加以分门别类。也就是根据所划分的类别，相应地列出层级分明、次序清晰的类目体系，形成井然有序的分类框架结构。其目的在于为民族文字古籍文献的分类管理与具体图书排架和编目著录，以及读者快捷有效地检索所需古籍文献资料提供依据。民族古籍文献的归类，是指图书管理人员和研究工作者，把所馆藏或掌握的民族古籍文献，按照已制定的民族古籍文献分类法类目进行对号入座式归类。也就是让每一部图书按其学科属性所分的类与所列的分类法的类目之间能够实现对号入座。任何一套分类法体系都列出层次清晰、井然有序的类目。与此同时，有了系统完整的类目序列，就能使图书编目分类工作具有分门归类的依据，真正做到对号入座。在这个意义上讲，民族文献古籍的分类列目对实际的古籍分类排架等工作，具有理论指导意义，并且可以作为实际工作的参照依据。古籍文献归类过程中的具体实践，也可以检验文献典籍的分类列目是否正确，并为分类法的修改完善提供事实根据。形成一套完善、适用的分类法体系，不是一朝一夕就能实现的事情，而是要经过长时间的摸索与改进。因此，应该本着探索的精神，根据民族古籍文献的实际，在对众多的民族古籍文献书目及其有关资料，进行比较分析和系统考察之后，按照民族古籍文献的著述内容的学科属性加以分类。

对中国少数民族古籍文献进行分类，是对其加强管理、使用的重要手段，也是帮助读者认识了解我国少数民族古籍文献内容实质的根本途径。历史上无论是古典文献的收藏家，还是古典文献的读者，都很重视对古典文献进行分门别类的工作。我国学术史上，以往的文献学家对古典文献的分类，以及列目和归类，是加强文献典籍管理、使用的重要手段，也是帮助读者认识了解文献内容实质的基本途径。因此，无论是古文献的收藏家还是读者，历来都很重视分门别类的工作。我国学术史上，汉文典籍曾经出现过各种各样的分类法，但考察其分类的出发点，主要有收藏家对古典文献的分类和读者对古典文献的分类。民族古籍文献的分类，也同样存在收藏家的分类和读者分类的问题。各民族古典文献的传统分类法，主要是由各民族的文献古籍制作和使用者所创立的。因此，他们的分类方法，犹如藏书家的分类。而近代学者的分类法，主要是由各民族文献研究工作者探索和确立。所以，近似于读者分类法。这两种分类法各有优点，也少不了各自的缺点和不足。由于古代文献典籍，一方面，学科特点不鲜明；另一方面，综合性图书较多；再加上零星收藏，卷册数量都不多，故而读者可阅览的文献典籍也很有限，极少有人把文献古籍的分类法作为专题来研究。随着书籍的发展，一方面，公共图书馆和文献资料中心等机构的出现，扩大了读者接触文献资料的范围，特别是各种文献资料的学科特点日益显著，专著增多，综合性书籍减少。另一方面，文献使用者以及广大读者对文献的阅读利用，也在趋于专业化。于是，藏书分类与读书分类渐趋统一。

以往我国各大图书馆和有关文献资料管理部门的分类法，各自成为不同的分类法体系。如北京图书馆的分类法简称为"中图法"，中国科学院图书馆的分类法简称"科图法"等。由此可见，当今民族古文献的学科分类问题，也有待于进一步探索。从汉文文献资料分类的实践应用领域，将学科分类理论原则和具体分类方法，借鉴到民族古典文献的学科分类之中，需要进行认真分析和摸索。首先，要掌握民族文献古籍的馆藏现状；其次，要了解民族文献古籍的著述特点；再者，必须兼顾文献资料在馆藏过程中，便于排架和管理。与此同时，还要考虑到研究工作中，文献资料的检索和利用。因此，我们在民族古典文献的分类过程中，既不能简单地套用汉文古籍的四部分类法，也不能照搬任何一家图书馆的现代图书分类法，更不能完全因循各民族文献古籍传统分类法和历代学者的分类法。只能从民族古典文献的实际出发，在实践中逐步探索出，符合民族古典文献整理研究工作实际，并适应民族古典文献馆藏、流通条件的分类方法。这就需要从民族古典文献的实际出发，很好地继承各民族传统分类法和近现代专家学者的分类方法的合理成分，并积极参考和借鉴现代图书分类法中符合民族古典文献实际的理论原则和具体方法，创立自己独立的分类法体系及其列目、归类的基本原则和标准。于是我们根据中国少数民族古籍文献的实际情况，在参考各民族古典文献的传统分类法和近现代专家、学者对少数民族古典文献的分类经验，并积极借鉴我国古籍文献的传统分类法，以及现代图书分类法的基础上，切实按照民族文献典籍的收藏、使用情况，初步列出若干大类，并在部分大类下做多层次的分类。

## 二、中国少数民族古籍文献分类体系及基本框架

（一）哲学

（二）宗教类

1. 原始宗教经典

2. 道教经典

3. 佛教经典

4. 伊斯兰教经典

5. 基督教经典

（三）政治类

（四）法律类

（五）军事类

（六）经济类

（七）文化教育类

（八）语言文字类

1. 字书

2. 修辞学

3. 文法

4. 辞藻学

5. 韵律学等

6. 书法

（九）文学类

1. 神话

3. 诗歌

4. 散文

5. 小说

6. 传说

7. 故事

（十）艺术类

1. 戏曲

2. 音乐

3. 舞蹈

4. 美术

（十一）历史类

1. 史书

2. 传记

3. 谱牒

（十二）地理

（十三）天文历法类

（十四）医药类

（十五）农业

（十六）牧业

（十七）水利类

（十八）工业

　　由于中国少数民族古籍文献涉及 30 多个文种，各民族古籍文献的情况千差万别，记载的内容和著述问题不尽相同。所以上述分类法的基本框架及其类目，仅为中国少数民族古籍文献分类之参考。只在部分大类下列了二级类目，其余的大部分大类下面，没有再列下位类目。因此，在具体分类实践中，可以根据各文种所涉及的学科内容情况酌情进行多级复分。

# 第九章　中国少数民族古籍文献抢救保护与开发利用

中国少数民族古籍文献是各民族古代社会历史与传统文化的主要载体，它作为各民族祖先给子孙后代留下的珍贵文化遗产，是我们中华民族取之不尽、用之不竭的一笔巨大的知识财富。要把它作为可持续性开发利用的文化资源，就必须加强科学的保护和合理的开发利用。为此，本章对我国古籍文献保护和开发利用以及少数民族古籍文献的抢救与保护、转移方式与再生技术、开发与利用及数字化等进行分节论述，并将古籍数字化的问题作为论述的重点。因为数字化是实现民族古籍整理现代化的一个重要环节，所以只有解决好数字化问题，才能真正搞好现代化条件下的少数民族古籍文献的开发利用。

## 第一节　中国少数民族古籍文献抢救与保护

从中国少数民族古籍文献的总体来看，具有文种多、典籍卷帙浩繁、文献载体种类繁杂、体系非常庞大等特点。在整个大体系内部各民族古籍文献又自成系统，有些文种的文献保留到现在的已经非常少了，如契丹文、女真文等几乎没有纸书文本传世，只遗留下很少的一些碑铭之类的石刻文献。就是保留下来的许多文献载体，其破损情况也十分严重。如墓碑、摩崖等石刻文献在露天自然条件下，长期受到风雨剥蚀，有的局部字迹泯灭，有的甚至字迹荡然无存。各民族纸书文献的残损情况也非常严重，若再不采取有效的抢救手段与保护措施，现有的这些各民族古籍文献也有继续破损和亡佚的危险。由于历史上各民族的社会发展极不平衡，文字创制使用的情况有所不同，文献的制作和保存条件更是千差万别。许多民族的古籍文献历遭劫难，大部分已经亡佚，仅有一小部分幸存下来。因此，抢救和保护少数民族古典文献，不仅仅是将濒临消失的民族古籍和文献资料收集和简单地保存起来，而是要对其进行科学整理与保护。因此，在采用各种措施抢救那些即将失传的民族古籍文献之后，面临着如何管理和保护这些古籍文献制品的问题。

**一、中国少数民族古籍文献的抢救**

中国少数民族古籍文献作为一个庞大的系统，其中许多文种的文献处于濒危状态，有些文种的大部分文献在历次劫难中损失惨重，幸存下来的文献也因年代久远而自然损坏的情况或因保管不善而残损等情况也非常突出。如果不加以抢救，这些珍贵的古典文献势必在我们这一代人的手里失传。要担负起抢救中国少数民族古籍文献的历史重任，除了要有正确的指导思想，还需要科学的方法和具有效率的重要手段，特别是在现代化条件下，只有积极主动地利用各种先进的科学技术手段，才能更好地完成历史赋予的使命，并在古籍文献的抢救方面取得辉煌的成就。那么，目前抢救中国少数民族古籍文献需要采取哪些重要手段，才能实现事半功倍的效果呢？虽然有许多手段可供选择，但各种手段都有它的局限性，有些手段需要交替使用，而另一些手段则需要综合使用。目前在抢救中国少数民族古籍文献过程中能够采用的手段，可以概括为传统手段和现代化手段两个方面。

**（一）抢救古籍文献的传统手段**

古籍文献的抢救工作历来有之，不同的时代有着不同的抢救目的和不同的方式，要根据时代特点采用符合当时条件的抢救手段。无论古今，就古籍文献的抢救内容及其范围而言，大体包括两层含义，一方面是对文献载体与记载内容进行综合性抢救；另一方面则是只对文献记载内容进行抢救。按照传统方法抢救古籍文献，通常可采用以下手段。

1. 对古籍文献进行宏观上的总体抢救

（1）对少数民族古籍采用普查、登记等手段，充分认识了解其现状。通过大规模的调查，从宏观上全面掌握民族古籍文献的征集馆藏和民间的留存情况，并制订系统全面的抢救和保护工作规划，为中国少数民族古典文献的具体征集、馆藏和进一步整理研究与开发利用，提供依据。

（2）对分散在民间的民族古籍文献采用征集、收购等手段进行集中收藏与保护。通过对民族古籍文献进行大规模的调查，对那些流散在民间而缺乏长期保存条件的少数民族古籍，进行征集、收购，将其收藏于正规的图书馆藏部门和研究单位，以便进行妥善保存与整理研究。

2. 对文献载体与记载内容进行综合性抢救

（1）对征集到的纸质古籍文献，采用金镶玉等手段予以裱糊装修。对那些破损的纸书或文献残篇，以其他纸张予以衬托并用糨糊粘贴，这样做不仅能够把古籍文献的原件保留下来，还可以延长其寿命，从而达到抢救的目的。

（2）对征集到的非纸质文献，采用修复等工艺技术使之尽量恢复原来的面貌。如对那些印刻文字的陶器、金属器物等文献载体的破碎部位予以黏接和修补，使之复原。

（3）对长期在野外饱受风雨侵蚀的石刻等文献载体，采用转移、防护等手段加以保护。将能够移动的石碑、钟鼎等古文献载体移入室内保存，对体形庞大不能移动的文献载体采用一些可以遮光蔽日和防雨的保护措施。

3. 对古籍文献记载内容进行抢救

（1）对古籍文献采用抄录等手段，将其著述和记载的内容保留下来。对年代久远而破损严重的古籍和各类载体文献进行抄录，将其内容完整地予以保留。

（2）对铸刻在金石等器物上的古文献采用拓片、临摹等手段，将其记载内容予以保存。

（3）对零星散乱的古籍文献资料，采用辑录、汇编等手段，予以集中保存。

（二）抢救古籍文献的现代化手段

在现代化条件下，对民族古籍文献实施抢救，许多先进的科学技术手段可供我们掌握应用。因此，我们要在继承传统方法和传统手段的基础上，积极采用现代化手段，以达到快速、高效地抢救古典文献的目的。要充分利用高新技术及其产品，采用照相、复制、扫描、摄影等手段抢救中国少数民族古典文献，将珍贵的古代民族文化遗产完整地继承下来，并流传后世。对现代化手段的具体应用在下一节中具体阐述。

二、中国少数民族古籍文献的保护

抢救各种文献载体和文献内容的目的在于更好地使用古典文献资料。但是，要把抢救到的古典文献真正应用于学术研究和文化交流，并且使之长期保存和流传，成为可持续性开发利用的宝贵资源，就必须应用科学方法对各种载体的古典文献加强保护，并进行规范化管理和使用。事实上古典文献的保护和使用之间存在着突出的矛盾，例如：古典文献的使用需要反复翻阅，甚至复印文献原件。然而，反复的翻阅和复印都会损伤文献原件，对保护工作极为不利。因为无论用手反复翻动书页，还是用复印机复印时的高辐射和高温烘烤都会严重影响古典文献的使用寿命。于是文献保护要求减少翻阅次数和尽量避免复印所产生的高辐射、高温烘烤对文献的损伤。由此可见，在古典文献的管理工作中处理好这一矛盾，可以说是搞好古典文献保存、利用的关键所在。总的说来，我们保护古典文献的目的在于利用，但不能只顾目前对文献资料的需求，而是要着眼于古典文献的永久保存和长期利用。因此，在古典文献的利用过程中要有强烈的保护意识，具体使用古典文献时必须采取强有力的保护措施。譬如典藏重要古典文献，要进行备份，每一种文献都要拷贝一定数量的复制品，分质地存放在不同的地方，而且，每个地方都要相对独立。这样做，万一某处发生火灾等事故，所藏的古典文献被毁时，不至于所有古典文献的内容和载体都彻底失去。文献资料的具体利用必须服从对文献保护的有关要求，真正做到在保护当中得到有效的利用，在利用中讲求保护。无论对古典文献进行有效保护，还是对古典文献资源的合理使用都要讲求科学性。由于文献制品自身的原因或人为的原因，在使用和保管的过程中文献会不同程度地受到损害，自身的原因指构成文献制品的成分，在一定条件下发生变化，久而久之，文献制品会发生质的变化，使文献内容受到损害，这是自然损害；人为的原因是指在使用和管理过程中由于管理制度不规范、不完善，没有做到科学地使用和管理文献，甚至人为的因素导致发生火灾或被盗等事故，使文献受到严重损害。不管是什么原因，文献在使用过程中不可避免地会受到损害，因此必须制定一套对各种文献制品进行科学管理和正确使用的措施。

（一）搞好古籍文献的保护必须加强管理与普查登记工作

对所抢救和收藏的古典文献资料进行编目和登记是古典文献保护不可缺少的环节。加强古典文献的保护和管理，不仅需要科学的方法，还应当根据实际情况采取必要的措施和特殊的手段。古典文献的馆藏工作中包含科学保护和合理使用的双重任务，既要有效地对古典文献实施保护，又要为人们使用文献资料提供方便。为了达到这一个目的，要做到文献保护管理制度的规范化。在对古典文献实施具体管理保护过程中，可以使用编目、索引、文摘等二次资料管理、查询的方法进行保管。

1. 建立健全古籍文献管理使用的规章制度

任何一项长期的工作，都需要制定一套系统完整和科学合理的规章制度，并要求管理人员，以及一切与此项工作发生关系的人都严格遵守。"没有规矩不成方圆"，如果一项工作没有一定之规，就会各行其是，势必造成各个工作环节上的混乱局面。因此，建立健全规章制度是保证各个工作环节正常运转的需要。只有建立起一整套科学合理的规章制度，使各个工作环节和每一个工作人员，以及所有的服务对象都有章可循，这样才能做到有条不紊、井然有序，并获得最大的工作效益。任何有组织的工作都是如此，古典文献的保护管理工作也不例外。

2. 对古籍文献进行科学分类与详细登记

首先，对古典文献进行清册登记。建立登记簿，对藏品的收入、借出等进行详细登记。切忌账册错乱，对藏品底数要做到胸中有数，对账内账外的文献资料要清楚明了。

其次，对古典文献进行分类登记。分类要统一，对于古典文献的分类登记，要根据藏品情况而定。一般可以做如下分类登记：

（1）按文献性质分类登记。

（2）按文献流传的地区分类登记。

（3）按文献形成或出版时间分类登记。

3. 编制古籍文献藏品目录

图书、文献的馆藏部门或单位，都要编制自己的藏品目录。一般情况下把目录分为书本式目录和卡片式目录两种，目录的具体著录格式和著录内容，可根据馆藏情况和用途进行设计。

（1）在分类登记的基础上进行编目。在目录中附注每种文献的内容梗概。按分类列目的方式编排目录和索引。这些目录和索引形成二次文献。再在二次文献的基础上编制总目录或总索引，实行三次文献管理。

（2）编制文献目录卡片。同样在分类登记的基础上编制目录卡片，这时可以每册文献为单位编制目录卡片。目录卡片要揭示文献的外部特征和内容提要。传统文献的目录包括以下著录内容：书名，书名一般能集中地概括反映一部文献的内容；出版或大概形成时间；流传地区；目次，目次是文献的结构，相当于一部文献的内容大纲；内容梗概等。

4. 古籍文献的典藏要实行规范化管理

要对古典文献的登记保管提出一系列规范化管理的要求，即分类要准确、目录要详备、藏品账目要清楚、藏品陈列要有序，做到用户和管理人员都能一目了然。如果管理不善，动辄就开库寻觅，势必出现无目的地乱翻，甚至丢失文献等现象。文献在使用和管理过程中如此来回折腾，就会人为地造成文献损坏，缩短文献的收藏和使用寿命。

### （二）改善古籍文献的库房保存条件

任何物资的保存仓库都要提出：防潮、防火、防盗、防震等最基本的要求。对于古典文献藏品库房来说，除了这些最基本的要求之外，应该提出更高的要求。一般情况下，火灾、被盗是一种显性的古典文献损毁现象，只要加强责任心，比较容易防范。而古典文献因自身的原因发生变化或因环境温湿度不稳定而被微生物、光线、灰尘侵蚀和破坏等出现自然损害，则是一种隐性的古典文献损毁现象，要控制和避免就不是轻而易举的事情了。这就需要掌握化学、生物等知识，只有这样才能应用现代科学技术手段，对古典文献采用各种行之有效的保护措施。虽然火灾和被盗，对古典文献的损害几乎是毁灭性的，应当加强防火、防盗，切实保证古典文献的安全，这无疑是古典文献保管过程中极其重要的工作。但是对建筑简陋、设计不科学、保管不当等对古典文献产生隐性损害的问题，同样不容忽视。因此，对古典文献的库房保存条件提出下列要求。

1. 提高古籍文献库房的建造质量

库房建筑要坚固，库房最好是混凝土结构的建筑，地基不能选在低湿排水困难或容易下陷的地方，以防止倒塌或因潮湿滋生对文献有害的微生物、害虫等。与此同时，要求每个库房都有比较宽而且防尘、防盗的门。除了防尘、防盗外，在发生紧急事情如火灾等的情况下能尽快疏散古典文献。库房应当有一些小通风口，以避免空气不流通，亦要防止因开窗过大使大量的光线和灰尘进入库房而损害文献。温湿度对文献制品的影响很大，而民族古典文献大都是纸质载体，而纸张是有机材料，对温湿度的变化相当敏感，怕高温、潮湿和干燥，因此，库房和陈列室内过高、过低或不稳定的温湿度，不利于文献的保护和管理。库房还要有安全有效的防火、防盗设施和报警系统。总之，库房的建造不但要求环境优良、建筑质量高，而且要求结构合理、设施齐全、设备先进。

2. 控制古籍文献库房和陈列室的湿度和温度

库房和陈列室内潮湿和高温，容易助长霉菌和害虫等微生物的滋生和繁殖，也会使纸质文献纤维水解、褪色，引起纤维龟裂。库房和陈列室内干燥和低温，可使文献制品材料中的水分蒸发，造成纸张由软变硬。库房内温湿度不稳定，忽上忽下，波动很大，那么文献制品材料中纤维会在不断的伸缩膨胀中发生断裂，纸张强度会随之下降。纸张在制造过程中添加的化学成分硫酸钾和硫酸铝的含水复盐——明矾以及松香、墨水中的化学成分在温湿度发生变化或遇到空气中的有害气体时会逐渐发生化学反应，导致纸张损坏、字迹褪色，影响文献制作材料的质量。所以，保护和管理文献制品资料，必须做到库房和陈列室内恒温，温湿度波动不大。一般来说温度在14℃～24℃、湿度在55%～65%有利于文献的保管。但这不是绝对的，各地可根据各地不同的气候制定各地库房、陈列室的温湿度的控制标准。如：日本要求陈列室温度为18℃～20℃；英国大英博物馆要求温度控制在14℃，相对湿度在57%～63%；《美国博物馆手册》规定温度为16℃～24℃，湿度为40%～60%；联合国教科文组织出的《博物馆手册》规定陈列室温度为18℃～20℃，湿度为50%～60%，极限为70%。不管怎么说，最高温度不能超过24℃，最大湿度不能超过75%。超过这个限度就是霉菌、害虫等微生物生长的最好的环境。保持库房、陈列室的恒温，必须解决以下几个问题。

（1）制定季节温湿度标准。掌握当地气候的变化规律，合理制定每个季节的温湿度标准。因气候发生变化，每个季节的气温和湿度都不同。因此，制定每个季节的温湿度控制标准，在季节交替时，温湿度不要出现过大的波动，保持恒温。

（2）适时调整温湿度。要密切注视天气的变化，在制定季节温湿标准的同时，制定更细的月或日温湿度标准。季节气候一旦发生变化，就能及时调整气温和湿度。

（3）完善温湿度调控设备。要合理配置一套能用于测验、控制和调节室内温湿度的设备，如风扇、去湿机、空调器、加湿器和计温湿度仪器，通过这些设备控制室内温湿度，保持室内恒温。利用自然通风和设备控制调节的方法，在室外湿度低、室内湿度高时，开窗通风；在室外湿度高、室内湿度低时，注意封闭窗口等通风口，用去湿机去湿；室内干燥，用加湿器加湿；室内温度高，室外温度低时，利用风扇、空调器调节室内温度。

3. 防控阳光和灯光对古典文献制品的影响和危害

光对古籍文献制品的使用寿命有一定的影响，而收藏古籍文献的库房和陈列室又不能没有光线照明，光线照明是管理文献的重要的条件。但是各种发光体发出的光线包括阳光、各种灯光都有大量的紫外线和红外线，而各种制品的文献，如棉、麻、纸、绢、毛、皮革等都属于有机材料，受到光线照射时，光线中的紫外线和红外线对它们有破坏作用，可以使之变色变脆。纸质文献在一盏30瓦的日光灯下照射一个半小时，或者在阳光下曝晒30小时后，纸张会严重褪色、强度下降、纤维断裂、纤维聚合度降低，出现翘曲、脆裂状态。为防止光线对文献的破坏，库房窗户要小且有挡光设备，在通风时注意光线不要进入库房和陈列室直射古典文献，库房玻璃上要涂上防紫外线的涂料。库房光线要柔和，尽量不要使用日光以及像日光灯等其他放射紫外线的照明灯。因此，库房建筑要高，用于照明的光源离藏品要远。

4. 防治灰尘和微生物对文献制品的污染和侵蚀

微生物中的霉菌和害虫对古籍文献制品有很大的破坏作用。霉菌是一种低等微生物，其种类繁多，活动范围极广。霉菌能分泌出有机酸和各种色素，这些分泌物对各种质地的纤维素有分解作用，因而对各种质地的古籍文献危害极大。霉菌在侵入藏品后会留下色斑，这些色斑会随着霉菌细胞的活动而不断扩大，会迅速催化分解纤维素，使文献大片霉烂。害虫也是对文献有危害的微生物。大多数害虫是多食性的，它们不仅食植物质、动物质、有机质、合成化合物，还会蛀蚀有机玻璃和塑料制品。因此，害虫的危害面很广。害虫耐热、耐寒，无论在怎样恶劣的环境里都能生存，而且在完全没有食物的情况下能生存几年。害虫不仅生存能力强而且繁殖能力也很强，害虫可连续几年不断繁殖。害虫的体积都相当小，不易被发现，甚至有的害虫还有一定的抗药能力，害虫因其具有以上特点，一旦进入库房，就会对文献产生危害作用。因此，在古典文献的保护和管理过程中必须注重防虫。灰尘能污染文献，并能阻止文献的空气流通，使文献受潮产生霉菌等危害文献的微生物。灰尘还可把霉菌等对文献有害的微生物带进文献中，破坏文献。微生物中的霉菌、害虫和灰尘对文献的危害极大，要采取措施杜绝霉菌、害虫和灰尘的来源，要抑制、消除适应霉菌、害虫生长繁殖的条件。为了有效地防止和控制微生物、灰尘对文献制品的影响和破坏，需要采取以下措施。

（1）有效控制库房温湿度。库房、陈列室内温度不能超过24℃，湿度不能超过75%，超过了这个限度，便是微生物生长繁殖的最佳环境，微生物的生长速度比平时要快几倍。因此，库房、陈列室要经常保持恒温。其温湿度高时用自然通风或用去湿机、空调设备去湿降温，防止文献在高温潮湿的环境中生霉、生虫。

（2）保持库房周围干净清洁。注意库房、陈列室周围的排水，经常保持清洁，不能有污物或污水滩（池）。室内经常打扫，不能产生垃圾和灰尘，不要让害虫滋生。

（3）防止害虫进入库房。门窗要严，通风时通风口要有密纹纱窗等能过滤空气中的其他有害物质的设备，切实防止飞虫进入繁殖害虫。

(4) 注意消毒灭菌。在文献存入库房、陈列室时，对库房、陈列室和文献本身都要进行彻底消毒和杀菌，防止霉菌和害虫被带入。

(5) 避免在文献制品上留下汗迹。工作人员和用户在管理和使用文献的过程中，不要将灰尘和手上的汗迹留在文献制品上。特别是缩微品，要严禁直接用手去摸。使用缩微品时要戴上手套，防止将汗迹留在照片上，使生霉危害胶片。

(6) 勤于检查及时防治。经常检查文献是否染上霉菌或产生了害虫。一旦发现文献已染上或产生了害虫，则立即采取措施进行消毒。严重的还要进行复制、拷贝。可以进行冷冻杀虫和消毒杀虫灭菌。使用化学药品要慎重，虽然化学药品能彻底消除霉菌和害虫，但是，各种化学药品分别对不同的文献制品，具有不同程度的危害作用。因此，不能滥用化学药品，要根据具体情况，对不同质地的文献，选择使用不同的化学药品进行杀虫灭菌。消除霉菌和害虫对文献的危害，主要还是以预防为主，尽量不使用或少使用化学药品。

上述只是古典文献保护的基本常识，在现代化条件下进一步做好古典文献的保护工作，还需要在具体实践中不断地摸索和探求，并总结出科学的方法和先进的手段。

## 第二节 中国少数民族古籍文献开发利用现状

近30多年来，我国古籍文献的收藏单位（特别是各类图书馆）和古籍整理研究工作的管理部门积极配合国家古籍保护工程和古籍整理出版规划的实施，为古籍的开发与利用做出了积极贡献，并取得了丰硕成果，在少数民族古籍文献的保护和开发利用方面卓有成效。

### 一、各类古籍目录的编制工作卓有成效

古籍目录的编制是古籍开发和利用的基础。通过清理各收藏单位的藏品，对历史上各个时代产生并流传至今的古籍文献加以客观著录，经分类编次后公开陈列或印行，以服务于用户，历来为我国古籍收藏单位所重视。目前，在古籍收藏量较大的单位，通常建立供读者及工作人员使用的卡片式古籍目录，采用分类、书名及著者等检索途径。由于卡片目录仅服务于内部读者，而古籍的利用者需要书目资源共享，各单位印行的书本式古籍目录逐渐普及。近年来，各单位编制的古籍目录及专题目录，数量与

质量均有提高，其流传方式也由原先的馆际或对口交换转为公开出版发行，影响日益增大。据初步调查，目前各收藏单位编制的古籍目录有以下类型。

（一）馆藏古籍善本目录

善本目录反映各收藏单位古籍的精华，具有珍贵的历史文物性、学术资料性及艺术代表性，最为学术界所重视。据统计，全国各藏书部门所藏古籍善本总量在500万册以上，收藏单位近800家。1949年以来，藏书稍具规模的图书馆，均编印过馆藏善本书目。善本目录的编制，通常又随各收藏单位古籍的增加而增补修订，如国家图书馆于1987年出版的《北京图书馆善本书目》（著录了所藏善本12000余种），已是该馆自清末以来的第六次重编本。该馆善本部又着手编纂馆藏古籍目录丛书，其中《国家图书馆藏彝文古籍目录》于2010年由中华书局出版，著录了所藏的2000多种古彝文善本书。其他文种古籍善本书目录将陆续出版。

（二）古籍总目

各收藏单位古籍总目的编制，较之善本书目，著录量大而面广，人员和经费需有足够投入。调查结果表明，中小型的收藏单位古籍藏量有限，完整提示所藏反而较顺利，大型的收藏单位则较难完成。如北京图书馆普通古籍部收藏该馆未归入善本的古籍180万册，为编制总目，需先将形成于不同时期、著录格式及分类体例均不一致的旧目，逐一核对归并，并据《古籍著录标准》重新著录，现拟分15卷陆续印行，1988年已出版了第一卷（目录类）。在少数民族古籍总目的编纂方面，1999年12月由北京图书馆出版了《中国蒙古文古籍总目》，共3册，它是一部综合性的大型全国联合目录，共题录各类蒙古文古籍文献13115条目。收藏范围涉及全国各类型图书馆、资料室、各地区档案馆、博物馆、寺院等，其中藏书单位180个，藏书个人80位。文献覆盖率约是全国藏书的90%以上，充分反映了国内蒙文古籍的藏书情况。它以蒙古文作为基本著录文字，题名有拉丁转写和汉译名，有详细的附注说明，采用ISBD标准书目著录。

（三）古籍专题目录

古籍专题目录是为反映各收藏单位有特色的藏书而编制的，具有与善本目录相同的作用，深受学术界欢迎。较为常见的专题目录，是各收藏单位编制的地方志目录、地方文献目录等，对读者索引专题文献极有帮助。其他如中国人民大学图书馆编制的《家谱目录》，著录所藏家谱近400种，数量颇为可观。天津图书馆编制的《馆藏活字本书目录》，著录了该馆收藏较丰的历代活字印本700余种，对版本史、印刷史研究尤具价值。2004年12月，远方出版社出版了《蒙古文甘珠尔·丹珠尔目录》（蒙汉文，上、下册）。目前流传于世的蒙文《甘珠尔目录》已很稀少，故宫博物院收藏的这部蒙文《甘珠尔目录》写本全书共61页，共收录108函蒙文《甘珠尔》的所有子目录，主要按《甘珠尔》的函数、卷帙编次为序编排，但所述诸经名称均为简名。

### （四）古籍联合目录

动员全国各大古籍收藏单位参与，联合编纂全国性古籍专题目录，是我国图书馆界的优良传统。完成于1958~1961年的《中国丛书综录》，即为人们乐于称道的范例。《中国丛书综录》著录了北京图书馆等41家图书馆收藏的2797种古籍丛书，其子目多达70000余条，经比勘异同，同书归并，实际著录了存世古籍38891种，数量远远超过在此之前编制的各种丛书目录，加之该目录体制合理，结构严密，所附检索系统可以帮助读者从总目、子目、书名、著者等各种途径进行检索，问世以来，深受海内外学人欢迎，至今为文献工作者必备的工具书。继《中国丛书综录》以后，1978~1985年完成的《中国地方志联合目录》、1978~1995年完成的《中国古籍善本书目》，是近年来中国图书馆界再度通力合作完成的重大编目工作。各民族古籍联合目录也在编纂，如北京市民委组织编纂了"北京地区少数民族古籍目录丛书"，该丛书之一《北京地区满文图书总目》已于2008年由辽宁民族出版社出版，著录了北京地区14家藏书单位所藏的1769种满文图书。北京地区其他民族古籍目录将陆续出版。

### （五）古籍解题目录

"辨章学术，考镜源流"是中国古典目录学的优良传统，采用提要目录、藏书题跋的形式，记述图书的版刻特征及源流，评价内容的得失与价值，介绍著者的生平及学术，以供读者参考利用，是古籍收藏单位追求的目标。我国出版的重要解题目录，如王重民的《中国善本书提要》及《补编》（1983、1991）、傅增湘的《藏园群书题记》（1989）、陈光贻的《稀见方志提要》（1987）、来新夏的《近三百年人物年谱知见录》（1983）、《中国医籍提要》（1984）、《中国通俗小说总目提要》（1990）等，均为学人广泛使用的解题目录。解题目录的编纂也成为民族古籍整理工作的重要内容。如张公瑾主编的《中国少数民族古籍集解》于2006年1月由云南教育出版社出版，该书是首部集中展示我国各民族古籍的工具书，收录涉及用各种民族文字及民族古文字记载的文献资料（包括译自他种文字的译本），载有我国少数民族资料的古代汉文文献、有代表性的民族文字和汉文碑铭、部分用各种民族文字书写的历史文书以及各民族世代流传下来的具有文学和历史价值的口头资料等 5 方面的古籍文献。全书共收古籍书目 4000 余条，附有图片 200 余幅，其中涉及藏族的 300 余条。所收释文简明、准确，科学性、知识性并重。国家民委古籍研究室组织编纂"全国少数民族古籍总目提要"近 20 年，纳西族卷、白族卷、东乡—保安卷等已出版，其他各卷正在陆续出版。

## 二、古籍整理基础研究和工具书编纂工作硕果颇丰

我国各图书馆对于古籍的开发与利用，不仅从编制馆藏目录、专题目录及联合目录等方面展开基础性工作，近年来又直接参与古籍整理与研究，取得了引人瞩目的成果。

### （一）古籍索引等工具书的编纂

编纂的工具书主要包括：

1. 人物传记索引

2. 室名别号索引

3. 地名索引

4. 篇目索引

5. 词牌索引

6. 论文索引

7. 书名著者索引

8. 图录索引

9. 字词索引

10. 辞典

### （二）专题资料的编纂

利用所藏古籍文献，辑录会钞有关专题史料，编纂成书，以供专业研究人员使用，是藏书单位古籍开发利用的一项任务。近年来我国所编的专题资料主要有：

1. 地方文献资料

2. 人物传记资料

3. 边疆史地资料

### (三) 古籍稿本的发掘整理

据统计，在 1982～1990 年的《古籍整理出版规划》实施期间，全国古籍整理工作者共完成了 4000 种左右古籍的整理点校工作。

### (四) 大型古籍丛书的影印

利用现代印刷术，将所藏善本古籍汇编影印，广泛流传，近年来已成为我国古籍整理出版的重要方式之一。古籍影印不仅具有印刷成本低、出版周期短的优点，而且可以保存原本的面貌，因而受到出版界和图书馆界的共同欢迎。1986 年，在北京成立了全国图书馆文献缩微复制中心，并由国家拨款在各省设立了 15 个拍摄点，逐步拍摄列入计划的各馆善本。至 1992 年，该中心已完成全国 10000 余种善本的摄制，并将其中流传稀少而史料价值较高的善本，编为《中国文献珍本丛书》《中国边疆史地资料丛书》等影印出版，如《中华大藏经》《道藏》《藏外道书》《中国地方志集成》《古本小说集成》《古本戏曲丛刊》等。

## 三、古籍开发利用逐步走向标准化与规范化

古籍是中华民族优秀传统文化的重要组成部分之一，许多年来，开发与利用古籍的工作一直没有停止过，取得了令人瞩目的成绩。但是，从标准化与规范化的角度分析，还存在着不少问题。

### (一) 古籍文献著录与分类的标准化

我国拥有丰富的典籍，对于古籍开发与利用者来说，首先遇到的一个问题，就是著录和分类问题。清代学者王鸣盛说："目录之学，学中第一紧要事，必从此问涂，方能得其门而入。"因此，编写书目是开发与利用古籍的基础工作。

古籍编目的核心任务，就是要对群籍进行准确著录与合理分类。但目前我国并未按统一的著录规则与分类方法进行古籍编目工作。

首先，作为国家标准的《古籍著录规则》（1987 年版，其后修订本尚未公布）虽已颁布，但并未推广，许多图书馆和研究单位仍各行其是，已经编成的或正在编写的全国大型目录，也均未采用。例如历时 20 年新近出齐的《中国古籍善本书目》，是依照《古籍善本书目著录条例》编纂的，与《古籍著录规则》相比，二者的差异是明显的。拿书名著录来说，二者虽均规定以正文卷端所题为准，但各卷题名不能代表全书时，《古籍善本书目著录条例》规定可"以封面、目录、序，或凡例所题总名为书名"，而《古籍著录规则》则规定可从"目次、封面、序跋、版心、书签及书中

其他部分"选择适当的正书名著录。由于认为规定的信息源排序不同，造成完全相同的书而书名著录却不同，使古籍开发与利用者查找资料极为不便，并很有可能产生重复出书的后果。

其次，在古籍分类方面，虽然目前国内大体沿用传统的四部分类法，但比较起来，古今已有不少变动。例如南北朝刘义庆撰《世说新语》一书，自问世后，在《隋书·经籍志》《旧唐书·经籍志》《新唐书·艺文志》《宋书·艺文志》等史志目录中，以及宋代《直斋书录解题》、清代《四库全书总目》等著名的私编、官修目录中，均入"子部·小说家类"，而当代较有影响的《北京图书馆善本书目》《中国古籍善本书目》却将其分入《子部·杂家类》。因此，现在实行的古籍分类法，既与传统分类法不全合拍，又与当今的学术思潮不尽同流。同时，在图书馆界，虽然古籍编目工作已开展多年，但至今没有一部体系完备的《中国古籍分类法》问世。

### （二）古籍文献资料服务的规范化

创造社会效益与经济效益是古籍开发与利用的直接目的，但二者之间有时会相互矛盾。矛盾的焦点主要反映在有偿服务与无偿服务上。从现状看，各级馆藏单位在有偿服务与无偿服务方面，全国尚无统一的划界标准。如南京图书馆对读者在馆阅览古籍实行无偿服务，而其他各馆，有的实行无偿服务，有的实行按册计价或有偿办证的服务方式。同时，在有偿服务方面，全国也无统一的收费标准。

不进行规范服务，首先对馆藏单位在取得社会效益方面产生极为不利的影响。由于古代的印刷技术较为落后，加上时代久远，同版本的古籍存世的数量极为有限，而古籍开发与利用者，往往又必须搞清某种古籍的版本源流，于是就要对散藏在各地的古籍加以比较，以便择优加工整理。因为一般的馆藏单位都是政府兴办的社会公益事业，无偿服务被看作是理所当然的，一旦有的项目要有偿服务，就会产生攀比现象。

规范服务对馆藏单位在取得经济效益方面也是十分必要的。因为在今天，馆藏单位的服务对象不仅有辛勤的学子、读书人、科研工作者，同时还有以盈利为目的出版商。商业界的"游戏法则"是低价买进，高价卖出。出版商手里没有原本古籍，要靠馆藏单位提供底本。每当一个大型古籍出版项目启动时，他们知道国内没有统一的古籍底本收费标准，就自拟一个低廉的定价到各收藏单位去游说，只要一家接受了定价，他们便以此去说服其他单位。这样的状况不结束，受益的是出版商，而受损的则是馆藏单位和国家。

### (三) 古籍文献的复制与出版

复制与出版既是保存古籍的有效途径，也是开发利用古籍文献的重要手段。

随着科技的发展，复制文献的技术也在不断改进，从摄影缩微、静电复印，到电子扫描，每当一种新技术问世后，人们马上就尝试用它去复制古籍，而且总是从善本入手。但是，古籍存世最长的已有上千年，最短也有近百年，在复制的过程中或多或少会有些损坏。古籍与其他形式的文化遗产一样，无论使用多么高明的手段，其原件都是不可再造的，因此古籍资源也是有限的。在这种情况下，馆藏单位应联合起来，共同制定复制古籍的长远规划，争取少用原件古籍，充分利用已有的复制件。

目前，我国已有近 20 家古籍专业出版社专门从事古籍图书的出版，此外，其他非古籍专业出版社也积极加入古籍图书的出版行列，特别是各民族出版社都在积极出版民族古籍整理研究成果。经过数十年的努力，我国出版了一大批高质量、高品位的新版古籍图书。然而，由于对古籍出版的宏观调控措施至今仍未出台，国家的出版管理机构也未制定统一的"古籍整理分级标准"，加上一部分非古籍专业出版社业务人员水平所限，使当前古籍出版工作出现了一些不正常的现象，主要表现在三个方面：一是有些出版单位为单纯追求经济效益，在选题上把关不严，出版了一些不健康的、有消极影响的古籍图书；二是有些古籍图书整理质量不高，特别是一些今译今注的图书，贪大求快，且又成于众手，故错漏很多，质量较差。这种局面若不扭转，定会造成"今人整理古书而古书亡"的后果；三是古籍出版缺少整体规划。古籍图书因不存在版权问题，同样的书，只要热销，各出版社就抢着出版，尤其是一些投资百万甚至上千万的大型丛书。

总之，我国在古籍开发与利用方面，虽然取得了许多重大成就，但是在古籍文献的科学整理和合理开发利用方面尚未达到标准化与规范化的要求。因此，各古籍收藏单位不仅要与同行密切合作，步调一致，而且也应与学术界、出版界相互尊重，友好协商，共同实现标准化与规范化的目标，最终真正做好开发与利用古籍的工作。

## 第三节　中国少数民族古籍文献的转移与再生

在古典文献的传承过程中，每个时代的文献工作者既是原生（原有）文献的继承者，也是再生文献的创造者。所谓再生文献是在原生文献的基础上复制而成的文献，原生文献由于留传时间久远或保护不当，难免遭受残损和亡佚，如果不加以搜集、整理和复制，势必有失传的可能。这种再次将原生文献整理（复制）成新版文献的过程，其结果就是产生了大量的再生文献。再生文献的生产不完全局限于对原生文献的简单复制，而是通过采用转抄、辑录、选录、汇编和翻译、诠释、校勘、解题等多种传统整理方式，或者应用扫描、复印、照相等现代化技术，使文献增值。在原有文献基础上增加的载体种类，以及新增加的内容就是再生文献的增值部分。古典文献再生的形式和方法，虽然有传统方法和现代方法的差别，但是传统的文献再生手段也并不会因现代科学手段的使用而完全被抛弃。相反，在抢救文献的过程中，无论是传统方法还是现代手段，都各有优势，可以交叉使用，使之优势互补。

## 一、古籍文献的传统转移方式与再生技术

目前比较通用的古典文献的传统转移方式与再生技术主要有以下几个方面。

### （一）古籍文献的转抄

转抄是古典文献抢救过程中使用的最传统、最普遍的古典文献的转移方式。转抄，是指用同一种文字对原生文献进行复制，旨在延长文献的使用寿命。人们在古典文献的传承过程中，用转抄的形式，使用纸张和笔墨复制原生文献，让那些因使用或管理不善而极大受损的文献再次获得新生。如果组织专门的人员用转抄的方法抢救文献，要从使用和管理方便的角度考虑，要求所有的再生文献都达到最大限度的规范和统一。古典文献载体种类繁杂，有的写在纺织品、纸张、皮革制品之上，有的则铸刻在金属器物，或者石碑上面。虽然同属于以纺织品、纸张和皮革制品为载体的古典文献，但是它们篇幅的大小各不相同，其装帧形制、规格尺寸也千差万别。金石铭文也不例外，因它们材料的大小和内容多少的不同，其铸刻文字的面积规格也极不规则，于是各种铭文拓片纸张的大小也不可能统一，其结果是使用和收藏都很不方便。因此，通过转抄方式，可以将原来不规范、不统一的载体种类及行文款式的古典文献，转抄为规范化、统一化的新版文献。转抄时在不增加内容、不改变内容的情况下，对原版文献在排版、书写顺序、断句等方面需要做适当的改变。虽然转抄可在某些方面达到统一，但是因不同的人书写的字迹不一致，因而不可能在字迹上达到完全规范和统一，因为抢救文献的主要目的是使用文献，使文献有效地运用于文化的交流。

## (二) 古籍文献的缩微

如果说转抄可以在没有损害原文献内容的情况下在诸如断句、行、列的安排上做改动的话，那么，缩微复制则能将原生文献直接地、全真地复制起来。缩微复制品的优点是复制、收藏效果好，但使用和交流都受到条件的限制。缩微复制是利用光学和成像原理，以缩微复制拍摄机把文献缩小记录在感光材料上，经过冲洗加工，而得到稳定的借助放大设备可以阅读的缩微制品的一门技术。缩微复制是古典文献抢救、管理、收藏的一种主要的方法。缩微复制用的感光材料从形式上看，分为两种：一种是卷片胶片；一种是片式胶片。拍摄在卷片胶片上资料，在胶片上的位置是固定的，便于编制索引实施检索。片式胶片是用片式缩微摄影机拍摄，把卷式胶片按一个或几幅画为一段裁开，并在每段上标出存取索引。这种缩微制品使用方便，便于分类和检索，而且可以直接拷贝成复制品。从构成上说，缩微胶片有银盐胶片、重氮胶片和微泡胶片三种。银盐胶片因能长期保存，所以用于拍摄缩微品的母片或需长期保存的缩微品的拷贝。其余两种因其化学性能不稳定，只能用于拷贝短期使用和保存的缩微品。缩微复制文献是将图形和文字缩小成肉眼看不见的东西，要准确有效地使用和保管缩微品资料，就需要对缩微品进行编目、索引。对缩微品进行检索是制成缩微胶片后的最主要的任务，因为能否搞好这一工程，将决定是否能够便捷地使用缩微品资料，也是检验管理是否完善的重要标志。使用缩微品资料需要特定的设备。所以，缩微品资料并不像图书那样便于使用和交流，因此缩微制品的主要作用是用于收藏和管理，用它解决那些如图书等各种制品文献资料多而不便管理的问题。因此，长期收藏缩微品要注意防火，特别是要预防某些微生物对其腐蚀，要定期做检查、整理，阅读时不宜用手直接触摸胶片。缩微品有存贮信息容量大、密度高的优点，能将不统一、不规格的文献规格化、标准化，而且能长期保存，然而也有一定的缺陷，但随着现代科学的发展，人们将使用越来越先进的科学手段来抢救、管理或收藏文化典籍和文献资料。

## (三) 古籍文献的复制

缩微复制主要是从便于管理和收藏的目的出发，而复印制品却可以直接用于交流。复印是利用复印机，将文献内容复制下来，这点它与转抄相同。但复印也没有转抄那样灵活，复印对纸张的要求很高。对金石碑文的拓片和纺织品、皮革制品的文献来说，只有使它们统一成符合复印要求的纸张才能进行复印，因此，对这些制品的文献，转抄是最好的复制方法。

转抄复制而成的文献制品，在需要再次复制时就可以用复印的方法进行复制了。复印复制文献的速度高于转抄，因而复印在当今社会成为复制文献的主要的方法，大量的文献是由复印这种方法来完成的，它可以用于原生文献的复制，也可以用于再生文献的拷贝。复印所复制的文献制品是书籍，因而用于交流时比较方便。复印只限用纸张写成的文献，而转抄和缩微对用任何质地的文献都有效。但是复印对文献的损害在于强烈的光线扫描和对书籍的强压力，强烈的光线扫描和压力可以使纸张变形，使原文献（被复制的文献）受到损害。当然，抢救文献的传统方法还有录音、录像、照相等。抢救古籍文献的第一步，就是收集散落在民间的文献。在收集过程中需要文献复制的情况有三：一是所收集到的文献，因不能再过多使用而不得不及时复制。二是文献拥有者要保留文献原件，不让征集，不得不在当地复制。在这两种情况下，转抄、照相（缩微）等田野调查时常用的各种方法和手段都可以发挥作用。三是将文献原件收集起来，然后慢慢加以复制，这可以根据具体情况使用复印和其他手段进行复制。

## 二、古籍文献的现代化转移方式和再生技术

随着计算机、通信、多媒体、高密度存储等技术的发展和应用，尤其是网络技术的迅速普及和扩大，文献资源的数字化程度已经成为世界各国信息水平的标志，民族古典文献数字化已是大势所趋，古典文献数字化必将成为中国少数民族古典文献转移方式和再生技术的重大变革和突破性的飞跃。以计算机为核心的电子信息技术与相关高新技术产品为古典文献转移方式和再生技术展现了广阔的空间，并把古典文献整理研究工作带入崭新的领域。首先数字化将古代文化典籍和各种文献资料中的文字和图像转换成计算机可以识别和处理的0和1的组合，只要解决了古典文献的录入问题，就可以在电脑上进行存贮、阅读、加工、传播等处理。因此，中国少数民族古典文献数字化要从分析录入对象着手，根据录入对象的不同特征，选择适当的录入法。目前民族古典文献常用的主要录入途径和方式有以下几种。

### （一）用全文录入法制作古籍文献数字化的全文版

以文本方式将古籍文献存入光盘或存储器，在全文检索系统的支持下，录入的内容可以实现逐字、逐词检索。这种方式适用于有古文字信息处理平台支持的民族古籍和文书档案。这种方式的优点是贮存空间较小，检索速度快，缺点是民族古文字信息处理平台开发的技术难度大。"七五"期间，由中国计算机软件与技术服务总公司会同新疆、内蒙古等地的民族

语文专家和计算机专家以及民族印刷厂、北京大学计算机研究所等单位，联合承担了"少数民族文字处理技术开发"项目，并于20世纪90年代初，先后陆续推出了蒙古族、藏族、维吾尔族、哈萨克族、朝鲜族、彝族、壮族、柯尔克孜族以及锡伯族等少数民族文字的文字处理系统。新疆、青海、甘肃、西藏、四川、吉林延边等地的专家学者也在国家的扶持下，开发了多种民族文字的文字处理技术，其中主要是对现行使用的民族文字的开发，也有少量对古文字的系统的开发。民族古籍的全文录入，可以充分使用这些已开发的文字处理系统，采用直接录入法。对于只开发出现行民族文字处理系统的，则可以在古籍文献编辑出版时，可利用新文字与古文字对照译注。古壮文电脑软件系统的研发成功之后，可利用这套软件对古壮字典籍文献进行编辑、整理、排版、印刷，如壮文古籍整理工作者于1993年成功地利用该系统整理出版了古壮字记录的壮族民间抒情长歌——《壮族民歌古籍集成·情歌（一）·嘹歌》，全书用古壮字记录的长歌有4000首16000行，正文统一采用古壮字、壮文、汉文三种文字对原歌词逐句进行标写、注音和意译的形式。《嘹歌》是第一本采用激光照排技术出版的古壮文古籍科学整理本，结束了古壮文古籍科学整理本以手抄写粘贴古壮字的历史。又如：内蒙古计算中心开发了蒙古文、汉文、西文操作系统，与潍坊计算机照排研究所合作研制了华光V型蒙古文书刊、图表、报纸激光照排系统；继之，内蒙古大学研究了IMU－I蒙古文排版、MPS蒙汉混合处理系统，并实现了蒙古文、托忒蒙古文、满文、八思巴文等与蒙古文有关的文字的操作系统的研制开发，解决了蒙古文多文种以及国际音标的输入和输出问题。他们又与北京大学计算机研究所、北京大学新技术公司合作研制了"北大方正电子出版系统"蒙古文版，这套电子出版系统是目前在国内外使用最广泛的蒙古文出版系统。内蒙古社会科学院蒙古语文研究所研制开发了基于Windows 95的蒙古文处理系统，蒙古文古籍的内容录入则可以充分利用这一套文字处理系统。[1]此外，还有藏族、维吾尔族、哈萨克族、柯尔克孜族、彝族等民族都开发了各自基于Windows 95的民族语文操作系统平台，这些都是民族古籍内容录入的一个很好的技术支持。

（二）用图像扫描技术制作古籍数字化图像版

扫描仪是一种高精度光电结合的高技术产品，它主要由光、机、电三

---

[1] 江嘎：《我国少数民族文字信息处理技术概况》，李晋有主编：《中国少数族语言文字现代化文集》，民族出版社，1999年。

个部分组成。光路部分最主要的是由几千个感光元件构成的 CCD（Charged Coupled Device 光电耦合器）；机械部分是采用步进式的机械传动方式进行扫描；电路部分主要由控制电路和处理器组成。扫描仪的工作原理是通过 CCD 器件将所扫描的文件读入处理器，经过光电耦合将光信号转换为电子信号，并利用扫描仪接口卡将信号送入计算机中。扫描仪没有出现之前，图形、图像的输入相当困难，扫描仪的问世使这一问题得以解决，同时又促进了图形学及图像处理领域的进一步发展。它广泛运用于图像处理、文字识别、图形识别、文字和数据录入及信息识别领域。利用扫描技术将古典文献以图像方式存入光盘或计算机存储器，这种方式可以保存古籍的原貌。其制作过程是利用扫描仪将古籍和文书、档案资料逐页扫描，每一页制作一个图像文件，图像文件的存储、处理、压缩、转换等通过扫描软件实现。这种方法适用于暂时没开发或没必要开发文字处理系统的民族古籍，如象形文字纳西族的东巴文。东巴文是当今世界上唯一保存了大批完整材料的原始象形文字，笔画简单，造字方法质朴。这种文字图画性强，目前尚没有开发出相应的文字处理系统，因而采用扫描的方式录入并以图片的格式保存是比较可行的方法。由丽江东巴文化研究所编译、云南人民出版社出版的《纳西东巴古籍译注全集》，在整理、编辑过程中就大量使用了扫描技术。如图似画的纳西象形文字——东巴文有 1400 余字，用它撰写的东巴经典多达 1000 种，该全集基本囊括了中外各地所存的同类经典，每卷包括 10 来种经典，有序地汇纳成 100 大卷，权威而完整，已于 2001 年 5 月正式出版。全集百卷用直观的四对照译注体例：象形文原文、国际音标注纳西语音、汉文直译对照、汉语意译。依序并排，严谨科学。该全集中出现的所有的东巴文原文，全都是以扫描的方式实录原文，以图片的形式出现，每册最多有 149 张图片，最少的也有 5～6 张，平均每册出现 100 张图片格式的东巴文，全集共约 10 万张。更具有前瞻性的是，该书不仅以纸质为载体出版，而且还将全书内容刻录成光盘，实现了全文光盘化。《纳西东巴古籍译注全集》充分利用高科技手段对古籍进行整理、出版、保存，在同行中可谓领先一步。但是，由于图像版的古籍是以图片格式储存的，不能实现全文检索，用户使用起来非常不便，因此图像版的古籍应配备其他方式的索引。而且，索引要尽可能完备，能够提示每页古籍内容中的重要字、词，每页的标题和作者以及部、类等检索途径，这样才可以为用户提供相对方便、快捷的检索途径。索引可以采用数据库方式建立，以每条记录所提示对应的古籍文献图像的文件名地址与该页图像相链接。

## (三) 多媒体技术对视频、音频的处理

前两种方式的处理对象主要是纸质文献，而民族古典文献除了纸质文献之外，还有另外的文献载体种类。纸质文献是既定的东西，纸上的文字或图、表，一旦写成，就此固定下来，是一种静态的东西。民族古典文献中的宗教经典，特别是原始宗教经典往往与宗教仪式和典礼构成宗教文化活动的整体，它的诵读应用与各种法器、舞蹈、音乐交相辉映，形成规模宏大的壮观场面。再者民族古典文献中包括大量的口传文史资料，主要靠民间艺人口头传承，有的以说为主，有的以唱为主，配以特定的乐器、道具等，还有一定的仪式程序等。无论宗教经典的诵读场景，还是口传文史资料的吟诵和传唱场合，其整个过程是一个动态的过程，因此，需要对声、像的全面记录，尽可能如实地反映其原貌。以往对口传文史资料的记录，最早的方式是笔头记录，一人口述，一人记录，用文字的方式将口传的文史资料内容及歌谱记录下来，并对场景做文字描述。后来采用录音、照相、录像等视听技术通过模拟信号进行记录，能够比较真实地记载声音和图像。但这种方式存在着一个致命的弱点：接收讯号的过程中，或者在记录、重放的过程中，很容易发生信号失落现象，而且一旦附上"噪声"，便难以消除。多媒体技术是先进的计算机技术与音频、视频等技术融为一体而形成的新技术或新产品，其发展使计算机能综合处理多种媒体信息，将文本、图形、图像、音频和视频等信息集成为一个系统并具有交互性。[1]当口传的文史资料和宗教经典的应用场景以后三种信息形式输入计算机，就能被计算机综合处理，这个过程就是口传的文史资料和宗教经典的应用场景的数字化。图像（image）是指由输入设备捕捉的实际场景画面，或以数字化形式存储的任意画面。若干有联系的图像数据连续播放便形成了视频（video）。音频（audio）包括声音和音乐，主要用于节目的解说配音、背景音乐及特殊音响效果等。在进行各种载体类型古典文献的数字化过程中，数码相机和摄像机是常用的输入设备，而以光盘为主要的输出载体，存储容量大，保存方便。数码相机也叫数字式相机，是光、机、电一体化的产品，最早出现在美国，20多年前，美国曾利用它通过卫星向地面传送照片，后来数码摄影转为民用并不断拓展应用范围。数码相机的核心部件是电荷耦合器件（CCD）图像传感器，它使用一种高感光度的半导体材料制成，能把光线转变为电荷，通过模数转换器芯片转换成数字信号，数字信号经过压缩以后由相机内部的闪速存储器或内置硬盘卡保存，因而

---

[1] 张维明：《信息技术及其应用》，中国人民大学出版社，2001年。

可以把数据传输给计算机，并借助计算机的处理手段，根据需要来修改图像。可以说数码相机是传统光学工艺与现代电子工艺的完美结合。数码摄像机也是如此，将数字技术应用到摄像机上，可以高度真实地记录现场的声像，并将数据传到计算机上，进行编辑处理。数码相机和摄像机采用数码讯号对图、视、音进行记录，数码信号是以1和0两种数字排列而成的数码序列，以bit（比特）为单位，失真的情况就大大减小了，而且数码信号也比较容易消除其中的"噪声"。相比之下，数码信号的优越性相当突出。

总之，上述技术的普及应用，不仅使古典文献的转移方式和再生技术插上飞翔的翅膀，也为整个民族古典文献的开发利用开创了崭新的局面。

### 三、新型古籍文献载体与传统古籍文献载体的比较

民族古籍文献数字化产生了新型的文献载体——数字型文献。这类文献以磁盘和光盘等为载体，将原生文献的影像或文字以数字信号的形式记录在载体上。数字型民族古籍文献与传统载体型民族古籍文献的异同点主要表现在以下几个方面。

#### （一）在表现形式上

民族古籍文献的传统载体有纸质、布帛材料、竹木叶书简等；而数字型文献的载体则是磁盘或光盘。

#### （二）在使用形式上

民族古籍文献的传统载体不需要借助特定设备就可以直接阅读；而数字型文献则需要用计算机等设备来阅读。

#### （三）在体积合密度方面

民族古籍文献的传统载体表现为不同的规格、开本和体积；而数字型文献的外形尺寸则相对固定，如3寸或5寸的磁盘/光盘/U盘。传统载体文献的信息储存密度小，平均每平方英寸的纸张能存50个字符；数字型文献的存储密度则大得多，以汉文典籍为例：经测算，一张3寸磁盘可以容纳一部《东周列国志》（712千字），一张5寸光盘可以容纳的中文信息相当于1600册20万字/册的图书。

#### （四）在内容方面

传统载体文献只能保存文字、图表和图画；而数字型文献能将数字、文字、声音、静态图像、动态图像等有机地集于一体，并把结果综合地表现出来，几乎囊括印刷型、缩微型、声像型等所有文献形式的优点，具有

全面的阅读效果，富于直观性、生动性和形象性。

### (五) 在阅读方式上

传统载体文献的阅读取决于载体的质量、文字的大小；数字型文献的文字质量一般都能得以保障，不会出现模糊、掉页等异常情况，而且文字的大小缩放及颜色等显示方式都可以选择，有较大的随意性。

### (六) 资源共享程度

与传统载体文献相比，数字型文献，特别是在网络环境下的数字文献的传递速度快、共享程度高。首先，数字文献易于复制，拷贝一张软磁盘，只需数秒，就可得到相当于几十万个汉字的文献信息量。其次，传递速度快，在网络环境下，任何一个终端都可以下载到数字化的文献。所谓的"指头上的信息"，就是指读者只要在电脑终端上点击鼠标，就能通过网络获得自己所需的资料数据。网络上的信息知识是公开的，不分国界与地区，同时也是可以无限开放的。由于数字型文献体积小、容量大、易复制、传递快等优点，在网络环境下可以不受时空的限制，真正实现资源共享，这是传统型载体文献所无法企及的。

除了上述特点外，数字型文献还有检索效率高、携带方便、快速记录、方便改写存储信息等特点。

## 第四节 现代化条件下中国少数民族古籍文献的开发利用

随着时代的发展与进步，人类社会已经进入崭新的电子信息技术时代，我国的现代化建设步伐日益加快，各少数民族地区的精神文明和物质文明建设也在加速前进，新时代、新形势对民族古典文献的开发利用提出了更高的要求。民族古籍整理研究事业要与时俱进，古典文献资源的开发利用工作必须适应时代发展的要求和民族地区现代化建设的实际需要。因此，面对时代的机遇与挑战，积极主动地掌握和运用现代化技术，尽快实现民族古籍整理现代化已成为最迫切的现实问题。在电子信息时代里，数字化技术将成为民族古典文献资源开发利用的主要途径和重大推动力。

我们应该清醒地认识到：在当今的信息社会里，开发、利用信息资源的能力已成为衡量一个国家或地区现代化水平和综合国力的重要标志。开发民族古典文献这一信息资源势必对我国，特别是少数民族地区的现代化建设产生重要影响。充分应用现代化技术对我国少数民族古典文献资源进行有效开发利用已成大势所趋，在实现民族古籍文献整理工作现代化过程中，数字化技术不但是抢救和保护民族古典文献的重要手段，而且是开发利用民族古典文献最经济、最便捷的高效实用方式。

## 一、以数字化技术开发利用民族古籍文献面临的问题

今后民族古籍文献整理研究工作要从各民族古籍文献的特点和实际情况出发，要切实搞好民族古籍文献的开发利用，就必须尽快实现民族古籍文献数字化。而当前数字化技术与民族古籍文献的抢救保护和开发利用相结合的过程中，正面临以下两个问题。

### （一）民族古籍文献数字化的统筹规划问题

民族古籍文献开发利用过程中的数字化是一项庞大的系统工程，不能一拥而上，各自为战，更不能做样子、装面子，而是要把它纳入整体工作规划，予以统筹安排。这项工作的组织领导者要站在统观全局的高度，对其进行宏观调控；在整个数字化进程中，注意协调各地区各级部门的工作任务、工作进度；对有限的资金、设备等资源进行合理、有效地配置，避免重复建设而造成浪费。民族古籍文献数字化对技术能力和资金投入的要求都很高，而我国各少数民族地区的社会经济发展却极不平衡，不可能站在同一起跑线上进行古籍文献的数字化建设，对各地区的发展要求不可能整齐划一。可以先选择条件成熟的民族地区作为突破点，积累一定的经验之后，再以先进带动后进，以局部带动全部，全面推进民族古籍文献现代化。在当前条件下，不可能做到所有的民族文化典籍和文献档案都实现数字化。因此，对数字化的对象要有所选择，要分轻重缓急。应该优先把学术研究和民族地区经济、文化建设中使用频率比较高的民族古典文献作为数字化的对象，特别是将那些已经严重老化而不能再流传阅读的古籍文献和部分孤本、珍本进行抢救。通过数字化技术的应用，有力地推动民族古典文献的传播与普及，并促进民族古籍文献资源的科学开发和有效利用。

### （二）民族古籍文献数字化的标准化和规范化问题

标准化是指在一定的范围内获得最佳秩序，对实际的或潜在的问题制定共同的和可重复使用的规则活动。在民族古籍数字化建设过程中，无论是建设数据库，还是单纯地制作文件型或是多媒体型数字化产品，都应该遵照统一或者相互兼容的标准和协议，这是数字化信息资源共享的一个前提。以数据库的标准化要求为例：古典文献数据库不同于一般的书本式或卡片式的古籍目录（或书录、索引），它要将所有信息全部转换为计算机

可以自动处理的"语言"，而计算机对人们每一个指令的要求又极其"苛刻"，哪怕是一个空格的全、半角不一致，或一个字母大、小写有差异，其处理结果就会完全不一致，更不用说文字的不规范、格式的不统一。如果没有规范化和标准化，产生的数据就会有失误，而达不到方便、准确、快速的目的。其次是社会信息化的要求。数据库最大的特点是数据可以交换、连接、传递。社会信息化的发展说明，数据库的规范化、标准化，可以加速信息网络的建设，实现国内各单位之间及国际上信息技术的交换与共享。由于民族古籍文献分布散，传世少，查询、阅读起来难度大，因此，民族古籍文献不仅是书目数据库要实现联网检索，技术允许的时候，还要求全文数据库或专题数据库也都要上网，只有规范化、标准化才能达到资源共享的目的。此外，古典文献数字化是一项耗资巨大的系统工程，标准化的建设可以有效地避免重复建设，降低资源数字化的生产研发成本，有利于不同地区、不同部门之间的信息接轨，也可以加强质量控制和提高工作效率，以便于推广使用。

## 二、光盘技术与古籍文献新型载体的开发利用

光盘技术是20世纪70年代开发的一项激光储存技术，它是多种新技术发展的综合成果。古典文献全文光盘化是将古籍文献（包括文字与图像）转换为计算机可以处理的数字，然后刻录成光盘，以达到其存储、检索、传递、再现等自动化的目的。它是古籍文献载体形式的一次变更，是高科技与古籍文献保护、利用、开发、研究相结合的产物。光盘技术在古籍文献整理工作中可以发挥以下作用。

### （一）便于古籍文献信息的传递、交流和利用

光盘存储密度高，目前光盘的信息存储密度比磁盘和普通缩微品高1～2个数量级。光盘拷贝操作简单，拷贝效果好，影像的质量不会像缩微胶片拷贝时那样会随拷贝次数增加而下降。拷贝速度快，一张光盘只需几秒便可拷贝下来，批量拷贝速度则更快。光盘存储密度高，保存体积小，拷贝容易，一方面可以节省存储空间，另一方面以光盘代替古籍文献原件使用，便于古籍文献信息的传递、交流及利用。

### （二）易于与计算机结合，实现古籍文献管理自动化

光盘文件以数字形式记录，其最大的优势在于，计算机可以直接访问光盘，将光盘作为电子计算机的外存储器，可提供古籍文献的全文图像存储和自动化检索、网络化利用，实现古籍信息资料共享，增强计算机在古

籍文献信息管理中应用的广度和深度，为民族古籍管理的现代化提供更加坚实的基础。

### （三）可以提高古籍文献管理使用的工作效率

可以将光盘与计算机、缩微设备三者有机地结合在一起，取长补短，组成新的信息处理系统——电子复合信息存储系统，用于各类文献的输入、输出、存储、检索与转移。可以从文献利用频率和经济安全等多种因素综合考虑，使古籍文献信息在磁盘、光盘、缩微胶片三种不同的载体间转换。如将缩微胶片上一些使用频率较高的文献信息转换到检索方便的光盘或磁盘上，将光盘、磁盘上使用频率较低或需要长期、永久保存的古籍文献信息转换到经济安全的缩微胶片上。电子复合信息存储系统既有极大的存储容量，又有灵活多样的管理方式，它既能在一个用户终端上高速处理与检索存储于多种介质上的古籍文献信息，又能方便把它们显示或打印出来；如果需要的话，还能通过网络与通信设备，进行远程传送与交换。光盘以其巨大的容量和优良的计算机联机检索性能，在海量数据信息技术存储管理中，越来越显示出潜在的优势，已成为当前一项很有前途的存储技术。因此，光盘技术的应用一定能在民族古籍文献的抢救保护与开发利用方面发挥重要作用。

## 三、数据库建设与古籍文献资源的开发利用

数据库是对大量的规范化数据进行组织管理的技术。它利用严谨的数据模型对数据进行规范化处理，利用成熟的关系代数理论进行查询的优化，大大提高了信息资源管理的效率。其主要特点是：提高了对大量的结构化数据的处理效率；大型的数据库，是对海量信息资源进行优化和组织管理的强有力的工具；现代数据库技术提供了许多有用的检索工具和检索手段，使得检索结果在检全率和检准率方面都有很大提高。

民族古籍浩如烟海，大量古文献的检索、查阅、传递、再现都离不开数据库。由于我国少数民族古籍自身的复杂性以及计算机对民族古文字处理技术的艰巨性，古籍数据库建设比较困难，但随着社会信息化的高速发展，古籍数据库的建设显得越来越迫切。

古籍数据库大致可以分为三种类型：一是机读书目数据库，二是全文数据库，三是专题（专类、专书）数据库。自20世纪90年代初以来，国内外汉文古籍数据库的建设，大多以专题数据库为主，如中国社会科学院文学研究所开发的《唐诗全文检索系统》、台湾"中研院"研制的《中文汉籍电子文献资料库》、台湾"中央图书馆"推出的《二十五史全文检索

系统》、挪威奥斯陆大学著名汉学家何莫邪教授研制的《先秦诸子百家检索》、香港中文大学中国文化研究所的《古文献资料库》等。[1]

数据库建设在我国少数民族古籍整理工作中的运用，应从机读书目数据库入手。全文数据库和专题数据库的可行性不高，究其原因主要是我国现有少数民族55个，历史上曾出现过的古文字有30多种，由于实用或经济原因，大部分民族没有研发本民族的古文字电脑处理系统，故而全文数据库和专题数据库就失去存在技术基础。建立民族古籍机读书目数据库则没有这一要求，有其存在的现实意义和现实基础，因此可行性高。

数据准备是建设民族古籍书目数据库的前期工作，也是数据库建设的基础，数据库质量的好坏取决于数据准备的情况，古籍数据库建设尤其如此。要先对民族古籍书目进行普查，按照确定的著录标准和著录格式进行登记，然后是书卡核对。对民族古籍书目的普查登记是一件意义重大的事情，这是一件清理民族文化遗产的工作，对民族古籍的收藏和分布情况进行一次摸底调查，可以对我国民族古籍有一个总体上的把握，这是现实意义之一。意义之二在于，数据库的使用，能够使需求者省力获益。能否最大限度地节省需求者的时间和费用是衡量其水平的重要标志。以阅读为例，以每分钟500字计算，阅读一部50万字的著作需要16小时6分钟，而阅读一篇3000字的文章只需要6分钟。[2]以当前的信息检索系统平均每10分钟就能完成一个课题的调研，其工作量相当于一个人阅读30种文字的2000种专业杂志和9000篇科学论文。利用书目数据库，就可以节约研究人员的甄选书籍的阅读时间，有效避免不必要的时间和精力的耗费，进而可以节约研究费用。

从1978年实行改革开放政策以来，民族地区的各种类型图书、信息、档案等文献信息单位和全国各相关科学研究、出版机构，先后编制了蒙古文、藏文、满文、朝鲜文、维吾尔文、哈萨克文、纳西族象形文、傣文、彝文等民族文字文献书目、索引、文摘、提要等，其数量之大、类型之多、质量之高、效益之巨都是前所未有的。[3]这是民族古籍机读书目数据库建设的现实基础。如《全国蒙文古旧图书资料联合目录》《中国蒙古文古籍总目》《北京地区藏文古籍目录》《全国满文石刻目录》《大藏经丹珠尔目录》《纳西象形文东巴目录》《维吾尔、乌孜别克、塔塔尔古籍目录》《吐蕃

---

[1] 王世伟主编：《图书馆古籍整理工作》，北京图书馆出版社，2000年。
[2] 柯平著：《文献经济学》，中国书籍出版社，2001年。
[3] 包和平、包智慧：《我国民族文献资源建设的概况及其开发利用的未来展望》，中国图书馆学会编：《世纪之交图书馆事业回顾与展望》，北京图书馆出版社，1999年。

简牍综录》等目录的问世，为编制民族古籍书目、索引、文献提供了方便。

## 四、网络技术与古籍文献资源共享

计算机网络技术是为实现网络的软件、硬件和数据库资源的共享，采用功能完善的网络软件（网络协议、信息交换方式及网络操作系统等），将处于不同位置、具有独立功能的多个计算机系统，用通信设备和线路连接起来的技术。21世纪，随着高速信息网络的兴起，网络将成为信息知识资源的主要存储场地。网络上有丰富的信息资源，不仅可以浏览，还可以上传或下载，互联网把网络技术、多媒体技术等技术融为一体，反映了现代多种信息技术互相融合的发展趋势。高速信息网络把全球计算机网、通信网、信息知识资源网、信息知识消费网组合成一个整体。网络化是信息时代的主要特征，是经济发展和技术进步的产物。人们获取和利用信息知识的主要渠道将会是网络。

网络为开发和利用民族古籍文献提供了一个方便快捷的交互平台。中国幅员辽阔，少数民族又大多分布在边疆地区，地区间的信息交流在网络上不会受空间和时间的限制，可以快速进行，且畅通无阻。中国少数民族古典文献数量巨大，要在这汗牛充栋的书堆里快速、准确地找到自己所要找的资料是一件浩大工程。如果能够实现民族古籍文献数字化，并将数字化古籍文献送上信息高速公路——互联网，那么民族古籍文献研究者就能告别以往"皓首穷经"手工翻阅查询的历史，解放出更多的时间和精力来进行研究工作。

现在，互联网已将全世界联成一个"地球村"，网络这个信息交流的平台，逐渐成为人们接受信息、学习知识的又一大媒体，其影响涉及人类生产和生活的方方面面。在互联网的冲击下，生存还是毁灭，民族文化面临着前所未有的威胁。正像有的学者所说，对于以接受为主的非英语国家和发展中国家来说，互联网有可能造成对本国文化的冲击和忽视。如果这些国家不采用高技术手段保护和宣传本国的文化艺术，那么就要在网络环境下的国际文化竞争中处于劣势，有些民族语言和文化甚至有可能消失。这就向我们提出了保护民族文化的艰巨任务。民族古典文献是民族文化的载体之一，无疑是民族文化遗产的重要组成部分，而且是最核心的部分，所以对它的抢救与保护是一项长期而艰巨的任务。当今的网络技术在保护开发和利用民族古籍文献方面，将是一条有效的途径。确立民族古籍文献网络系统，途径有二：其一，是与现有的国际联机编目系统接轨，如RLIN、OCLCC/K；其二，是开发新的专门的系统，国际少数民族古籍联合目录对系统的要求，一是国际性，二是兼容多种文字。目前，该目录计划使用民族文字的拉丁转写、英语、汉语，若是采用第二种模式则还包括德语、法语、日语、俄语等，而从长远来看，今后应该添加各种现行的少数民族文字，甚至把古典文献数量较大的藏文、蒙古文、满文、彝文、傣文等各种民族古文字都逐步添加进去。

总的说来，现代科学技术为民族古籍文献的抢救和保护创造了优越的条件，也为民族古籍文献资源的开发利用提供了更为广阔的空间。

# 参考文献

1. 李致忠：《古书版本学概论》，北京：北京图书馆出版社，1990 年。
2. 李致忠：《古籍版本知识》，北京：北京图书馆出版社，2001 年。
3. 刘鸿武等：《中国少数民族文化简史》，昆明：云南人民出版社，1996 年。
4. 民族文化宫：《中国民族文字古籍整理与研究》，北京：民族出版社，2008 年。
5. 史金波、黄润华：《中国历代民族古文字文献探幽》，北京：中华书局，2008 年。
6. 乌骨：《民族古籍学》，昆明：云南民族出版社，1994 年。
7. 肖东发：《中国图书出版印刷史论》，北京：北京大学出版社，2001 年。
8. 杨怀珍：《国家图书馆藏彝文古籍分类实践与分类法探索》，《楚雄师范学院学报》2010 年第 9 期。
9. 杨怀珍：《彝文古籍编目及其著录规则初探》，《国家图书馆学刊》2003 年第 4 期。
10. 彝文文献教研室：《彝文文献学概论》，北京：中央民族大学出版社，1996 年。
11. 张公瑾：《民族古籍与民族古籍学》，《中央民族大学学报》（哲学社会科学版）2003 年第 6 期。
12. 张公瑾：《民族古文献概览》，北京：民族出版社，1997 年。
13. 张公瑾：《中国少数民族古籍集解》，昆明：云南出版集团公司、云南教育出版社，2006 年。
14. 张立文、许启贤：《传统文化与现代化》，北京：中国人民大学出版社，1987 年。
15. 中国国家图书馆、中国国家古籍保护中心：《第二批国家珍贵古籍名录》第十册，北京：国家图书馆出版社，2010 年。

16. 中国国家图书馆、中国国家古籍保护中心：《第三批国家珍贵古籍图录》第八册，北京：国家图书馆出版社，2012 年。

17. 中国民族古文字研究会：《中国民族古文字图录》，北京：中国社会科学出版社，1990 年。

18. 中国民族古文字研究会：《中国少数民族古文字图录》，北京：中国社会科学出版社，1990 年。

19. 朱崇先：《略论民族古籍整理现代化》，《中国民族古文字研究会第七次学术研讨会论文集》（电子版），中国知网会议论文库，2004 年。

20. 朱崇先：《彝文古籍整理与研究》，北京：民族出版社，2008 年。

21. 朱崇先：《彝族典籍文化研究》，北京：中央民族大学出版社，1996 年。

22. 朱崇先：《中国少数民族古典文献学》，北京：民族出版社，2005 年。

23. 朱崇先：《彝文古籍文献的开发利用》，《云南民族大学学报》2008 年第 1 期。